旅游片区

每个片区都包括区域解读、旅游城市、旅游资讯三大板块。

旅游城市

每个城市的景点均全面介绍，同时突出重要旅游点。

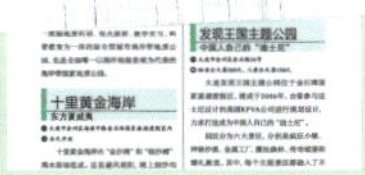

旅游景点

每个旅游景点包括介绍、攻略、链接等内容，力求收录全面。

旅游资讯

每个旅游资讯板块包括交通、住宿、美食、购物、娱乐等内容。

如何使用本书

1 多角度呈现 全书从地理、历史、文化、风光、风物等多个角度呈现东北之美，发现不一样的东北。

分色标签 每个城市都有一个特定的检索色，便于翻阅。

2 专题知识 对于认识东北具有重要意义的关键词条，书中特设专题，图文并茂，让读者迅速读懂词条。

3 精华景点 三维立体图深度引导读者鉴赏特别重要、必游的景点。

4 攻略 大部分景点都配有位置、交通、门票、链接等丰富的实用攻略。

5 资讯 每个片区都包括交通、住宿、美食、购物、娱乐等资讯。

发现者旅行指南

东北（第3版）

北京·旅游教育出版社

目录

CONTENTS

地图目录

专题目录

最美
东 北

四季美景，大兴安岭

这是一片辽阔壮美的土地，淡妆浓抹总相宜。春天的兴安岭满山红杜鹃，处处生机；夏日岭上行，林莽苍翠欲滴；秋日兴安，层林尽染，天高云淡；冬季岭上风光更有诗意，万顷林海一片银装。人间仙境，大兴安岭。

最美
东 北

神山秀岳 长白山

长白山是东北第一山，因主峰多白色浮石与积雪而得名，素有“千年积雪为年松，直上人间第一峰”的美誉。长白山天池位于长白山主峰火山锥体的顶部，是我国最大的火山口湖。

冰雪大世界

冰与雪的魔法世界

北国的冬天千里冰封，万里雪飘。哈尔滨的冰雪大世界里，能工巧匠用冰雪雕塑艺术语言描绘着一幅幅壮丽的画卷。当夜幕缓缓降临，这里越发流光溢彩，华美璀璨，让人仿佛觉得走进了童话世界。

最美
东北

千树万树梨花开

每当雾凇来临，吉林松花江岸十里长堤“忽如一夜春风来，千树万树梨花开”，柳树结银花，松树绽银菊，把人们带进如诗如画的仙境。有言道“寒江雪柳，玉树琼花，吉林树挂，名不虚传”。

大自然的神奇造化

闾山像一幅恢宏博大的泼墨画卷，壮美瑰丽，姿态万千。这里有鬼斧神工的奇峰怪石；郁郁葱葱的苍松翠柏；水丝如帘的石棚飞瀑；梨花巧构的“香雪海”……放眼望去云雾缭绕，仙气缥缈，使人不由得驻足，流连忘返。

邂逅一场瑰丽梦境

红海滩确切的出现时间已无法考证，有学者称有了地球有了海的时候，就已经有了红海滩。织就红海滩的是碱蓬草，它们一棵棵纤柔地生长在盐碱卤渍里，于光阴荏苒中，酿造出一片片火红的生命色泽。

印象东北

文化符号

二人转

东北地区喜闻乐见的一种艺术形式，具有浓郁的地方特色，流传广泛。

闯关东

历史上著名的人口大迁移活动，对东北地区的发展产生了深远影响。

高句丽王国

东北地区和朝鲜半岛曾存在的一个民族政权，拥有悠久而神秘的历史。

沈阳故宫

中国仅存的两大宫殿建筑群之一，为清朝初期的皇宫，至今已有近400年历史。

老工业基地

东北地区是中国最重要的工业基地，有“东方鲁尔”的美称。

东北大秧歌

古老的汉族传统娱乐活动，源于生活，将东北人民的热情质朴展露无遗。

印象
东 北

关东山水

五大连池

由五个相互连接的美丽湖泊组成，是中国著名的火山之乡。

鸭绿江

中国和朝鲜两国的界河，有著名的鸭绿江大桥、虎山长城等景观。

长白山

松花江、图们江和鸭绿江的发源地，著名的长白山天池景色秀丽。

黑龙江

流经蒙古、中国、俄罗斯的亚洲大河之一，也是中俄两国的界河。

大兴安岭

内蒙古高原与松辽平原的分水岭，原始森林茂密，是中国重要的林业基地。

镜泊湖

中国最大、世界第二大高山堰塞湖，是著名的旅游、避暑和疗养胜地。

印象
东 北

多彩民族

满族

清王朝的创造者，有自己独特的饮食和服饰习俗，民族风情绚丽多彩。

锡伯族

最初以打猎为生，善于骑射、摔跤，西迁节是锡伯族最重要的节日。

鄂伦春族

被称为“林木中百姓”，是狩猎民族，创造了丰富多彩的民族文化。

蒙古族

被誉为“马背上的民族”，过着简单而快乐的游牧生活。

赫哲族

东北地区一个历史悠久的少数民族，是中国北方现存唯一的渔猎民族。

朝鲜族

东北亚的重要民族之一，能歌善舞，打糕和泡菜是他们代表性的美食。

印象 东北

冰雪王国

冰城哈尔滨

世界冰雪文化发源地之一，是冬季冰雪度假旅游的好去处。

漠河北极村

素有“神州北极”之美誉，是中国观测北极光的最佳地点。

中国雪乡

牡丹江市双峰林场每年雪期漫长，恍若童话世界，有“中国雪乡”的美称。

吉林雾凇

东北地区著名的冰雪景观，吉林雾凇仪态万千、独具风韵，形态最为特别。

亚布力滑雪场

国内规模最大的滑雪场之一，处于群山环抱之中，林密雪厚，风景壮观。

查干湖冬捕

一种传承千年的捕鱼习俗，壮观的冬捕场面吸引着四面八方的游人。

印象
东 北

东北风物

柞蚕丝绸

有着闪烁的光泽，手感柔软，被称为丝绸界的“绿宝石”。

哈尔滨啤酒

中国最早的啤酒品牌之一，至今仍风行于中国各地，并远销英国、美国、俄罗斯等国。

貂皮

貂皮皮板优良，轻柔结实，毛绒丰厚，色泽光润，素有“裘中之王”之称。

人参

多年生草本植物，是驰名中外的珍贵药材，被称为“百草之王”。

朝鲜族打糕

用糯米精制而成，历史悠久，是朝鲜族人民最爱吃的传统食品之一。

鹿茸

含有非常丰富的氨基酸、蛋白质和钙、磷、镁等元素，是一种高级补品和名贵药材。

自驾东北

线路 1

长春—阿尔山
原始风光之旅

查干湖冬捕

黄龙府
农安

查干湖
松原

成吉思汗庙
乌兰浩特

海神圣泉
阿尔山

阿尔山森林公园
阿尔山

玫瑰峰景区
阿尔山

此线路以原始风光最为动人，有千峰林立的狼牙坝泥林，万千动植物并存的向海，还有神奇的阿尔山。此外，沿途的人文风光也毫不逊色，黄龙府所承载的历史、查干湖古老的“祭湖”仪式都让人回味无穷。这条线路行驶里程约1100千米，出游天数6天，最佳旅游季节为5~8月。

第一天 从长春市区出发，走G302，上午在农安县参观黄龙府，之后在吉拉图乡游览红石砬子遗址，晚上住在松原市。

第二天 从松原市区出发，上午经G302前往查干湖游览，然后前往狼牙坝泥林参观，参观完毕后沿S302前往通榆县，夜宿通榆县县城。

第三天 上午前往向海国家自然保护区游玩，下午沿G47—G302到达乌兰浩特市，参观成吉思汗庙，夜宿乌兰浩特市市区。

第四天 从乌兰浩特市出发，上午沿S203前往阿尔山游览海神圣泉，沿途可选择参观好森沟景区，夜宿阿尔山市市区。

第五天 从阿尔山市沿S203前往阿尔山森林公园游览，晚上返回阿尔山市市区住宿。

第六天 上午参观玫瑰峰景区，下午可到阿尔山滑雪场游玩。

鸭绿江大桥

线路 2

北京—辽东海滨度假之旅

北戴河 鸽子窝

山海关 老龙头

兴城 海滨风景区

盘锦 红海滩

大连 老虎滩海洋公园

旅顺 白玉山

这条线路全线沿渤海海岸而行，北戴河的海滨丽景、名闻遐迩的盘锦红海滩和大连老虎滩的海岸风情让游客尽享海滨游乐的惬意和乐趣，感受海洋的浩瀚与美丽。另外，此线还能在山海关一睹“天下第一关”的雄姿，在大连体验蛇岛的刺激。这条线路行驶里程约1100千米，出游天数6天，最佳旅游季节为5~8月。

第一天 从北京市沿 G1 行驶至北戴河景区游览，鸽子窝、老虎石、联峰山都值得一看，夜宿北戴河城区。

第二天 从北戴河沿滨海大道—河北大街行驶至山海关区参观老龙头和孟姜女庙，沿途经过乐岛海洋公园，可选择参观，夜宿山海关城区。

第三天 从山海关沿 G1 行驶至兴城海滨风景区参观，附近还有菊花岛、首山、兴城温泉等景点，夜宿兴城市。

第四天 从兴城沿 G1 行驶至盘锦市参观红海滩，然后继续沿滨海大道—G15 行驶至金石滩参观，夜宿大连金石滩附近。

第五天 参观老虎滩海洋公园、星海湾景区，夜宿大连市市区。

第六天 从大连市区前往旅顺口区，参观白玉山风景区、旅顺日俄监狱旧址博物馆，如果还有时间可去东鸡冠山游览。

自驾东北

线路 3

沈阳—珲春
沿江边境之旅

长白山锦江大峡谷

- 本溪 本溪水洞
- 丹东 鸭绿江大桥
- 桓仁 青山沟
- 集安 高句丽王城
- 安图 长白山
- 和龙 仙景台风景区
- 延吉 帽儿山风景区

这条线路一路沿江而行，沿途有仙境般的本溪水洞、辽宁四大名山之一的凤凰山。在长白山，可欣赏飞流直下的瀑布、险峻的大峡谷，而神秘的天池更是让人驻足神往。这条线路行驶里程约 1900 千米，出游天数约 7 天，最佳旅游季节为 5~9 月。

第一天 从沈阳市区沿单阜高速—本桓线到达本溪水洞，上午游览本溪水洞，下午原路返回沿G1113—桓盖线到达凤城市，夜宿凤城市市区。

第二天 到达丹东市，上午游览鸭绿江大桥和虎山长城，下午驱车沿S319前往太平湾景区游览，而后沿S319—S202前往宽甸县，夜宿宽甸县县城。

第三天 上午驱车经G201前往桓仁，沿途在青山沟游览一天，夜宿桓仁县县城。

第四天 从桓仁县沿牧童线—凉桂线行驶至集安市参观高句丽王城和五女峰，夜宿集安市市区。

第五天 从集安市沿G303—G11行驶至长白山景区游览北坡景区，夜宿长白山景区。

第六天 从长白山出发，沿G334—河芦线到达和龙市游览仙景台风景区，夜宿和龙市市区。

第七天 从和龙市继续沿S202前行，到达延吉，游览帽儿山风景区，之后继续向西到达图们市游览图们江公园，夜宿图们市市区。

哈尔滨冰雪大世界

线路 4

吉林—黑龙江 冰雪世界之旅

吉林 雾凇岛

松原 查干湖

牡丹江 雪乡

亚布力 滑雪旅游度假区

哈尔滨 冰雪大世界

漠河 北极村

东北有着丰富的冰雪旅游资源，游客来到这里，可观赏神奇的雾凇、冰雕、北极光、雪乡等冰雪美景，也可亲身参与高山滑雪、冰上冬捕等活动。此线适合冬季游玩。

第一天 前往吉林雾凇岛观看雾凇景观。雾凇岛位于吉林市北部30多千米处的乌拉街满族镇，它是松花江上冲击而成的江中小岛，是中国最著名的雾凇观赏胜地。

第二天 前往松原市查干湖体验冬捕的乐趣。冬捕是一种传承千年的捕鱼习俗，壮观的冬捕场面吸引着四面八方的游人。

第三天 到中国雪乡牡丹江市，在雪乡可以滑雪、玩雪圈，或者坐雪地摩托上山看日出，还可以徒步翻越羊草山，感受林海雪原的魅力。

第四天 前往亚布力滑雪旅游度假区，每年的11月中旬至次年3月下旬是最佳滑雪期，此外还有雪圈、雪地摩托等项目。

第五天 在冰城哈尔滨，游览冰雪大世界、中央大街、圣索菲亚大教堂等景点。

第六天 漠河北极村是中国观测北极光的最佳地点。可以寻找中国最北的人家、最北的哨所、最北的邮局等中国独一无二的地理标志，并在此合影留念。

解读东北

地理

中俄边境的黑龙江

面积和区划

东北地区又称关外、关东，位于雄鸡状的中国版图的“鸡头”位置，北隔黑龙江与俄罗斯相邻，南隔鸭绿江与朝鲜半岛接壤，西部是纵贯南北的大兴安岭。东北地区包括辽宁、吉林和黑龙江三省，土地总面积约81万平方千米，其中，辽宁省约15万平方千米，吉林省约19万平方千米，黑龙江省约47万平方千米。

东北地区共辖沈阳、大连、鞍山、抚顺、本溪、丹东、锦州、营口、阜新、辽阳、盘锦、铁岭、朝阳、葫芦岛、长春、吉林、四平、辽源、通化、白山、松原、白城、哈尔滨、齐齐哈尔、鸡西、鹤岗、双鸭山、大庆、伊春、佳木斯、七台河、牡丹江、黑河、绥化等36个地级市，延边朝鲜族自治州1个自治州和大兴安岭1个地区。辽宁、吉林和黑龙江三省的省会分别为沈阳、长春、哈尔滨。

人口和民族

截至2022年年末，东北地区常住人口为9625万人，其中辽宁省4179万人，吉林省2347万人，黑龙江省3099万人。

白鹿岛

东北地区常住人口中以汉族为主体，世居少数民族有满族、朝鲜族、蒙古族、回族、达斡尔族、鄂伦春族、鄂温克族、赫哲族、锡伯族和柯尔克孜族等；设有延边朝鲜族自治州1个少数民族自治州，岫岩满族自治县、新宾满族自治县、清原满族自治县、本溪满族自治县、桓仁满族自治县、宽甸满族自治县、阜新蒙古族自治县、喀喇沁左翼蒙古族自治县、长白朝鲜族自治县、前郭尔罗斯蒙古族自治县、伊通满族自治县、杜尔伯特蒙古族自治县12个少数民族自治县。

地形

东北地区的地形以山地、台地和平原为主，四周是高耸的山脉，中部为肥沃辽阔的东北平原，包括三江平原、松嫩平原、辽河平原，土壤肥沃，土层深厚，是中国重要的商品粮产区，南部与黄渤海相连。

东北地区的山脉主要有大兴安岭、小兴安岭、长白山和千山等。大兴安岭山脉南北长约1200千米，是松辽平原与蒙古高原之间的分界线；小兴安岭是东北地区东北部的低山丘陵山地，是松花江以北的山地总称；长白山位于东北地区东部，是中朝界山。

东北地区的主要河流有黑龙江、松花江、嫩江、辽河、鸭绿江等。黑龙江和鸭绿江分别是中俄和中朝的界河，松花江、嫩江和辽河则流淌在广阔的松嫩平原和辽河平原上。

辽东半岛的西侧为渤海，东侧临黄海，海域（大陆架）面积15万平方千米；陆地海岸线东起鸭绿江口，西至绥中县老龙头，全长2292.4千米，占全国海岸线长的12%，居全国第5位，主要岛屿有外长山列岛、里长山列岛、大鹿岛、菊花岛、长兴岛等。

冰雪旅游资源

东北地区是我国冬季里最为寒冷的地区之一。冬日里的关东千里冰封，万里雪飘，一派空灵而壮阔的北国风光，恍若神奇梦幻的冰雪国度。东北有着丰富的冰雪旅游资源，游客来到这里，可观赏神奇的雾凇、冰雕、北极光、雪乡等冰雪美景，也可亲身参与高山滑雪、冰上冬捕、狗拉雪橇等活动。

东北冰雪旅游资源

漠河北极村是中国最北的地方，也是中国唯一可观测北极光的地点。每当夏至前后极昼发生时，这里都会出现独具魅力的极光美景。

冰城哈尔滨是东北地区的冰雪旅游胜地，冬季的温度可低至−40℃，每逢此时，哈尔滨都会成为一座梦幻冰城，各种雪雕、冰雕规模宏大，栩栩如生，引人入胜。

中国雪乡位于黑龙江牡丹江市境内的双峰林场，这里山清水秀，景色神奇，每年冬季，皑皑白雪随物具形，千姿百态，将雪乡装饰成一个冰雕玉琢的童话世界。

查干湖是吉林省内最大的天然湖泊，以独特的冬捕习俗而成为旅游胜地。查干湖冬捕完全在冰面上进行，采用马拉动渔网捕鱼的传统方式捕鱼，每年都会吸引大量的游人前来参观。

吉林雾凇为中国四大自然奇观之一，发生在隆冬季节的雾天，松花江中蒸发的水汽遇冷凝结而成，玉树琼花，姿态万千。雾凇景观主要分布于吉林的松花江畔，主要观赏区有十里长堤观赏区、雾凇岛和吉诺尔观赏区三处。

东北的冰雪运动

类型多样，丰富多彩，既有惊险刺激的高山滑雪和雪地摩托，也有惬意的滑冰、狗拉雪橇、马拉雪橇等。

哈尔滨国际冰雪节

哈尔滨国际冰雪节是世界四大冰雪节之一，自1985年1月5日创办以来每年举办一届。在持续一个月的冰雪节期间要举行各种与冰雪有关的活动，既有传统的冰雪大世界、雪博会、冰灯游乐园三大主题活动，也有冰雪摄影展、冰上婚礼、冰雪电影节、冰球比赛等项目，举办地点主要为冰雪大世界、太阳岛、兆麟公园等地。

中俄界河黑龙江

气候

东北地区自南向北跨中温带与寒温带，大致属温带大陆性季风气候，从东南向西北由湿润气候过渡到半湿润气候再到半干旱气候，四季分明。东北是我国纬度位置最高的区域，冬季寒冷漫长，降雪多，蒸发小；夏季温暖而短促，气候湿润。寒冷的气候使得东北地区的冬季冰雪旅游资源丰富，冰城哈尔滨、吉林雾凇、长白山等都是著名的旅游胜地。

中俄界河黑龙江

黑龙江因流经黑土地而江水微黑、江水蜿蜒如龙而得名，是中国最北端的一条大河，是中国北方民族的母亲河，也是中俄两国的界河，与长江和黄河并称中国的三大河，是世界上最纯净、最神秘的河流。

黑龙江有两个发源地，南源是我国内蒙古自治区的额尔古纳河，北源是蒙古人民共和国、俄罗斯境内的石勒喀河，两条河于恩和哈达山脚下汇合，始称黑龙江。黑龙江干流从额尔古纳河和石勒喀河汇流点到黑河市，航程894千米，为上游；黑河到黑龙江、乌苏里江合流点哈巴罗夫斯克（伯力），航程996千米，为中游；伯力以下属俄罗斯境内，到庙街为下游，黑龙江从庙街注入鞑靼海峡，最终流入太平洋。

黑龙江流域水量丰富，降水季节分配不均，每年4~10月暖季降水量占全年的90%以上，11月进入冬半年枯水期，冬半年降水均以雪的形式降落。黑龙江流域内森林及金、煤等矿产资源丰富，盛产鱼类，尤以大马哈鱼和鳇鱼最为著名。

黑龙江上游两岸有多段连绵十余千米、百余里的高山峡谷。两岸奇峰怪石，如斧劈刀削，而峡谷中则尽是遮天蔽日的原始森林，常常云雾缭绕，散发着湿润凉爽的气息，森林中不时有珍禽异兽出没。黑龙江中的绿岛银滩星罗棋布，很多岛屿从无人涉足，只有水鸟在上面欢唱嬉戏。位于黑龙江省黑龙江南岸的漠河县北极村是中国最北的村庄，与俄罗斯隔河相望，是欣赏北极光的绝佳地。

原始森林王国——大兴安岭

大兴安岭位于中国的最北边陲，东连绵延千里的小兴安岭，西依呼伦贝尔大草原，南达肥沃、富庶的松嫩平原，北与俄罗斯隔江相望，是内蒙古高原和松辽平原、辽河水系和松花江嫩江水系的分水岭。境内重峦叠嶂，林莽苍苍，雄浑八万里的疆域，一片粗犷，被誉为我国“金鸡冠上的绿色宝石”。

大兴安岭平均海拔1200~1300米，最高峰达2035米。山脉南北长约1220千米，北段较宽，达306千米，南段仅宽97千米。山脉形成于侏罗纪造山运动时期，沿东侧的走向断层掀升翘起，造成东西两坡的斜度不对称，东坡较陡，西坡则向内蒙古高原和缓倾斜。大兴安岭大部为火成岩，地形平滑，山顶浑圆，山坡较平缓，山脉东坡被嫩江及松花江的许多支流深深地切割。

大兴安岭原始森林茂密，是中国重要的林业基地之一，主要树木有兴安落叶松、樟子松、红皮云杉、白桦、蒙古栎、山杨等，资源丰富，景观奇秀。这里经常云遮雾罩，沿着山间公路走上兴安岭，可见千年古松参天挺拔，树木枝叶相错成冠，遮天蔽日。呼中自然保护区位于大兴安岭山脉东北坡，是大兴安岭自然森林生态的代表，当地有独特的“醉林”“旱地莲花”“侏儒林”“孔雀开屏”等寒温带针叶原始森林景观，保护区内古木参天，山顶终年积雪不化，山下绿草茵茵，野花遍野，是避暑的“世外桃源”。

大兴安岭风光

东北大动脉——松花江

松花江位于我国的东北地区中北部，是黑龙江在中国境内的最大支流。松花江流经吉林、黑龙江两省，全长1840千米，流域面积54.56万平方千米，占东北三省总面积69.32%。径流总量759亿立方米，超过了黄河的径流总量。

松花江有南北两源。北源嫩江发源于大兴安岭伊勒呼里山，自北向南流至三岔河，全长约1380千米，流量占松花江干流的31%。嫩江接纳了许多发源于大小兴安岭的支流。南源第二松花江是松花江的正源，它发源于长白山的白头山，全长795千米，上中游河谷狭窄，水量大，落差大，水力资源丰富。两源在黑龙江省和吉林省交界的三岔河汇合以后始称松花江。松花江自三岔河附近向东北方向奔流，江面开阔、平缓，水深，它穿过小兴安岭南端谷地，在同江附近注入黑龙江。

松花江流域范围内山岭重叠，满布原始森林。大兴安岭、小兴安岭、长白山等山脉上的木材丰富，是中国面积最大的森林区。松花江流域土地肥沃，盛产大豆、玉米、高粱、小麦、棉花、苹果等。松花江也是东北地区的一个大型淡水鱼场，每年生产的鲤鱼、江鲫、鳇鱼、哲罗鱼等达4万吨以上。

松花江虽然是黑龙江的支流，但对东北地区的工农业生产、内河航运、人民生活等方面的经济和社会意义都超过了黑龙江和东北其他河流。

松花江雾凇

冬日落日

冬季的松花江，气候严寒，有时会降至–30℃。但是丰满水电厂这一段从不结冰，这一段夹带暖流的江面，不断冒起团团水蒸气，凝结在岸边的柳丝、松叶上，形成一簇簇、一串串晶莹似玉的冰花，十里长堤顿时成了玲珑剔透、玉树银枝的世界，形成了闻名全国的雾凇奇景。

肥沃的东北平原

东北平原是我国最大的平原，位于东北地区的中部，包括三江平原、松嫩平原和辽河平原。东北平原东、西、北三面环山，北起嫩江中游，南至辽东湾，南北长约1000千米，东西最宽约400千米，面积约35万平方千米，占东北地区总面积的28%。东北平原主要是由辽河、松花江、嫩江和乌苏里江等河流冲积而成，平原土地肥沃，水网发达，盛产玉米、大豆、春麦、甜菜等农作物，是我国北方著名的“粮仓”和畜牧基地。

三江平原

三江平原包括黑龙江、松花江和乌苏里江的冲积平原，以及完达山以南由乌苏里江和兴凯湖冲积而成的低地平原，南北长约520千米，东西宽430多千米，面积6.8万平方千米。三江平原各种形态的洼池、沼泽广泛发育，是典型的低地平原，故又称三江低地。在历史上这里是有名的“北大荒”，经过几代人的开垦，现在成了闻名的“北大仓”。

松嫩平原

松嫩平原位于东北地区中心，它的东南西北四周分别与长白山、松辽分水岭、辽西山地和大兴安岭、小兴安岭为界，四面高中间低，是个典型的盆地平原，总面积约17万平方千米。松嫩平原主要河流有嫩江和松花江及其支流，形成大面积的沼泽湿地，湿地上河曲发达，河漫滩宽广，泡沼成群，景色秀丽。

辽河平原

辽河平原可分为西辽河沙丘平原和辽河中下游平原两部分。西辽河沙丘平原是指大兴安岭以东、辽河以西、松辽分水岭以南被沙丘覆盖的冲积平原，面积约6.5万平方千米，以固定和半固定沙丘为主。辽河中下游平原北以松辽分水岭为界，南到渤海，是一个长期沉降地带，堆积了200多米厚的沙质黏土和黄土状沉积物，因而河口逐渐向外伸展，形成冲积海积平原。

人间第一峰——长白山

长白山有广义和狭义之分。广义的长白山脉是中国东北三省的东部山地以及俄罗斯远东地区和朝鲜半岛诸多余脉的总称，北起三江平原南侧，南延至辽东半岛与千山相接，包括完达山、老爷岭、张广才岭、吉林哈达岭等平行的断块山地，长约1300千米，以中段长白山最高，向南、北逐渐降低。狭义的长白山则是位于吉林省东南部地区的长白山脉的主峰，是中朝两国的界山。

中朝界山长白山处于东亚大陆边缘，濒临太平洋的强烈褶皱带，是一座复合式盾状的休眠火山，典型的火山地貌，随海拔自下而上主要由玄武岩台地、玄武岩高原和火山锥体三大部分构成，海拔高差近2000米。在广阔的玄武岩台地和玄武岩高原上矗立着一座巨大的火山锥体——长白山主峰。长白山主峰由16个海拔2500米以上的奇峰组成，陡峭险峻，雄姿各异。中国境内最高峰为白云峰，海拔2691米。

著名的长白山天池位于长白山主峰火山锥体的顶部，是我国最大的火山口湖。天池四周奇峰林立，池水碧绿清澈，是松花江、图们江、鸭绿江的三江之源。从天池倾泻而下的长白飞瀑是世界落差最大的火山湖瀑布，其轰鸣如雷，水花四溅，雾气遮天。位于冠冕峰南的锦江瀑布，两次跌落汇成巨流，直泻谷底，惊心动魄，与天池瀑布一南一北，遥相呼应，蔚为壮观。

除了天池，长白山还有幽深秀美的小天池、奇特罕见的地下森林、热浪滚滚的温泉群等著名景观，还有雄伟险峻的长白山大峡谷等美景，每年都吸引着成千上万的游客。

美丽富饶的辽东半岛

位于中国东北地区南端的辽东半岛是我国第二大半岛，由美丽的千山山脉向南延伸到渤海而形成，它与山东半岛遥相呼应，形成渤海和黄海的分界。

辽东半岛是一片富饶而美丽的土地，它的北面边界是鸭绿江口与辽河口的连线，其他三面临海，千山山脉从南至北纵贯整个半岛，最高点高1000余米。半岛沿海地带是平原，海中有很多岛屿，最著名的有小龙岛（蛇岛）、长山群岛等。

由于受到海洋气候的影响，整个辽东半岛冬暖夏凉，是我国北方著名的避暑胜地。半岛南部金州区附近的金州湾、大连湾为两个构造盆地，在最近地质时代曾下降，形成弯曲的海岸线，有旅顺、大连等良港，为中国

长白山火山岩

北部地区海运、渔业的重要基地。

辽东半岛天然林极少，多为人工林，以及果园林木、蚕场柞木林和灌丛。这里的土壤以棕壤为主，河谷低地为草甸土，滨海有盐土分布。辽东半岛的土地和气候条件为两茬作物和果树生长提供了良好的条件，现已成为我国北方果树、柞蚕和花生的重要产区。

中朝界河鸭绿江

鸭绿江发源于吉林省长白山南麓，是中国和朝鲜两国的界河，流经长白、临江、宽甸、丹东等地，沿中朝边界向西南汇集浑江、虚川江、秃鲁江等支流，在辽宁丹东的东港市附近向南注入黄海。鸭绿江干流全长795千米，其中吉林省部分575千米，辽宁省部分220千米，流域面积达6.19万平方千米。

鸭绿江上游沿岸除有小片地区为玄武岩外，整个河床由前寒武纪岩石构成，流至河口湾处冲积层开始向外扩展。河流流过的大部分河谷很深，与峡谷相似；两岸山峦叠起，

鸭绿江

海拔600~1200米。临江以上的河段水流湍急，到处是瀑布和暗礁。在临江至楚山的中段，河床有大量冲积土淤积，冬季水浅，有的地方甚至连顺流而下的木筏都无法通过。集安以下沿岸平原较开阔，流量大，水力资源十分丰富，建有水丰、云峰等电站。

鸭绿江两岸青峰耸立，风光旖旎，江水蜿蜒曲折，急流险滩不断，是著名的风景名胜区，有绿江、水丰、太平湾、虎山、大桥、江口六大景区，其中包括鸭绿江大桥、虎山长城等100多个景点。

阿尔山

长白山天池

历 史

集安好太王陵

海东盛国——渤海国

渤海国是我国唐朝时期以粟末靺鞨为主体建立，统治东北地区的地方民族政权。渤海国在长达200多年的发展过程中，全面效法唐朝封建文明，依靠渤海人的聪明智慧和勤劳勇敢，繁育了发达的民族经济和灿烂的渤海文化，促进了东北边陲的进一步开发，创造了“海东盛国”的辉煌。

696年，契丹首领李尽忠等杀营州都督赵文翙叛唐，为粟末靺鞨新贵族提供了创建民族政权的时机。唐朝为瓦解东北少数民族的反唐联盟，在对契丹实行武力围剿的同时，对粟末靺鞨采用了招抚政策，但善于用兵的靺鞨首领大祚荣并不领情，大败唐军。698年，大祚荣审时度势，在今吉林省敦化市敖东城建立靺鞨政权，以武则天封其父为震国公之“震”作为国号，自称震国王，后臣属于唐。713年，唐睿宗李旦即位后，册封大祚荣为左骁卫大将军，大祚荣于是去靺鞨号，同时以“渤海”取代“震”为国号。从此，渤海作为国号和族称，见于史书。

渤海国全盛时期，疆域北至黑龙江中下游两岸，东至日本海，西到吉林与内蒙古交界的白城、大安附近，南至朝鲜之咸兴附近，是当时东北地区幅员辽阔的强国。在中原文明的强有力影响下，渤海国政权迅速完成了封建化的进程，各项制度仿效唐朝，社会和经济有了显著的发展和进步，成就了“海东盛国”的传奇。

926年，渤海国被契丹国所灭，共传国十五世，历时229年。渤海国灭亡后，许多渤海国遗民在渤海故地进行了复兴运动，并建立起了后渤海国、定安国和兴辽国等国家，但这些国家最终都被契丹所灭。

辽代的兴衰

在我国波澜壮阔的历史长卷中，曾扶摇而起过一个搏击长空的鹰之族——契丹。这个民族建立的大辽国，雄跨长城

历史大事记

远古时期

早在50万~40万年以前，辽宁营口金牛山地区已有古人类活动。

公元前2130年，早期肃慎王国建立，定都喜都唐阿吞（今长春宽城区）。

秦汉时期

公元前300年，燕将秦开攻破东胡，开辟辽东。

公元前2世纪，扶余国建立，定都合龙城（今长春）。

公元前37年，扶余王子朱蒙在五女山山城建立高句丽王国。

337年，鲜卑族首领慕容皝建立前燕国，以龙城（今辽宁朝阳）为国都。

隋唐五代

668年，唐朝大将薛仁贵攻占扶余城，高句丽灭亡。

698年，靺鞨族首领大祚荣建立渤海国，定都初驻旧国（今吉林敦化）。

907年，辽太祖耶律阿保机统一契丹各部称汗，国号“契丹”。

渤海国上京龙泉府遗址

内外，以现在的我国北方辽河流域为核心地区，在中华大地轰轰烈烈地拓创了200余年的辉煌，为后世留下了无数的传奇和谜团。

契丹族源自东胡后裔鲜卑的柔然部，660年，契丹族反叛自立，并与李唐脱离关系。契丹迭剌部的首领耶律阿保机于唐末乘中原之乱统一各部，于907年即可汗位，他先后镇压了契丹贵族的叛乱，征服奚、室韦、阻卜等部落，国势渐盛。916年，耶律阿保机建立了奴隶制国家——契丹国，后被尊为辽太祖。918年，辽太祖建皇都临潢府（今内蒙古巴林左旗南的波罗城），925年率兵亲征渤海国，于旧渤海国地建立东丹国以统治渤海国遗民。

936年，后唐河东节度使石敬瑭以称子、割让燕云十六州为条件，乞求耶律德光出兵助其反对后唐。耶律德光遂亲率5万骑兵，在晋阳城下击败后唐军，册立石敬瑭为后晋皇帝，开始了其南下中原的征程。938年，耶律德光把民族色彩浓厚的契丹国改为大辽，并将燕云十六州建设成为进一步南下的基地。北宋立国后，曾两度北伐，皆被辽军所击败。1004年，萧太后与辽圣宗亲率大军深入宋境，后逼迫北宋结下“澶渊之盟”，从此两朝和好达120年之久。

1114年春，北方女真族首领完颜阿骨打起兵反辽，建立金朝。1120年金军攻克辽上京，接着连战连捷，辽国元气大伤。1125年，辽国皇帝耶律延禧被俘，辽国正式灭亡。阿保机第八世孙耶律大石于1124年建立了西

宋元时期

1115年，女真先祖完颜阿骨打统一女真各部，建立金朝。

1218年蒙古军灭西辽，1234年灭金。

明清时期

1583年，努尔哈赤起兵统一女真各部，于1616年自立为汗，国号大金。

1619年，明朝与后金进行了萨尔浒之战，明军惨败。

1625年，努尔哈赤迁都沈阳，改称“盛京”。

1636年，皇太极改国号金为“大清”，在沈阳称帝。

1685年，清军击退了沙俄侵略，双方签订《尼布楚条约》。

近现代时期

清末，大批关内百姓跨过山海关到东北，史称“闯关东”。

1858年和1860年，中俄签订《瑷珲条约》和《北京条约》，沙俄割占了大量中国领土。

1894年，中日甲午战争爆发，日军在旅顺进行了“旅顺大屠杀”。

金代钱币

辽，存国90多年，1218年为元朝所灭。

盛极一时的大金国

金国是辽国之后东北地区兴起的又一个少数民族王朝，从1115年金太祖完颜阿骨打称帝，到1234年完颜承麟被杀，共存在了119年，其立国时间虽不长，但却在中国的历史上留下了抹不去的痕迹。

女真族在唐朝时称“黑水靺鞨”，生活在黑龙江一带，以渔猎为生。辽帝国时期，辽国统治者长期向女真人索要珍珠，鱼肉女真百姓，终于导致女真族叛乱。1114年，女真族首领完颜阿骨打统一女真诸部后起兵反辽，他在取得宁江大捷和出河店之战胜利后，于1115年称帝建国，国号大金。

金朝建国后，展开了以辽五京为战略目标的灭辽之战，五京一下，辽朝随即灭亡，金国与北宋开始成为对手。金太宗完颜晟即位后，挟灭辽之威，很快席卷而南，于1127年攻破宋首都开封，灭亡北宋。女真在消灭辽和北宋后，统一了包括黄河流域在内的广大北方地区，与南宋长期对峙。

1214年，蒙古大军南下，1215年陆续攻占河北、辽东及上京等地。面对当前危局，金统治者错误地选择了断绝与西夏来往、进攻南宋、抗击蒙古的战略，导致三面树敌。1234年，在蒙宋夹击之下，金朝终于亡国。

金朝时期，随着封建化的深入，社会和经济获得一定的发展，文化业取得了较大的成就，其中戏剧较为突出，产生了元好问等著名文学家。

清王朝的“龙兴之地”

曾经在中国历史上显赫一时的大清帝国是我国第二个由少数民族建立起来的全国性帝国，也是中国历史上的最后一个封建国家，而这一帝国的发源地正是在今天的东北地区，满族祖先从这里发迹壮大，最终越过长城，登上中国权力的巅峰。

满族的前身为女真族，世代生活在我国的东北地区。宋政和五年（1115年），女真先祖完颜阿骨打统一女真各部，并驱逐契丹的统治，建立金朝，直至金朝被元朝所灭。明代万历十一年（1583年），出身建州左卫指挥使世家的努尔哈赤因祖、父被明朝误杀，以

近现代时期

1904年，日俄战争爆发，战后东北地区沦为日本势力范围。
1928年，日军制造“皇姑屯事件”，炸死张作霖。
1931年，日本发动“九一八事变”，东北地区被日本占领。
1948年，东北野战军在辽沈战役中击败国民党军。
1949年中华人民共和国成立后，东北地区成为重要的工业基地。
1958年起，北大荒开始大规模开发，成为重要的商品粮生产基地。
1959年，大庆油田被发现，成为当时中国最大的油田。
1984年，国务院批准大连为沿海开放城市，大连市的经济和旅游业开始迅速发展。
1985年，首届哈尔滨国际冰雪节开始举办。

沈阳故宫

先人所留下的“十三副遗甲”起兵，开始了他之后建国称汗的道路。

明万历四十四年（1616年），努尔哈赤看明朝政治日益腐朽，边防日益废弛，逐步向明朝发动进攻，占领抚顺等地。当年，努尔哈赤在赫图阿拉称汗，建立大金，史称后金。明万历四十七年（1619年）二三月间，在明朝与后金的战争中，努尔哈赤在萨尔浒（今辽宁抚顺东大伙房水库附近）附近地区大败明军，这是明朝与后金辽东战争中的战略决战。天启六年（1626年）正月，明军和后金军在宁远大战，明军取得胜利，后金兵败，这也是首次明军战胜后金军，战后努尔哈赤逝世，第八子皇太极继位。1636年，皇太极改女真族名为满族，在沈阳称帝，建国号大清，一代帝国从此建立，沈阳也成为大清帝国的最早都城。

1644年，清军和李自成的农民军在山海关展开大战，最终清军大胜，乘势一举攻克北京，并迁都北京。至此，清王朝完成了从东北到关内的内迁，并最终统一全国。而关东作为大清王朝的“龙兴之地”，也永远被载入了史册。

十 闯关东的血泪史

中国近代史上有三次规模较大的人口迁徙，即闯关东、走西口和下南洋，2008年，随着电视剧《闯关东》在中央电视台的热播，闯关东这一段充满艰辛和苦难的历史开始被人们所熟知。

关东主要是指山海关外以东北三省为主的广袤地区。1644年清军入关后，清朝统治者实行民族等级与隔离制度，严禁汉人进入东北“龙兴之地”垦殖，并颁布禁关令，长期对关东实行封禁政策。

19世纪中叶，关内黄河下游一带连年遭遇自然灾害，再加上清末英国、德国等帝国主义国家的入侵和国内农民起义，百姓生活困苦不堪。在这种情况下，沃野千里的关东

闯关东雕塑

高句丽王国

高句丽王国是2000多年前中国东北地区影响较大的少数民族政权之一，始于公元前37年，止于公元668年，持续了705年之久。700多年间，这一北方小国先后成功抵御了汉、晋、隋等王朝的进攻，在夹缝之中顽强生存了下来，在东亚历史上扮演了重要的角色。

五女山山城

坐落在辽宁省桓仁县城的北部的五女山山城被称为东方第一卫城，200米高的峭壁相当于城墙，山上建有神庙、宫殿、粮仓、兵营、蓄水池等，高句丽的开国都城就建于此。

丸都山城

位于集安西郊险峻的丸都山上，海拔最高处为676米，它既是国内城的军事守备城，又曾作为高句丽王都使用。丸都山城与国内城相互依附，形成了世界王都建筑史上附合式王都的新模式。

国内城

位于集安市鸭绿江中游右岸的通沟平原上，是东北地区中世纪时代城址中为数不多的地表保存有石筑城墙的平原城类型的都城址，保存下来的城墙依然坚实牢固而又不失美观庄严，2004年7月，丸都山城与国内城被列入世界遗产名录。

高句丽王国大事年表

公元前37年
扶余王子朱蒙因与其他王子不和，逃离扶余国到卒本扶余，建立高句丽政权。

53年
高句丽太祖王将高句丽分散的5个部落设为5个省，实行集权化统制。

56年
高句丽的扩张导致了与汉朝的冲突，高句丽迁都到丸都城。

244年
曹魏进攻高句丽，摧毁了丸都城，高句丽东川王逃到沃沮。

313年
高句丽美川王吞并乐浪郡，高句丽从东北地区进入并控制了朝鲜半岛北部。

371年
百济近肖古王袭击高句丽最大城市平壤，并在战场上杀死了高句丽故国原王。

427年
高句丽长寿王迁都到平壤以加强对百济和新罗的控制。

551年
百济和新罗为摆脱被高句丽奴役的地位而开始联合攻打高句丽。

598年
高句丽进攻辽西，引发与隋的战争。

614年
隋炀帝亲征高句丽，高句丽遣使请降谢罪，隋炀帝遂班师回朝。

659年
唐右领军中郎将薛仁贵在横山（今辽宁辽阳附近）大败高句丽军。

668年
高句丽王国被唐王朝联合新罗所灭。

高句丽人崇拜起源于中原的神物三足乌，把其当作最高权力的象征。

在吉林省集安市周围的广阔平原上，分布着10000多座高句丽时代的古墓，其中的将军坟有“东方金字塔”的美誉，是高句丽时代石造建筑艺术的杰作。

在关内农民眼中就充满了无穷的诱惑力，成千上万的以山东和直隶人为主的破产农民不顾清政府禁令，冒着被惩罚危险，“闯”入东北，此为“闯关东”的来历。

“闯关东”的流民数量以山东人为最，他们扶老携幼、背井离乡来到关东这片陌生而寒冷的土地，开始了充满苦难的悲壮创业史。他们无论是务农、务工经商，还是伐木、筑路，都为关东的开发做出了不可磨灭的贡献。“闯关东”浪潮不仅使关东地区“人稀”的面貌得到改观，使全国人口分布趋于平衡，而且使肥沃的黑土地得到开发，荒原变良田，极大地推动了东北地区发展的进程。

东北近代风云

东北是中国的北大门，在中国的近代史当中，这里经历了无数帝国主义坚船利炮的进攻，也见证了中国人民为建立新家园所做的艰苦斗争。如今，这里众多的斑驳痕迹依旧被完整地保存着，它们共同见证了华夏大地那段被欺凌、被蹂躏的屈辱历史。

英法俄等帝国是近代最先染指辽宁的西方列强，1856年，英法等列强发动了第二次鸦片战争，清政府战败后被迫于1858年签订了丧权辱国的《天津条约》，营口成了东北地区第一个对外开放口岸，沙俄也迫使清政府先后签订《瑷珲条约》和《北京条约》，割占了大量中国领土。这是东北地区沦为半殖民地的开端。

19世纪末20世纪初，帝国主义对东北地区的争夺进入了白热化。1894年，甲午中日战争爆发，不堪一击的清军很快战败，被迫与日本签订了丧权辱国的《马关条约》，将辽东半岛等地割让给日本，后来辽东半岛虽被中国赎回，但中国社会半殖民地化的程度已经进一步加深。甲午战争期间，日军还在旅顺制造了震惊中外的“旅顺大屠杀”，给中国人民带来了无尽的创伤。

日俄战争是另外一场给辽宁带来深重苦难的帝国主义战争，发生于1904年到1905年之间，两大帝国为争夺在中国东北和朝鲜的利益，在东北地区广阔的平原上展开野蛮的拼杀，最终日本战胜沙俄，东北彻底沦为了日本的势力范围，这也为后来的日本全面侵华埋下了隐患。

1928年6月4日，日军秘密炸死了东北军

“九一八”历史博物馆

阀首领张作霖，加快侵华步伐。1931年9月18日，日本制造了“九一八”事变，全面占领了我国的东北地区，日军在东北地区扶植了伪满洲国政权，开始了对东北人民的残酷统治。1945年，苏联的坦克一路开入东北，日军投降，关东这片饱经沧桑的土地才最终回到了祖国的怀抱。

共和国长子

东北是中国著名的老工业基地。当年，这片中国东北方的疆土，以广袤的黑土地、丰富的煤炭和石油资源、雄厚的工业基础，在共和国诞生成长中承载了无限荣光与梦想，被尊为“共和国长子”。

东北是新中国的工业摇篮，“一五”时期，全国156个重点项目有58个在东北，这块土地上曾经诞生了许多让人热血沸腾的第一：1953年，中国第一座大型露天煤矿——辽宁阜新海州露天煤矿建成投产；1956年，中国第一辆汽车在长春一汽正式下线，结束了中国不能制造汽车的历史；1956年，中国第一架喷气式飞机在沈阳飞上蓝天；1959年，大庆第一口基准井喷油，中国贫油的帽子被摘掉……沈阳市的铁西区曾一度集中了上千家国有企业，曾经是中国规模最大、密集度最高的重工业和装备制造业基地，号称“东方鲁尔”。

随着新中国经济建设的不断推进，东北的工业区由南向北逐步推进，除原有的沈阳—抚顺—鞍山—本溪重工业区外，还出现了以机械、化工为主的旅大工业区，以煤炭、化工等为主的辽西走廊工业区，以机械、化工、造纸等为主的长春—吉林中部工业区，以电机、石油、机械工业等为主的哈尔滨—大庆—齐齐哈尔工业区，以煤炭—森林工业为主的黑龙江西部工业区等。鞍钢、长春一汽、大庆油田等都是这一时期涌现出来的工业代表，它们使全国的经济在战后的废墟中迅速崛起。

改革开放后，随着改革不断深化，“共和国长子”的体制性、结构性矛盾日益凸显，进一步发展面临着诸多困难和问题。2009年，中共中央、国务院提出了“全面振兴老工业基地”的口号，相信随着社会主义市场经济体制的逐步完善和经济发展方式的转变，东北地区的经济在不远的未来将会实现更大的发展，重新恢复往日的雄风。

东北历史名人

东北历史悠久，风景秀美，长期以来是北方游牧民族活动的区域，是历史上辽、金和清王朝的发祥地，千百年来涌现出了众多杰出的人物。

朱蒙（前59—前19）：高句丽王国始祖。2000年前，北扶余王子朱蒙历尽艰险，来到今辽宁桓仁地区，建立了中国古代东北地方政权高句丽王国，成为高句丽第一代国王，被高丽奉为始祖。

老式解放牌汽车

大庆油田

大祚荣（？—719）：粟末靺鞨族人，渤海国建立者，自号震国王，史称“旧国”，是中国历史上杰出的少数民族军事家、政治家，被称为创造渤海国的海东盛王。

安禄山（703—757）：营州（今辽宁朝阳）人，755年，安禄山起兵造反，两年后被剿灭，即唐朝著名的“安史之乱”，后史思明即大燕帝位，补谥安禄山为光烈皇帝。

史思明（703—761）：营州柳城（今辽宁朝阳县）人，与安禄山同为乡里。755年，史思明随同安禄山发动叛乱，安禄山被杀后降唐，史思明759年再次谋反，更国号大燕，自称应天皇帝，后被其子所杀。

李光弼（708—764）：唐代营州柳城（今辽宁朝阳）人，契丹族，756年初，经郭子仪推荐为河东节度副使，参与平定“安史之乱”。759年任天下兵马副元帅，参与镇压浙东袁晁领导的农民军。

完颜阿骨打（1068—1123）：生于虎水（今黑龙江哈尔滨东南阿什河），女真族首领，金朝开国皇帝，杰出的政治家、军事家，对金朝灭亡辽朝、统一北方具有奠基意义。

耶律楚材（1190—1244）：锦州义县人，契丹族杰出的政治家，蒙古帝国时期大臣。他对成吉思汗及其子孙产生深远影响，他采取的各种措施为元朝的建立奠定了基础。

张三丰（1247—1458）：辽东懿州（今阜新县）人，元明之际儒者，武当山道士，善书画，工诗词。张三丰被认为是道教武当派祖师。

皇太极画像

李成梁（1526—1615）：辽东铁岭（今辽宁铁岭）人，明朝后期将领，镇守辽东30年期间，先后10次奏大捷，但因后期奢侈无度被劾罢。

努尔哈赤（1559—1626）：出生于抚顺市新宾县赫图阿拉城，清王朝的奠基者，25岁时起兵统一女真各部，平定中国关东各部，明神宗万历四十四年（1616年）建立后金政权。努尔哈赤死后葬于沈阳清福陵。

皇太极（1592—1643）：生于抚顺市新宾县赫图阿拉城，努尔哈赤去世后受推举袭承汗位。1636年，皇太极在沈阳称帝，建国号大清，后迁都北京。皇太极前后在位17年，期间不断对明朝作战，为清王朝入主中原打下了坚实的基础。

耿精忠（1644—1682）：辽东盖州卫（今营口盖州）人，清朝靖南王，1673年反清，自称总统兵马大将军，与吴三桂合兵入江西，“三藩之乱”平息后，被凌迟处死。

张作霖（1875—1928）：字雨亭，辽宁海城人，号称“张大帅”，出身贫苦农家，参加过中日甲午战争，后投身绿林，逐步成为东北军阀首领，1928年在皇姑屯事件中被日本人炸死。

张学良（1901—2001）：字汉卿，盘锦市大洼区人，奉系军阀首领张作霖的长子，中国近代著名的爱国将领、政治家、军事家。张学良积极主张抗日，反对内战，曾同杨虎城一起发动震惊中外的“西安事变”。

张学良雕像

高句丽王城、王陵及贵族墓葬

文 化

东北二人转

雅俗共赏的二人转

二人转是流传于我国东北地区的一种古老曲艺，其发展紧紧围绕着东北人民的生活、感情，深深地植根于东北人民的生活中。近年来，随着东北一大批二人转艺人在全国的声名鹊起，二人转这一艺术焕发出了强大的活力。

二人转史称小秧歌、双玩意、蹦蹦，属于走唱类曲艺，流行于辽宁、吉林、黑龙江三省和内蒙古东部等广袤的地区。二人转是一种吸纳力和生命力极强的炕头艺术，受到东北群众特别是农民的喜爱。其唱本语言通俗易懂，生活气息浓厚，富有地方特色。它的音乐唱腔是以东北民歌、大秧歌为基础，吸收了东北大鼓等曲调而构成，高亢火爆。它的舞蹈来自东北大秧歌，并吸收了民间舞蹈及武打成分，热情而有活力。

二人转的演出形式大致可分为3种，最主要的一种是二人化装成一丑一旦的对唱形式，边说边唱，边唱边舞。二人转的音乐唱腔极为丰富，其结构为曲牌连缀体，积累的曲牌约有300多支，常用的有五六十支，主要曲牌有胡胡腔、喇叭牌子、文嗨嗨、武嗨嗨等。

二人转的传统曲目非常丰富，计有300多个，有“四梁四柱”之说。“四梁”指的是大四套曲目，有《钢鉴》《清律》《浔阳楼》和《铁冠图》；“四柱”指的是小四套曲目，有《西厢》《兰桥》《阴魂阵》和《李翠莲盘道》，这些也是二人转艺人的拿手曲目。

一方水土养一方人，如果没有东北这片沃土，也就没有东北二人转，如果没有二人转，东北人也就不会活得轰轰烈烈。现在，二人转虽然还称不上正牌剧种，但它已登上了大雅之堂，并且在不断地充实着其丰富的内涵。它就像一股呼啦啦强劲的东北风，正冲出白山黑水，席卷着中华大地。

东北卷轴

《努尔哈赤》：描述了努尔哈赤戎马倥偬数十载，横扫白山黑水，统一女真各部，击溃大明王朝，励精图治、革故鼎新，最终成为威震中国的一代铁血汗王的全过程。

《乱世枭雄》：深度讲述了一代枭雄张作霖及张学良父子的传奇人生，再现了中国从清朝到民国社会变革期的宏大图景，浓缩了中国近代史。

《旅顺口》：忠实而生动地再现了日俄战争中的旅顺口防御战，记录了日俄帝国主义在中国领土和领海上进行的为控制远东重要战略经济区和重新瓜分势力范围的侵略战争，曾获得斯大林文学奖一等奖。

《杨靖宇将军》：讲述了杨靖宇将军领导东北抗日联军与日寇血战于白山黑水之间，最终在冰天雪地弹尽粮绝的情况下壮烈牺牲的故事。

东北大秧歌

东北大秧歌

在东北，无论是在城市还是在乡村，是在傍晚还是清晨，街头巷尾都常常会看到扭秧歌的人群。他们聚在一起，身着艳丽的戏装，做着不同扮相，随着欢快的锣鼓、激昂的唢呐尽情地抒发内心的喜悦。在他们心目中，东北大秧歌堪比二人转，饭可以一天不吃，大秧歌却不可一日不扭。

作为一种民间歌舞，东北大秧歌是北方汉族劳动人民长期创造积累的艺术财富，它起源于插秧耕田的劳动生活，又和古代祭祀农神祈求丰收、祈福禳灾时所唱的颂歌、禳歌有关，并在发展过程中不断吸收农歌、菱歌、民间武术、杂技以及戏曲的技艺与形式，从而发展成今天的一种民间歌舞。在发展过程中，东北大秧歌又在广泛吸收河北、山东秧歌某些元素的基础上，逐步形成了自身泼辣、风趣、热情、爽朗、节奏鲜明、富于棱角的地方特色。

东北秧歌形式诙谐，“稳中浪、浪中梗、梗中翘，踩在板上，扭在腰上”是东北秧歌的最大特点。同时，花样繁多的“手中花”，节奏明快富有弹性的鼓点，哏、俏、幽、稳、美的韵律，都是东北秧歌的特色。秧歌队的服装色彩丰富艳丽，多以戏剧服装为主。从装束上即可判断人物角色，有《西游记》中的唐僧、孙悟空、猪八戒和沙僧，《白蛇传》中的白娘子、许仙，还有包拯、陈世美等，伴

东北影像

《林海雪原》（1960年）：讲述一支骁勇善战的小分队与在东北山林盘踞多年的数股土匪斗智斗勇的故事，塑造了杨子荣这一光辉形象，成为银幕经典。

《辽沈战役》（1991年）：该片详细记载了1948年发生在东北的辽沈战役的经过，曾获中国电影金鸡、百花奖最佳故事片奖。

《凝固的记忆》（2006年）：从大连地区的第一缕炊烟讲起，一直延续到中华人民共和国成立后，将7000余年的历史时空浓缩在3小时内。别出心裁的创意、精致考究的画面和跌宕起伏的背景音乐令人叹服。

《闯关东》（2008年）：讲述的是从清末到“九一八”事变爆发前，一户山东人家为生活所迫离乡背井闯关东的故事，以主人公朱开山复杂、坎坷的一生为线索，反映了关内人民闯关东的辛酸史。

满族

生活在我国东北地区的满族是一个历史悠久、勤劳、勇敢的民族，主要分布在中国的东北三省，以辽宁省最多。满族的历史最早可追溯到2000多年前的肃慎以及后来的挹娄、勿吉和女真，他们不仅创造了曾经的辉煌大清国，还是唯一在中国历史上曾两度建立过中原王朝的少数民族，在漫长的发展当中还积淀了丰富多彩的民族文化。

在古代，满族的男子都要留长辫子，满族认为发辫是人的灵魂之所在。

历史上满族男子多穿马蹄袖的袍褂或长袍外罩对襟马褂，夏季头戴凉帽，冬季戴皮制马虎帽。

满族人佩戴的饰品分骨饰、石饰、珠饰、金银饰等，首饰的好坏可以看出地位的高低、家庭的贫富。

满族妇女的双髻式发型把头发从头顶分梳为前后两部分，走起路来显得高贵、有尊严。

满族妇女喜穿长及脚面的旗装，服装多用各种色彩和图案的丝绸、花缎、罗纱或棉麻衣料制成。

满族妇女的鞋底中央垫有10厘米高的木质鞋跟，满族妇女穿着这样的鞋走起路来，可保持昂首挺胸的身姿和腰肢摇曳的步态。

"笊篱姑姑舞"是满族最具代表性的民间舞蹈，这种舞蹈的唱词突出反映了满族的服饰、饮食等传统风俗。

满族有自己的文字，1599年，努尔哈赤命大臣在蒙古文的基础上创制了"无圈点满文"，1632年又进行改进，这种满文一直沿用至今。

辽宁省的赫图阿拉故城被称为"清王朝第一都城"，1616年，努尔哈赤在此登基称汗，创建了后来的大清王朝。

满族喜欢贴窗花，满族妇女用各种彩纸剪成各种鸟兽花卉和人物，贴在窗户上，栩栩如生，充满活力

东北天籁

《松花江上》：1935年张寒晖在西安目睹东北军和东北人民流亡惨状而创作的一首抗日歌曲，是抗战时期救亡歌曲中的经典之作，它如泣如诉、壮烈低回的情韵，激励着人们同仇敌忾、共赴国难。

《太阳岛上》：是纪录片《哈尔滨的夏天》主题歌，给20世纪80年代的歌坛吹来了一股清新自然的风，这首歌曲使哈尔滨太阳岛成为全国人民向往的风景名胜。

《我爱你塞北的雪》：一首优美的抒情歌曲。1983年，彭丽媛身穿白色毛衣，扎条大辫子，在漫天飞舞的雪花中深情演唱这首歌的场景，打动了无数观众。

《家在东北》：影响广泛的一首现代流行歌曲，由辽宁籍歌手庞龙演唱，通俗的曲调和歌声中饱含着歌手对故乡真挚的爱。

着锣、鼓、镲以及唢呐奏出的曲调进行表演。各种舞蹈中以踩高跷、舞龙、舞狮、跑旱船最为著名。

东北大秧歌的魅力在于其强烈的娱乐功能，随着时代的发展，东北秧歌的功能也在悄悄地发生变化，单纯的娱乐功能已经不能满足人们的需求，东北大秧歌已经开始向娱乐功能与健身功能同时并存的方向演变，为其进一步发展繁衍创造了条件。

关东民族风情

东北地区由于地域处于严寒之中，边疆土地辽阔，人迹稀少，在历史上保持了比较彪悍、勇猛的民风，骑马、射箭、摔跤成了这些边疆民族的日常活动，练就了骁勇、尚武的民族精神。历史上，发源于东北的少数民族曾数次建立了割据的地方政权，并有两次建立了统一的国家政权，肃慎、东胡、鲜卑、契丹、女真等民族都在中国的历史上留下了鲜明的印迹。现在，很多东北地区的少数民族已销声匿迹，现今生活在东北的蒙古、满、鄂伦春、鄂温克、锡伯、达斡尔、赫哲等民族都是这些古老民族的后裔。

蒙古族

东北的蒙古族人多生活在东北地区西部与内蒙古高原相邻的区域内，东北共设有4个蒙古族自治县。蒙古族是传统的游牧民族，世居草原，过着“逐水草而居”的游牧生活。蒙古族最盛大的节日是那达慕大会，每逢此时，人们便开始酿制马奶酒，屠宰牛羊，缝制新衣，准备各种美味的食品，并举办各种骑马、摔跤等娱乐活动。

朝鲜族

朝鲜族主要分布在中国东北的吉林、辽宁和黑龙江三省，少数散居在内蒙古和内地一些城市，中国的朝鲜族是17世纪由朝鲜半岛迁徙过来的，吉林省的延边朝鲜族自治州是朝鲜族的重要聚居地。朝鲜族以能歌善舞而著称于世，朝鲜民族饮食以清淡为主，石锅拌饭、泡菜、打糕等是他们独特的美食。

鄂伦春族

鄂伦春族是中国东北部地区人口最少的少数民族之一，是一个以狩猎为主的民族，因此他们的衣食住行及歌舞等方面都显示了狩猎民族的特点。鄂伦春族主要居住在

大兴安岭地区的鄂伦春人家

赫哲族渔文化

大兴安岭山林地带，使用鄂伦春语。在长期的狩猎和社会生活中，鄂伦春人创造了丰富多彩的精神文化，有口头创作以及音乐、舞蹈、造型艺术等。

鄂温克族

鄂温克族是东北亚地区的一个民族，主要居住在内蒙古和黑龙江两省区。在日常生活中，鄂温克人多数使用本民族语言。鄂温克人是从游牧发展到定居从事畜牧业生产方式的人群，他们的传统文化具有极大的丰富性，最为突出的是服饰文化和饮食文化。

锡伯族

锡伯族是我国少数民族中历史悠久的古老民族，现多数居住在辽宁省。锡伯族有自己的语言，在饮食上主食以米、面为主，冬闲时锡伯族还常进行狩猎。每年农历四月十八是锡伯族的西迁节，是他们最重要的民族节日，也是感受锡伯族文化传统、民风民俗的窗口。

赫哲族

赫哲族是中国东北地区一个历史悠久的少数民族，起源于东海女真赫哲部落，主要分布在黑龙江省，是中国北方现存唯一的渔猎民族，被称为“鱼皮部落”。渔猎为赫哲人生活的主要收入来源，长期的捕鱼生活也造就了这一民族独特的渔文化。

十 东北三宝

东北地区土地肥沃，林木资源丰富，盛产各种山珍野味，其中最著名的就数“东北三宝”。“东北三宝”是东北地区所产的三种土特产的总称，旧的“东北三宝”多指人参、貂皮、乌拉草，而更广为人知的新的“东北三宝”包括人参、貂皮和鹿茸。

人参

人参为驰名中外的珍贵药材，被人们称为“百草之王”，因根部肥大，形若纺锤，常有分叉，全貌颇似人的头和四肢，故而得名。

人参

中国人利用人参的历史悠久，人参不仅有独特的药用价值，还可以进行深加工，有很高的经济价值。东北土话“七两为参，八两为宝”，表示大的优质人参来之不易。

貂皮

“东北三宝”中的貂皮特指东北出产的紫貂皮。紫貂属中小型兽类，躯体细长，四肢较短。紫貂皮素有“裘中之王”之称。貂皮属于细皮毛裘皮，皮板优良，轻柔结实，毛绒丰厚，色泽光润。用它制成的皮草服装，雍容华贵，是理想的裘皮制品。

鹿茸

鹿全身都是宝，所以古时候人们把鹿称作神兽，但是鹿身上最珍贵的东西要数鹿茸了。鹿茸是未骨化的角生长在雄鹿的额上，是一种有组织的结构，为真皮衍生物。鹿茸含有丰富的复合蛋白质和激素，是一种高级补品和名贵药材。鹿茸主要有产于大兴安岭的马鹿茸和产于长白山的梅花鹿茸。

鹿茸片

东北大秧歌

行走东北

带什么

来东北旅游，要想把一些著名景点全部游览完，是需要好多天时间的。虽然东北的景点大多开发得比较完善，并不需要特别带很多东西，但是对一些户外爱好者要到冬季寒冷的地方，还是需要做好充分准备。

旅行者

常规必带

服装 背包 鞋袜

东北地区属温带大陆性季风气候区，在全国干湿气候分区中，地处湿润区向亚干旱区的过渡地带。气温自东向西递增，降水自东向西递减。春季干燥多风，夏季湿热多雨，秋季天高气爽，冬季寒冷漫长，具有四季分明、雨热同季、干湿适中的气候特征。

在周边的山上徒步旅行，一双结实耐用的运动鞋是必不可少的。袜子方面，选择弹性较好、排汗良好的运动袜即可。东北冬季温度较低，要携带足够的保暖衣物。

药品、食品

常规旅游准备一些感冒药品、胃肠类药品和一些去热止痛的药品就可以了，如感冒片剂、感冒冲剂、泻痢停、复方阿司匹林、扑尔敏（氯苯那敏）、抗生素。

在市区旅游，各大景区虽有商店、超市、药店，但也需备一些常规药品。在郊区或较为偏远的地方，可自备纯净水、功能

本溪秋色

饮料等，可以随时补充能量。

洗漱用品

毛巾、牙膏、牙刷、香皂、护肤霜、洗发水、梳子、剃须刀、手纸、湿纸巾等。

防护用品

户外登山旅行，拥有一双始终保持双手干爽的手套，可加强旅行的安全性；去哈尔滨等高寒区旅游时，携带保暖冲锋衣、帽子、围巾、护眼墨镜等可以减小低温冰冻的影响。

特殊选带

药品、食品

对于完全背包客和徒步、探险之类的自助旅游，要备以下药品。

常备药物：牛黄解毒片、黄连素（小檗碱）、牙周宁、息斯敏（阿司咪唑）、乘晕宁。

外用药：云南白药、万花油、创可贴、伤湿止痛膏、冻疮膏、眼药水以及药棉、纱布、绷带、白胶布。

维生素类：金施尔康、善存片及其他维生素片。

保暖用品：黑龙江北部漠河、塔河等地气温较低，可携带保暖贴片驱寒。

食物：首选巧克力、牛肉干、水果糖、榨菜、饼干等高热量的食物。

户外用品：帐篷、睡袋、旅行水壶、指南针。

若是打算在野外露营，则需要携带防雨帐篷和睡袋。户外探险随身带个水壶对于饮水来说十分方便；万一迷路了，指南针能够给你指引前进的方向。

摄影器材

旅游和摄影向来是不分家的。前往冰天雪地的东北也是如此，相机是一件必不可少的装备。在普通旅游需求下，手机基本满足需求。若是想拍摄高质量的冰雪美景和中俄边境的异域风情，带上专业相机加一支广角镜头和一支中焦变焦镜头基本能满足需求，一个轻便的三脚架也十分有必要。多带几个电池和几张容量大点的SD卡是明智之选，此外偏振镜、UV镜、清洁套装、防尘塑料袋等也十分有用。

何时去

吉林雾凇

东北四季有不同景色，皆可出游。春季天气大多温和宜人，夏日满目葱绿，气候清爽宜人，是海内外游客避暑度假和观光旅游的好时节。夏天可以到北部延边等民俗村感受朝鲜生活。在冰雪融化后的黑河，人们还可以近距离地欣赏五大连池、老黑山、火烧山等火山胜景。地处祖国最北端的漠河，夏至前后的“白昼”，常有北极光出现，是大兴安岭一大奇观。

冬季银装素裹，玉树琼花，是欣赏冰雪艺术，进行滑雪、滑冰、高台冰坡、冰帆、雪橇等旅游活动的好时节。1月哈尔滨有国际冰雪节，可欣赏到漂亮的冰灯雪雕，加之具有当地特色的雾凇、各项冰雪娱乐活动，游客会充分感受到冰雪赐予人间的无穷快乐。冬天的长白山冰雪嘉年华等着游客来狂欢，游客还可以到老克里湖，在皑皑白雪中探寻童话世界的奥秘。

▼ 东北旅游月历

月份	节日
1月	吉林雾凇冰雪节
2月	大连烟花爆竹迎春会（农历正月初二）
3月	锦州青岩寺庙会（农历二月十九、六月十九、九月十九）
4月	鞍山千山国际旅游节（4~5月）
5月	沈阳怪坡槐花节
6月	街津口乌日贡节
7月	鞍山千山大佛节（农历六月初六） 大连啤酒节（7~8月）
8月	哈尔滨音乐会 葫芦岛国际葫芦文化节（8月中下旬）
9月	沈阳清文化国际旅游节（9~10月） 大连国际服装节、大连时装周
10月	锦州国际民间文化节（中秋、国庆期间）
11月	本溪国际枫叶节
12月	沈阳棋盘山冰雪旅游节（12月至次年2月） 哈尔滨国际冰雪节

松花江畔

吃什么

哈尔滨红肠

东北美食融合了南北大菜和东西风味，集川、鲁、京等各菜系之精华，尤以本地山野风味最具特色，深受国内外旅游者的青睐。东北菜以朝鲜菜为主，东北菜量大且多为炖菜，朝鲜菜多为冷面素食。

锅包肉

火遍全国的锅包肉是正宗的东北菜，其色泽金黄，外酥里嫩，酸甜可口，吃多不油腻，深受欢迎。

满族八大碗

是满族同胞的特有菜种，由雪菜炒小豆腐、卤虾豆腐蛋、扒猪手、灼田鸡、小鸡珍蘑粉、年猪烩菜、御府椿鱼、阿玛尊肉8种菜组成。

全鱼宴

全鱼宴以清一色的鱼为主料。鱼肉肉质鲜美，营养丰富，主要名贵鱼菜有二龙戏珠、鲤鱼跳龙门、鲤鱼三献、慢炖鲇鱼等。

冷面

朝鲜族的传统食品，是来东北旅游不能错过的美食。冷面入口凉爽清淡，柔滑耐嚼，而且价格便宜，配料丰富。

人参鸡

人参鸡

采用上等的人参与老母鸡，加入适量的高汤、调料上屉蒸制而成。人参鸡营养丰富、滋补养生。

朝鲜族打糕

朝鲜族最爱吃的传统食品之一，且历史悠久。打糕的原料主要是糯米，用木槌边捶打边撒下豆面，最后打烂糅合而成。

全州拌饭

灼热的石锅里盛满米饭，各种肉片、鸡蛋、黄豆芽、黄瓜丝、胡萝卜丝、生菜、酱菜覆在上面，就着高温将所有的饭菜搅拌在一起，成了一锅绝佳的美食。

猪肉炖粉条

用杀猪时煮肉和骨头的老汤，放入爆炒过的五花肉和粉条炖出的猪肉粉条，香气浓烈，色泽鲜艳，是寒冬的绝佳美食。

蜜汁鹿肉

鹿肉是高级滋补品，肉质细嫩，可烹制多种菜肴。鹿肉含有丰富的蛋白质、无机盐和维生素，易于人体吸收。

住哪儿

大连君悦酒店

东北三省住宿种类繁多，选择丰富，分布广泛，有各种档次的酒店。有全国连锁的高档豪华酒店，中式古典风格的特色酒店，西式街区的异域酒店，以及经济实惠的快捷酒店和青年旅舍等，能够满足不同消费层次人群的住宿需求。可根据自己的消费能力，再依据酒店的地理位置和交通情况来选择。

星级酒店

东北地区的星级酒店数量不少，主要分布在哈尔滨等省会城市及热门旅游景点附近。酒店档次、服务质量普遍较高，且价格实惠，常会有折扣优惠，游客可以放心入住。旅游旺季最好提前预订。

快捷连锁酒店

各市县均有如家、汉庭、7天等快捷酒店，尤以哈尔滨、长春、大连等热点旅游地居多。各快捷酒店价格、设施、服务相差不大，可在网上团购预订。

普通宾馆及客栈

东北的宾馆及客栈遍布各市县，各种类型的都有，丰俭由人，服务也十分周到，可以满足各类游客的需求。

哈尔滨街道风光

怎么走

星海湾跨海大桥

前往东北地区的交通方式有多种，方式也较为简单。在东北各省内旅行时，所选择的交通方式不同，也可领略到别样的东北风情，带给我们的人生体验与感受也大不相同。

在东北乘坐火车旅行是最为经济安全的选择。辽宁省的铁路密度居中国第一，主要铁路有京哈铁路、沈大铁路、大郑铁路、哈大高铁、京沈高铁等。吉林省铁路以长春为中心，长哈、长图、长白等主要干线辐射四方。其中京哈铁路贯穿吉林南北，从吉林省内可直达北京、天津、西安、武汉、济南、南京、广州、上海等全国主要城市。黑龙江省铁路以哈尔滨为中心，向四周辐射。哈大高铁北起黑龙江省哈尔滨市，南抵滨海城市大连，线路纵贯东北三省，途经哈尔滨、长春、沈阳、大连四个副省级城市。

东北地区的机场大约有20多座，可直达北京、上海、广州、海口、宁波、大连、昆明、深圳、中国香港、韩国首尔、日本仙台等地，游客可根据旅游目的地做出最佳选择。

东北地区的公路交通也十分发达。辽宁14个省辖市已全部通高速公路，吉林省的高速公路以长春为中心呈辐射状网络通向省内外，黑龙江全省除加格达奇外已全部通高速公路。因此乘坐汽车或自驾在东北旅游也非常便利，游客可根据实际情况做选择。

东北地区的城市轨道交通系统也日渐完善。沈阳、大连、哈尔滨都有多条地铁线路可供选择。

吉林站

有用信息

旅游通信

通信

东北全境基本都可使用手机，信号覆盖广泛。从信号强度上来说，中国移动、联通、中国电信三家运营商的信号均表现良好，偏远地区则是中国移动最强，中国电信次之，联通最弱。除非是在房屋密集的地方或深山老林之中，否则无须担心通信问题。

出行

从全国各主要城市都有前往吉林、辽宁、黑龙江的飞机、火车等便捷交通，尤其像长春、沈阳、哈尔滨这样的省会城市，交通工具方面通常都有很多选择余地。有些旅行者也喜欢自驾出游到东北，也有到当地后再租车旅行的。现在通过旅行社或者网络在线都可以方便、快捷地办理租车业务。

节约技巧

（1）选择入住品牌连锁酒店时，除了订房网站外，不妨到团购网站和酒店官网看看，往往有更多惊喜，经常会有酒店折扣优惠活动。

（2）要善于利用淘宝、大众点评及各种团购应用APP，不仅能吃到美味，还能得到更多的优惠。

（3）合理安排行程，不仅可以节省时间，又能减少交通费用，可参考携程等网站的行程攻略。

（4）在哈尔滨、大连等地游玩，尽量选择公共交通，前往较为偏远的地区可选择拼车同行。

（5）不选择门票昂贵的景区，不重复游览同类景点，如哈尔滨的众多滑雪场。

（6）淡季出行是省钱的窍门。淡季不仅门票价格减半，避开众多的游人，也可以欣赏到别样的风光。淡季的大连海滨景色优美，且住宿饮食价格普遍较低。

（7）购买旅行纪念品，不必去商业街区的各种店铺。在当地人开的店铺或是从村民手中，不仅能买到理想的纪念品，而且对当地人的生活有实际的帮助。

语言和礼节

东北三省有自己的方言，各个地方语言不尽相同，但与普通话相差不远，很容易听明白。东北三省少数民族众多，包括满族、朝鲜族、蒙古族等，在当地旅游要充分尊重他们的民族礼节，尊重他们的风俗习惯。

本溪秋色

驾车族的提示

自驾去东北旅游建议适当多走国道。现在的国道已经建设得很不错了，而且走国道会遇到一些比较有特色的乡镇，那里的风土人情是久居大都市的人无法感受到的，路边还有各种特色商品出售。

在山道驾驶，往往弯多且急，此时切不可在弯道超车或在不清楚前方有无来车的情况下占道过弯，过弯前要减速鸣笛。在山区，山阴面的路面往往会出现长期积雪结冰的情况，也就是山阳面路况良好，但进入山阴面后路面突然变坏，这时如果高速行驶就很容易发生打滑失控的危险，所以一定要控制车速。

突发状况

旅途中总是会出现一些不期待发生的情况，但只要做到“事前认真准备，事后冷静处理”，一切都会迎刃而解的。

汽车抛锚：开车自驾游前应当掌握一些简单基本的维修技术，若是途中出现汽车抛锚，先依据经验，判断是否可以自己解决；不能解决则要打电话向保险公司求援。

钱物丢失：在旅途中丢失钱物，无论损失大小，总会给美好的旅行蒙上一层阴影。为避免损失，应以预防为主。最好做到少携带现金，把一部分现金放到贴身衣物中，只把零钱放在包里；银行卡不要与身份证放在一起。若是钱物丢失，马上联系朋友寻求帮助，切不可拖拉；并准确找到丢失地点寻找钱物，请相关人员帮助查找。

水土不服、食物中毒或生病：外出旅行因为水土不服、食物不洁或者天气因素，生病也是常发生的事情，特别是一个人，更是需要时刻注意。因此，旅途中应带足相关药品（如感冒类、胃肠类药品等），出行时要有自我保护意识，不随便吃东西，避免在太阳下暴晒，少在雨里行走。不幸生病的话，要及时吃药或到医院就诊；若是严重的话要联系朋友及家人帮助。在滨海浴场游泳，避免误入深水危险区域。

另外，要注意保护东北的冰雪世界。我们获得了旅行带来的快乐，也有义务保护当地的生态环境。每个人都应做到不损坏或是占有当地的生态资源；旅途中尽量减少垃圾的产生，更不能乱丢垃圾，尤其是在偏远地区，应将垃圾带回城市中回收处理。

发 现 者 旅 行 指 南

辽宁

发现者旅行指南

沈阳及周边

（含沈阳、辽阳、鞍山、本溪、抚顺、铁岭）

概览

亮点

沈阳故宫博物院

清王朝入关前的皇宫，是我国仅存的两大宫殿建筑群之一，收藏了大量的宫廷艺术品。

沈阳世博园

世界园艺博览会举办地，分为园艺观赏区和休闲娱乐区，被誉为“森林中的世博园”。

千山风景区

位于鞍山境内，由近千座状似莲花的奇峰组成，自然风光十分秀丽，有“辽东第一山”之美誉。

本溪水洞

全国最大的充水溶洞，以洞奇、石异、水幽而著称，水洞内可乘船游览。

沈阳故宫大殿

必逛街道

中街商圈：沈阳最早的商业街，是融贸易、餐饮、娱乐、休闲、观光旅游为一体的商圈。

五爱街：东北亚经济圈和环渤海经济圈最大的流转型轻工产品交易中心，也是中国最著名的批发市场之一。

辽阳佟二堡皮装大市场：闻名海内外的中国皮衣裘皮基地，有全国最大的裘皮商场，被誉为“皮衣之乡”。

线路

沈阳精品一日游

线路一：早上先游览沈阳故宫，然后参观张氏帅府博物馆，最后到“九一八”历史博物馆观赏。

线路二：上午驱车去游览清福陵，接着参观清昭陵。

线路三：早上参观辽宁省博物馆、沈阳科学宫，最后去五爱市场淘货。

沈阳郊区三日游

第一天上午观看沈阳怪坡，后游览七星山风景区。第二天先到三农博览园参观，接着到仙子湖风景区游玩。第三天早上参观中华寺，然后去陨石山国家森林公园游览。

辽阳三日游

第一天上午拜谒广佑寺，参观辽阳白塔，游太子河风景区。第二天游览弓长岭滑雪场、王宫温泉水城、汤河风景区。第三天欣赏辽阳壁画墓群，然后去佟二堡皮装大市场淘货。

鞍山精品四日游

第一天上午拜谒玉佛苑，后参观鞍钢工业园。第二天游览千山风景名胜区，接着到汤岗子温泉享受泡汤的乐趣。第三天上午到南台箱包市场扫货，午饭后去西柳服装市场闲逛。第四天游览牛庄古城、少帅陵。

为何去

沈阳是东北的核心城市，曾经的盛京古迹与现代交织，中街五光十色的霓虹灯、东北最高的摩天楼、热闹火爆的刘老根大舞台，昔日的皇城根散发着现代大都会的光芒。

东陵森林公园图腾

沈阳以南的鞍山、辽阳、本溪，有风光秀美的千山、本溪水洞和古朴的广佑寺等景点，而以北、以东的铁岭、抚顺有着浓郁的辽北风情，都十分值得一游。

何时去

沈阳及周边的本溪、鞍山等地区的最佳旅游时间为每年夏季的中期、秋季的中期和冬季的中后期。

沈阳冬季滑雪

秋季本溪的枫叶、千山的翠树纷纷变红，层林尽染，煞是美丽。

冬季严寒干燥，多北风和西北风，可到棋盘山冰雪大世界领略北国的雪域风光和雪雕冰灯，滑雪爱好者也可去白清寨滑雪场、东北亚滑雪场等地一展身手。

沈阳故宫

区域解读

沈阳、抚顺、铁岭区号：024
本溪市区号：024
辽阳区号：0419
鞍山区号：0412
面积：约4.94万km^2
人口：约1985万人
主要少数民族：满族

地理 GEOGRAPHY

区划

沈阳位于辽宁省中东部，北接铁岭，东临抚顺，南接辽阳、本溪、鞍山，西临阜新。全市共辖10区（和平区、沈河区、皇姑区、大东区、铁西区、浑南区、于洪区、苏家屯区、沈北新区、辽中区）、2县（法库县、康平县）、1县级市（新民市）。

地形

沈阳位于中国东北地区南部，辽宁省中部，地形以平原为主，平原占全市总面积的76.2%，大体是“一山一水八分田”。

辽阳、鞍山地势从东南到西北逐渐倾斜，东南和东北多为山脉，其中鞍山东南属于千山山脉延伸部分的山区，中部为千山山脉向西部冲积平原过渡地带。

本溪、抚顺地处辽东地区，自然地貌为“八山一水半分田，半分道路和庄园”。

铁岭市地势大体是东高中低、北高南低、西部稍高。自然概貌是“四山一水四分田，一分道路和庄园”。

气候

沈阳气候类型属于受季风影响的半湿润温带大陆性气候，其主要特点是四季分明、降水集中、日照充足。夏季高温多雨，盛吹南风和东南风；冬季寒冷干燥，雨雪稀少，盛吹北风和西北风。

辽阳、鞍山、本溪均属温带季风性气候，全年气候温和湿润、四季分明，光照充足，气候条件优越。

抚顺、铁岭属于中温带东亚大陆季风气候，年平均气温为5℃~7℃，主要气候特点是夏热多雨，冬寒漫长，温差较大，四季分明。

沈阳的母亲河——浑河

在辽宁广袤的黑土地上，流淌着一条大河，发源于抚顺清原满族自治县滚马岭，这条大河经历了无数风霜的洗礼，以刚毅果敢的风骨和睿智创新的豪情彰显出无尽的激情与魅力，这就是沈阳的母亲河——浑河。

浑河古称沈水，是辽河的支流，素有“一朝发祥地，两代帝王都”之称的沈阳因这条河而得名。浑河全长415千米，流域面积11 481平方千米，是辽宁省除辽河之外名列第二的大河。历史上，浑河曾是一条黄金运输线，7200年前人类就在浑河流域农耕渔猎，繁衍生息，创造出新乐文化。

浑河从沈阳市区穿城而过，河岸风景如画，建有生态景观长廊2处，亲水平台30余处，沈水湾公园、五里河公园、长白岛公园分

沈阳夜景

布在河岸边，其中沈水湾公园内建有全国最大的户外健身广场。著名的浑河乐园位于浑河北岸，是一座多功能的大型游乐场所，这里不仅有成人和孩子们的乐园，还有风情浓郁的少数民族村。

历史 HISTORY

沈阳历史大事记

公元前221年，秦始皇统一中国后，分天下为36郡，沈阳隶属辽东郡。

西汉时期，沈阳已具有城市轮廓，称为"侯城"。东汉时期，沈阳分为南北两处，南部继续隶属于辽东郡，而北部则隶属于玄菟郡。

隋朝时期，沈阳以辽河为界，中央分设燕郡和辽东郡。唐高宗后，今沈阳地区属安东都护府辖区。

921年，辽太祖移居此地，修筑土城，并在沈阳设沈州。

1625年，后金时努尔哈赤迁都到沈阳，修建沈阳故宫。1634年，皇太极升沈阳为盛京，清朝迁都北京后，沈阳成为陪都。

1657年，顺治皇帝设奉天府，因此沈阳又称奉天，有“奉天承运”之意，光绪年间设奉天省。

1911年，辛亥革命后，沈阳成为奉系军阀张作霖统治东北的首府。

1928年6月4日，日本关东军制造皇姑屯事件，张作霖乘坐的专列被炸，张作霖受重伤，不久身亡。

1928年12月29日，张学良宣布东北易帜，服从国民政府领导，南京国民政府在形式上完成了全国统一。

1931年9月18日，日本关东军发动“九一八”事变，日军侵占沈阳后，又陆续侵占了东北三省。

1948年11月2日，沈阳正式解放。

辽阳历史大事记

秦始皇二十六年（前221年），全国分为36郡，辽东郡仍沿袭燕国郡制，郡府设在襄平县。

东晋元兴三年（404年），高句丽据有辽东之地，改襄平城为辽东城，襄平一名由燕国始称，至此废除。

1368年，朱元璋称帝后便对辽东用兵。明洪武十九年（1386年）设立辽东都司，治辽阳。

1616年，努尔哈赤统一了北方女真族各部落，1621年努尔哈赤亲率女真部队，经三天三夜激战占领了辽阳城，当年迁都辽阳，并在辽阳城东太子河东岸修建东京城。

1931年9月19日，日本帝国主义武装侵占辽阳，从此辽阳沦为日本殖民地。

1948年，辽阳市全境解放。

鞍山历史大事记

战国时，鞍山一带属于燕国辽东郡。

唐高宗总章元年（668年）鞍山一带收归唐朝统辖，唐朝在东北地区实行道、府、州制，鞍山属河北道安东都护府。

1937年，鞍山正式建市。

1948年，鞍钢成立。鞍钢是新中国第一个恢复建设的大型钢铁联合企业和最早建成的钢铁生产基地。

1954年，鞍山为省辖市，隶属辽宁省。

本溪历史大事记

公元前221年，秦灭燕统一中国后，将全国划分36郡，本溪一带属辽东郡。

汉元帝建昭二年（公元前37年），扶余王子朱蒙避难逃亡至今桓仁县五女山山城，建国号高句丽，朱蒙为高句丽王国第一代王，五女山山城作为高句丽都城长达40年。

唐高宗总章元年（668年），唐灭高句丽王国，收复辽东故地，置安东都护府，本溪市区、本溪县属河北道安东都护府。

清康熙年间，本溪桓仁一带被列为封禁地。

1948年10月31日，本溪全境解放。

2011年9月8日，本溪市被国务院正式命名为“中国枫叶之都”。

抚顺历史大事记

公元前82年，西汉政权即把东北军事行政管理机构玄菟郡设在抚顺一带。

107年，随着高句丽政权的崛起，东汉政权把玄菟郡的治所迁到今抚顺市区。

唐朝建立后，多次派兵进攻抚顺一带的高句丽政权。668年，高句丽政权投降，唐朝在此设置新城州都督府。

1384年，明朝在高尔山下兴建抚顺城，明成祖朱元璋谕赐“抚绥边疆，顺导夷民”，“抚顺”一名由此得来。

明万历三十一年（1601年），明朝政府在抚顺地区修建赫图阿拉故城。1616年，努尔哈赤在此登基称汗，创建了后金政权。

1901年，抚顺开始了煤炭开采。1931年“九一八”事变后，日本侵略者为了扩大侵略战争，对抚顺煤矿进行了大规模开采。

1948年，抚顺全境解放。

铁岭历史大事记

西汉初，辽东至朝鲜半岛置乐浪、玄菟二郡，辖境包括辽河中下游至朝鲜半岛，铁岭地区属玄菟郡。

唐朝中期，安东都护府北部出现了一个由靺鞨人建立的政权，唐封其首领为渤海郡王，史称渤海国，今铁岭地区属渤海国。

1206年，北方的蒙古族兴起，铁木真统一了蒙古各部后建立了蒙古国，铁岭地区归属元朝。

明洪武二十年（1387年），明以重兵赴辽北，逼降元末将领纳哈出，东北全境归附明朝。

1619年，努尔哈赤攻下被明朝称为“九边之端”的重镇开原、铁岭。西丰、辽源等地被封为皇家围场，封禁近300年。

清光绪二十二年（1896年），皇家围场解禁准垦，大量关内百姓移民东北，史称“闯

名单 沈阳历史名人

战国将领秦开

奉军著名将领郭松龄

爱国艺术家唐韵笙

八路军炮兵建设者郑新潮

话剧表演艺术家李默然

李默然

关东”，铁岭一带得到较快开发。

1948年10月28日，铁岭地区全境解放，中华人民共和国成立后的辽北各县均隶属辽北省。

大帅命丧皇姑屯

1928年6月4日凌晨，沈阳皇姑屯火车站以东的三洞桥传出一声巨大的爆炸声，正在行驶的一列火车被掀翻，车中所坐的正是被称为“东北王”的大帅张作霖，他在爆炸发生后几小时内便因伤重而亡。这起震惊中外的事件改写了中国的历史进程，皇姑屯这一名不见经传的小火车站也从此写入了历史课本。

张作霖土匪起家，称霸东北。张作霖能征善战，又很讲义气，当时深得东北民众的拥戴，是东北奉系军阀的首领。民国时期，日本关东军多年盘踞的东北地区已经深深地笼罩上了战争的阴云，而曾受到关东军暗中帮助的张作霖出于民族利益的考虑，未能满足日本提出在中国东北享有的种种特权，因此被日本帝国主义视为眼中钉。日本关东军决定谋杀张作霖，使东北陷入混乱，以便出兵占领东北。

张作霖死后，少帅张学良肩负国耻家仇，不顾日本帝国主义的武力威胁，毅然于1928年年底发表通电，宣告东北服从国民政府领导，改易旗帜，史称“东北易帜”。这样，南京国民政府在形式上完成了国家的统一。

难忘“九一八”国耻

“九一八”是亿万中国人心头永远抹不去的痛。80多年以前，日本关东军悍然制造了“九一八”事变，日军的铁蹄在东北大地上肆意践踏，并逐步大举侵略中国。

“九一八”事变是由日本蓄意制造并发动的侵华军事事件，是日本帝国主义侵华的开端。1931年9月18日夜，盘踞在中国东北的日本关东军按照精心策划的阴谋，由铁道“守备队”炸毁沈阳柳条湖附近日本修筑的

“九一八”历史博物馆

南满铁路路轨，并栽赃嫁祸于中国军队，制造了震惊中外的“九一八”事变。

事变发生后，东北军奉行不抵抗的政策，致使日军几乎未受到抵抗便占领沈阳全城，并在短短半年内占领东北三省。1932年3月1日，日本扶植的伪满洲国傀儡政权正式成立，开始了对东北人民长达14年之久的奴役和殖民统治，使东北3000多万同胞饱受亡国奴的痛苦滋味。

努尔哈赤兵下辽阳城

努尔哈赤是中国历史上一位出色的政治家、军事家，1583年起兵统一女真族各部。1616年，努尔哈赤在赫图阿拉即位称王，建立政权，年号天命，即为后金王朝。1618年，努尔哈赤向明朝公开宣战，向辽东明军发起进攻。

1621年，努尔哈赤率军开始进攻辽阳，尽管明辽东经略袁应泰聚集13万大军、数百名战将及众多火炮防守辽阳，但仍未能阻挡住努尔哈赤的铁骑进攻。努尔哈赤与城内的“奸细”里应外合，攻下辽阳城，守将袁应泰自尽，张铨被俘后不屈而死。

1622年，努尔哈赤迁都辽阳市，1625年

又从辽阳迁都沈阳。1626年，努尔哈赤去世，享年68岁。他的子孙后来建立了大清王朝，打入关内，统治中国几百年。

高句丽文明发祥地

高句丽王国，一个曾称雄于中国东北和朝鲜半岛北部、存世长达705年的中国少数民族地方政权，其发祥地即为辽东山区的桓仁县。

据史料记载，公元前37年，中国东北的扶余国王子朱蒙为避免兄弟迫害，逃离扶余国南下，以“纥升骨城”为中心建立了高句丽王国。据专家考证，“纥升骨城”即为今本溪市桓仁县城附近的五女山山城。从这里开始，高句丽政权逐步扩大了活动领域，创造了高句丽文化，为华夏文化史增添了光辉的一笔。

五女山坐落在桓仁县城的北部，五女山山城被称为东方第一卫城，200米高的峭壁相当于城墙，山上建有神庙、宫殿、粮仓、兵营、蓄水池等。五女山山顶平坦，南北长1500米，东西宽300米，高句丽的开国都城就建于此。五女山山城采用了一种十分独特的山城建筑形式，在中国古代城建史上留下了光辉的一页。

文化 CULTURE

粗犷豪放的沈阳大秧歌

沈阳大秧歌是明清时期在继承唐代以来东北大秧歌传统特色而形成的汉族民俗乡土艺术，开始时是少数民间闲散艺人在街头表演，后来逐渐变成了节庆或庙会期间的娱乐活动。民国初年时，沈阳大秧歌艺术进一步发展。

沈阳大秧歌可以即兴表演而不受步法约束，表演者可灵活地扭动腰、胯和步伐变化，采用走、摇、颤、跳、腾、挪、抖、闪等方式，同时还可将许多民间绝活杂耍融于表演之中。

现在的沈阳大秧歌除继承了东北大秧歌原有传统艺术形式、风格外，已同辽南、辽西的高跷艺术融为一体，形成了独特的艺术特色。

沈阳大秧歌

沈阳面人汤

沈阳面人汤是一种历史悠久的汉族传统手工艺品，源自民间生活，融于民间生活，美化民间生活，是汉族农耕社会市井生活的缩影，对于研究中国市井文化、民俗风情、意识形态等具有一定的历史参考价值，并有艺术收藏价值。民间雕塑艺术百年来，沈阳“面人汤”一直与天津“泥人张”齐名。

沈阳面人汤第二代传承人汤麟玉1926年生于北京。汤麟玉10岁起学习面塑艺术，后来到沈阳，跟随来沈阳创业的父亲汤有益。他在继承前辈面塑艺术精华的基础上，注重赋予“面人就是面神”的灵性，以花鸟鱼虫、大型兽类、瓜果蔬菜、神仙佛像、戏曲人物、民间传说人物、现时生活人物为创作题材，创造了“揉、展、搓、拨、挑、捏”等技巧，形成了自己独特的艺术风格和手法，捏制出无数栩栩如生的人物和社会生活场景，代表性作品有《红楼十二钗》《三英战吕布》《许仙借伞》《昭君出塞》《贵妃醉酒》《土地公婆》《潮神河伯》《东北老太太》《胖小嬉戏》等。

中国评书之乡

鞍山是曲艺人才辈出的地方，有着“评书之乡”的美誉，从这里走向全国的刘兰芳、单田芳等一批著名评书表演艺术家，使鞍山曲艺声名鹊起。

听评书，对鞍山人来说并不陌生。一人、一桌、一椅、一扇、一醒木、一方帕，总有诉不完的历史风云、道不尽的人生悲喜、数不清的风流人物。

鞍山评书以普通话为基础，具有豪、紧、动、热等艺术特色。多年来，鞍山评书演员在茶社、剧场演出，在电台、电视台录播了100多部评书，出版传统和现代评书80余部，鞍山也成了名副其实的“评书之乡”。

面人

小品艺术之乡

“到大城市铁岭旅游”，赵本山在中央电视台春节联欢晚会上曾经抖出这个包袱，使从前默默无闻的东北小城铁岭，一举成为全国闻名的“大城市”，并成了中国小品艺术之乡。

20世纪90年代初期，赵本山、潘长江等人通过中央电视台春节晚会，把铁岭的喜剧小品展示给了全国亿万观众。连续10余年，铁岭的喜剧小品层出不穷，成为中央电视台春节晚会奉献给全国亿万人民“快乐大餐”的重要组成部分，让全国人民笑声不断。

铁岭的喜剧小品在全国独树一帜，享有盛誉。铁岭拥有一支编导演相结合的喜剧小品创作队伍，其创作表演的喜剧小品风格独特，成了铁岭的一个品牌。赵本山已成为中国小品界的领军人物，他在中央电视台春节晚会表演的小品连续多年获观众最喜爱的节目一等奖。铁岭人编导、演出、创作的《相亲》《过河》《昨天、今天、明天》《卖拐》《卖车》等小品，深受全国人民的喜爱。2002年，中国文联为铁岭颁发了“中国曲艺小品之乡”的牌匾。

景点推荐

沈阳城区景点

沈阳故宫博物院 AAAA

我国两大宫殿建筑群之一

沈阳市沈河区沈阳路171号

旺季（4月10日至10月10日）8:30~17:00；淡季（10月11日至次年4月9日）9:00~16:30，每周一闭馆（法定节假日除外） 60元

www.sypm.org.cn

沈阳故宫为世界文化遗产保护单位，是中国目前仅存的最完整的两大古代宫殿建筑群之一，是清代初期营建和使用的皇家宫苑。

沈阳故宫占地面积6万多平方米，有古建筑114座500多间，至今保存完好，是一处包含着丰富历史文化内涵的古代遗址。在宫廷遗址上建立的沈阳故宫博物院是著名的古代宫廷艺术博物馆，藏品均为珍贵的宫廷艺术品。

玩家攻略

（1）博物院内的大清门、日华楼、斯文门设有游客服务中心，可提供咨询、讲解等服务。讲解员提供中文讲解服务。

（2）为确保尽量完整地参观沈阳故宫的建筑，建议游览线路为：大清门—崇政殿—大政殿—台上五宫—凤凰楼—文溯阁—戏院。

大清门

大清门是沈阳故宫的正门（俗称“午门”），它是一座面阔五间的硬山式建筑，是文武百官候朝之所，也是领赏、谢恩、校射等的场所。

崇政殿

崇政殿是沈阳故宫最重要的建筑，俗称“金銮殿”，是皇太极日常临朝的地方。崇政殿居皇宫中路建筑正中，是一座面阔五间、硬山前后廊式建筑，周围有石栏杆围绕，雕有麒麟、狮子和梅、莲等纹饰。

大政殿

大政殿又称大衙门，为办事衙署，也是用来举行大典的地方，如颁布诏书、宣布军队出征、迎接将士凯旋和皇帝即位等。

十王亭

在大政殿的东、西两侧，依序排列着10座亭子，其中最靠近大政殿向前略为突出的两座亭子，为左、右翼王亭，其余8亭则按八旗旗序呈雁翅状排开。其东侧为左翼王和镶黄、正白、镶白、正蓝四旗王亭，西侧为右翼王和正黄、正红、镶红、镶蓝四旗王亭，合计10亭，人称“十王亭”或“八旗亭”。

凤凰楼

凤凰楼高3层，是后宫的门户，系三滴水歇山式楼阁，是典型的台上启楼，也是整个皇宫的制高点。登上凤凰楼，整个盛京城全景可尽收眼底。

台上五宫

沈阳故宫台上五宫建筑是指位于中路中轴线上崇政殿和凤凰楼之后的寝宫部分。台上五宫是典型的北方“四合院”形式，包括中宫清宁宫、东宫关雎宫、西宫麟趾宫、次东宫衍庆宫及次西宫永福宫，五宫围合成合院式，与清宁宫东西墙外靠北侧的两座配宫一起，构成皇太极时期的后宫建筑。

文溯阁

文溯阁是沈阳故宫西路的主体建筑，它与其余6座《四库全书》藏书楼皆仿宁波“天一阁”之制建造。阁为2层，黑琉璃瓦绿剪边硬山顶，面阔五间，加西侧楼梯间为六间，进深三间。

沈阳故宫大政殿

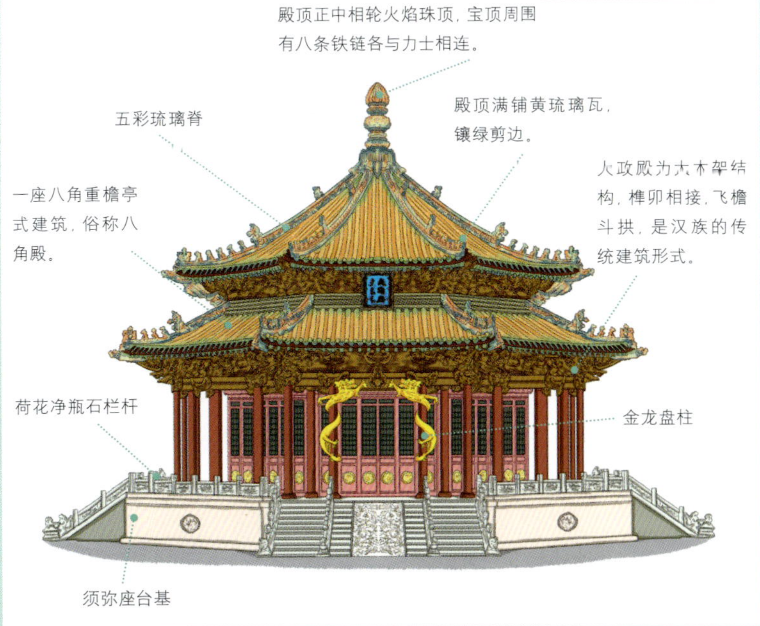

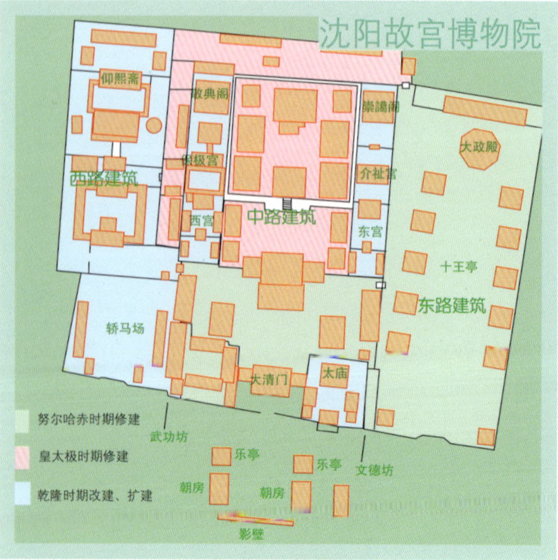

史艺术类文物为主体，分书法、绘画、丝绣、青铜、陶瓷等17个门类，尤以晋唐宋元书画、宋元明清缂丝刺绣、红山文化玉器、商周时期窖藏青铜器、辽代瓷器、历代碑志、明清版画、古地图、历代货币等最具特色。

玩家攻略

艺术商店：辽宁省博物馆下设艺术品商店及创意空间特色文化产品商店，分别位于博物馆展楼的一楼及二楼，有琳琅满目的特色文化产品。

张氏帅府博物馆 AAAA 文

张氏父子办公和生活地

沈阳市沈河区朝阳街少帅府巷46号

张氏帅府又称“大帅府”或“少帅府”，是东北奉系军阀首领张作霖及其长子张学良将军的官邸和私宅，始建于1914年，是迄今东北地区保存最为完好的名人故居。

张氏帅府是由东院、中院、西院和院外建筑四个部分组成的庞大建筑群，其中既有中国传统风格的四合院、水榭亭台的帅府花园，又有欧式风情的大青楼、边业银行、红楼群，以及中西合璧式的小青楼和赵四小姐楼。

辽宁省博物馆

有珍贵文物数万件

沈阳市浑南新区智慧三街157号

辽宁省博物馆是一座现代化的综合性博物馆，融收藏、保护、研究和展示为一体，以馆藏丰富、特色鲜明而享誉海内外。

该馆现有馆藏文物近12万件，其中珍贵文物数万件，以辽宁地区考古出土文物和历

链接

张氏父子

张作霖（1875—1928），字雨亭，著名爱国将领张学良的父亲。张作霖参加过中日甲午战争，后来成为东北军阀，号称“东北王”，曾参与过直奉战争，拒绝日本人的诱降，1928年6月4日在皇姑屯事件中被日本人炸成重伤，当日送回沈阳官邸后即逝世。

张学良（1901—2001），字汉卿，号毅庵，民国四少爷之一，奉系军阀首领张作霖的长子。张学良是近代史上的重要人物，曾参与过“东北易帜”“西安事变”。张学良积极主张抗日，反对内战，为祖国统一和民族团结做出了贡献。

张氏帅府

免费服务：辽宁省博物馆免费提供存包、饮水、定时讲解等项服务，另外还免费提供轮椅、婴儿车、擦鞋器等服务设施。

收费项目：语音导览器租用、非定时讲解等。

休闲空间：辽宁省博物馆在展馆内设立了环境舒适的休闲水吧，为参观者提供了一个观展之余稍事休息的空间。

五爱市场
特色购物旅游区

沈阳市沈河区风雨坛街与热闹路交会处附近

沈阳五爱市场位于沈阳市中心区的繁华地带，经过近30年的发展，五爱市场现已发展成为拥有100余万平方米全新楼厅式经营场所，是东北地区独具特色的购物旅游区。

如今的五爱市场由五爱国际纺织城、五爱国际箱包鞋帽城、五爱国际小商品城、五爱国际商贸大厦、沈阳希尔顿·逸林饭店、五爱服装城、五爱针纺城和五爱国际美博交易中心等几部分组成。市场日均客流量30多万人次，拥有经营摊位2万余个。

玩家 攻略

五爱市场是沈阳最繁华的批发市场，人非常多。购物时必须砍价。

慈恩寺
沈阳最大的佛教寺院

沈阳市沈河区大南街慈恩寺巷12号

慈恩寺始建于后金天聪二年（1628年），清顺治、道光及民国年间均有扩建和重修，是沈阳市现存最大的佛教寺院。

寺院坐西朝东，正面是山门，山门内有钟、鼓二楼，往西的寺院建筑分为三路。中路最前面是天王殿，面阔三间，檩枋彩绘，朱红地仗，殿内供奉着四大天王、弥勒、韦驮的塑像。向西依次为大雄宝殿、比丘坛、藏经楼。

“九一八”历史博物馆 AAAA
爱国主义教育基地

沈阳市大东区望花南街46号

沈阳“九一八”历史博物馆始建于1991年，1999年9月18日正式落成开馆。博物馆共设有包括序厅在内的8个展厅，有10余个大型场景。新馆采用了现代科学技术，配备了分区广播系统、中央空调系统、影视报告厅、电子阅览室、多媒体电脑系统及互联网系统等设施，是一座大型的现代化的爱国主义教育和国防教育基地。

博物馆通过大量文物、史料及多种展示手段反映了从1931年日本帝国主义发动“九一八”事变后，东北人民在14年间遭受奴役、奋起抗争、浴血奋战的历史画卷，教育人民勿忘国耻，振兴中华。

链接

“九一八”事变

1931年9月18日夜，日本关东军铁路守备队柳条湖分遣队以巡视铁路为名，在距离东北军驻地北大营800米处的柳条湖（今博物馆坐落处）炸毁了南满铁路的一段路轨，然后诬称为中国军队所为，并以此为借口向中国军队的驻地北大营发动突然袭击，制造了蓄谋已久的“九一八”事变。同年9月19日12时许，日军占领东大营，一天之间沈阳全面陷落。由于蒋介石的不抵抗政策，在短短4个月内，日军又相继占据了辽、吉、黑三省，整个东北白万平方千米的大好河山沦为日本的占领地，9月18日也成了中国的国耻日。

“九一八”历史博物馆

清昭陵 AAAA

皇太极的陵墓

沈阳市皇姑区泰山路12号北陵公园内

8:00~17:00

北陵公园门票5元，昭陵旺季40元，淡季20元

清昭陵位于沈阳市区北部的北陵公园内，俗称北陵，是清太宗皇太极和孝端文皇后博尔济吉特氏的陵寝。昭陵建成于顺治八年（1651年），至今已有360多年的历史。

清昭陵陵寝建筑的平面布局遵循“前朝后寝”的陵寝原则，自南向北由前、中、后三个部分组成，其主体建筑都建在中轴线上，两侧对称排列，系仿自明朝皇陵而又具有满族陵寝的特点。

玩家攻略

清昭陵所处的北陵公园是沈阳市最大的公园，占地330万平方米。1927年，民国奉天省政府将清昭陵辟为公园，因位于市区北部，故得此名。

北陵既有古老的传统建筑，又有现代化游园设施，置身园中，抚今追昔，令人感慨万千。它是国内外游人来沈必游之地。

清昭陵内古松参天，有许多地方值得观看，像赑（bì）屃（xì）驮石碑、角楼、后山的陵墓等都是值得一去的地方。

链接

关外的“三京”和“三陵”

清初关外有“三京”“三陵”，盛京三陵与河北遵化的清东陵、河北易县的清西陵共同构成了清代皇家陵园。

“三京”包括兴京（现辽宁新宾），东京（现辽阳）和盛京（现沈阳）。“三陵”是新宾的永陵，即祖陵，埋葬着肇、兴、景、显四祖；沈阳东郊的福陵，也称东陵，埋葬着清朝的奠基者努尔哈赤及孝慈高皇后叶赫那拉氏；昭陵位于沈城北部，又称北陵，这里埋葬着清朝开国君主皇太极和孝端文皇后博尔济吉特氏。

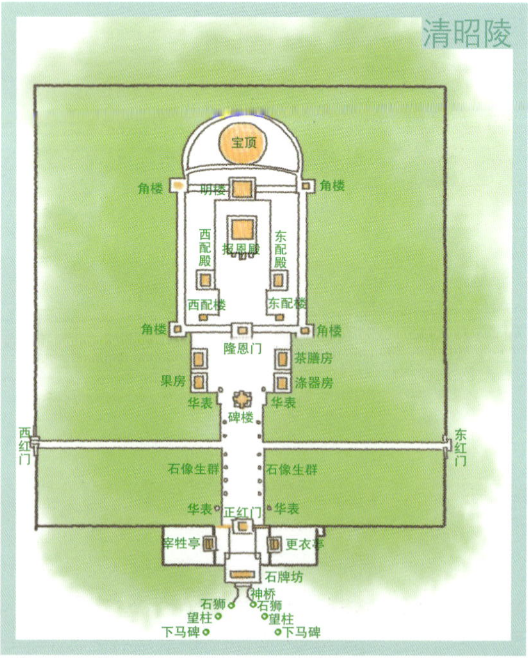

东北大学旧址

近代优秀建筑群

沈阳市皇姑区北陵大街东侧

东北大学旧址建筑采用中西结合的建筑形式，主要建筑各具特色，保存完好，为近代优秀建筑群，具有较高的历史、艺术、科学价值。

旧址内有汉卿体育场，这座于1930年建成的体育场，是张学良捐资30万银圆建的，是当时中国乃至远东地区规模最大的古罗马马蹄形运动场，至今仍作为一级田径场使用。

舍利塔

沈阳最古老的建筑物之一

沈阳市皇姑区塔湾街45巷15号

舍利塔位于皇姑区西

链接

东北大学的历史

东北大学是张作霖统治东北时期由奉天和黑龙江两省联合创办的高等学府，是20世纪初在东北地区建立的规模最大的一所综合性大学。1928年张学良任校长后，实行男女同校，增设学院，延聘教授，大力发展体育。一批著名学者如章士钊、梁思成等在此任教。东北大学为国家培养了一批优秀的革命和建设人才，在中国近代教育史上占有重要地位。

东北大学旧址文物保护单位碑

部塔湾街以北一处土崖上，是一座密檐八角空心13层砖塔，始建于辽重熙十三年（1044年），塔下的古塔遗物陈列馆展出有舍利塔等寺塔出土的佛教艺术珍品。

舍利塔高33米。整体分五部分，包括地宫、塔座、塔身、塔檐、塔刹。舍利塔是沈阳市现存最古老的建筑物之一，“塔湾夕照”也是著名的“沈阳八景”之一。

锡伯族家庙 ㊫

在海内外素享盛名

沈阳市和平区皇寺路178巷2号

锡伯族家庙又称太平寺，坐落在和平区北市场站前街，东距实胜寺几百米。它是在海内外素享盛名的民族标志性历史文化古迹。

锡伯族家庙建于康熙四十六年（1707年），由居住在盛京的锡伯族人集资修建。初建之时只有正殿5间，经过历代的维修和扩建，才逐步形成一座规模较大的寺院。寺院坐北朝南，有前后两进院落。寺内主要供奉释迦牟尼、八大菩萨、四大天王等佛像。

链接

锡伯族

早期的锡伯族人大都居住在海拉尔。清初，皇太极为防备锡伯人造反，把聚居在海拉尔的锡伯人逐步分派到各地去驻防。康熙年间，为加强防务的需要，朝廷又将锡伯兵丁连同家小近8000人分三批迁入盛京。此后，盛京的锡伯人一年比一年多起来。

锡伯人大都信仰喇嘛教，康熙四十六年（1707年），盛京的锡伯人筹集60两银子，在皇寺附近买了5间房子，找来匠人塑造了佛像，又从京师（北京）请来了甘珠尔经（大藏经）108部，创立了锡伯家庙。

中国工业博物馆 AAAA

中国首个工业博物馆

沈阳市铁西区卫工北街14号

沈阳有着“共和国长子”和“东方鲁尔”的美誉，是中国乃至东北亚地区规模最大的工业中心城市。中国工业博物馆有1300多件实体文物，文物年代从商代至今，包括殷商时期铜镜、西周青铜盔、1900年的中东铁路钢轨、20世纪30年代初的铁西规划地图等。博物馆一期包括开发通史、机床、铸造3个馆。二期有冶金馆、重装馆、汽车馆、香港馆、车模馆等7个馆，并开设有餐饮、休闲、体验、互动等区域。

博物馆的展物中含有多项“工业之最”，如世界最大口径的铸管（直径2.2米）、最大的超高压断路器壳体（铝合金铸件、重2吨）、最大的立车横梁铸件（重115吨）、最薄的铸件（厚0.38毫米）等，具有独特的历史意义和重要价值。

景点推荐

沈阳周边景点

沈阳世博园 AAAAA

2006年沈阳世园会举办地

沈阳市浑南区双园路301号

9:00~16:30

50元

沈阳世博园以原来的沈阳植物园为主体，是2006年中国沈阳世界园艺博览会的会址，被誉为“森林中的世博园”。

世博园区地处沈阳市东部风景秀丽的棋盘山旅游开发区中心地带，是融绿色生态观赏、精品园林艺术、人文景观建筑、科研科普教育、娱乐休闲活动为一体的多功能综合性旅游景区。园区汇集有东北、西北、华北及内蒙古等地区的多种植物，栽植露地木本植物、露地草本植物和温室植物2000余种，是东北地区收集植物种类最多的植物展园。

沈阳蒸汽机车博物馆

我国目前最大的蒸汽机车博物馆

沈阳市浑南区双园路301号（沈阳市植物园内）

沈阳蒸汽机车博物馆建于2002年，现位于沈阳市植物园内，主体建筑造型为半圆形，外观两层，正中心为一座半圆形露天广场，广场的围廊与主体建筑融为一体。

蒸汽机车博物馆设有“蒸汽机车展厅”“机车模型厅”“科普知识厅”等展示厅，并配以现代化设施，主要展示蒸汽机车发展史、蒸汽机车知识及我国铁路运输的宏伟前景。该馆珍藏着美国、德国、捷克、波兰、日本、苏联及罗马尼亚等中外8个国家早期制造的15台旧式蒸汽机车和3台复制文物机车。

棋盘山 AAAA

观景、休闲旅游资源丰富

沈阳市浑南区满堂乡

棋盘山属长白山系哈达岭余脉，这里旅游资源丰富，世博园景区、秀湖景区、森林公园景区、鸟岛、森林野生动物园、盛京高尔夫俱乐部等分布其中，构成了沈阳黄金旅游线路。

冬天的沈阳棋盘山是天然的滑雪场，湖面就是天然的大冰场，得天独厚的自然资源条件将雪雕观赏、高山滑雪和冰雪娱乐三大主体活动融为一体，全国罕见。

清福陵 AAAA

清太祖努尔哈赤陵寝

沈阳市浑南区东陵路210号

旺季40元，淡季20元

清福陵位于沈阳东郊的东陵公园内，是清太祖努尔哈赤和孝慈高皇后叶赫那拉氏的陵墓，因地处沈阳东郊，故又称东陵。其与沈阳昭陵、新宾永陵合称“关外三陵”。

福陵建成于清顺治八年（1651年），康熙、乾隆时期又有部分增建，具有中国古典建筑的传统和满族风格。陵寝占地19.48万平方米，碑楼后面的城堡式建筑为方城，是陵园的主体建筑。方城北面是宝城和月牙城，宝城下的地宫埋葬着努尔哈赤和叶赫那拉氏的棺木及骨灰。

玩家 解说

福陵建筑宏伟，气势威严，幽静肃穆。清福陵规模尽管比清昭陵小，但仍独具魅力。

清福陵每年大祭小祭30多次，大祭在清明、中元、冬至、岁暮举行，小祭每月初一、十五举行。另在“忌辰”（皇帝皇后驾崩日）也要举行大祭。凡遇国家庆典也要在此行“告祭礼”。康熙、乾隆、嘉庆、道光四朝四帝先后10次东巡盛京，曾至清福陵拜祭。

链接

努尔哈赤

努尔哈赤，爱新觉罗氏，明嘉靖三十八年（1559年）出生于建州左卫苏克素护部赫图阿拉城，是后金政权的建立者，清朝的奠基人和主要缔造者。努尔哈赤是满族的民族英雄，死后葬于清福陵。其子皇太极建立清政权后，他被追尊为清太祖。努尔哈赤为女真贵族出身，世袭建州左卫指挥使，是明朝所属的北地方官。因他“忠于大明”“保塞有功”，升至都督，晋号龙虎将军（正二品）。17世纪初，明朝政治腐败，无力维持东北一隅的统治，努尔哈赤起兵反明。经过几十年征战，统一了女真各部，在1616年于图阿喇即汗位，其后迁都东京（辽宁省辽阳县），再迁都沈阳。10年后，努尔哈赤率兵围攻明宁远城（辽宁省兴城县），受炮伤退回沈阳死于途中。经历了几个世纪的洗礼，这位民族英雄一直安静地躺在苍松环绕的清福陵里。

中华寺

东北最大的佛、道旅游胜地

沈阳市浑南区王滨乡中华寺村

中华寺建于唐初，距今有1300多年的历史，位于沈抚交界的拉古河畔。中华寺是东北最大的佛教、道教旅游胜地，以丰富的文化内涵和为数众多的佛教圣物吸引无数信众、香客前来焚香礼拜。

复建后的中华寺建筑佛、道融为一体，景区内有道教文化中心太清宫、分院万寿宫和佛教中心中华寺等大小庙宇几十座、安卧辽宁历代高僧的塔林以及千年观音洞、蟒仙洞、中华寺万佛塔、三面观音、露天弥勒大佛等多处景观。

链接

中华寺的传说

相传唐朝取得天下后，寻天下龙脉。一日宰相魏征夜观天象，见东北有条龙脉，便亲自考察。他发现被称为灵山的山脉宛如一条巨龙，且龙头的下面有条大河，据说蛟龙到河中央便会腾空而起，威胁大唐江山。因此，魏征特派大将尉迟恭率兵在龙头上建庙，起名为“灵山寺”。清代时期，康熙皇帝根据“中华”二蟒的功德，改“灵山寺”为“中华寺”。

沈阳怪坡 AAAA
独具情趣的视觉景观

沈阳市沈北新区清水台镇

沈阳怪坡位于沈阳市北部沈北新区清水台镇，坡长百余米，宽25米。熄火的汽车能向坡上滑行，下坡时自行车需使劲蹬踏才能行动，故称为“怪坡”。怪坡被发现后，经过连年开发建设，这里初具景区规模，形成山水相间、动静结合、各具情趣的群体景观，有各类景点20余处。

链接

怪坡的原理

沈阳怪坡的“怪”是由人的视觉造成的，是人们的眼睛欺骗了自己，因为上坡的地方其实是下坡，因为这些地方的特殊地形地貌，导致人们大脑对事实的判断错误。比如说，树木的生长人们通常会本能地认为是竖直向上的，而怪坡附近的树木可能就是朝下坡的方向生长的，这样人们就会感觉这个坡是上坡，而实际上它是下坡。

玩家 攻略

在怪坡附近的一座山上，用石块敲打(或脚踏)其特定部位，都会发出一种特殊的声响，因此得名“响山”。顺着响山坡行至山顶，倘若用木槌砸地，便可听到“嗡嗡”的响声，其声圆润，悠悠不止，故被称为“嗡顶”。怪坡、响山、嗡顶被称为“三谜”。

东北虎园

沈阳怪坡东北虎园占地20万平方米，现有世界濒危物种、国家一级重点保护野生动物东北虎近百只，为世界第三大东北虎饲养基地。

怪坡国际滑雪场

怪坡国际滑雪场雪道面积20万平方米，是沈阳目前规模最大的滑雪场。雪场拥有高级滑雪道两条，中级滑雪道三条，初级滑雪道三条，雪上飞碟道一条，同时配有单板U形槽、猫跳、空中技巧训练场等。

万佛寺

万佛寺原名卧龙禅寺，始建于东汉时期，距今已千年有余。现在的万佛寺主要为明、清朝建筑特色，有大雄宝殿、天王殿、东西配殿、龙凤参道、钟鼓二楼等建筑。

秦始皇兵马俑馆

怪坡景区内按照原秦皇兵马俑的大小、阵容和甬道布局，建立了秦始皇兵马俑展览馆，再现了“秦皇扫六合，虎视何雄哉”的磅礴气势。

怪肉馆

“怪肉”在我国神话史书《山海经》及明朝李时珍《本草纲目》中均有记载，相传秦始皇派徐福东渡就是为了寻找这一长生不老“仙药”。怪肉在中国民间被人们称为“太岁”，现在唯一保存完好、发现于长白山的特大“太岁”就展出在馆内，它重达49千克，现在仍在缓慢生长，参观者无不称奇。

沈阳方特欢乐世界 AAAA
东北最大的第四代主题公园

沈阳市沈北新区盛京大街55号

沈阳方特欢乐世界占地约60万平方米，是东北地区规模最大的第四代主题公园。

方特欢乐世界以科幻和互动体验为特色，采用一流的设计理念和技术手段精心打造，被誉为“东方梦幻乐园”“亚洲科幻神奇乐园”。目前的方特欢乐世界包括星际航班、飞越极限、维苏威火山等多个大型单体高科技游乐项目。

玩家 攻略

刺激户外项目：火流星、大摆锤、维苏威火山、神秘河谷，还有转转杯、儿童爬山车、小蜜蜂等小朋友喜欢的户外机械项目。

沈阳方特欢乐世界

科技体验项目：飞越极限、恐龙危机、星际航班、宇宙博览会、海螺湾、生命之光、嘟比历险。

互动表演项目：聊斋、电影魔术大揭秘、嘟比脱口秀、卡通城堡。

沈阳三农博览园 AAAA

建有十大景观

沈阳新民市大柳屯镇长岗子村

沈阳三农博览园坐落于新民市大柳屯镇南部。博览园以“三农”为主题，以文化为灵魂，建有十大景观，34个展览馆，是人文景观与自然景观相结合的旅游区。

玩家解说

三农博览园的展馆区分5个展区。以弘扬“三农”和民族文化的三农院展区，设有王家屯一条街、农史资料馆、民俗风情馆、百年服饰馆、知青馆、王三哥王三嫂馆、民间书法绘画摄影馆、五谷艺术馆、石油雕艺馆、农科十大状元馆、东北二人转馆、宫灯艺术馆、民间工艺馆。各馆内容丰富，资料翔实，图文并茂，人物肖像逼真，声、电、光融合，多为全国首创。

稻梦空间 AAAA

以稻田彩绘为特色的田园综合体

沈阳市沈北新区兴隆台锡伯族镇盘古台村

沈阳稻梦空间是一个集创意农业、稻米文化、锡伯文化与旅游服务为一体的稻米主题创意农业产业园。它以“公司+农户+会员”的经营模式，将生产、生活和生态相结合，为游客提供独特的农业体验。园区由稻田画参观区、植物长廊区、植物迷宫娱乐区、水上餐厅区、鲜果乐园摘菜区、沟渠漂流体验区等功能区域构成。其中，稻田画参观区是园区的亮点之一。该区域引进彩色水稻，结合锡伯文化特色，利用色彩及三维等方式打造神奇美丽的稻田画，令人流连忘返。体验区内设高空滑索、七海秋千、水上漂“留”、弯弓射箭、篝火宿营、龙骨水车体验等项目，游客可以挑战自我、感受刺激和快乐。

此外，园区还注重科普教育。通过展示水稻种植、加工和稻米文化的各个环节，让游客了解水稻的生产过程和相关知识，增强对农业的认识和了解。

叶茂台辽墓 ㊫

尽显契丹风情

沈阳市法库县叶茂台村西北山岗

叶茂台辽墓群位于法库县叶茂台村西北和北山的山坡，是辽丞相萧义及其家族的墓群。墓的形制多样，文物丰富，对研究辽代历史和契丹民族习俗有重要意义。

壁画、画像石、画像砖是辽国契丹贵族墓葬中常见的壁饰样式，且题材、内容丰富多彩，再现了墓主人生前的荣华富贵生活。

沈阳三农博览园

景点推荐

辽阳旅游区

广佑寺 AAAA

名副其实的皇家寺院

辽阳市白塔区中华大街一段60号

广佑寺始建于东汉，是佛教传入中国后最早出现的寺院之一。1161年，金世宗完颜雍在这里称帝，广佑寺因备受朝廷恩典而成为名副其实的皇家寺院。广佑寺风景区由广佑寺庙区、白塔公园、青年湖公园、中华广场和护城河水上观光带五部分组成。

广佑寺沿寺院中轴线由南向北依次建有山门、天王殿、大雄宝殿、万佛阁等，东、西两侧建有钟楼、鼓楼、碑廊、东配殿、西配殿等，西侧建有圆通禅院。整个建筑布局严整，气势恢宏，承袭辽代古刹之遗风，融合明清建筑之精华，堪称我国传统建筑之典范。

链接

广佑寺的五个“世界之最”

广佑寺景区拥有五个“世界之最”：第一个之最是耸立于中华广场上的青石牌坊，高16.9米，长34米，被誉为目前世界上最大的青石牌坊；第二个之最是寺内有世界最大的大雄宝殿；第三个之最是有着“中华民族乃至世界文化长廊中的瑰宝”之美誉的释迦牟尼佛像，它是目前世界殿内佛身最高、体积最大的木质鎏金坐像；第四个之最是大雄宝殿中世界最大的宫灯，高4米，重1吨；第五个之最是寺内有世界最大的青铜香炉。

玩家解说

据史料记载，广佑寺始建于汉代，是佛教传入中国后最早出现的寺院之一。广佑寺明初毁于兵火，明洪武十六年（1383年）复建，最终又毁于清末。2002年，经国家文物局和辽宁省宗教事务局批准，广佑寺获得重建。新建的广佑寺与中华广场、白塔古曲园林公园、青年湖公园融为一体，在白塔的衬托下，广佑寺成了一处著名的佛教圣地和重要的旅游景区。

辽阳白塔 ㊫
辽阳城的标志

✉辽阳市白塔区火车站附近的白塔公园内

辽阳白塔始建于辽代，位于辽阳火车站附近的白塔公园内。塔高70.4米，为八角十三层密檐式实心砖塔，是东北地区最高的古塔，也是全国六大高塔之一。

辽阳白塔分塔基、塔座、塔身和塔刹四部分。白塔是一座舍利塔，传说地宫中埋藏有佛祖的黑色发舍利。塔身佛龛内坐佛像配有缠枝牡丹、宝相花及双龙、双飞天等图案，是契丹民族融合汉文化与佛教文化的经典之作。

辽阳市博物馆
保存完整的古典民居

✉辽阳市文圣区中路2号

辽阳市博物馆建于1921年，原为奉系军阀统治时期东北三省官银号总办、东北边业银行总裁彭贤的别宅——彭公馆，为三进一厅二园四合院古建筑群，是辽宁境内规模最大、保存最完整的古典民居。

博物馆分东、中、西三个院落群组。东院利用彭公馆住宅区古建筑群辟为民俗陈列区；中院建有碑廊、碑林，陈列辽阳出土和发现的碑志百余件；西院为主展厅，全面展示了古城辽阳悠久历史的发展脉络和馆藏文物精品。

曹雪芹纪念馆
以曹雪芹的事迹为主题

✉辽阳市文圣区武圣路卧狮胡同2号

曹雪芹纪念馆是在清代建筑吴公馆的原址上建立的，为二进四合院，是以《红楼梦》作者曹雪芹的事迹为主题的纪念馆，也是继北京、南京等地同类纪念馆后在东北建造的唯一一处曹雪芹纪念馆，著名红学专家冯其庸为此馆题写馆名。

辽宁白塔

纪念馆展厅分南院、北院两大部分，共设4个展室，收藏和展出了曹氏家族历史档案等一系列文献资料。

链接

曹雪芹小传

曹雪芹（约1715—约1763），名沾，字梦阮，号雪芹，清代著名小说家，著名古典小说《红楼梦》的作者。

曹雪芹出身大官僚地主家庭，性情放达，爱好广泛，对金石、诗书、绘画、园林、中医、织补、工艺、饮食等均有所研究。他以坚韧不拔的毅力，历经多年艰辛，终于创作出极具思想性、艺术性的伟大作品——《红楼梦》。

太子河风景区 AAAA
可体验漂流的刺激

✉辽阳市太子河城市段

太子河风景区位于辽阳市中华大街5段，地处城东太子河畔。风景区西与市区相连，东与河东村相望，北起北哨闸桥，南至漫水管桥，全长3000多米。

太子河风景区沿途遍植花草树木，绿化良好。景区内修建有观光广场，还建有造型各异的观景凉亭及小品建筑、雕塑等。景区有衍水卧虹、龙王夜渡遗址和水上游艇等景点，太子河畔还设有天然浴场，是人们观光、休息、游泳、纳凉的好去处。

玩家攻略

太子河设有漂流项目，路程为参窝水库坝下至燕州城下，全长10千米，水流急缓适宜，曲折回绕，沿途风光旖旎，还可以观赏翠峰石崖、九连洞和燕州城遗址等景观，别有情致。

龙石风景区 AAAA

辽阳市的“城市绿岛”

辽阳市宏伟区东环路39号

龙石风景区是一个集自然风光、人文景观和休闲娱乐于一体的旅游胜地，由龙鼎山景区和石洞沟景区两部分组成。景区内森林覆盖率高，环境优雅，空气清新，是辽宁省难得的“生态氧吧”和“城市绿岛”。

龙鼎山景区位于西部，由大峰山、大岭山、龙鼎山、东山湖构成“三山一水”的壮美画卷。这里，游客可以欣赏到万和钟楼的雄伟、龙鼎山阶的秀美、万盛龙鼎的历史韵味，以及观鼎坪的广阔视野。

石洞沟景区位于东侧，以自然景观为主。这里有石洞探幽、芳庭倚翠、松风振谷、金银峰桥、双湖映月、崴峰红霞、风情田家、石村观稼等众多景点，每一处都有着独特的风景。

辽阳壁画墓群 文

东汉魏晋时期壁画墓群

辽阳市太子河区太子河两岸

辽阳壁画墓群位于辽阳市北郊太子河两岸，这里曾发现多座墓葬，属于东汉魏晋时期石室壁画墓群。

辽阳壁画墓群墓顶封土高大，墓室平面呈方形，用石板构筑，左右有耳室和回廊，墓内壁画直接绘在石壁上。壁画内容以表现墓主人生前经历和生活为主，有出行图、庖厨图、乐舞图、杂技图等，壁画色彩鲜艳，富有艺术性。

龙鼎山

东京城城址 文

由努尔哈赤所建

辽阳市太子河区东京陵乡新城村

东京城城址位于辽阳市东京陵乡新城村，始建于后金天命六年（1621年），为清太祖努尔哈赤从赫图阿拉迁都到辽阳时所建的都城。

该城平面略呈菱形，占地面积0.75平方千米，每面城墙各置2座城门，共设8门；城内两个高点各建八角龙殿和寝宫；城内东侧建弥陀禅寺。现仅存天佑门及断断续续的夯土墙心，城内发现有汉、满文石门额及琉璃建筑饰件等文物。

弓长岭温泉滑雪场

大型滑雪休闲场所

辽阳市弓长岭区红花峪村

弓长岭温泉滑雪场占地1平方千米，是辽宁省内较大的滑雪场，也是融旅游观光、健身娱乐、休闲度假、专业比赛为一体的大型休闲场所。优越的天然场地和先进的设施可同时满足几千名游客的滑雪需求。

弓长岭温泉滑雪场建有初级雪道、综合雪道、小回转雪道和独具特色的情侣休闲雪道。从巍巍的高山上风驰电掣呼啸而下，那种在雪道上颠簸、回转和速降的刺激是一种挡不住的诱惑。

葠窝湖
以水为主的风景区

辽阳市弓长岭区安平乡街道南沙村

葠窝湖距辽阳市区40千米，因葠窝水库而得名，是一处以生态疗养、科普教育和休闲娱乐为主要功能的旅游度假区。

葠窝湖水域辽阔，湖水浩渺。景区内亭台掩映，花团锦簇，植被葱郁，水库大坝横卧其间，巍峨壮观，俨然一幅秀美的山水画。

燕州城山城 文
高句丽占据辽东时所建

辽阳灯塔市西大窑镇城门口村

燕州城山城位于辽阳灯塔市西大窑镇城门口村东的石城山上，是4世纪初高句丽占据辽东时所建。燕州城山城最早称为高句丽白岩城，唐代改称岩州城，俗称燕州城，是辽宁省内保存完好的古代高句丽山城。

燕州城周长2500米，地势险要，为古代兵家必争之地。城依山而建，蜿蜒迂回，森严壮观。南面为陡崖峭壁，是天然的御敌屏障。崖下太子河水依峭壁而过，气势逼人。西、北、东三面筑有石城，城墙高5~8米，用大石块垒砌。

玩家 解说

据文献记载，唐贞观十九年（645年），唐太宗李世民曾率兵与高句丽守军在燕州城发生激烈的攻城战斗。燕州城是古代高句丽民族智慧、勇敢和富于进取精神的象征。如今的燕州城载历史文化之精髓，携青山秀水之灵气，已成为人们怀古观光的旅游胜地。

李兆麟纪念馆
再现了英雄的一生

辽阳灯塔市铧子镇后屯村

李兆麟纪念馆位于灯塔市铧子镇后屯村，占地1000平方米，原为抗日民族英雄李兆麟的故居，现为辽宁省红色旅游精品景点。

重建后的故居为青砖砌筑，庭院中央为李兆麟将军半身塑像，正房中悬挂着李兆麟将军驰骋抗日疆场的大幅油画，正房东西屋各设4个展橱，陈列着李兆麟将军的遗物10余件及李兆麟生活、战争历程的照片60余幅。

燕州城山城

景点推荐

千山风景区 AAAAA

千山位于辽宁省中部鞍山市东南17千米处，自古以来就有“关东第一名山”“天成弥勒道场”“东北道教圣地”等美誉。厚重的历史宗教文化和神奇秀美的自然风光，使千山成为著名的宗教圣地和旅游胜地。

千山共有999座山峰，近千数，千山由此得名。千山风景名胜区由仙人台国家森林公园、大佛景区、天上天景区、五佛顶景区等游览区构成，有景点200余处。

鞍山市千山区千山东路79号

全天开放

旺季80元（4月1日至10月31日），淡季60元（11月1日至次年3月31日）

玩家解说

千山是长白山的支脉，呈东北、西南走向，经辽阳、海城、盖州、岫岩止于金州，连绵起伏200多千米，纵贯整个辽东半岛。千山自然景观秀美，人文景观丰富，素以峰秀、石峭、谷幽、庙古、佛高、松奇、花盛而著称，著名的四大景观为奇松、峭石、古庙、梨花。

大佛景区

天然石质弥勒坐佛

鞍山市千山风景名胜区的北部景区中心部位

大佛景区位于千山风景名胜区的北

部景区中心部位，这里坐落着一座天成稀世巨型弥勒大佛。这尊大佛吸引了中外成千上万的佛门弟子、信徒和居士。每逢初一、十五，进山朝拜者人山人海，香烟缭绕。

千山弥勒大佛是一尊由整座山峰形成的天然弥勒坐佛，佛身高70米，肩宽46米，五官清晰，四肢俱全。大佛左手五指分开，自然地放在膝盖上；右手握拳压在右腿上。大佛坐东面西，胸前还隐约挂有佛珠，据考证大佛约是1亿年前形成的。

天上天景区

以峰奇、石奇、松奇而著称

鞍山市千山风景名胜区北部

天上天景区位于千山风景名胜区北部，东起千山正门，西至五佛顶，海拔450~550米。

天上天景区山峰奇峭，怪石嶙峋，悬崖绝壁、苍松翠柏错落其中，是千山唯一的高岭游览区。唐太宗李世民、清康熙和乾隆等帝王都曾游览过此景区。

玩家解说

天上天景区以自然景观为主，以奇峰、怪石、古庙、岩松而著称。千山著名道观无量观和五大禅林之一的祖越寺位于此景区。

景区由正门至御览峰为上段，至玉霞关为中段，至五佛顶为下段，上看怪石，中看秀峰，下看岩松。著名景点有天上天、七重天、九重天、天外天、一线天、无根石、可怜松等100余处。

五佛顶景区

千山开发较早的景点之一

鞍山市千山风景区最西北

五佛顶海拔554.12米，是千山风景区的第二高峰，也是千山开发比较早的景点之一。五佛顶因东、南、西、北、中五方坐佛而得名，其山势险峻、岩松苍劲。

五佛顶景区不仅有秀美的自然风光，还有许多神奇的传说故事。在五佛顶的半山腰处有一座千山最高的道观——普安观，千山五大禅林之首的龙泉寺也位于此景区内。

千山风景区

仙人台景区
“山高不过仙人台”

鞍山市千山风景区正门南部

仙人台是千山最高峰，海拔708.3米，以山高、石怪、松奇、庙古、塔多、径幽而著称于世，有千山“庙高不过五佛顶，山高不过仙人台”之说。

仙人台景区名胜古迹甚多，历史悠久，五大禅林的中会寺、大安寺、香岩寺三大寺均建在这个景区内。清代建的五龙宫、朝阳宫、太和宫殿、东极宫、泰安宫、斗姥宫、圣先宫、慈祥观、石龙庵、木鱼庵、洪谷庵等10多处道教庙宇也分布在此景区内。

五大禅林
古代佛教建筑的杰作

分布在千山风景区内的北、南、中、北、中南部

千山五大禅林包括龙泉寺、香岩寺、中会寺、祖越寺（灵岩寺）和大安寺。这些建筑始建于隋唐，经历代修缮，这些建筑现在基本呈现的是明清时代的风格和特色。

与我国古代所有的佛寺选择建在风景优美的山水间一样，千山五大禅林分别位于千山风景区内的北、南、中、北、中南部，遥相呼应。

玩家解说

五大禅林由于历史久远和其宗教建筑特色，加之处于素有“无峰不奇、无石不俏、无庙不古”之誉的“辽东名山”“东北明珠”的千山的地理位置，目前已成为闻名遐迩的佛教圣地。

千山佛寺是我国古代文化艺术的一大宝库，这里庙宇众多，佛寺建筑艺术风格体现在殿、塔、石窟建筑物群的布局上。五大禅林建筑除具禅林建筑的特色外还各具特色，堪称我国古代建筑的杰作。

中会寺

景点推荐

鞍山旅游区

玉佛苑 AAAA

有世界上最大的玉佛

鞍山市铁东区绿化街58号

位于辽宁省鞍山市区东部，三面环山，一面临水。玉佛苑建筑由山门、天王殿、钟楼、鼓楼、方丈楼、玉带桥、三洞式山门、长廊、配殿等组成。

玉佛苑主体建筑为玉佛阁，高33米，有佛教三十三天之意，采用双层重檐歇山式结构，层次分明、雄伟壮观。玉佛阁内的世界最大玉佛是由1960年发现于中国玉乡——鞍山岫岩县的“玉石王”雕刻而成，正面为释迦牟尼佛，背面为渡海观音菩萨。

玩家解说

玉佛的神奇不胜枚举，玉佛苑的盛名远及海内外。1996年9月3日，玉佛苑这一气势恢宏的建筑群连同人们翘首以待的世界最大玉佛，终于揭开了神秘的面纱，以其现代中蕴含古朴、别致中显现凝重的建筑风格，融玉文化与佛文化于一体的丰厚文化底蕴，展现于世人面前，呈现出独特的魅力。2002年12月12日，玉佛荣膺英国吉尼斯世界之最。

鞍山古城址

保留有众多古遗迹

鞍山市铁东区二一九公园旁

鞍山古城址坐落于鞍山二一九公园旁边，与著名的玉佛苑合璧为一处，构成完整的佛教文化场所，是一处综合性旅游场所。

鞍山古城址其外部环境以古代建筑、古典园林为主体，整个布局雄伟壮观、气势恢宏，亭、台、楼、阁、殿、宇错落有致，现存明清院落4处，唐代、辽代古井各1处，古庙碑5块，战国、秦代冶铁采矿洞2处，为国内独有。

二一九公园

因鞍山解放纪念日得名

鞍山市铁东区园林大道与绿化街交会处

二一九公园位于鞍山城区东部，因1948年2月19日鞍山解放纪念日得名，是东北地区较大的综合性公园。公园按其功能和地形地貌划分为水景区、儿童活动区、花卉观赏培育区、安静休息区、动物观赏区、水上活动区和东山游乐园。

公园内的劳动湖、西湖、游泳湖等水上游览区24万平方米，湖上有大小岛屿5处，风格各异的桥、廊、亭、阁21处，位于湖中心的环翠岛建有览月廊和绿廊。

鞍钢集团博物馆 AAAA

感受“钢铁之城”的活力

鞍山市铁西区环钢路1号

鞍钢集团博物馆是由1953年建设的炼铁厂二烧车间闲置旧厂房改建而成的具有鞍钢特色的现代化博物馆。

鞍钢博物馆由11个主题展区、2个特展区及钢铁主题公园组成。其中，主题展区包括“钢铁工艺流程”“沧桑岁月”“长子鞍钢”“魅力鞍钢”“绿色鞍钢”“英模鞍钢”等。特展区包括“老高炉”和“烧结机”。博物馆内共收藏具有珍贵历史价值的照片3000多幅，实物藏品10000多件，重点藏品有中华人民共和国钢铁工业发展中起到重要作用的机器、遗物、照片资料等，它们能让观众更加深入地了解鞍钢的历史和文化。

二一九公园

汤岗子温泉 AAAA

全国四大康复中心之一

鞍山市千山区温泉街1号

汤岗子温泉疗养院是全国四大康复中心之一，位于鞍山市区南部15千米处。温泉泉水无色无味，清澈透明，温度达72℃，含有钾、镁、氢、钠等30余种微量元素。用温泉水和热矿泥配合按摩、针灸、蜡疗及光电疗法，对风湿性关节炎、皮肤病、外伤后遗症等都有明显疗效。

汤岗子温泉疗养院内环境幽雅，风格独特。中国末代皇帝溥仪居住的“龙宫温泉”和东北军阀张作霖修建的“龙宫别墅”均保存完好，已成为康复和旅游的胜地。

东山风景区

鞍山的“城市之肺”

鞍山市千山区城区东部

鞍山东山风景区位于鞍山市区东部，景区占地面积16.42平方千米，有“十里青山半入城”之说。景区内23座山峰连绵起伏，空气清新，环境幽雅，植被覆盖率达93.3%，为鞍山的“城市之肺”。

东山风景区青山绿水，塔亭相映，山路蜿蜒，步移景异。登临山巅，可远眺千山雄姿，近观钢城全貌。景区内有静湖、奇秀岗、杏花坡、槐树沟、雷达山、观鞍亭、卧波桥等景点十几处。

孟泰公园

罗汉圣地

有世界之最的“五百罗汉图”

鞍山市千山区“二一九”公园旁

罗汉圣地坐落于鞍山“二一九”公园旁边，整个布局宏伟壮观、气势恢宏，亭、台、楼、阁、殿宇错落有致，金碧生辉。

全长近千米的五百罗汉洞内，每尊罗汉栩栩如生，神态各异。这里有世界之最的“五百罗汉图”，全长873米。目前罗汉圣地已经成为国内外广大佛教信众游览观光、假日休闲、朝佛敬香的绝妙佳境。

孟泰公园

用劳动模范的名字命名

鞍山市立山区中心

孟泰公园是全国唯一用劳动模范的名字命名的公园，位于鞍山市立山区中心。公园呈长方形，总面积64.8万平方米。孟泰公园以新中国第一代劳动模范孟泰的名字命名，是鞍山市立山区最大的融休闲、娱乐、观赏为一体的公园，也是鞍山市的爱国主义教育基地。

2007年，鞍山市政府对孟泰公园进行了大规模改造，新修造了景观瀑布和公园的中央大道。中央大道长370米，大道两边108株暴马丁香更是别有一番景致。

链接

鞍钢英雄孟泰

孟泰是中华人民共和国成立后第一代全国著名的劳动模范，河北省唐山丰润区人，于1898年出生于一个贫苦农民家庭。他爱厂如家，艰苦创业，在恢复和发展鞍钢生产中做出了重大贡献，8次受到毛泽东主席的接见，先后当选为第一、二、三届全国人民代表大会代表，1967年9月积劳成疾的孟泰在北京病逝。

白云山

以峰奇石怪而称奇

鞍山海城市海城镇东约40千米处

白云山风景区位于鞍山市海城镇东约40千米处，这里有大小山峰450座，景区以奇峰怪石、森林茂密而著称。

白云山是海城河的发源地之一，山内分布着大小河沟30多条。这里林木繁茂，自然景观优美，有石山树、云水雾、花雪洞等绝佳的景观，还有当地淳朴的满族风情和田园风光，游客在此可感受到大自然之美和满族风情及田园情趣。

牛庄古镇 ㊟

关东第一河港古镇

鞍山海城市牛庄古镇

牛庄古镇位于海城市西部，南邻营口，西邻盘锦，北邻鞍山，海城河、太子河、大辽河绕城而过。牛庄古镇是东北地区目前仅有的三个国家级历史文化名镇之一。这里交通便利，水土肥美，古往今来一直是周边地区的经济、文化交流中心。

牛庄镇的优势在于商业历史悠久，在清代，这里是全国有名的通商口岸，成为东北地区较为繁荣的陆路、水路贸易中心。另外，全镇食品文化浓郁，牛庄馅饼、牛庄白酒历史悠久，名扬东北。

玩家 解说

牛庄的非物质文化遗产十分丰富，发源于牛庄、闻名中外的东北高跷已被国家定为非物质文化遗产。风靡全国的二人转，其前身就是喇叭腔，也是牛庄固有的文化瑰宝。牛庄的老爷庙大戏楼，初建于康熙年间；另外杨豆包子戏园子、胡家馆子戏园子、楼头戏场、天主教堂戏院、牛庄剧院，每逢庙会、节日，好戏连台，煞是热闹。

仙人洞遗址 ㊫

文化内涵丰富的旧石器遗址

鞍山海城市孤山镇孤山村

海城仙人洞为旧石器时代晚期古人类遗址，遗址洞室面积约90平方米，洞后与落水洞相连，堆积层最厚处达6米，洞口高出海城河河床6.4米，是一个形态完整的古人类遗址洞穴。

遗址的文化堆积层可分为3个层面：上层为青铜器时代及现代堆积层；中层为新石器时代文化堆积层，在此层中出土了大量的红、黑陶罐等新石器时代文化遗存；下层为旧石器时代文化堆积层，此层出土了万余件打制石器、30余种古生物化石及骨针、鱼叉等骨制工具。

玩家解说

仙人洞遗址出土的文化遗物十分丰富，大体可分为古生物化石、石制品、骨制品、装饰品和陶品。其中重要的遗存有古生物化石、石制品、骨制品等，其中石制品非常丰富，对研究我国旧石器文化具有重要价值。

析木城石棚 ㊫

青铜器时代的巨石坟墓

鞍山海城市析木城东南8千米

析木城石棚为石板建筑，位于海城市析木城东南8千米，形状如棚，故名石棚。整个石棚由6块青石板对榫而成，高2.8米，呈长方形。它是古代氏族部落酋长、首领或奴隶主贵族的巨石坟墓，为我国青铜器时代之遗存。

石棚规模宏伟壮观，被称为巨石文化，有的壁石或盖石重达几十吨，其开采、搬运和架设，每一步都凝聚着古代劳动人民的血汗和智慧。石棚是中国古代较早的一种建筑物，对研究我国古代建筑的发展、原始社会的状态具有很重要的价值。

山西会馆

山西会馆

建筑规模宏大

鞍山海城市西关街

山西会馆又称关帝庙，位于海城市内西关街，建于清康熙二十一年（1682年）。海城山西会馆建筑规模宏大、布局工整，是辽宁省乃至全国山西会馆中较为重要的会馆。

山西会馆具备了“硬山、歇山、悬山”等我国古代建筑风格，整个建筑由山门、钟鼓楼、前殿、后殿、东西配房、戏台组成，是海城市目前仅存的几处清代庙宇建筑群中的典型代表之一。

岫岩满族博物馆

全国第一家满族博物馆

鞍山市岫岩满族自治县岫岩镇阜昌路南段

岫岩满族博物馆是全国第一家满族博物馆，建筑为具有满族风格的仿古造型，坐落在县城中心阜昌路南段。

馆内设有“满族发展史”“满族民俗”“岫岩出土文物”3个基本陈列馆及“馆藏书画”等共5个展馆，馆藏满族传世和出土文物千余件。

景点推荐

本溪旅游区

平顶山

美丽的“城中之山”

本溪市平山区东南

本溪平顶山原名青云山，海拔657米，是一座美丽的“城中之山”，仿佛是一颗镶嵌在辽东的璀璨明珠，傲然屹立于本溪城区。平顶山以辽东军事要塞而著称，为“兵家必争之地”，日俄战争中著名的“平顶山战斗”是辽东“沙河战役”的重要组成部分。

登山俯瞰，煤铁之城尽收眼底。西望太子河，蜿蜒如带，流过市中心。现在的平顶山已经成为当地人休闲健身的好去处。山上有本溪动物园、日俄战争遗址、解放战争碉堡群等景点。

玩家解说

平顶山位于本溪市区南，山势巍峨，顶部平坦，故名平顶山。登山俯瞰，4座铁路桥和2座公路桥横跨太子河，衔接两岸，如同一幅中国水墨画，淡雅而隽永，而南面是高炉群，火光映天，烟雾弥漫。河西岸是闻名远东的彩屯煤矿竖井。河东岸是横穿全市的沈丹铁路，铁轨如同巨蟒向南北伸延。

太子河两岸厂房林立，街树掩映着黄、白、红、橙各种颜色的建筑，把市区点缀得五彩缤纷。近处是市区的绿色宝库——望溪公园，一片苍松翠柳拥簇着玉碑红亭。如果遇上晴朗天气，极目远眺，百里外的辽阳白塔可绰约映入眼中。

本溪动物园

本溪动物园位于本溪市平顶山西北麓，园内丘壑起伏，林木茂盛，森林覆盖率高达95%，自然景观得天独厚。

园内不仅修建了猛兽馆、猴舍、鸣禽馆、孔雀馆等动物笼舍，还建成了思静园、爱之角、荷花池、牡丹园、棋园、滴水岩等园林景区10余处，是辽宁省最大的城市专类动物园。

日俄战争遗址

平顶山日俄战争遗址由前沿指挥所、碉堡及交通壕三部分组成。这里的防守体系呈纵深排列，全长285米，共11个碉堡。遗址多处已被战火摧毁，现存部分遗址已淹没在杂草灌木之中。

本溪湖公园

园内有被誉为世界上最小的湖

本溪市溪湖区溪湖西路

本溪湖公园位于本溪市溪湖区湖前街，是以湖为主的公园，公园内有名扬中外、被誉为世界上最小的湖——本溪湖。

本溪湖原名"杯犀湖"，是本溪的发源地。以湖为中心建立的公园以小巧精致见长，可观赏性非常强。湖面平静无波，湖水清澈见底，岸边垂柳倒映水中，微风吹来，柳枝招展，美丽的湖光水色令人心旷神怡，流连忘返。

玩家 解说

本溪湖的右侧建有慈航寺，是明朝末年所建的观音寺，清同治七年（1868年）和民国十九年（1930年）重修，并改名慈航寺。寺庙每天都吸引众多香客前来上香朝拜，缕缕白烟随风飘散，散发出淡淡的芳香。

慈航寺

本溪市博物馆

以本地区出土文物为主

本溪市明山区峪明路

本溪市博物馆位于本溪市明山区峪明路，成立于1980年，是以本地区文物收藏、陈列、研究、群众教育为主的综合性博物馆。该馆通过多样形式，展示了本溪地区的悠久历史。

本溪市博物馆馆藏文物近万件，主要以本地区出土文物为主，有旧石器时代早期的人类牙齿及小孩股骨化石、青铜时代石器、陶器、战国青铜短剑等。此外，还有明清时期的精美瓷器等。

滴水洞

落瀑声震翠谷

本溪市平山区南部老母岭西侧深谷之中

滴水洞位于本溪市南7.5千米、老母岭西侧的深谷之中。在这里，一条山中清流穿过坚石峭壁，从30米高的悬崖飞流直下，形成瀑布。雨季水量充足，落瀑咆哮，声震翠谷；雨少时，溪水潺潺，玉珠点点，形成水帘。

谷底峭壁上还有大小不等的五处石洞，另外还有一条一米宽的天然栈道。从谷底仰首上望，悬崖、峭壁、飞瀑、彩虹、蓝天、白云，堪称绚丽多姿，惊险峻美，令人叹为观止；俯视谷底，巨石横生，形状各异，别有一番情趣。

大冰沟森林公园 AAAA

天然大氧吧

本溪市南芬区思山岭乡南沟村

大冰沟森林生态公园坐落在本溪市东南35千米的南芬区思山岭乡境内，景区内有东北最大的九裂极品红叶枫王和天女木兰花群落，这里还有森林植物园和野生动物保护区，是辽东大地上的一颗闪闪发光的绿色宝石。

大冰沟森林公园内群峰竞秀，林茂水丰，主要景观有玉皇峰、溪涧瀑布、五连池、卧龙湖、佛手峰、天女峰、仙人台、雷公塔、连理树、夫妻树、落泪坡、大冰沟天桥、天女木兰花丛和枫王台等，是生态旅游、度假、探险和科学考察的好地方。

关门山国家森林公园 AAAA

有“东北桂林”之美誉

本溪市本溪满族自治县水洞南13千米

关门山国家森林公园位于本溪市东南70千米处，园内植物保存完好，古树名木众多，风景秀丽，是一处融旅游、观光、避暑、度假、休闲为一体的森林旅游景区，也是“辽宁50佳景”之一，有“东北桂林”之美誉。

森林公园内有小黄山、夹砬子、龙门峡和月台子四大景区，共计108处景点。园内四季风光各具特色。春日，山花烂漫，五彩缤纷；夏日，柏苍树翠，清幽凉爽；秋日，火红金黄，野果飘香；冬日，飞雪迎宾，银装素裹。

玩家 攻略

关门山漂流全长3200余米，漂流区段沿途两岸风光秀美，孤峰林立，花木茂盛，水流清澈，河道千回百转，美景变换迭出，对于“乐山登万仞、喜水泛千舟”的游人来说是一个水上游览胜地。

本溪水洞 AAAAA

世界第一长的地下充水溶洞

本溪市本溪满族自治县谢家崴子村

8:00~17:00

旺季110元，淡季70元，另有多种套票可以选择

本溪水洞风景名胜区位于辽宁省本溪市东郊，是以水洞为中心，融山、水、洞、泉、湖、林等自然景观和寺庙、古人类遗址等人文景观为一体，同大连海滨、千山风光、长白山景区齐名的东北风景旅游胜地之一。

本溪水洞是数百万年前形成的大型充水溶洞，是目前发现的世界第一长的地下充水溶洞，洞内分水、旱二洞。水洞水域沿洞体展开，纵深达2.3千米，而且时阔时狭，迂回曲折，洞内钟乳石、石笋与石柱多从裂隙簇拥而出，不假雕饰地形成各种物象，极具观赏性。

玩家 攻略

（1）本溪水洞内温度较低，参观游览时注意保暖；另外洞内水汽较重，要保护好相机和手机。

（2）旱洞低矮狭窄，需要按照规定的线路进行游览，要防止跌倒和撞伤。

关门山国家森林公园

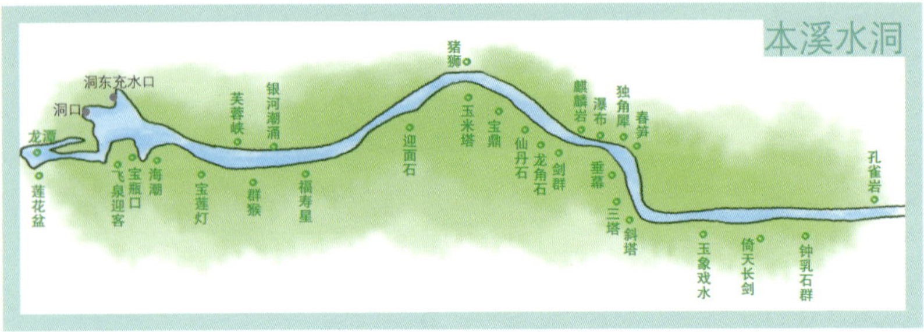

五女山 AAAAA

高句丽文明的发祥地

本溪市桓仁县桓仁镇刘家沟村

7:00~16:30

80元

五女山位于本溪市桓仁县城东北8千米的浑江西北岸，山体呈长方形，主峰海拔821米，峭壁垂直高度200多米，是高句丽民族文明的发祥地。公元前37年，北扶余王子朱蒙因败于宫廷之争流亡至此，在山上建立高句丽第一王城，史称纥升骨城。

五女山风光旖旎，蜚声中外，素有东北名山的盛誉。五女山山体巍峨险峻，凌空耸峙；四周江河环绕，东、南临浑江，西有哈达河，北面是大东沟河。站在五女山东端峰巅的“点将台”上，遥望浑江水库，烟波浩渺，云、天、山、水浑然一体，天容云影尽收眼底。

桓龙湖

辽宁最大的人工湖

本溪市桓仁满族自治县桓仁镇刘家沟村

桓龙湖位于五女山脚下，是辽宁最大的人工湖和淡水鱼养殖基地。桓龙湖荡漾于群山之中，浩浩荡荡，碧波万顷，山奇水秀，风景如画。湖中最大的岛屿是面积达15万平方米的万乐岛。

桓龙湖畔，南部峰峦峻秀，峰顶三石并立，势与天齐，号称“三柱擎天”。北部奇峰耸立，更显特异，置身其间，给人以青山欲倾、怪石欲坠之感。

枫林谷森林公园 AAAA

名副其实的“枫叶王国”

本溪市桓仁满族自治县南部

枫林谷森林公园地处长白山脉的余脉，公园的前身是桓仁满族自治县国有和平林场。经过多年的保护和发展，这里已经成为辽宁省重要的生态屏障和森林氧吧，是红叶观光、避暑度假的绝佳之地。

枫林谷森林公园内生态环境优美，植被茂盛，森林覆盖率高达85%以上。这里是中国乃至世界范围内枫叶品种最全、分布最广、火红最早、色彩最艳、持续最久的地方。

大雅河漂流景区 AAAA

有“东北第一漂”之称

本溪市桓仁满族自治县县城南部15千米处

大雅河漂流区位于桓仁县城南部15千米处，漂流区航道总长3.5千米，大雅河之水流经此处落差大，水流湍急。坐在橡皮筏上穿上橘黄色救生衣，2人一组，顺流而下，可尽享漂流活动的惊险刺激。

漂流区处于桓仁境内第一大内河大雅河的下游。大雅河发源于辽宁屋脊老秃顶子山，水质清澈，水量充沛。漂流区两岸重峦叠嶂、草木葱茏、风光秀丽、景色宜人，有“猩猩脸”“百足虫”“银河九天”等自然景观。

景点推荐

抚顺旅游区

平顶山惨案遗址纪念馆 ㊀

馆内有800多具遇难同胞遗骨

✉ 抚顺市新抚区南昌路17号

平顶山惨案遗址位于抚顺市区南部平顶山下，这是侵华日军1932年残杀平顶山村3000多无辜同胞的现场，是国内保存最完好的第二次世界大战期间日本帝国主义屠杀中国平民的遗址。为悼念殉难同胞，抚顺人民于1951年修建了纪念碑，1970年在惨案遗址进行局部发掘，就地修建了纪念馆，同时重修了纪念碑。

屹立在平顶山上的纪念碑，占地面积3160平方米，纪念碑正面镌刻着惨案史实的碑文。纪念馆的展览大厅里是长80米、宽5米的遗骨池，池内有800多具殉难同胞的遗骨，纵横叠压，令人惨不忍睹。

链接

平顶山惨案

1931年日本军国主义者发动"九一八"事变，东北大好河山被踩在日军铁蹄之下，激起中国人民的英勇反抗。1932年9月15日(农历八月十五中秋节)夜，侵占抚顺的日寇遭到途经平顶山村的抗日自卫军的打击后，诬称平顶山村居民"通匪"，于次日出动守备队和宪兵队，把全村男女老幼3000多人逼赶到平顶山脚下，进行了惨绝人寰的大屠杀。

日寇为掩盖罪行，又用汽油焚尸，崩山掩埋，并烧毁全村500多户的800多间房屋，将平顶山村夷为平地，制造了震惊中外的平顶山惨案。

萨尔浒风景区

辽东的“风景明珠”

抚顺市东洲区新太河街萨尔浒南路6号

萨尔浒风景区位于抚顺市区东南15千米处，面积268平方千米。萨尔浒古战场、张作霖空冢、清帝东巡谒祖的行宫及御道等人文景观与小青岛、元帅林等八大自然景观交相辉映。游船、狩猎、垂钓等娱乐活动更为游客增添了不少情趣。

萨尔浒风景区融秀美的湖光山色和悠久的清前史迹为一体，以浩瀚的水面、起伏的群山、茂密的森林著称，集山、水、林、石、洞等自然要素于一身，是一处不可多得的优秀内湖型风景名胜区，被誉为辽东的“风景明珠”。

玩家 解说

萨尔浒风景区得名于萨尔浒城，它位于层峦叠嶂、烟波浩渺的大伙房水库的东南隅。其山状迂回起伏，地处要冲，有远山阔水之势。明万历十一年（1583年）前，建州浑河部的女真人就在山上筑起山寨，名为萨尔浒城，努尔哈赤1585年击败了五寨联军，占领了萨尔浒，统一了苏克素浒部。这对巩固后金政权，奠定清王朝的国基起到了关键的作用。

雷锋纪念馆 AAAA

再现了雷锋平凡而伟大的一生

抚顺市望花区雷锋路东段61号

雷锋纪念馆位于抚顺市望花区和平路原雷锋生前所在部队驻地附近，建于1964年。纪念馆是一座大型现代化博物馆建筑，造型似一面展开的旗帜。

纪念馆主要建筑物有雷锋纪念碑、雷锋事迹陈列馆、雷锋墓和雷锋塑像。馆内藏有

雷锋纪念馆

毛泽东、周恩来等党和国家领导人的题词和雷锋遗物、照片等文物400多件，真实生动地向人们再现了雷锋平凡而伟大的一生。

皇家海洋乐园 AAAA

恍若真实的海洋世界

抚顺市望花区高湾经济区高阳路3号

皇家海洋乐园位于抚顺市望花区，主要场馆包括皇家极地海洋世界、夏威夷沙滩冲浪馆、海神乐园等，海豚表演馆和海洋民族风情表演馆是整个皇家海洋世界最吸引人的地方。

皇家海洋乐园将海底的神秘与陆地的快乐融为一体，是国内最大的海洋动物表演场馆，游客身处陆地也能领略海洋美妙风光，还能与海豚、海象、企鹅等海洋动物亲密接触。乐园采用度假式园区设计，可让游客在这里一站式尽享美食、娱乐、购物的快乐。

玩家 攻略

表演：海豚馆内建有4条海底隧道，充满了奇趣，海豚表演和美人鱼表演也不容错过，海豚表演在海豚剧场。

美食：海豚剧场旁边的海底餐厅如同童话世界，这里有各种美味可口的海洋美食，还有柔和温馨的灯光和清澈蔚蓝的海水。

刺激体验：海神乐园以景观项目与机械类游玩体验项目为主，最适合拍照和体验刺激。在海神乐园内可畅玩高空小火车、跳楼机、海盗船、旋转木马和东北最高的摩天轮等。

雁鸣湖

水域风光秀美多姿

抚顺市望花区宝泉山附近

雁鸣湖位于沈阳、抚顺交界处，是省级湿地保护区，水域风光秀美多姿，栖息着丹顶鹤、大雁、野鸭、鸳鸯等珍贵鸟类，有一番野趣天成的风情。

依雁鸣湖及周边5平方千米的青山绿水建立的雁鸣湖森林公园，青山环绕，碧波荡漾，林中松涛阵阵，耳畔雁鸣声声，是融休闲度假、商务会议、团体拓展训练为一体的综合性园区。

玩家 攻略

雁鸣湖森林公园园区设有标准客房、高档客房、小木屋。凭窗远眺，一派秀美的田园风光。园区还设有宽敞明亮的就餐大厅，可同时容纳150人就餐，另外还设有小餐厅，能满足不同层次游客的需求。

高尔山公园

建立在古城遗址上的公园

抚顺市顺城区高山路97号

"高尔"系满语，为"槐树林"之意。高尔山是抚顺市重要风景名胜，公园占地240公顷，集自然山林、名胜古迹于一体，是全省唯一建在古城遗址上的公园。

公园内地势起伏多变，建有皇家古典园林建筑锁阳槐荫、锁阳楼、配殿、八角亭、五角亭及长廊等，有距今900余年的辽代八角九级密檐式古塔，有清代的古刹观音阁，还有土门叠翠、松林杏雨、万山朝塔、登道流丹等景观。

善缘寺

沈抚地区大型寺院之一

高湾经济区友爱村

宝泉山善缘寺位于抚顺经济开发区，中华人民共和国成立前称圣水寺，为沈阳慈恩寺下院，是中国北方较大的佛教圣地。

善缘寺寺庙宽广，殿宇严谨，花木繁茂，清幽典雅，古色古香，远近闻名。院落内部的设计更是别具一格，大雄宝殿、观音殿、地藏殿、天王殿和钟鼓二楼等建筑工艺精巧，富丽堂皇。

玩家 解说

寺庙内有全国独一无二的玉卧佛（缅甸玉），重达30吨；有多处泉眼的人工放生池；有乾隆年间的珍贵文物《大藏经》和民国年间奉系军阀首领张作霖五姨太捐铸的大钟。寺庙内彩砖铺路，寺庙外林木葱郁，是人们拜佛、休闲的好去处。

清永陵

关外第一陵

抚顺市新宾满族自治县永陵镇西

8:00~17:00

50元

清永陵位于新宾永陵镇西北1000米处，被誉为"关外第一陵"，这里埋葬着清王朝皇室的6位祖先，与沈阳市境内的昭陵、福陵一起统称为"关外三陵"，为世界文化遗产。清永陵不大，占地仅10000平方米，但在群山众水的映衬下却另有一番庄严。清康熙、乾隆、嘉庆、道光等皇帝先后9次亲临永陵谒祖，使永陵谒祖活动成为清代的国家典制。

玩家 解说

清永陵始建于1598年，至今已有400余年的历史。陵内埋葬着努尔哈赤的六世祖猛哥帖木儿、曾祖福满、祖父觉昌安、父亲塔克世及伯父礼敦、叔父塔察篇古。1648年，清世祖福临追封猛哥帖木儿为"肇祖原皇帝"、福满为"兴祖直皇帝"、觉昌安为"景祖翼皇帝"、塔克世为"显祖宣皇帝"。

四祖碑楼

清永陵前院并列着四祖碑楼，其建筑、

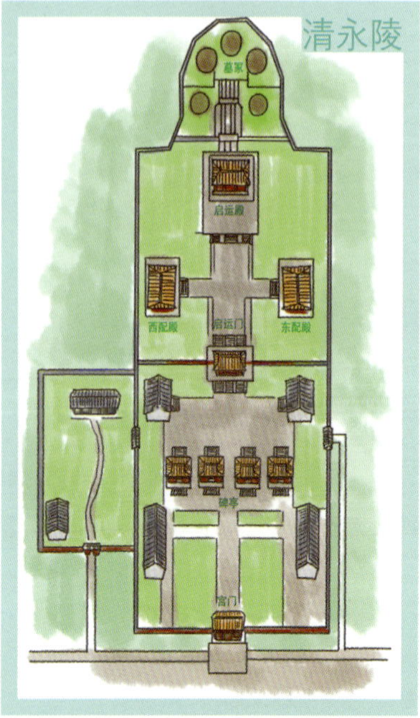

规模、大小都是相同的。在同一院子里并列着四位皇帝的碑楼在全国是独一无二的。每座碑楼前后门左右各有一条坐龙，这16条坐龙意在清王朝稳坐江山。

启运门

清永陵第二道门为启运门，是方城的南门，门两侧各有前后对称的五彩云龙袖壁两座，袖壁造型精致，五彩云龙栩栩如生。建造袖壁的陶质砖雕经400多年风雨不风化，被专家称为艺术珍品。

方城

通过启运门即为方城。方城以启运殿为主体，左、右两厢分置东、西配殿，供奉着各位神灵。

启运殿是祭祀谒拜祖先的场所，也是陵园的主体建筑。启运殿、西配殿之间为焚烧祭文的“焚帛亭”。

赫图阿拉城 AAAA ⓧ

满族崛起的地方

抚顺市新宾满族自治县永陵镇

赫图阿拉城位于新宾满族自治县城西永陵镇，是清太祖努尔哈赤建立的第一个国都，1559年，努尔哈赤生于此城，后在这里创建了史称后金的大金国，登基称汗，从此开始了统一东北女真的大业。

赫图阿拉城筑有内、外两城，内城建于1603年，有当年努尔哈赤登基称汗的尊号台、正白旗衙门、关帝庙等古建筑群。外城建于1605年，外城墙周长5230米，主要遗址有驸马府、铠甲制造场、弧矢制造场、仓廒区、满族老街等。

玩家解说

赫图阿拉是清太祖努尔哈赤的祖居之地。

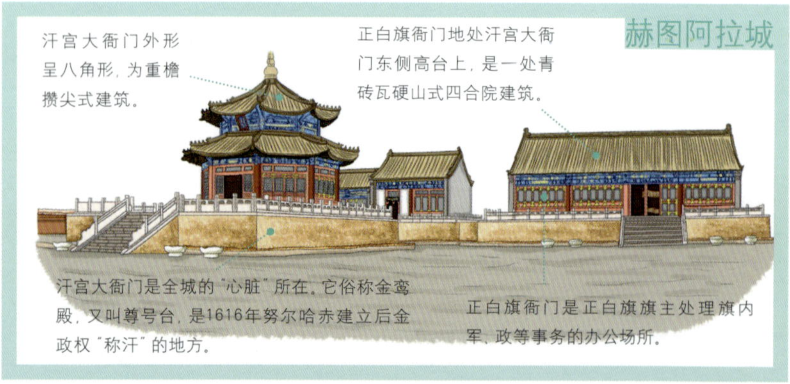

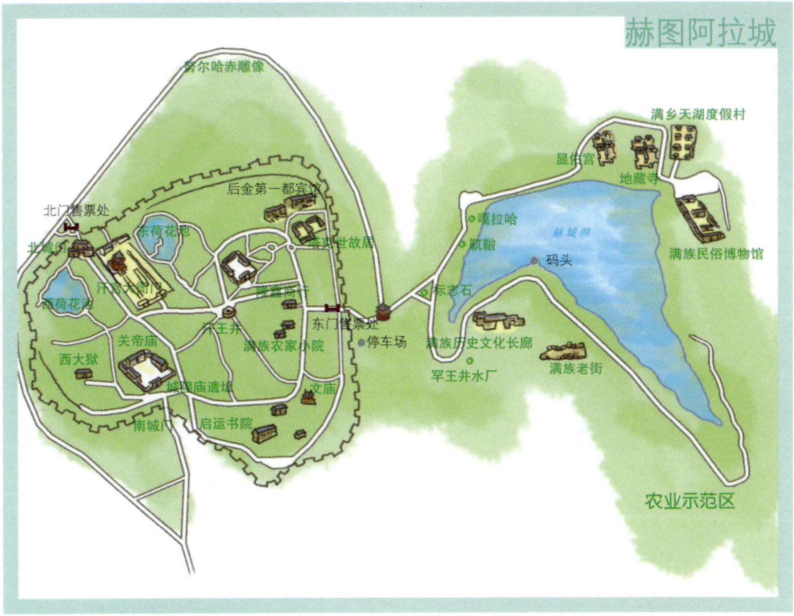

1616年，努尔哈赤在这里创建了史称后金的大金国，登基称汗，从此开始了统一东北女真的大业。

在烟囱山下，在苏子河畔，这座在16世纪初叶崛起的都城，便成为后金政权发号施令的政治舞台，努尔哈赤及其八旗贝勒大臣在这里制定了一系列适国情、顺民意的政策，发展军事工业，注重农副业生产，使后金政权在政治上、经济上迅速发展壮大，为其统一女真各部、进军中原、统一天下打下了坚实的基础。

汗宫大衙门

汗宫大衙门俗称金銮殿，是当年努尔哈赤登基称汗、治国理政、研究军机、接见使臣的地方。大殿正中央摆设着努尔哈赤登基称汗的宝座，宝座前是努尔哈赤批阅奏折的龙书案，龙书案的东、西两侧有鹤衔莲花蜡台、熏炉和香亭，两侧摆放着八旗。

链接

东西荷花池

汗宫大衙门西侧的一处深潭，面阔水幽，荷香四溢，金鲤满池；东侧陡坡下，清水粼粼，鱼荷相伴。西潭东池景色宜人，汗宫大衙门好似龙头，两泓碧水交相辉映，恰如龙目，故有“神龙二目”之美誉。

正白旗衙门

正白旗衙门是正白旗旗主处理旗内军政事务的办公场所，皇太极努尔哈赤曾统领正白旗。正白旗衙门是一处青砖瓦硬山式四合院建筑，现存正房五间。

显佑宫

显佑宫原称为王皇阁，是清代辽东地区著名的道教宫观，内建有龙虎殿、三官殿、敕建碑、香亭等建筑。其建筑古朴典雅，富丽堂皇。当年努尔哈赤每遇战事或重大活动之前，都要率贝勒大臣等人入宫进香，祈求神灵保佑。

满族历史文化长廊

满族历史文化长廊以清代素面砖瓦构筑，亭榭楼阁有机地串联而成。长廊展示了努尔哈赤一生中的丰功伟绩和满族发展史，包括满族源流、女真各部统一、努尔哈赤崛起、大清帝国建立、清军入关统一全国、清王朝的终结。

景点推荐

铁岭旅游区

铁岭市博物馆

地方史志类综合性博物馆

铁岭市银州区文化路88号

铁岭市博物馆是一座地方史志类综合性博物馆。博物馆地处铁岭市区中心，主体建筑为地上三层半地下一层的展览大楼，展览大楼内设陈列大厅4个，馆区内还有学术报告厅、观众服务部和藏品库房等。

铁岭博物馆有永久性专题陈列两个，包括辽北历史文物陈列和铁岭地志展。博物馆内现有藏品5000余件，以辽北地方出土的文物为主，其中不乏珍品，如商周时期的青铜钺、西汉的透雕青铜牌饰、辽代晚期北府宰相萧义墓志等。

盘龙山风景区

佛教圣地

铁岭市银州区大石桥镇

盘龙山风景区东起铁抚公路，西至102国道，宛若一条巨龙雄踞辽北大地。风景区内有佛教圣地圣水寺、三霄娘娘庙、龙王庙，以及天下少有的奇观弥勒嶂。其他景点还有望天口、淌石沟、樱桃沟、千亩果园、辽北民俗村等。

盘龙山主峰望天口海拔344.5米，夏季雨后白云低悬，有“云横岭断”的景致；秋季天高云淡，站在望天口可南眺沈阳、北瞰铁岭。

龙首山
其景堪称独步辽北

铁岭市银州区城东1千米

铁岭龙首山位于铁岭市银州区，濒临柴河，是辽北著名的游览胜地，有慈清寺、驻塔、魁星楼、洗心亭等景点。

登临龙首山，左瞰城区，高楼林立，一派现代气息；右眺柴河，两岸风光令人心旷神怡。山中重峦叠嶂、树木苍翠、野鸟啼鸣、山花媚客。每至秋来，红叶满山、霜林变紫，其景堪称独步辽北，历来被文人墨客津津乐道。

银冈书院 文
周恩来曾在此就读

铁岭市银州区博物馆巷

位于铁岭市银州区内的银冈书院，原为清初流放湖广御道史郝浴谪居铁岭时居所，后辟为学堂。银冈书院与全国著名的嵩山、白鹿、岳麓、石鼓四大书院并称。

银冈书院为四合院式建筑，建于清顺治十五年（1658年），是周恩来就读的第一所学校，现设有周恩来少年读书纪念馆。

链接

周恩来与银冈书院

1910年，12岁的周恩来来到银冈书院读书，他在这里所受的教育对其以后走上革命道路产生很大的影响。1962年，周恩来再回铁岭，登临龙首山，感慨万千地说："铁岭是我的第二故乡。"1979年，这里辟建了周恩来纪念馆。

银冈书院

铁岭白塔
曾是铁岭城最高建筑

铁岭市区内银州贸易城东南侧

铁岭白塔原名圆通寺塔，位于铁岭市区内银州贸易城东南侧、古铁岭城西北隅，是辽北现存最早的古塔。明万历十九年（1591年），辽东总兵李成梁夫人出资予以修缮。

此塔为八角十三级实心密檐式，塔身为青砖垒造，塔顶刹杆有铜盘和宝珠，塔座八面各有浮雕佛像一尊，并饰宝盖，古时此塔为铁岭城最高建筑。

莲花湖国家湿地公园 AAAA
中国北方第一个国家湿地公园试点

铁岭新城区北郊

莲花湖国家湿地公园是以人工库塘、稻田、河流及浅水型小型湖泊群为主的复合湿地，主要包括得胜台水库、五角湖、大莲花泡和中朝友谊水库四部分。

湿地公园生态资源丰富，现有芦苇、菖蒲等植物237种，有黑水鸡、须浮鸥、野鸭等鸟类123种，占辽宁省鸟类的43.2%、全国鸟类的12.4%。湿地公园因地处我国境内东北亚——澳大利亚鸟类迁徙路线上，因此还是我国重要鸟类迁徙通道上的"驿站"。每年大约有68种涉禽约800万只鸟类迁徙时在此停留，也是丹顶鹤等一些国家重点保护鸟类的潜在停歇地。

蒸汽机车博物馆 AAAA
浓缩了蒸汽机车的发展史

铁岭调兵山市晓明镇

蒸汽机车博物馆位于辽宁省北部的煤城调兵山市，距铁岭35千米，是以蒸汽机车旅游为主，以工业矿井游、金文化游为辅的特色旅游景点。

蒸汽机车博物馆拥有当今世界上仅存不

蒸汽机博物馆

多并且能正常运行的多种型号的蒸汽机车21台，出厂时间从1943年到1999年不等，浓缩了蒸汽机车的发展史。馆内藏有很多蒸汽机车的珍贵图片、零部件实物及机车模型，并且利用光、电、声等现代科技手段展示蒸汽机车的工作原理、运行状态，惟妙惟肖，有很高的观赏和科普学习价值。

玩家 解说

博物馆旅游项目有蒸汽机车摄影、专列观光、体验驾驶、园馆参观及煤矿矿井游、金文化游等。蒸汽机车摄影主要是在沿途和车站拍摄正在运行的机车或列车（含货车、客车）；蒸汽机车体验驾驶主要是操纵指定的蒸汽机车（包括蒸汽小火车），由景区配备指导司机，教授简单的蒸汽机车驾驶技术，然后客人自行驾驶。

象牙山风景区

电视剧《马大帅》拍摄地

铁岭开原市松山乡英城子村

象牙山为长白山哈达岭余脉，主峰高615.2米。此山在古生代前属海相沉积，到中生代侏罗纪末期在强烈的火山断陷作用下褶皱成山，上升为陆地。景区内分东、西两条旅游线路，有天梯、天衣一缝、沉天缝、会仙棚、度仙棚、聚仙棚、飞来石等景观。

象牙山庄位于象牙山旅游风景区内，山庄以象牙山风景区为依托，依山傍水，风景秀丽、环境幽雅，四周均为风景区最佳旅游线路：东面是垂钓区——玉龙泉水库；西面为登山线路，从清诗屏始，经藏君洞、羊肠橙至百岁关。山庄还有极富乡村特色的餐饮、住宿场所。

玩家 攻略

（1）象牙山庄餐饮以农家特色为主：有小笨鸡、笨鸡蛋、山野菜、包浆豆腐、水库鱼等，食材从山里收购，纯绿色、纯天然；主食以粗粮、山野菜馅为特色，让游客拥有全新味觉享受。

（2）象牙山庄包房具有浓郁的乡村特色，有口袋房、幔子炕、竹炕席、老年画、小草鞋、老炕柜等。山庄还常年与二人转剧团合作，为游人提供专场演出。

（3）一年一度的象牙山梨花节成为辽北重要的节日。象牙山是电视剧《马大帅》拍摄地。

崇寿寺塔

曾是开原八景之一

铁岭开原市老城镇石塔街

崇寿寺塔坐落在开原老城崇寿寺内，始建于金正隆元年（1156年），为宣徽洪理大师藏骨之所，为八角十三级实心密檐式砖塔。

崇寿寺塔身有八面佛龛，龛上宝盖各有一组飞天浮雕，线条流畅，形态逼真。各角木檐上悬有铜铃，塔尖挂有5个铜珠。塔身各层挂有数百铜镜，西悬铜鼓一面。此塔气势恢宏，清朝时期列为开原八景之一。

七鼎龙潭寺

东北著名的佛教圣地

铁岭开原市威远堡镇陈家村

东北著名的佛教圣地七鼎龙潭寺始建于清乾隆初期，演智大师开山于此，至今已有250多年的历史。寺院内的天王殿、大雄宝殿、观音阁、伽兰殿等建筑气势恢宏，香火终日缭绕不断。

龙潭寺周围自然环境优美。山有七峰，拱抱如环，唯东有一山口，为入寺必经之地。龙潭寺前有二泓潭水，东西并列，常年不枯，一池荷花、一潭菱角。据民间传说，有两条龙潜藏潭中，故名龙潭。

咸州古城
东北历史文化名城

铁岭开原市咸州古城

咸州古城已有1000余年历史，是我国北方最大的古城之一，是东北著名的古城风貌型名胜景区。

咸州古城周长为6.5千米，曾是历史上东北地区重要的政治、经济、军事、文化中心之一，也是大金国、东辽国、东夏国的都城，史书称其为“六朝重地、三国故都”，是当之无愧的东北历史文化名城。

玩家 解说

咸州古城是我国历史上最完整的城池，又是我国辽、金、元、明、清各朝设置最北的府级行政机构所在地，有“北方第一城”“北方第一驿”之称。咸州古城遗迹甚多，旅游资源丰富，开原古代八景中咸州古城占了4个，分别是“古塔朝霞”“龙岗北枕”“清河夜月”“线河烟柳”。

清河旅游度假区
有“辽北明珠”之美誉

铁岭市清河区

清河旅游度假区以水库为依托，山清水秀，有着得天独厚的自然资源。经过十几年开发建设，现已形成融观光、旅游、休闲、度假、餐饮、娱乐、购物为一体的功能齐全的国家级风景区。

清河旅游度假区自然环境优美，清河水库四周群山环抱，拥有大片生态保护良好的天然原始森林，起伏的丘峦和成片的松林秀丽迷人，有“辽北明珠”之美誉。

玩家 解说

龙泉山庄位于铁岭市清河旅游度假区内，依山面水，风景秀丽，是电视剧《刘老根》续集的拍摄基地，剧中的董事长办公室、药膳房、绿色饭庄等对外接待中外游客，每到周末有演出队表演地道的二人转，并有模仿秀穿插于游人中搞笑，别有一番情趣。

冰砬山森林公园
有“东北小黄山”之称

铁岭市西丰县境内

冰砬山位于铁岭市西丰县境内，景区四面环山，银峰突兀、山水相依，白色石峰绵延，素有“东北小黄山”之称，其中最高峰海拔878.4米，号称“辽北之巅”。冰砬山曾是清初“盛京围场”腹地，是我国人工驯养梅花鹿的发祥地。

冰砬山因石而得名，石奇是冰砬山的一大特色。山中又有将军石、雄狮镇关石、卧龙石、金龟石、母子企鹅石等。整个冰砬山森林公园的生态植被基本保持原始自然状态，茫茫林海中最为壮观的是落叶松，拔地参天，笔直得如同人工雕塑一般。

玩家 解说

冰砬山风景区由砬门景区、香石景区、影壁墙景区、鹿城景区四大景区构成，总面积80平方千米，景点有30多处。山高、峰险、松奇、林密是砬子山最显著的特征。砬山云雾为东北少见的云雾景观，多出现在早晨或雨前。

攻略资讯

- 交通
- 住宿
- 美食
- 购物
- 娱乐

交通

飞机

●沈阳

沈阳桃仙国际机场位于沈阳南郊桃仙镇，机场内共有3座航站楼，有多条国内航线飞往全国各大城市，还有飞往中国台北、中国香港及东京、平壤、首尔、洛杉矶、悉尼、新加坡、曼谷、巴黎、莫斯科等地的地区和国际航线。沈阳市区旅客可乘坐桃仙机场与沈阳北站、沈阳站、沈阳长途客运总站之间的3条市区巴士线路，周边城市旅客可乘坐桃仙机场与鞍山、抚顺、本溪、丹东、阜新、辽阳及盘锦之间的7条省际巴士线路。

●鞍山

腾鳌机场位于鞍山市西南11.8千米处，有前往北京、上海等城市的航班。☎ 0412-6374888

火车

●沈阳

沈阳建有沈阳站、沈阳北站、沈阳西站、沈阳南站几个主要的火车站，其他火车站还有近海站、高花站、沈阳东站等。

沈阳站位于沈阳市和平区胜利南大街，沈阳站位于沈阳市和平区胜利南大街，在沈阳市区内乘坐223、225、327、523、206、

220、246等路公交车可到达沈阳站，另外地铁1号线可直达沈阳站。

沈阳北站位于沈阳市沈河区北站路，在市区内乘105、114、136、148、168等多路公交车可到达沈阳北站，地铁2号线和4号线也可直达沈阳北站。

●辽阳

辽阳是辽宁省的重要铁路站点，有沈大铁路、哈大高速铁路、辽溪铁路等铁路干线经过境内。

辽阳站位于辽阳市白塔区胜利路，乘坐1、2、3、4、6、7、8等路公交车可到达。

●鞍山

鞍山有哈大高铁、沈大铁路、京哈铁路纵贯南北，交通便利。

鞍山火车站位于鞍山市内南建国路，市内乘坐5、12、24、20、28、16、17等多路公交车均可抵达火车站。

鞍山西站位于鞍山市铁西区宁远街道，是哈大高铁上的站点。乘坐鞍山市高铁专线、公交60路和机场专线可抵达火车站。

●本溪

本溪市有沈丹、辽本、溪田3条铁路在此交会，有直达北京、上海、沈阳、青岛、齐齐哈尔、丹东、满洲里等城市的列车。

本溪火车站为沈丹铁路上的重要的火车客运站，位于本溪市平山区解放南路，在本溪

沈阳站

市内乘坐3、4、16、32、56路公交车可到达。

●**抚顺**

抚顺现有抚顺北站和抚顺站两个主要火车站。抚顺北站位于顺城区抚顺城路。抚顺站原名千金寨站，位于抚顺市西一路附近，离抚顺北站4千米，乘坐15、20、38、602等路公交车可到达。

●**铁岭**

铁岭火车站雄伟壮观，各种服务设施配套齐全。火车站位于铁岭市银州区光荣街与银州路交会处，乘坐2、3等路公交车可到达。

铁岭西站位于铁岭市铁岭县凡河镇杨威楼村赣江路，乘坐102路、109路公交车可到达。

汽车

●**沈阳**

沈阳市有长客总站、沈阳SK汽车客运站、辽宁省快速汽车客运站、沈阳经纬公司西站、五爱深港客货联运总站等汽车站。

车站	位置	电话
长客总站	沈阳市大东区滂江路22号	88529078
沈阳经纬公司西站	沈阳市铁西区重工南街134号	25739396
沈阳SK汽车客运站	沈阳市和平区胜利大街63号	31877963
辽宁省快速汽车客运站	沈阳市沈河区惠工街	62233333

●**辽阳**

辽阳公路纵横交错，交通方便，长途客运总站位于白塔区中华大街，有发往北京、赤峰、济南、天津、长春、丹东、阜新、辽中等地的营运线路。☎ 0419-3792020

●**鞍山**

鞍山境内公路交通便捷。鞍山长途汽车站位于鞍山火车站的东南侧，鞍山市内乘坐210、211、113、308等路公交车均可到达。☎ 0412-2225019

●**本溪**

本溪市公路交通较为便捷，有沈本、沈丹等高速公路通过。本溪长途汽车站位于火车站前，从本溪走沈本高速公路到沈阳仅1小时车程。☎ 024-43850822

●**抚顺**

抚顺的公路非常发达，沈吉高速公路、G202线从境内穿过。抚顺市火车北站附近的长途汽车中心客运站每天都有大量的班车发往省内各地，通往沈阳的城际巴士“雷锋号”在抚顺南站乘坐。☎ 024-57682229

●**铁岭**

经过铁岭市的高速公路连接沈阳、大连、鞍山、抚顺、四平、长春等十几个大中城市，以哈大公路（G102）为主干的公路网遍及城乡，公路交通较为方便。

铁岭市长途汽车客运站位于铁岭市光荣街38号。☎ 024-74858900

市内交通

●**沈阳**

沈阳市现已开通了地铁1号线、2号线、2号线南延线、4号线、9号线和10号线，1号线呈东西向，经过沈阳站；2号线呈南北向，经过沈阳北站等地。

住宿

沈阳

沈阳作为辽宁省省会，住宿设施齐全，各种档次的酒店应有尽有，价格总体不算很贵。若是想方便游览沈阳故宫，建议住在中街故宫一带；如果住在沈阳站太原街附近，不仅交通便利，而且方便在市中心地带的繁华商业区太原街逛街购物。沈阳北站附近也有许多宾馆旅舍；和平区的青年大街一带主要是一些高档星级酒店。

●沈阳亚朵饭店

四星级，位于东北金融商贸的核心地区——沈阳北站金融商贸开发区，可南望沈阳故宫、北眺北陵公园。✉ 沈阳沈河区北站路72号 ☎ 024-82168888

●锦江之星

锦江之星沈阳火车站太原街店，地处太原南街和南五马路交会处，交通便利，内部设施干净整洁，客房舒适大方。✉ 沈阳和平区南五马路84号 ☎ 024-31883666

●美豪丽致酒店

酒店以青砖、原生态木质为主基调，并且融入了自然生态和怀旧复古的元素。酒店整体清新自然，在沈阳北站附近，地理位置优越，是一家值得体验的住所。✉ 沈阳沈河区北站路78号

锦江之星

辽阳

辽阳城区不大，宾馆酒店多集中在辽阳站一带。在弓长岭区有不少温泉酒店，也是住宿的不错选择。

●辽阳富虹国际饭店

酒店按照五星级酒店标准设计、建造、装潢、配备，是一家综合性能极强的涉外商务酒店。✉ 辽阳白塔区胜利路5～6段

●辽阳宾馆

四星级，位于辽阳市中华大街一段，与历史悠久的辽金白塔和雄伟壮观的辽阳广佑寺隔道相望，驱车到沈大高速公路仅需10分钟，交通便利，地理位置十分优越。✉ 辽阳白塔区中华大街一段61号 ☎ 0419-2288166

鞍山

鞍山是辽宁省第三大城市，还有著名的千山风景名胜区，住宿较为方便，有各种类型的酒店供旅游者选择，有星级酒店如鞍山国际大酒店、鞍山天河宾馆、铁东宾馆等，也有适合大众的普通酒店，而青年旅舍尤其适合背包族。

辽阳富虹国际饭店

沈阳风光

● 鞍山莱斯顿精品酒店

酒店地处于鞍山铁东区湖南街，毗邻风光秀丽的东山风景区，交通便利，提供免费早餐。 鞍山铁东区湖南街131号 0412-2612222

本溪

本溪作为一个现代化的城市，服务设施日臻完备，住宿非常方便，各种档次的宾馆较多，可满足不同游客的需求。本溪站附近一带是本溪住宿的集中地。

● 本溪富虹国际饭店

本溪富虹国际饭店是一座设计新颖、极富现代感的国际型酒店，为五星级。所有房间均配有液晶电视、小酒吧、保险箱、国际长途电话等标准服务设施。 本溪明山区翠溪路48号 0414-43288888

抚顺

抚顺是一座狭长的带状城市，抚顺站所在的新抚区一带是宾馆酒店较为集中的区域，有星级酒店，也有各类快捷宾馆和招待所。

铁岭

铁岭住宿消费水平一般，从火车站往南走是当地宾馆酒店较为集中的地区，宾馆价格都不是很贵，有各种档次的住宿场所供游人选择。

美食

沈阳的美食佳肴历史悠久，制作精湛，其中满汉全席为最具代表性的菜肴。

由于历史上沈阳一直由少数民族和汉族轮流统治，因此也传入了各民族的风味小吃，如回族小吃马烧卖、满族小吃那家白肉血肠、朝鲜族的打糕等。

鞍山的饮食文化底蕴丰厚，比较有特色的美食有牛庄馅饼、云友米线、锅包肉等。抚顺饮食文化具有满族特色，正宗的满族“八碗八碟”和各种满族风味小吃是抚顺饮食文化中的一道亮丽的风景。

本溪城虽不大，但美味尤多，天南海北的美食都能找到，特色菜有长宽猪蹄、黄金肉、蒙古馅饼等。

老边饺子

●老边饺子

老边饺子是驰名中外的沈阳市汉族传统名小吃，历史悠久，从创制到现在已有180多年历史，选料讲究，制作精细，口味鲜醇，其独到技艺是调馅和制皮。

●白肉血肠

白肉血肠是辽宁和吉林两省特有的满族传统名菜，其特点是肉香满口，鲜而不腻，红白相间，色彩艳丽。

●朝鲜族打糕

朝鲜族打糕是用浸泡蒸熟的糯米，放在案板上用木槌打成年糕状，中间夹豆沙馅，加上白糖制成，香甜可口。

●海城馅饼

起源于清末，为北方佳肴，具有选料考究、皮薄馅大、外焦里嫩、油而不腻的特点。

●长宽猪蹄

用当地祖传秘方配制，主要品种有猪蹄、猪肚、猪肘等熏制品，猪蹄具有咸鲜味醇、酥嫩脱骨的特点。

●抚顺麻辣拌

是抚顺的特有美食，是抚顺人在麻辣烫基础上创制的，非常受欢迎，有甜酸口味、麻辣口味等。

●铁岭李记坛肉

选用猪的颈肉和五花肉制成，色泽金黄，味道醇香，肉肥而不腻，瘦而不柴，入口就化，酥烂味厚。

购物

沈阳特产种类繁多，有珍稀的人参、鹿茸，也有辉山牛奶、中街大果、德氏冷饮、雪花啤酒等。当地老字号的老龙口酒、不老林糖、桃李面包等也都享有盛名，深得游客的喜爱。

辽阳的特产主要有玻璃工艺制品、千山白酒、金枫叶矿泉水、美月啤酒等。

在鞍山的特产当中，南果梨和岫玉是比较有名气的。

本溪、抚顺、铁岭的土特产品种类繁多，水果、蘑菇、木耳、山参等均是不错的特产。另外鹿茸、人参、柞蚕丝等也非常不错。

●不老林糖

是沈阳的老字号特产，包含了几代人的甜蜜的回忆，是沈阳人逢年过节必备的糖果之一。其选料精细，口感奇妙甜美，包装精美独特。

●沈阳陈酿酒

以优质高粱为原料，小麦大曲做糖化剂，采用人工老窖、长期储存、自然烤熟、精心勾兑等方法酿成。酒质清澈晶莹，芬香浓郁，入口甘爽醇正，饭后余香不尽。

●南果梨

属于秋子梨，是鞍山地区特产，单果重约50克，果肉细腻，浆汁特多，甜酸适口，有浓烈香气。

●辽砚

辽砚在100多年前就被视为砚中佳品，曾作为清代帝室的贡品而名震关东。辽砚是以本溪桥头镇附近所产的青、紫云石为原料雕制而成，其加工技术成熟完美。

●煤精艺术品

抚顺是煤精雕刻的原产地，煤精是柞、桦、松等树木在煤层中形成的特殊煤炭，成

沈阳滑雪场

分纯净，质地细密，雕刻制成工艺品美观大方、古朴素雅。

● **人参**

“东北三宝”之一，是抚顺东部山区著名特产，人参可入药，可补五脏，具有安神、定气等疗效。

● **黑木耳**

营养丰富，含有较高的蛋白质和矿物质元素，不但是我国人民喜欢的食品，也是传统的出口商品之一，在国内外市场都有良好的声誉。

娱乐

沈阳是东北地区最大的城市，其娱乐设施和项目在东北各城市中首屈一指。

皇寺庙会：在春节、五一、十一等节假日期间都会举办。庙会热闹非凡，最受游人关注的是各种绝活表演和风味美食。 沈阳北市场的实胜寺

沈阳冰雪旅游节：让人们领略“千里冰封，万里雪飘”的北国风光，开展滑雪、冰上速滑比赛、冰上娱乐、冬泳比赛等多个不同的游乐项目。

辽宁大剧院：剧院功能齐备，设有大剧场、小剧场、音乐厅、餐厅、宾馆、会议室、多功能厅、排练厅和地下停车场。 沈阳市沈河区市府路363号 024—22741666

刘老根大舞台：沈阳的旅游名片，主要演员有赵本山和其徒弟，这里连唱带跳、载歌载舞、火爆通俗的娱乐形态深受当地百姓和游客欢迎。 沈阳市正阳街110号 024—24845532

节日和重大活动

节日活动	举办地点	日期
皇寺庙会	实胜寺	春节、五一、国庆等节假日
沈阳冰雪旅游节	棋盘山	12月至次年2月
清文化国际旅游节	沈阳故宫、清福陵、清昭陵	9月、10月
锡伯族西迁节	锡伯族家庙	农历四月十八
锡伯族抹黑节	沈阳市	农历正月十六
中国沈阳韩国周	沈阳市	5月或9月或11月
沈阳怪坡槐花节	沈阳怪坡景区	5月
本溪国际枫叶节	关门山、五女山、铁刹山	秋季
本溪冰雪节	东风湖冰雪大世界	每年冬季
鞍山千山国际旅游节	鞍山市	4月、5月
千山大佛节	鞍山市千山	农历六月初六

发现者旅行指南

大连及周边

（含大连、营口、盘锦）

概览

亮点

金石滩风景区

三面环海，由东西部半岛和半岛之间的沙滩浴场组成，是中国北方最理想的海滨旅游度假胜地。

老虎滩海洋公园

中国最大的现代化海滨游乐场，自然风光秀丽，可在其中探索神奇的海洋世界。

星海广场

亚洲最大的城市广场，大连的城市标志之一，周边有多座主题博物馆。

双台河口湿地

在盘锦境内，是世界上生态系统保存完整的湿地之一，鸟类迁徙地，有“世界第一大苇田”之称。

必逛街道

青泥洼桥商业圈：大连市地标式商圈，既有经营多年的老店，也有新建的现代化商城，是大连最繁华的商业区。

西安路：大连市财富和时髦的象征，以其多彩、年轻、时尚的商业主题吸引了众多的精英。

盘锦兴隆台步行街：集中了盘锦数一数二的购物商厦、专卖店、大卖场，这里的兴隆大厦不仅是当地百姓购物首选地，而且堪称盘锦的标志。

线路

大连主题一日游

线路一：上午游览老虎滩海洋公园，下午参观老虎滩极地馆。

线路二：早上游览星海广场，接着参观大连现代博物馆，午餐后去圣亚海洋世界。

大连海滨二日游

第一天早上驱车到老虎滩游览，后去北大桥、燕窝岭参观，畅游星海广场后，到星海公园散步。第二天上午漫步迎宾路，然后到海之韵公园游览，接着去棒棰岛和渔人码头游览。

大连全景五日游

第一天游览金石滩风景名胜区。第二天去老虎滩海洋公园、星海广场。第三天主要参观中山广场近代建筑及俄罗斯风情街等。第四天游览旅顺口风景区。第五天游览长山海岛，选择大长山岛、广鹿岛、小长山岛等部分岛屿游览。

营口精华三日游

第一天参观西炮台遗址和牛庄海关旧址。第二天驱车去月亮湖风景区，后到望儿山风景区。第三天到石棚山石棚游览，然后参观高丽城山城。

盘锦经典二日游

第一天游览双台河口自然保护区、辽河碑林、苇海鼎翔度假区。第二天在红海滩风景区游览，后参观盘锦知青总部。

为何去

大连观光马车

大连处处散发着迷人的魅力，时时奏响着一曲曲城市交响乐，典雅浪漫。这里有星罗棋布的广场，异域风情的俄罗斯风情街和日本风情街。盘锦有着神奇美丽的红海滩，每到秋风送爽之时，赤色的碱蓬草随风摇曳，层层红晕如诗画般映入眼帘。营口是我国东北第二大港口城市，著名的滨海之都，山、河、海、林散发着迷人的风光。

何时去

白玉山塔

一年四季到大连旅游都有着不同的美景。春季来大连，4月可赏樱花，5月下旬有赏槐会。夏季到大连来，多是为了在夏日的酷热里觅得海水的清凉。每年6月至9月初期是下海游泳的最好时间。8月有大连国际啤酒节。

秋季适合到盘锦旅游，每到秋风送爽之时，神奇的红海滩开始展现炫目的红晕令人沉醉。

营口适合夏季旅游，清凉的海滨是夏季避暑的好地方。

星海广场

区域解读

大连区号：0411
营口区号：0417
盘锦区号：0427
面积：约2.23万km²
人口：约976万人

地理 GEOGRAPHY

区划

大连市位于辽东半岛南端，地处黄渤海之滨，背依中国东北腹地，与山东半岛隔海相望，处在辽宁省的最南端。大连市下辖7区（中山区、西岗区、沙河口区、甘井子区、旅顺口区、金州区、普兰店区）、1县（长海县）和2县级市（瓦房店市、庄河市）。

营口市地处辽东半岛中枢，濒渤海东岸。营口市下辖站前区、西市区、老边区、鲅鱼圈区、大石桥市、盖州市。

盘锦市位于辽宁省西南部，辽河三角洲的中心地带，总面积4084平方千米。盘锦市下辖双台子区、兴隆台区、大洼区、盘山县。

地形

大连市地处欧亚大陆东岸，东濒黄海，西临渤海，全市区域内山地丘陵多，平原低地少，整个地形为北高南低、北宽南窄。大连地区主要有黄海流域和渤海流域两大水系。市区内最大的河流为碧流河。

营口和盘锦均靠近渤海，有着广阔的海岸线。盘锦海岸线上还散布着双台河口国家级自然保护区、红海滩等自然景观。

气候

大连市属于海洋性特点的暖温带大陆性季风气候，冬无严寒，夏无酷暑，四季分明，年平均气温10.5℃，是我国东北地区最温暖的地区。大连市降水集中于夏季，多暴雨，且夜雨多于日雨。

营口、盘锦均属温带季风性气候，全年气候温和、湿润，四季分明，光照充足，气候条件优越。由于盘锦地处河海交汇处，且气候相对较为温暖，故有丰富的鱼类资源及各色动植物资源。

美丽之都，滨城大连

美丽的滨城大连是一个充满魅力的城市，有着阳光、绿地、广场、大海、沙滩和美女，在某些人的眼里，大连是中国最美丽、最浪漫的城市。

地处辽东半岛顶端的大连三面环海，坐拥渤海和黄海，而漫长的海岸线更是大连人引以为傲的一个资源。大连主城区南部的大连海滨国家级风景名胜区和金州区的金石滩国家级风景名胜区拥有全国一流的海滨浴场，星海广场、森林野生动物园、老虎滩海洋公园等景区景点如珍珠般散落在大连南部的海岸线上，成为了美丽滨城的一张张鲜活名片。

旅顺港鸟瞰

神奇的红海滩

提起盘锦，很多人都会想到盘锦大米和著名的盘锦红海滩。红海滩已经像一个记号一样，深深地烙在了这座城市上，成了盘锦的代名词。

红海滩风景区坐落于盘锦市大洼区赵圈河乡境内，总面积1.3万多公顷。织就红海滩的是一棵棵纤弱的碱蓬草，这是一种适宜在盐碱土质上存活的草，它每年4月长出地面，初为嫩红，渐次转深，10月由红变紫，像一幅巨大的猩红色地毯铺展在无垠的平阔海滩上，蔚为壮观。在盐碱卤渍里，碱蓬草年复一年地生生死死、死死生生，于光阴荏苒中，营造出一片片火红的生命色泽。

营口观海听潮

营口市地处渤海东岸，海岸线长122千米，海域面积1185平方千米。营口是全国唯一一个西朝大海的地级市，每天傍晚时分可见夕阳坠海之景，十分迷人。适宜观海的景点有鲅鱼圈、白沙湾、金沙滩、红海。这里有碧海蓝天、金沙青山、温泉古迹、渔村果园。在此可观海听潮，在海潮退去后，泥滩窝里留下了来不及游走的小虾、小鱼和小螃蟹，为市民、游客提供了捡拾的乐趣。

历史 HISTORY

大连历史大事记

战国时期，燕昭王在辽东设置辽东郡，此后一直到秦汉时期，大连地区都属辽东郡辖区。

西汉时期，大连地区设置遝氏县，三国时期又改称东遝县。

辽代时，大连地区属东京辽阳府的辖区，汉区实行汉法。魏晋时，大连地区称三山，唐朝时称三山浦，明清时称三山海口、青泥洼口。

1894年，甲午战争后中国被迫签订《马关条约》，将大连以及亚瑟港（旅顺口）割让给日本，几个月后，日本迫于国际压力将大连和亚瑟港归还给中国；与此同时，作为帮助中国偿还战争赔偿的补偿，俄国借此租借了大连。在俄国管辖下的大连，造船业、酿造业及木材产业得到了一定的发展。

1904年2月8日，日本对大连发动突袭，日俄战争开始。1905年9月5日，日本胜利并且同俄国签署《港口条约》，大连又一次落入日本人的手中。

1945年，侵华日军投降，大连回归中国。

1984年，国务院批准大连为沿海开放城市，大连的经济和旅游业开始迅速发展。

长海县哈仙岛

2009年，大连获得联合国环境署颁布的“国际花园城市”称号。

营口历史大事记

战国时期，营口一带属燕国统治，秦代属辽东郡。

三国两晋南北朝时期，营口地区先后被汉族的公孙政权、鲜卑族的慕容政权和高句丽政权统治过。

1688年，清政府安置巴尔虎蒙古人在营口一带游牧。巴尔虎蒙古人以窝棚为居室，窝棚相连，状似军营，因名营子。

1861年5月24日，营口代替牛庄成为东三省第一个对外开放的港口城市。

1931年9月，日本侵略者占领东北，营口沦为殖民地（直至1945年8月15日光复）。

1948年，营口解放。

盘锦历史大事记

战国时期，盘锦一带属燕国版图。

汉高祖十二年（前195年）在盘锦区域内设置房县，南北朝时期属北魏的营州，后被高句丽侵占。

清顺治元年（1644年）设海城县，盘锦境内的南部区域归海城县辖。清嘉庆十三年（1808年）设置新民厅，现境内的东北部分地域归属新民厅。

1948年1月9日，盘山县民主政府成立，先后隶属辽宁省第五专区、第二专区管辖。

1985年1月，国务院批准盘锦设市，将营口市管辖的盘山县、大洼区划归盘锦市管辖。

甲午悲歌——旅顺大屠杀

旅顺口东南濒临黄海，与山东半岛隔海相望，特殊的地理位置，天然不冻的港口，两岸的险峻山势，使旅顺口处于扼守畿辅的海上门户和护卫东北的天然屏障及重要战略基地。19世纪末，清朝政府便在旅顺口修建码头、船坞和炮台，辟为北洋水师的军事基地，旅顺口遂成为远东著名的军港，名扬海外。

1894年，甲午中日战争爆发，10月24日，日军司令官大山岩利用花园口海岸开阔、沙滩浅平、背后三面有丘陵环绕的有利地势，指挥部队、辎重登陆，侵入辽东半岛。同年11月17日，日军分三个纵队开始进犯旅顺，驻守的清军与日军进行了激烈的战斗，但最终旅顺还是落入了日军手中。旅顺失陷后，疯狂的日军在旅顺进行了惨绝人寰的血腥大屠杀，约2万民众惨遭杀害，成了旅顺永远的伤痛。

日俄旅顺口血战

日俄战争是发生在中国辽东半岛的一场血战，是日俄“两个强盗分赃”的战争，是继甲午中日战争后列强再次给中国人民带来巨大灾难的一场战争。

19世纪末到20世纪初，日俄之间的矛盾越来越尖锐。他们为了独吞中国这块“肥肉”，早已争得面红耳赤。1897年，旅顺被沙俄强租，成为沙俄太平洋舰队的基地。

1904年2月8日，停泊在旅顺口的沙俄海军舰队突然遭到日军的炮火猛烈攻击，日俄战争爆发。在历时19个月的血腥搏杀当中，日俄双方在旅顺东鸡冠山等地进行了野蛮的战斗，最终日军战胜了俄军，获得了旅顺的殖民权，并对旅顺开始了长达40年的统治。

东方贸易总汇

在我国近现代的历史上，营口作为关外重要的港口城市，曾发挥过不可替代的作用，一度有“东方贸易良港”之名。

营口依河靠海，历史上就是海陆交通要塞和关内外物资的集散地。1856年，英法等列强发动了第二次鸦片战争，清政府战败后被迫于1858年签订了丧权辱国的《天津条约》，后来营口也代替牛庄成了东北地区第一个对外开放口岸。

名单 大连历史名人

无产阶级革命家关向应

中国奥运第 人刘长春

文化 CULTURE

中国足球城

大连是中国的体育名城，其中以足球最为著名。自1994年足球职业化以来，大连曾先后8次将冠军奖杯收入囊中，大连的明星球员郝海东曾享有亚洲第一前锋的美誉。

足球是大连的骄傲，更是大连的名片。大连是名副其实的足球城，这里全民爱球，全民迷球。谈起足球，大连人眉飞色舞、津津乐道。足球在大连根深叶茂，已成为一种独特的文化现象。

盘锦芦苇画

盘锦拥有素称世界第一大的芦苇荡，这里盛产的芦苇不仅是优质的造纸原材料，更是制作具有地方特色工艺品——芦苇画的极好材料。经过严格的挑选、浸泡、熨烫、剪粘、烙贴等工艺及精心设计，一节节普通的芦苇就变成了一幅幅生动有趣、品位高雅的艺术精品——盘锦芦苇画。

盘锦芦苇画本色天然，朴素淡雅，风格古朴，造型生动，极富生活情趣和观赏价值，是理想的室内饰品，更是精美、高档的礼品和纪念品。

盘锦芦苇画

景点推荐 大连海滨风景区

老虎滩海洋公园 AAAAA

现代化海洋主题公园

- 大连市中山区滨海中路9号
- 旺季8:00～17:00，淡季8:30～17:00
- 旺季220元，淡季190元
- www.laohutan.com.cn

大连老虎滩海洋公园坐落在大连南部海滨中部的国家级风景名胜区——占地面积118万平方米，有着4000多米的曲折海岸线。园内蓝天碧海、青山奇石、山水融融，构成了绮丽的海滨风光。

老虎滩海洋公园是展示海洋文化、突出滨城特色、融海洋生物展示、海洋动物表演、海洋游乐、海洋科普教育为一体的现代化海洋主题公园。这里有全国最长的大型跨海空中索道，有大连南部海域数量最多的旅游观光船以及惊险刺激的侏罗纪激流探险、海盗船等游乐设施。

玩家 攻略

大连的烧烤全国有名，其最具特色的是海鲜烧烤。其中，特色铁板烤鱿鱼是全国闻名的美食。在大连，很多烤串店桌子上都有炭炉，可以自己烤食美味。食材多为半熟，需要自己在炉子上烤成全熟，再加上自己喜欢的调料，是一道很有特色的美味。

玩家 解说

大连老虎滩海洋公园有亚洲最大的以展示珊瑚礁生物群为主的大型海洋生物馆——珊瑚馆，世界最大、中国唯一的展示极地海洋动物及极地体验的场馆——极地馆，全国最大的半自然状态的人工鸟笼——鸟语林，全国最大的花岗岩动物石雕——群虎雕塑，以及化腐朽为神奇的马驷骥根雕艺术馆等闻名全国的旅游景点。大连老虎滩公园还有全国最长的大型跨海空中索道，大连南部海域最大的旅游观光船，特种电影播放场所——四维影院以及惊险刺激的侏罗纪激流探险、海盗船、蹦极等游乐设施。

◻ 极地馆

极地馆是以南、北极极地动物展示为特色的现代化展馆，这里有白鲸、海象、企鹅，它们或是乖巧可爱，或是憨态可掬，常让参观者流连忘返。

◻ 珊瑚馆

老虎滩珊瑚馆全长220米，展示珊瑚礁生物群品种达300多种。精品鱼类展区有来自西太平洋的活珊瑚、活海葵、贝类及多姿多彩的珊瑚礁、精品热带鱼类，配以惟妙惟肖的仿生岩石造景，完美地还原了海底世界的神秘与美丽。

◻ 海兽馆

海兽馆共分为4层，地下一层主要是游览区，透过大玻璃，可以看到水下的海狮、海豹、海狗在欢快地畅游。一层和二层主要是用于游客观看海兽表演，三层则是一个小露台，方便游客拍照和远眺海景。

◻ 欢乐剧场

欢乐剧场占地面积2000余平方米，可容纳1200人同时观看演出，是国内唯一将故事情节融入海洋动物表演中的场馆。蓝色鱼鳞状的外观设计，奠定了欢乐剧场海的主题，好似一艘饱经海风侵袭的断船搁浅在沙滩的内景布局，使这里变得更加神秘。

◻ 虎雕广场

虎雕广场位于老虎滩菱角湾，广场面积1.57万平方米，群虎雕塑长35.5米，宽、高各为6.5米，由500块花岗岩大理石精雕而成。6只形态各异的老虎，头向东方，迎风长啸，是由我国著名画家、雕塑家韩美林设计的。

棒棰岛风景区 AAAA

以山、海、岛、滩为主要景观

✉ 大连市中山区滨海东路

棒棰岛风景区位于滨海路的最东端，

老虎滩海洋公园

由宾馆建筑群、海滨浴场、棒棰岛三部分组成，其中陆地面积50公顷。岛上主峰海拔53.1米。登临峰顶，大连市区景色和海滨风光尽收眼底。岛上散布着风格各异的别墅群，有如鲜花散落在如茵的草地上，其中著名的棒棰岛宾馆，曾经是国家领导人避暑疗养之地。

棒棰岛的东部是长达500米的沙滩，沙质洁白细柔，海水清澈，是大连最好的海水浴场之一。沿岸海区生长着海蟹、海螺、海参等，许多大连人和外地游客都喜爱到此亲身体验捕捞的乐趣。

玩家攻略

棒棰岛宾馆：作为大连市的国宾馆，建有主楼和18栋中式、欧式风格别墅，是融住宿、餐饮、会议、高尔夫、网球、温泉等项目为一体的园林度假式宾馆。

服务：棒棰岛宾馆、别墅、海滨各景点提供各种美食佳肴，从茶歇至国宾宴，各类服务细致入微，食物风味独特。

住宿：棒棰岛附近也有很多住宿、吃饭的地方，如果是每年七八月旺季来这里，建议提前预订房间，要讲价。

石槽村景区

可体验古朴的渔村风貌

大连市中山区滨海东路，棒棰岛与老虎滩之间

石槽村风景区位于滨海路上，是一处依山傍海、风景秀丽的幽静去处。这一带海岸线曲折，岬角海湾较多，岩壁嵯峨，峥嵘险峻，景色尤为壮观，是登高观海的好地方。

景区北部有开阔的草地和树林，沿海岸有虎牙礁、美人礁等海礁区。景区中部有海水浴场，景区内保留有海滨渔村，在这里可领略海滨渔村的民俗和风貌。

链接

石槽村的传说

传说很久以前，有只猛虎常来此地袭扰村民，一天，猛虎又来村里叼走了一位美丽的姑娘，在人们惊慌失措之时，有一名叫“石槽”的青年，奋不顾身，与猛虎展开殊死搏斗，最终杀死了猛虎，救出了姑娘，但“石槽”也因筋疲力尽献出了生命。村民为了纪念他就把此地改叫“石槽村”，石槽村西侧是老虎被砍死后躺着的地方，叫作老虎滩。

燕窝岭景区

婚纱摄影的胜地

大连市中山区滨海中路东段

燕窝岭景区位于大连滨海路中段东部，景区山脉为东西走向，长约1千米，因常有黑燕飞来，故名“燕窝岭”。山岭平行于海岸，南临大海，数十米高的悬崖峭壁直落海底，险峻、雄奇、壮观。

燕窝岭海边礁石形态各异，站在瀛波轩上，使人感觉如立海中。从燕窝岭上极目远

眺，东可望老虎滩、石槽村的瑰丽风光，西能观傅家庄、东西大连岛的海天秀色。由于这一带岩礁甚多，海产品十分丰富，因此又是垂钓的理想场所。

玩家 解说

为填补大连市没有一站式婚庆公园的空白，大连风景园林处在燕窝岭设计建造了大连市第一处婚庆主题公园。迄今为止，燕窝岭婚庆公园已经成为大连市最新、最美、最具浪漫色彩的婚庆场所。为了弘扬中华民族的传统美德，公园内还建造了育德文化园，育德文化园的建成填补了大连市没有忠孝文化教育基地的空白，被大连市命名为“人口文化传播基地”。

大连森林动物园 AAAA

野生动物的乐园

大连市西岗区迎春路60号

大连森林动物园生活着各类动物200余种、3000多只（头）。这里青山苍翠，绿水漾波，空气清新，芳香怡人，素有“天然氧舱”之称，完全一派恬静、和谐的田园风光。虎、熊、狒狒、黑猩猩、斑马、长颈鹿、亚洲象以及大、小熊猫等各种野生动物，在这里都有属于自己的一片露天活动场地。

动物表演是森林动物园的特色景观。圈养区内设有综合动物表演场和猛兽表演场。散养区内设有泰国风情“非常6+2”大象表演场。每日循环进行精彩的动物表演。

星海湾景区 AAAA

有亚洲最大的城市广场

大连市沙河口区星海湾

大连星海湾景区以星海广场为中心，另外还有星海公园和沙质优良的天然浴场星海湾海水浴场，是大连的代表性景区。

星海湾景区除了自然风景优美外，还散布着众多与海洋有关的博物馆、游乐场，如大连自然博物馆、圣亚海洋世界、大连贝壳博物馆等，是科普旅游的绝佳地。

圣亚海洋世界

圣亚海洋世界位于大连市星海广场西侧、星海公园内，包括圣亚海洋世界、圣亚极地世界、圣亚深海传奇、圣亚珊瑚世界四大场馆及以海洋动物陪伴的鲸MALL奇趣商街，馆内项目结合高科技手段模仿海底、极地情境，使游客仿佛身临其境，是一处集海洋极地环境模拟、海洋动物展示表演、娱乐休闲于一体的综合性旅游项目，也是国内首座情景式海洋主题乐园。

大连自然博物馆

大连自然博物馆是一座集地质、古生物、动植物标本收藏、研究、展示于一体的综合性自然科学博物馆，也是拥有27万平方米海域的博物馆。展馆部分主要分为四层，设有地球、恐龙、海洋生物、东北森林动物、湿地、物种多样性、辽西古生物化石等12个主题展厅；馆内收藏有各种标本近20万件、珍贵标本6000余件，其中海洋生物标本和“热河生物群”化石标本为该馆特色。

星海湾海水浴场

星海湾海水浴场是目前中国最大的人工海水浴场，由3个小浴场组成。沙滩全长2000米，全部由从北戴河运进的优质沙铺成。

星海广场

景点推荐

金石滩风景区

AAAAA

大连金石滩国家旅游度假区位于辽东半岛东北端的黄海之滨，是中国首批最佳旅游城市——浪漫之都大连的后花园。金石滩由东部半岛、西部半岛和两个半岛之间的开阔腹地、海水浴场组成。这里三面环海，冬暖夏凉，气候宜人，是中国北方理想的休闲度假胜地。

大连市金州区东南部的黄海之滨

乘坐地铁3号线可从大连市区直达金石滩风景区

玩家解说

东部半岛是金石滩的神奇所在。形成于9亿至3亿年前震旦纪、寒武纪的壮丽奇石景观遍布海岸，被称为“凝固的动物世界”“天然地质博物馆”，有“神力雕塑公园”的美誉，是大连滨海国家地质公园的核心景区。

西部半岛群山环绕，是金石滩的静谧所在。狩猎俱乐部、国际会议中心、唐风温泉、蓝莓谷依山而建，碧林清幽，是怡神养性的休闲佳地。

东西两个半岛由滩平沙软的黄金海岸连接，黄金海岸北侧的中部地区则遍布着发现王国、蜡像馆、生命奥秘博物馆、球幕体验馆、奇幻艺术体验馆、中华武馆等旅游娱乐项目，是金石滩的活力所在。

大连滨海国家地质公园

天然的地质陈列馆

- 大连市东南沿海地带
- 夏季8:00~17:00，冬季8:30~16:00
- 60元

大连滨海国家地质公园内地质遗迹资源丰富，浓缩了28亿年以来的地质奇观，是一座融地质科研、观光旅游、教学实习、科普教育为一体的综合性城市海岸带地质公园，也是全国唯一以海岸地貌景观为代表的海岸带国家地质公园。

十里黄金海岸

东方夏威夷

- 大连市金州区海滨中路金石滩国家旅游度假区内
- 全天开放

十里黄金海岸由“金沙滩”和“银沙滩”海水浴场组成。这里避风朝阳，滩上细沙均匀，平缓洁净，海水清澈，波高适宜，弓形滩面被两侧突入海面的岬角抱住，地理环境得天独厚，是游泳、垂钓、赶海的好地方。

黄金海岸位于金石滩中部，是东北最大的天然海水灯光浴场。绵延4.5千米，宽100~200米。造型各异的遮阳伞、海上快艇、空中动力伞、露天泳池、音乐喷泉和尽享夏季“3S”人们，构成了一幅亮丽明快风情画卷，让这里赢得了“东方夏威夷”的美誉。

发现王国主题公园

中国人自己的“迪士尼”

- 大连市金州区金石路36号
- 标准全天票260元，儿童全天票150元

大连发现王国主题公园位于金石滩国家旅游度假区，建成于2006年，由曾参与迪士尼设计的美国RPVA公司进行规划设计，力求打造成为中国人自己的“迪士尼”。

园区分为六大景区，分别是疯狂小镇、神秘沙漠、金属工厂、魔法森林、传奇城堡和婚礼殿堂。其中，每个主题景区都融入了不同历史时期和不同地域文化的各式建筑、歌舞表演、商品餐饮、娱乐设施等，而且每个主题景区都有一个故事贯穿其中。

景点推荐

大连城区景点

中山广场

大连市的金融中心

大连市中山区中心

大连中山广场初建于沙俄占领时期，当时称尼古拉耶夫广场，是用沙皇尼古拉二世的名字命名的。日本占领时期称大广场。中华人民共和国成立后为纪念孙中山先生，改名为中山广场。

中山广场呈圆形，直径168米，有10条大道从这里通向四面八方。周围建筑有罗马式、哥特式、文艺复兴式和折中主义风格等，欧味很浓。玉石铺装的中心圆台典雅醒目。广场周围的建筑多是日俄时期修建，这些建筑现大部分被金融机构使用。

玩家解说

中山广场不但建筑美，还有音乐美。每天定时播放世界名曲，所以又称中山音乐广场。广场最美的景色当数晚上，夜幕下的广场在各色灯光的辉映下，更加楚楚动人。成百上千的市民在这里随着音乐翩翩起舞，场面欢乐祥和。

在晴朗的日子，人们坐在绿草茵茵的广场内沐浴着阳光，吮吸着绿草的清香；或三五成群地踢毽子，或用小米悠闲地喂着鸽子，尽享闲情逸致。

大连女子骑警基地

滨城亮丽的风景线

大连市中山区中青街9号

大连女子骑警大队成立于1994年12月，是世界第一支成编制的女子骑警队。目前，大队已形成融治安、巡逻、安全保卫、城市管理、体育运动和礼仪表演为一体的一支重要

玩家 解说

“十座楼十个样，十条道路十个向。”这个生动的说法描绘的就是中山广场。今日的中山广场，在100年前仅是青泥洼村的一部分。1899年8月11日，沙皇尼古拉二世宣布在青泥洼村建设一座港口，并开始建市，城市的名字叫“达里尼市”。

日俄战争中日本打败沙俄后，1906年至1936年，日本统治当局根据沙俄原先的设计方案，环绕着广场先后建起了10座欧式建筑，这些建筑气势宏伟、造型各异，构成了中山广场近代建筑群。

中山广场的建筑

力量。许多中外宾客赞扬女骑警大队为“滨城亮丽的风景线”“华夏警花第一骑”。

为提高女骑警大队整体素质，大连市政府拨款建设了女骑警训练基地，且于2001年面向旅游市场开放。游客每日上午9:00~10:30可在人民广场欣赏到女骑警们的英姿，其他时间可到位于中南路的训练基地观摩她们的日常训练生活。

玩家 攻略

女骑警基地为室外沙地，环境宜人。这里的马身体状态和训练素质都比较好，奔跑时很稳定，节奏均匀。游客在骑马时有教练指导，并且有潇洒靓丽的女骑警在身旁护卫，适合马术业余基本功训练、初级练习和休闲骑乘。

大连观光塔

大连市标志性建筑

大连市中山区绿山巷99号

大连观光塔（原大连广播电视塔）坐落于大连市内秀丽的绿山之巅，塔高360米，是世界上首次采用空间桁架结构的钢塔，是大连市标志性建筑。

大连观光塔是游客领略大连风光的最佳视点，登上观光塔，大连市翠绿的山峦、蔚蓝的大海、秀美的市景尽收眼底，令人心旷神怡。党和国家领导人及许多外国元首和政要，都曾莅临视察和观光游览。

玩家 攻略

大连观光塔内设空中观光厅、空中旋转餐厅、空中咖啡厅、露天观景台、多功能厅、观光餐厅，是集观光、餐饮、娱乐于一体的综合性旅游景点。

大连海军广场

世界上第三个以海军命名的广场

大连市中山区二七广场南

大连海军广场位于大连市二七广场南，是继英国、美国之后，世界上第三个以海军命名的广场。在音乐喷泉的背景下，广场的浮雕墙和海军战士塑像展现了中国海军发展的历程和海军雄姿；广场中央花岗岩铺砌而成的世界地图，象征大连正在走向世界。

海军广场南面是升旗台和大型海军发展历程浮雕。广场的东西两侧各有一个象征海军的青铜雕塑“舵轮”和“铁锚”。

友好广场

以巨大的水晶球闻名

大连市中山区市中心

友好广场是圆形封闭性环岛广场，位于市中心商业娱乐区，东邻中山广场，西接胜利广场，北靠天津街商业街，建于20世纪50年代，是为了纪念中苏友好而命名的，广场四周有许多电影院和娱乐场所及西餐厅。

广场中央有巨大的水晶球，是祥和、吉祥的象征。水晶球表面由3120块镀膜和透明玻璃围合而成，内中有红黄绿彩色灯7852只，由计算机程序控制，夜晚变换着各种绚丽的色彩，能产生出旋转的效果。

玩家 解说

友好广场中央的水晶球白天呈碧绿色，像一块经过精心雕琢的无瑕美玉；夜幕降临时，球内的7052只彩灯让水晶球变换出华丽炫目的色彩，同川流不息的汽车发出的耀眼光束交相辉映，周边烂漫的霓虹让广场散发出奢华和浪漫，是大连最美的夜景。如果没有在这里留影的话，不能算是体验了熠熠生辉的北方明珠。

劳动公园

大连市内的世外桃源

大连市中山区解放路5号

劳动公园始建于1898年，最初由俄国修建。1905年日本侵占大连，扩建该公园，在院内建相扑场、高尔夫球场、乘马俱乐部、游泳场等设施。中华人民共和国成立后，公园正式更名为劳动公园。

劳动公园内自然景致优美，虽然地处大连最繁华地段，但当你进入面积达102万平方米的公园后，瞬间就感觉到远离了喧嚣都市，没有嘈杂声响，甚至能清晰地听到鸟儿清脆的鸣叫，再加上各种美景，可以说是繁华滨城中难得的世外桃源。

玩家 攻略

劳动公园有大连赏槐会、郁金香展、菊花展、烟花爆竹节、正月灯展等大型活动举办。春夏时公园芳草如茵，槐花飘香，樱花绚烂，荷花亭亭玉立，郁金香神秘绽放；秋季时菊花不畏风霜，尽情怒放；春节期间满天火树银花，美丽的彩灯映红夜空。

大连艺术展览馆

大连近代欧式建筑代表作

大连市西岗区胜利街35号

大连艺术展览馆与原自然博物馆相邻，建筑面积1400平方米，内设3个展厅、2个展室及工艺品服务部、休息间等。曾举办过中国书画展、瓷器展、陶艺展、漆器展、石雕展、木雕展、玉器展、民间收藏展、大连市百年庆典礼品展等各门类艺术品展览、展销。

艺术展览馆原建筑始建于1902年，由德国设计，俄国出资兴建。建筑采用了自由式、不对称的设计手法，外观参差错落，是大连地区近代欧式建筑代表作。

大连俄罗斯风情街

以欧式风格建筑为主

大连市西岗区胜利桥北

俄罗斯风情街位于大连市西岗区的胜利桥北，这里保留了38栋原远东白俄罗斯的建筑，距今已有百年历史。其中，达里尼市政厅是这条街上的标志性建筑。漫步风情街，使人仿佛置身于异国他乡，充分感受到古典欧洲的浪漫情怀。

俄罗斯风情街以欧式风格建筑为主，有俄罗斯餐厅、夜总会、酒吧、旅游工艺品店、纪念品店等，另外还有用蜡像塑造的20世纪二三十年代白俄罗斯远东总督等行政官员在大连地区办公的情景，以及用俄式风情马车等娱乐设施开展的特色旅游活动。

奥林匹克广场

为纪念大连建市百年而建

大连市西岗区奥林匹克广场1号

大连是著名的足球城、田径之乡，与奥林匹克结下了不解之缘，1999年大连建市百年之际，奥林匹克广场在中心体育场前落成。

整个广场占地2.3万平方米，地下两层，建筑面积5万平方米，集旱冰场、商场、餐饮于一体。地面广场以奥运五环为灵感设计了5个大活动场地，是大连市大型的健身、旅游、观光和餐饮娱乐中心。

玩家攻略

奥林匹克广场下面是大型商城和两个下沉式广场。其中世界最大的零售企业沃尔玛就进驻这里，广场一带商圈的购物、餐饮、娱乐场所都十分完善。

广场南面有必胜客欢乐餐厅，那里的意大利美味值得一尝；而桑巴制造更是大快朵颐桑巴烤肉的最好去处；星巴克的大杯咖啡更是显示出了美国人的豪放不羁。如果在品尝美味时看到大连足球队的队员，千万不要吃惊，他们经常会来这里放松下身心；万达影城肯定能为你提供一场视觉的盛宴。

达里尼市政厅

景点推荐

大连周边景点

东鸡冠山 AAAA

日俄战争的见证地

✉ 大连市旅顺口区启新街1号

东鸡冠山位于旅顺口区东北部，海拔113米，这里山峦起伏，苍松青翠，东鸡冠山北堡垒、松树山堡垒、望台炮台等堡垒、炮台遍布山中，扼守要塞。

这里曾是中日甲午战争和日俄战争的主战场之一，战争遗迹是整个景区的主要人文景观，景区由北堡垒、二龙山堡垒、望台炮台及日俄战争风云展览馆等景观组成。

玩家 解说

从1904年8月开始，日军第十一师团历时4个月，以死伤800余人的代价，于当年12月18日攻克了北堡垒。随后，二龙山堡垒也被攻克。在这场战争中，深受其害的当数山下的吴家村，17户80多间房屋仅存5间。从此，“五间房”的称谓沿用至今。

1905年1月1日，日军最后攻克望台炮台，俄军以失败告终。望台炮台现存的“两杆炮”，是当年俄军从被困在旅顺口内的舰船上拆下后，逼迫2000名中国劳工历时半个月人拉肩扛运到山上的。日俄战争陈列馆展出的大量历史图片和实物及“日俄战争在旅顺口”录像片真实记录了日俄战争的全过程。

北堡垒

东鸡冠山北堡垒主要由堡垒大门、军官室、兵舍、弹药库、电话室、侧防暗堡、外沿坑道、护垒壕、梯形井、暗道、炮阵地、机枪阵地、伙房兼包扎所、暗堡、堡垒后院、木吊桥、散兵壕等设施构成，西北至西南部、南部为后勤生活设施，东北至东南部为军事作战防御设施。

日俄战争陈列馆

日俄战争陈列馆是全国唯一的日俄战争陈列馆，馆内采用讲解、实物展示等多种形式，以丰富翔实的资料，记录了日俄战争的全过程和为当地百姓带来的深重灾难，深刻地揭露了帝国主义侵华罪行。

望台炮台

望台炮台是日俄争夺旅顺的最后战场，因遗留山上的两门俄军残炮而被当地人称为“两杆炮”。这两门炮是1899年俄国彼得堡奥卜霍夫钢铁厂铸造的，射程约10千米。1905年元旦，日军攻占望台炮台，宣告日俄旅顺陆战结束。

大连狮虎园

国内最大的野生猛兽放养园

大连市旅顺口区旅顺南路

大连狮虎园坐落在旅顺南路，是融动物野生放养、种群繁殖和知识性、观赏性、趣味性、娱乐性为一体的综合性娱乐野生动植物园区。

该园占地30万平方米，分为虎园、狮园、熊园和珍稀宠物园四个园区。园内建有较高档次的狮、虎、熊舍及活动园区。目前，园中饲养的东北虎、非洲狮、狮虎兽、棕熊、黑熊等均为野生放养，游客可乘专车靠近动物，并可欣赏“熊捉鸭子”“老虎捉鸡”等精彩节目。

链接

狮虎兽

狮虎兽是异常珍稀的动物，它们的父母分别是狮子和老虎。狮虎兽头像狮子，身子像虎，体形要比狮子和虎大，性情也更为暴躁。不过，狮虎兽生命比较脆弱，通常只有几年的寿命，从目前的研究情况看，它们尚不具备繁衍后代的能力，成活率极低。

日俄监狱旧址博物馆 AAAA

具有国际性特点的遗址类博物馆

大连市旅顺口区向阳街139号

旅顺日俄监狱旧址博物馆是我国目前保存较完整、规模较大、具有国际性特点的遗址类博物馆。这座监狱由沙皇俄国于1902年始建，1907年日本扩建而成，是日本关押和残害中国爱国义士和国际反战人士的地方。

日俄监狱旧址博物馆分为旧址展览与特别展览等两大部分，旧址场景陈列由检身室、东侧牢房、暗牢、戒护系、刑讯室、遗物展、西侧牢房、绞刑场等19个区域组成，这些场景陈列展示了那段屈辱的历史，也警示着国人勿忘国耻。

生命奥秘博物馆

可透视生命迹象

大连市金州区金石路65号金石滩文化博览广场内

旅顺生命奥秘博物馆是一座以人体、脊椎动物、海洋动物塑化标本的收藏、科研、展示为一体的综合性博物馆。展馆内所有藏品均由博物馆独立制作完成，

望台炮台

它将展示艺术与解剖科学充分融合，每件展品制作得纤毫毕见，令人惊叹不已。

生命奥秘博物馆共分为两个展厅，分别为人体展厅和动物展厅，馆藏标本千余件，世界顶级塑化产品多达百件，市值数十亿元，部分藏品被收录进世界吉尼斯大全。

白玉山 AAAA

欣赏壮观的旅顺军港

✉ 大连市旅顺口区中心

白玉山原名西官山，坐落在旅顺城区中心，是旅顺八大景区中的中心景点，海拔130米。

登上白玉山，旅顺市区全貌、神奇壮观的港湾及停泊的军舰尽收眼底。景区有日本侵华罪证——白玉山塔，有收藏600余种1000余件近代武器的海军兵器馆，山腰有百年古炮和散养珍稀鸟类的百鸟园等景观。

链接

白玉山塔的来源

日俄战争中的日军伤亡惨重，日本民众普遍存在厌战情绪。为了美化侵略战争，侵略军在旅顺白玉山建了白玉山神社纳骨祠，存放2万多具日军骨灰，以"表彰"在日俄旅顺争夺战中为效忠天皇战死的日军官兵。

西郊国家森林公园 AAAA

植被保持完好

✉ 大连市甘井子区红旗街道境内

大连西郊国家森林公园位于大连市西部的红旗街道境内，是市郊植被状况至今保持最为完好、水系最为丰富的山林保护区。

这里的一草一木仍保留着原汁原味的乡野情趣，处处清香四溢，令人心旷神怡。游客可在这里踏溪水、观林涛、听鸟鸣、闻花香，可以漫步十里水景花街，徜徉金柳景观路，在西郊生物园观花赏叶。

玩家 攻略

西郊国家森林公园内有品种丰富的旅游设施，可以享受农家休闲游、温泉休闲游、运动休闲游以及浪漫的生态休闲游。在这里可以品农家饭菜、登山、垂钓、果园自采，充分体验清新、浪漫的田园气息。

关向应故居纪念馆 AAAA

关向应同志生平事迹的展示之地

✉ 金州新区向应街道大关屯173号

关向应故居纪念馆始建于1964年，后经多次改扩建，现展馆是2007年9月10日为纪念关向应同志诞辰105周年正式开馆的。纪念馆包括关向应故居、主展馆、红三军指挥所、关向应衣冠冢、兵器展示区等部分。纪念馆通过实物、照片和场景模拟等形式，生动再现了关向应同志的光辉革命历程。

主展馆展览整体分为“民族忧患　历练成长”“初出茅庐　方显才华”“艰难转战　湘鄂川黔”“艰苦卓绝　长征会师”“抗日到底　开赴前线”“鞠躬尽瘁　精神永存”六大部分共22个单元。在第四展厅，根据关向应与贺龙、任弼时等带领红二、六军团参加长征的革命经历，精心设计了“抢渡金沙”“穿越草地”等大型场景，借助灯光、影像等媒介手段营造出一个大型沉浸式空间，真实再现了红军艰苦卓绝的战斗场面，将关向应同志坚毅、从容的革命领导人形象立体地渲染勾画出来。

大长山岛

有天然氧吧的美誉

大连市长海县大长山岛镇

大长山岛位于长山群岛的中心位置，是长岛县城所在地。日俄争夺旅顺口时，日军舰队就停泊在此海面上。远看大长山岛，如伏龙卧波，龙首微昂，中间连绵起伏的恰似蠕动的龙身。

大长山岛主要景点有祈祥园、三元宫、北海浴场、建岛守岛纪念塔、双凤朝阳塔、核大坨国家级海珍品保护区、中国钓鱼协会海钓基地等。

玩家 攻略

每年农历正月十三是海神娘娘的生日，大连的男女老幼倾城而出，怀着祝福与祈愿焚香叩首。千万只海灯放到海里，随波逐流，场面壮观。

广鹿岛风景区

素有“大连门户”之称

大连市长海县黄海北部外长山群岛的西部

广鹿岛位于黄海北部外长山岛的西部，是国家级海岛森林公园，是辽宁省的风景名胜区之一。这里由23座大小岛、砣、礁组成，海岸线长74千米，是长山列岛中面积最大的一座岛屿。

广鹿岛历史悠久，源远流长。其独特的海蚀景观、天文历史景观和仙女湖、金沙滩、月亮湾、彩虹滩等风景名胜令观光度假的游客流连忘返。

长兴岛

中国第七大岛

大连瓦房店市长兴岛镇

长兴岛是长江以北第一大岛，中国第七大岛，长兴岛素有“海上明珠”之称，海岸线长36千米，海滨石林耸立，浴场滩平沙软，岛上有25平方千米的原始森林。

长兴岛上的“横山远眺”“龙口甘泉”为复州湾著名景点；娘娘宫、三堂庙历史遗迹远近闻名。岛上开发了高尔夫球场、当代飞行俱乐部、跑马场、风车广场、海滨公园、海洋动物表演馆等特色旅游项目，每年都吸引了大量国内外游客前来游览。

大长山岛

景点推荐

营口旅游区

牛庄海关旧址

东北地区最早的海关机构

营口市站前区辽河大街东60号

营口牛庄海关始建于1864年，是东北地区最早设立的海关机构，原称山海关。建立伊始，海关大权一直被英、日、俄等列强轮番把持。1981年3月5日，为适应改革开放的需要，营口海关恢复设立。

营口海关旧址分两处，一处称“山海新关”，该关当时主要管理外国的船舶，并对其输出、输入的货物进行征税。另一处旧址称“山海钞关”，俗称“西海关”，该关当时负责管理中国的船舶，并对这些船舶载运输出、输入的货物进行征税。

玩家解说

据史料记载，1864年，英国人在牛庄海关旧址附近租用民房建立海关，清政府将其命名为“山海关”。第二次鸦片战争营口代替牛庄开港，此后半个多世纪，欧美人一直称营口为牛庄。从开关第一天起到1945年日本投降的82年间，牛庄海关历经的227任税务司、税关长均为外国人，从1864年到1932年，这些外国人把两关4934.9万平银（关税）从牛庄海关汇往上海总税务司，存入英国汇丰银行。

西炮台遗址 文

清代东北重要的海防工程

营口市西市区渤海大街西端

营口西炮台遗址位于营口市渤海大街西段，辽河入海口左岸。西炮台始建于1882年，

玩家解说

据考证，炮台围墙是用煮熟的黄米（有较强的黏性）掺入沙子、白灰、黄土夯实而成，现炮台遗址有铁炮一尊，长2.9米，口径20厘米。炮台经100多年的风雨侵蚀，墙体残破，大部分墙皮脱落，但整个炮台面貌基本保存。西炮台遗址现为国家级重点文物保护单位，也是辽宁省红色旅游基地。

西炮台

为夯筑四合土。炮台面海，“内筑土台三方，中大旁小，高四五丈”。中间大炮台为二层，高6米，长宽各50余米。台顶四周为矮墙。

营口西炮台是清末东北的重要海防要塞，也是东北最早的海防工程之一。1895年初和1900年夏，分别遭到日本和沙俄侵略军的破坏。炮台遗址就其原貌及四周自然景观的保护，在全国同类炮台中当数首位。

楞严寺

辽南第一名寺

营口市西市区新兴大街

营口楞严寺为辽南第一名寺，占地4万多平方米，三进院落共有佛殿99间，著名建筑有钟楼、鼓楼、天王殿、大雄宝殿、藏经楼、佛塔等。楞严宝塔建在楞严寺公园内，共9层，塔高61.8米，建筑风格新颖、独特。宝塔的落成给古老的楞严禅寺增添了一道绚丽的色彩，同时也为营口市增加了一个旅游景点。

镜湖公园

休闲健身的好地方

营口市西市区金牛山大街西段

镜湖公园位于营口市金牛山大街西段，公园分湖区、安静休息区、儿童游乐区、运动休闲区、花卉观赏区、门前区6区。湖区有湖心岛和另外两个小岛，通过长短不等、造型各异的石桥、锁桥、浮桥、木桥相互连接，形成了“三岛五桥”的格局。

园内建筑及小品造型简洁新颖，如仿石造型的叠水、涌泉和颇具特色的风车等。全园以自然式种植类型居多，孤植、树丛、树群以观赏为主。公园内地形起伏变化，营造出四季不同的景观。

玩家解说

镜湖公园湖边设有水榭、码头，湖东水中有石林景观。安静休息区有供游客休息的亭台及棚架；儿童活动区有各种游艺设施；运动休闲区有足够的运动场地，周围配以仿石座椅；花卉观赏区有面积近2000平方米的观赏温室。公园共有东、南、西3个园门，均为仿自然山石造型，四周以高大针阔叶乔木作为屏障，起到屏俗避喧、自成一体的作用。

楞严寺

虹溪谷温泉度假区 AAAA

山水实景温泉旅游目的地

营口市盖州市双台镇

营口虹溪谷温泉度假区是东北亚地区配套较为完善的温泉旅游目的地，也是大东北地区一个可俯瞰高尔夫果岭的山水实景温泉。度假区包括温泉中心、假日酒店、会议中心、高尔夫俱乐部、山地滑雪场、思拉堡温泉小镇及马术俱乐部、法式古典酒庄、演艺中心和农业旅游等项目，集温泉养生、会议会展、旅游度假、时尚运动、生态宜居于一体。

虹溪谷温泉出口水温最高达99° C，富含多种有益人体的微量元素；温泉区设有108个室内外各式温泉泡池和一个温泉会所琴台堡，游客可以在这里享受舒适的温泉浴，放松身心。

玄贞观 文

全国重点文物保护单位

营口盖州市西大街路北

玄贞观位于盖州市西大街路北，建于明洪武十五年（1382年），大殿前有清雍正四年（1726年）重修碑记。大殿面阔五间，庑殿式屋顶，梁枋及斗拱上均有彩画，清晰艳丽，檩下有建造题记，是研究玄贞观修建历史的重要资料。

玄贞观内完整地保存了我国各个朝代的历史文物，1988年国务院公布玄贞观为全国重点文物保护单位，被誉为“历史文物的保险库”。每年农历正月初四，玄贞观内人头攒动，热闹非凡。

石棚山石棚 文

不可多得的宝贵文化遗产

营口盖州市石棚峪村

石棚山石棚位于营口盖州市石棚峪村的石棚山上，是一处青铜器时代的巨石建筑遗址。石棚山石棚是东北地区石棚建筑规模最大、历史最久的一处，为研究整个东北亚地区的巨石建筑文化提供了宝贵的资料。

石棚由3块大石板围靠而成，一面敞口，上覆一块长4.75米、宽4.4米、厚0.47米的巨石。石棚是新石器时代晚期和铜器时代的墓葬，历经几千年至今仍完整无损，表明当时的建筑艺术已具有相当高的水平。

玩家解说

石棚山石棚与望儿山、青龙山、馒首山、雪帽山、仙人岛、天源寺、张果老桥并称“熊岳八景”。这里文物古迹集中，美不胜收，这些遍布的自然资源和人文资源吸引了无数游客前来观光寻古。

高丽城山城 文

历史价值较高

营口盖州市青石岭镇高丽城村

高丽城山城即高句丽时期的建安城，约建于6世纪，是唐朝建安州都督府所在地，古为兵家必争之地，唐贞观年间唐与高句丽的建安之役就发生在这里。

高丽城山城遗址地处盖州青石岭镇高丽城村，这里山势陡峭，登上峰顶，西望渤海，万顷碧波。山城四周因山设险，筑以城墙，多为石块垒砌。城内中央突起一小山，俗称金殿山，高约20米，上有台址建筑遗迹，是当时的守望屋舍。

北海浴场

以水清、沙细、浪缓、滩平著称

营口盖州市团山镇

营口北海浴场海岸线长2千米，以水清、沙细、浪缓、滩平著称，是原生态海滨浴场。浴场北侧是绵延2千米的海蚀地貌景观——龙宫一条街，这是中国唯一的18亿年海蚀地貌景观。

海滨浴场水清浪静，沙细滩缓，每日最大接待量可达4万余人。海蚀地貌在景区北部，由于受地壳和海蚀的作用，在长约1.5千米的海岸边形成了千姿百态的礁石景观，主要有巨鲸护玺、金鱼探海、龙门、八戒闹海、十八罗汉、敦煌壁影等。

金沙滩海滨浴场

理想的黄金海岸

营口盖州市熊岳镇

金沙滩海滨浴场北起号房，南至熊岳河口，海岸线长1千米。宽阔的海水浴场河滩平缓，沙粒均匀，海水洁净，是理想的黄金海岸。

游客在这里可以欣赏蓝天碧水、海鸥翔集、渔舟唱晚的海上风光，可以享受海水浴、淡水浴、温泉浴、沙滩浴、阳光浴和森林浴，可以观赏海上夕阳西下的美景，还可以乘上旅游快艇饱览金沙滩的全景。

月亮湖公园 AAAA

海水湖公园

营口市鲅鱼圈区辽东湾大街

月亮湖公园地处渤海之滨的营口经济技术开发区南部，处于城市的中心地带，地理位置优越，是在两条河流入海口挖土筑坝而成的海水湖公园。

公园以现代建园手法为游客营造了时尚幽雅的旅游环境。透迤的护堤，葱翠的小岛，波光潋滟的水面上群鸟飞翔，展现了一派悠然自得的情调。

玩家 攻略

（1）公园内的渔人码头设计古朴自然，融休闲、娱乐、餐饮、购物为一体，有渔鲜一条街、风味一条街和游艇俱乐部、海鲜排档、海鲜超市、渔家小院、渔人表演、二人转露天表演台。

（2）趣味娱乐区包括鲅鱼圈传说游乐区、动物表演场、儿童游乐区、迷你植物园、小动物村、水上救援项目、卡丁车赛场、“孔雀东南飞”等。

月亮湖公园

景点推荐 红海滩风景廊道景区 AAAAA

盘锦市大洼县赵圈河镇

110元

0427-6989999

08:30~17:00

红海滩风景区位于渤海湾东北部，地处辽河三角洲湿地内。它以全球保存最完好、规模最大的湿地资源为背景，以举世罕见的红海滩、世界最大的芦苇荡为依托，构筑了自然环境与人文景观完美结合的纯绿色生态旅游景区。

景区内现有苇海观鹤、月牙湾湿地公园、红海滩码头3个景点，并在红海滩度假村内设有游客接待中心。景区内有200余种鸟类，总量达数十万只，是丹顶鹤繁殖的最南线，也是世界珍稀鸟类黑嘴鸥的主要繁殖地。

玩家指路

红海滩风景区位于辽宁省盘锦市大洼区赵圈河镇境内，距盘锦市区20千米，区位优越，交通便利。秦沈高速铁路、京沈高速公路、连接沈大与京沈的盘海高速公路都经过区域北缘。景区距盘锦火车站30千米，距盘锦南（大洼）高速公路出口仅12千米，G305在区域东侧通过，盘锦市区有公共汽车直通景区接待中心。

苇海观鹤

体验自然的好去处

红海滩景区内建设村南侧的新荣线附近

苇海观鹤景区内设有湿地博物馆、鸟语

林、苇海探险、跑马场、越野卡丁车场、水上浮桥等游览项目。这里有236种鸟类，是世界珍稀鸟类黑嘴鸥的主要繁殖地，因为盘锦双台子区是丹顶鹤繁殖的最南线，所以这里还是丹顶鹤人工繁殖的基地。

月牙湾

形似月牙的苇海潮间

✉ 辽河三角洲的入海潮间带

月牙湾是一处美丽的潮间地带，像一位温柔的处子，静静立于茫茫苇海之间，被柔软的水流切割成优美的弧线，形状酷似月牙，故名“月牙湾”。在茫茫的苇海中，月牙湾静静观看着年复一年的潮来潮去、鸟走鸟归、红绿变换，守望着这片美丽的海滨。

玩家 攻略

游客可乘舟在芦苇荡中穿行，尽情领略大自然的秀美，感受返璞归真的真正内涵；也可以走入苇海迷宫，参加水上娱乐、观看根雕展等旅游项目。

链接

碱蓬草

织就红海滩的是一株株纤柔的碱蓬草。碱蓬草学名为翅碱蓬。翅碱蓬是辽河移山填海的自然产物，盘锦含有沉积有机物的滩涂特别适于盐生植物碱蓬草的生长，它以每年几十米的速度向海中延伸。碱蓬草每年4月是红色，9月变成紫色。海的涤荡与滩的沉积是红海滩得以存在的基础，盐的浸润与碱的渗透是其得以红似朝阳的条件。火红就是它生命的形式与内容，它无须人撒种，无须人耕植，在盐碱卤渍里，年复一年的生生死死，死死生生，营造出一片火红的生命色泽。

红海滩码头

壮观的纯木建筑群

✉ 辽河三角洲的入海口处

红海滩码头是在泥滩上建起的纯木结构的仿古建筑。码头的“九曲廊桥”全长680米，由519根木桩支撑，自岸边逶迤而行，直探进海中。站在桥上可远观由万亩火红的碱蓬草织就的天赐美景，领略大自然的神奇。码头的木制平台面积达2000余平方米，支撑平台的1998根木桩在滩地上傲然拔起，平台舒展地卧在波涛之上，餐厅、游廊、酒吧、茶座错落其间，潮起潮落时，展现了一派罕见的海上风光。

景点推荐

盘锦旅游区

双台河口
鸟类迁徙的驿站

盘锦市西南约30千米处

双台河口国家级自然保护区是目前世界上保存最好、面积最大、植被类型最完整的生态区。保护区主要保护丹顶鹤、黑嘴鸥等世界珍稀濒危水禽及双台河口湿地生态环境，是综合性自然保护区。

保护区属双台河下游平原草甸草原区，以苇田、沼泽草地、滩涂为主。区内植物以草植物为主。这片湿地是东亚至澳大利亚水禽迁徙路线上的中转站，在区内236种鸟类中，水禽有百余种、数十万只。

玩家 解说

双台河口国家级自然保护区的国家一类保护鸟类有丹顶鹤、白鹤、白鹳、黑鹳4种；二类保护鸟类有大天鹅、灰鹤、白额雁、黄嘴白鹭、苍鹰、蓑羽鹤、鸳鸯、白琵鹭等27种；濒危物种有黑嘴鸥、斑背大尾莺、震旦雅雀、灰瓣蹼鹬4种。历年在这里停歇的丹顶鹤有400余只，白鹳360余只，白鹤430余只，分别占世界其野生种群的25%、20%和20%。

辽河碑林

辽河碑林
中华第一碑林

盘锦市双台子区胜利街

辽河碑林坐落于盘锦市双台子区湖滨公园西端，占地近50万平方米，这里有上至新石器时代的陶文符号，下至当代名家的法书精品，共有碑刻2000余通，被誉为“中华第一碑林”。

辽河碑林由碑展区、游览观赏区和游览服务区三部分组成，其中碑展区包括毛泽东书法艺术馆、古代馆、近现代馆、当代馆及二门碑廊。碑林在突出书法艺术的前提下，力求将我国的书法艺术与园林艺术、石刻艺术、建筑艺术及诗、词、歌、赋等艺术融为一体。

玩家 解说

辽河碑林是一座书法艺术宝库，这里镌刻有距今6000年的陶文符号，距今5000年的图像文字，距今3000多年的甲骨文、金文，距今2000年的汉隶，另外这里还有传世最早的墨迹本《陆机平复帖》，海内外仅存的孤本《智永千字文》，大诗人李白唯一的传世墨迹《上阳台帖》，赵孟頫的《归去来辞》，革命先驱孙中山书写的《四方风动》等。

苇海鼎翔旅游度假区 AAAA
似一颗绿色翡翠

盘锦市兴隆台区新生街

苇海鼎翔旅游度假区位于盘锦市西郊，地处辽河与绕阳河交汇处，这里系辽河入海冲积三角洲末端滨海沉积平原，特殊的地质构造、大片的芦苇和林地、河流、滩涂、沼泽、坑塘、沟渠、稻田构成了独具特色的北国滨海河川湿地自然景观。

盘锦鼎翔旅游区主要由太平河风光带、鸟乐园风景区、苇海蟹滩风景区构成。区内绿树葱茏，水网密布，似一颗绿色翡翠镶嵌在辽西大地上。

玩家 攻略

苇海鼎翔生态旅游度假区设有乘船游览太平河、漫步两岸自然林带、观鸟楼远距离观鸟、观鸟廊近距离观鸟、采摘有机果蔬、苇海水上观光、苇海栈道观光、钓蟹、摸鱼、科普教育等丰富多彩的专项旅游项目；同时还可以在景区内休闲度假、野外宿营、湿地探险，也可以观看各种表演，购买地方特色纪念品，品尝风味小吃等。

湖滨公园
观赏湖滨景致的好去处

盘锦市双台子区胜利街

盘锦湖滨公园坐落于盘锦市双台子区西端，水域面积67公顷。湖滨公园采用传统造园手法，堆山砌石，建有各式亭阁，辅有宽敞的草坪，种植了各种花草树木。公园四周绿树成荫，小溪流水，鸟语花香。

辽河文化产业园
具有文化特征的产业园区

盘锦市兴隆台区河畔花园香稻路132号

辽河文化产业园成立于2003年年初，是盘锦市具有文化特征的经济产业园区。

辽河文化产业园由文化市场、辽河美术馆、辽河画院、石油科普主题公园、文化产业园网站五部分构成。其中辽河美术馆不仅是盘锦市的标志性文化建筑，而且还是东北地区最大的美术馆。

玩家 解说

近年来，辽河文化产业园不断对外招才引智，来自全国的数十位画家和青年艺术人才在这里组建了辽河画院和辽河青年艺术工作室，进行创作交流和艺术探索。画家们在诸多国家级大展中摘金夺银，屡获殊荣。

而作为东北地区最大的美术馆——辽河美术馆，其现代的建筑风格、完善的功能设计和极佳的展示效果深得业内人士赞誉，美术馆也成为盘锦市的标志性建筑。

江南风情园

体现出江南文化的深厚底蕴

盘锦市辽东湾新区向海大道黄河路

江南风情园位于盘锦市辽东湾新区，该园汇集中国江南园林最具代表性的苏州拙政园、留园、沧浪亭、环秀山庄、扬州四桥烟雨、杭州六公园长桥及浙江临海东湖湖心亭等景点的特色建造而成。

园内集中了榫卯技术、绘画、匾额、书条石、雕刻等古建筑艺术，配以园林花木，叠石寄情，具有宋、元、明、清时代的建筑风格和建筑特色。园中建筑体现了江南文化的深厚底蕴。

玩家 解说

江南风情园配套建设了古建筑形态商业群，占地面积6.5万平方米，建筑规模6万平方米，街长1.2千米，街区建筑富有特色，整体和谐统一，全国各种戏曲、书画和各地特色小吃、茶艺、知名旅游产品等在这里得到集中展示。

盘锦森林公园

以松林绿地为主

盘锦市盘山县喜彬乡

盘锦森林公园是一块以沙丘、水面、草地、松林为主的大型绿地。据说以前这里以沙丘为主，经过治理，现已形成以松林绿地为主、环境幽雅的自然景观。

森林公园位于盘山县喜彬乡，森林公园内现已开发的匹特博运动场可令游人真实感受枪林弹雨、硝烟滚滚的情景；容纳150人的念佛堂能让游人将痛苦与忧愁在原始森林里化为乌有。

鸳鸯沟

珍稀动物保护区

盘锦市盘山县三道沟渔港

鸳鸯沟位于盘山县东郭镇三道沟双台子河的入海口处，面积50多平方千米。景区内分布着一望无际的苇塘、沼泽、湖泊和上万亩红海滩，是丹顶鹤、黑嘴鸥、斑海豹等珍稀国家级保护动物保护区。

鸳鸯沟度假区有红海岸、红锦渡两处景点，人为的痕迹比较少。游客在这里能感受原汁原味的原生态湿地风光。

绕阳湾

被称为“塞北天堂”

盘锦市盘山县太平镇杜家村

绕阳湾景区位于盘山县太平镇杜家村，紧邻京沈高速公路盘锦北出口，景区占地面积2067公顷，水域面积1800公顷。这里景色宜人，被称为“塞北天堂”，是游人消夏避暑的绝佳之地。

丹顶鹤

绕阳湾景区内有儿童水上欢动世界、垂钓中心、观鸟乐园、微观红海滩、井盐沙滩浴场景点和设施，以及竹筏观光、竹筏餐饮、汽车营地、苇海露营等观光娱乐项目，游客可尽情亲近大自然，领略湿地景观的无限魅力。

田庄台关帝庙

较为完整的古代建筑群

盘锦市大洼区田庄台镇

田庄台关帝庙俗称老爷庙，始建于清乾隆末年（1795年），后经1797年和1869年两次增修、改建，形成了包括大殿、过厅、山门、配殿、钟鼓楼、戏楼、马殿等完整的古代建筑群。

为继承传统的民俗文化，每年农历五月十三关帝庙举办庙会，唱戏3天，每逢此时，热闹非凡。

中尧七彩庄园 AAAA

地处“全国特色景观旅游名镇”

盘锦市大洼区王家镇南

盘锦中尧七彩庄园坐落于盘锦市大洼区王家镇，王家镇是“全国特色景观旅游名镇”，这里文化底蕴丰厚，并有得天独厚的生态环境为依托。旅游区内风景秀丽、环境清幽，各种树木葱翠茂密。

园区有正门景区、莲花湖景区、百鸟园景区、金水垂钓景区、石门飞瀑景区、儿童游乐广场景区等20个景区，是融旅游、餐饮、娱乐、住宿等为一体的旅游休闲场所。

玩家攻略

垂钓： 在金水垂钓景区，游客可充分享受垂钓的乐趣，主要鱼种有鲤鱼、花鲢、白鲢、草鱼、鲫鱼、武昌鱼、鲶鱼等。

真人CS： 庄园内的CS野战营可感受真人CS的真枪实弹场景，是放松心情、释放压力的好地方。

盘锦花博园

花卉品种繁多

盘锦市大洼区大洼镇

盘锦花博园建于2012年，园内建有玫瑰园、牡丹园、桃李园、宿根花卉园、水生植物园、海棠园、秋叶园、针叶园、果园和儿童乐园共10个专类园及假山、亭阁等众多景观。

该园的花卉品种繁多，仅玫瑰园内就有四五十种玫瑰。在每年的4~11月都会有鲜花盛开，是一个舒适休闲的好去处。

盘锦风光

攻略资讯

- 交通
- 住宿
- 美食
- 购物
- 娱乐

交通

飞机

●大连

大连周水子国际机场位于甘井子区，距市中心10余千米，是国内主要干线机场和国际定期航班机场之一，是环渤海地区重要的门户枢纽机场。周水子国际机场目前已开通近300条国内外航线，国内（不含港澳台）通航城市102个，国际通航城市17个，港澳台地区通航城市2个，形成了覆盖全国，辐射日韩俄，连接东南亚的航线网络。

●营口

营口兰旗机场位于营口市西市区滨海街道兰旗村，目前已开通7条航线，通航苏州、广州、上海、武汉、西安、长沙等10座城市。

●盘锦

盘锦目前还没有机场，盘锦距沈阳桃仙国际机场120千米，距大连周水子国际机场260千米，距锦州小岭子机场100千米，在盘锦有桃仙机场和周水子机场的城市候机楼，前往机场也很方便。

火车

●大连

大连铁路与东北、华北等铁路网联结，每天由大连始发的列车30多对，并专设了大连至沈阳的“辽东半岛号”“金石滩号”旅游特快列车和大连至北京、长春、哈尔滨的全空调旅游专线高速列车。

大连火车站位于市中山区长江路，是哈大铁路线的终点站，地铁2号线、3号线、5号线可直达。

大连火车北站位于大连市区甘井子区华北路，是为哈大高速铁路和丹大高速铁路而新建的客运车站。大部分高铁列车在此站停靠，乘地铁1号线和2号线可到达。

●营口

营口境内有哈大高铁、盘营高铁经过，普通铁路有长大线、沙鲅线和营大线，铁路交通较为方便。

营口站位于站前区车站街，是营大铁路的终点站。营口东站是哈大高铁与盘营高铁交会的枢纽站，位于老边区柳树镇，距中心城区19千米。

●盘锦

盘锦市有沟海铁路、秦沈客运专线、哈大高铁盘营客运专线和沈金高铁及盘营高铁。火车站每天接发的列车通往全国。盘锦市的主要火车站有盘锦站和盘锦北站，盘锦站位于双台子区双兴北路，乘1、2、6、19、65、68等路公交车可到达。

大连港

汽车

●大连

大连市区曾经有多个长途汽车站，如虎跃快客站、香炉礁长途客运站、建设街汽车站等，如今都陆续关停，目前最主要的是大连北站长途客运站。

大连北站长途客运站：位于大连市甘井子区站北东路6号，省、市际（跨省、市）客运班线都在北站客运站售票发车运营。地铁1号、2号线可到达；乘坐502、508、1012、1013、1125路公交车在北广场站下车；516、908、909等路公交车可到南广场；乘坐1、8、508、518、1016、1022等路公交车在民悦广场站下车。

●营口

营口公路交通方便，几条国道与营大公路相连，沈大高速公路和盘海营高速公路交会，共同组成了营口便利的公路交通网络。

营口长途客运站位于盼盼路与金牛山大街交会处，是营口市长途客运交通枢纽站，可乘坐4、23、28、950路公交车前往。

●盘锦

盘锦是辽宁省高速公路最密集、公路网

大连有轨电车

密度最大的城市，公路交通网络四通八达，沈山、沈大、京沈等高速公路贯穿全境。

盘锦有3个汽车站，分别是长途客运站（双台子区）、兴隆台客运站（兴隆台区）、和大洼长途汽车站。长途客运站位于双台子区红旗大街2号。

轮船

大连为港口城市，海上客运航线可谓四通八达，与烟台、威海每天都有轮船往返。

大连港客运站位于城东五路北首，从火车站乘13路公交车可到达。☎ 0411-82625612

大连湾综合交通枢纽客运站位于大连港大连湾港区，距新机场13公里，距大连北站11.5公里，把海上客运同长途客运、城市公交等各种交通方式有机融合起来。客运站除具备候船功能外，还兼备住宿、购物、餐饮等功能。

市内交通

●大连

大连已开通地铁1号、2号、3号、5号、12号、13号6条线路，连接火车站、汽车站、机场等交通枢纽，可到达市区众多景点。

住宿

大连

大连市拥有星级酒店近200多家，宾馆酒店的管理水平和服务质量都在国内保持领先地位，大都位于大连的中心商业区青泥洼桥一带。在大连人民广场、希望广场、友好广场和中山广场周边也有不少酒店宾馆和家庭旅馆。

大连的一些旅游风景区也设有宾馆或度假村，可以接待住宿，如金石滩的十里黄金海岸、仙峪湾海滨度假区等。

大连城市风光

●大连邮政宾馆

大连邮政宾馆位于大连黄金地段，南临最繁华的青泥洼商业区，东临胜利广场商业区，是融餐饮、住宿、旅游、休闲、商务为一体的综合性宾馆。✉ 大连中山区长江路271号 ☎ 0411-39710888

●大连中远海运洲际酒店

大连中远海运洲际酒店地处大连市商业金融中心区，距火车站咫尺之遥。酒店拥有豪华典雅的客房，房间宽敞舒适。✉ 大连中山区友好广场6号 ☎ 0411-82366666

●大连香格里拉大酒店

大连香格里拉大酒店位于大连市繁华的人民路。打车20分钟可到达大连著名的老虎滩景区、星海广场、星海公园，沿途还能欣赏到大连最美丽的滨海路。✉ 大连中山区人民路66号 ☎ 0411-82525000

营口

营口有不少星级酒店，住宿价格为200~800元，多集中在营口市的站前区。当地的招待所、私人旅馆十分多，价格也较为便宜，可满足游客的基本需求。

●营口港丰大酒店

五星级高档商务酒店，可观港口海景。酒店格调高雅、设施先进、功能齐全，拥有多种房型，设备一应俱全。✉ 营口鲅鱼圈区鲅鱼圈昆仑大街中段34号 ☎ 0417-6269888

盘锦

盘锦市近年来新建了不少星级酒店，多集中在兴隆台区一带。对于大多数自助旅游者或背包族来说，一些服务良好、环境幽雅的中小旅馆、招待所房价低廉、方便实惠，也是不错的选择。

●盘锦国贸饭店

盘锦市第一家涉外四星级酒店、第一家中国绿色饭店，曾经多次接待国内外政界要员、社会知名人士、演艺体育界明星等。

✉ 盘锦兴隆台区中兴路七号 ☎ 0427-2680008

●盘锦维也纳酒店

这是一家融餐饮、客房及其他众多服务项目为一体的四星级酒店。✉ 盘锦兴隆台区鹤翔路47号 ☎ 0427-8885888

蒜蓉扇贝

大连酒店

美食

大连

大连人多是山东人的后裔，因此大连菜也属于鲁菜系。大连靠海吃海，这里盛产鱼、虾、蟹、贝等各种海鲜，因此大连的美食多以海鲜为主要原料，形成了自己的独特风格。大连的名菜有红烤全虾、清蒸灯笼鲍鱼、清蒸加吉鱼、五彩雪花扇贝、大连虾酱、油爆海螺、红烧海味全家福、炒海肠子、八仙（鲜）讨海、珍珠海胆、群鸭抱海参、彩蝶虾等。

●油煎焖子

将玉米或地瓜、土豆、绿豆制成淀粉，再用适量的水搅成稀糊后加适量白矾煮熟，置于容器中冷却即成。其口感清香，是大连大众化的传统风味小吃。

●咸鱼饼子

饼以玉米面为原料烤干制成，取腌制鲐鲅鱼或海鳝鱼下锅蒸熟（或油炸熟）装盘。咸鱼与饼子同食，味道独特，极具地方特色。

●五彩雪花扇贝

主料是新鲜活扇贝和蛋清，蛋清制作的雪花镶嵌在扇贝上，周围用时令菜叶、胡萝卜、辣椒等摆成图案做装饰。菜品五彩缤纷，质嫩味鲜，清淡爽口，食而不腻。

营口

营口的饮食汇聚了八方风味。营口菜系以鲁菜为根基，融官府菜、寺庵菜及南北风味为一体，口味较东北菜及辽菜清淡，略微偏甜，讲究色泽搭配及样式外表，区别于周边其他地区。

●葱爆文蛤

文蛤主要产于沿海一带，营养丰富、肉质鲜美，号称“天下第一鲜”。葱爆文蛤是营口地区最受欢迎的美食佳肴之一。

●白菜炖鲅鱼

鲅鱼肉多刺少，味道鲜美，营养丰富，而且肉质坚实紧密。营口地区鲅鱼的主要做法有香煎、红烧、家炖等。白菜炖鲅鱼营养丰富，味美可口。

盘锦

盘锦的美食特色鲜明，最著名的是当地的河蟹，味道十分鲜美，价格也不贵，可以说是苇海边的绝妙享受，绝对不容错过。

●河蟹

河蟹学名中华绒螯蟹。盘锦市位于九河下游，河海交界处，地理条件非常适合养殖河蟹。正宗的河蟹肉味鲜美，营养丰富，为水产中的上品。

河蟹

●活鱼锅

活鱼锅融色、香、味、形、养为一体，其风味独特，原料丰富，营养平衡，汤鲜肉嫩，酱香适口，回味无穷。常食活鱼锅能增进食欲，祛风散寒，有益健康。

购物

大连

在大连购物，一定不要忘记买一些特产，如“海八珍”、红虾酥心糖等，以及红玉苹果、黄金桃子、大连樱桃等水果和贝雕工艺品、玻璃制品、绣品等。

扇贝：因其外形像扇子而得名。鲜扇贝煮熟后即可直接食用，也可蘸作料而食。将扇贝丁取出晒干后，可制成著名的海珍品——干贝。

海参：名贵的海产品，尤以北方刺参品质最佳。大连长海县产的“五行刺”被称为“参中之王”，营养价值极高，被列为“海八珍”之首。

贝雕工艺品：大连的贝雕千姿百态，琳琅满目，是精美漂亮的工艺品。有巧夺天工的珍贵大型贝雕，也有用几个精巧贝壳穿在一起的小型饰物。

营口

营口城市不大，但商业还是比较繁华的，市内两个购物繁华地段——市府路商业街和东升路商业街，是营口购物的必去场所。这里集中了各大品牌商铺，从珠宝到电器，从猛龙到阿迪达斯，从古典到前卫，总能找到合适的品牌。营口还是东北著名的水果和水产品生产基地。

营口大酱：是辽宁省名优产品，色泽黄红，酱体散软，味香纯正，口感鲜美，为酱中佳品。

水果：营口是辽南水果之乡，水果主要分布于盖州和熊岳丘陵平原地带，主要品种有营口苹果（国光、富士、红玉、迎秋等）、葡萄（龙眼、巨峰、红玛瑙等）、杏（沙金红、穿针红、大扁杏等）、桃（黄金桃、九宝桃等）。

盘锦

盘锦最有名的特产是大米和河蟹。盘锦繁华区域不多，兴隆台区的步行街是最为火爆的商业街。这里集中了盘锦数一数二的购物商厦、专卖店和大卖场，是购物的最佳去处。

盘锦大米：是盘锦人民引以为豪的一大特产，蜚声中外，具有品种优、口感好、外观整齐等特点，深受人们欢迎。

河刀鱼：又名凤尾鱼，产于东海、黄海和渤海，雌鱼怀卵丰满季节，其肉和卵肥嫩鲜美，以清蒸或红烧最佳。

娱乐

大连现代的和传统的娱乐活动并存一体。大连有多处充满乐趣的主题公园、温馨浪漫的广场，还有传统的民间娱乐活动互为补充，令人流连忘返。大连还是一个国际化都市，世界各地的艺术表演也很精彩。

营口葡萄

盘锦风光

海滨活动：大连有9个海水浴场，到海滨浴场游泳、拾贝、观海、享受沙滩日光浴等活动，是每个来大连的游客的固定“节目”。

节庆：相较于其他城市，大连拥有不少独特的、有代表性的节日和活动，不管是春天、夏天、秋天还是冬天来大连游玩，幸运的话都能赶上大连大大小小的活动，樱花节、啤酒节、国际服装节是其中不可错过的一年一度的盛事。

节日和重大活动

节日	地点	时间
烟花爆竹迎春会	星海广场	农历正月初二
龙王塘水库樱花节	龙王塘水库	4月中下旬
大连啤酒节	星海广场	7月、8月
大连国际艺术博览会	大连市	8月
大连国际服装节	大连市	9月
营口庙会	楞严寺	农历四月初八
营口赏槐会	营口市	5月下旬
营口望儿山母亲节	望儿山	5月第二个星期日

发现者旅行指南

丹东

概览

亮点

鸭绿江风景区

鸭绿江是中朝两国界河，江两岸自然景观绚丽多彩，古代人文遗迹密布，沿线共有六大景区。

青山沟

由青山湖、飞瀑涧、虎塘沟三个景区组成。青山沟怪石林立，溪水潺潺，飞瀑壮观，景色迷人。

五龙山

景区包括五龙山和五龙背温泉。五龙山中林木葱郁，峰壁耸立，五龙背温泉有“五龙神水”之称。

凤凰山

凤凰山

融自然美、人文美为一体，历史悠久，景色旖旎，自古有“辽东第一山”的美誉。

线路

鸭绿江风情三日游

第一天早上游鸭绿江口滨海湿地，接着到大桥景区参观，最后爬虎山长城。第二天参观太平湾景区、河口景区、水丰湖景区。第三天上午逛鸭绿江景区，下午游大东港。

丹东休闲二日游

第一天早餐后游锦江山公园，然后参观抗美援朝纪念馆、鸭绿江断桥、虎山长城。第二天上午游凤凰山，下午到五龙背温泉泡温泉。

丹东经典二日游

第一天早上从丹东市区出发，先去虎山景区，观看古代军事文化遗址，然后去锦江山公园。下午前往抗美援朝纪念馆，然后游览鸭绿江公园。晚上住市区。第二天上午游览大孤山，下午去大鹿岛，瞻仰清代民族英雄邓世昌的塑像，还可以在岛上品尝海鲜。

五龙背温泉

为何去

三面青山环绕，一面江水碧流，银杏成荫，杜鹃满城，这就是素有“北国江南”之称的丹东。丹东的旅游资源丰富多样：鸭绿江、凤凰山、青山沟、大孤山等，许多都是国家级风景名胜区。

青山沟

何时去

丹东属大陆性季风气候，这里四季分明，冬夏较短，春秋过渡季节较长，冬季开始较晚，春季气温回升缓慢，夏季短而凉爽。

鸭苏堤

四季到丹东来旅游皆有不同美景。春季，推荐到凤凰山、河口景区等地游览或进行户外活动。夏季的大鹿岛、鸭绿江等地满目苍翠，气候凉爽宜人，适宜避暑观光。秋季丹东景色不错，10月是值得赏景的时候。冬季丹东银装素裹，可滑冰、玩雪，泡温泉也不错。

鸭绿江断桥、中朝友谊桥

区域解读

区号：0415

面积：15 289km²

人口：211.6 万人

主要少数民族：满族

地理 GEOGRAPHY

区划

丹东市辖3区（元宝区、振兴区、振安区）、2市（东港市、凤城市）、1自治县（宽甸满族自治县）。

地形

丹东南临黄海，西接鞍山。全市东西最大横距196千米，南北最大纵距160千米，海岸线长120千米。丹东地区是辽东山地丘陵的一部分，属长白山脉向西南延伸的支脉或余脉，可划分为北部中低山区、南部丘陵区和南缘沿海平原区。

丹东境内平均海拔500米，有千米以上山峰14座，最高峰花脖山海拔1336.1米。丹东市城区和东港中南部地势最低，海拔多在20米以上，最低处海拔在2米以下。

丹东海岸线位于中国海岸线的最北端，沿海有大鹿岛、小鹿岛、獐岛等岛屿。丹东地区的主要水源为鸭绿江与瑷河，水量充沛，水质优良。鸭绿江横贯全市东南边境，自然景色优美。

气候

丹东位于亚欧大陆东岸中纬度地带，属暖温带亚湿润季风性气候，是我国北方雨量最多、最温暖、最湿润的地方，降水量的2/3集中于夏季。这里一年四季分明，各个季节均适合旅游。

大美鸭绿江

美丽的边境城市丹东是我国北方一颗璀璨的明珠，而丹东城畔的鸭绿江恰似一条绿色的翡翠链，将丹东这颗北方明珠装饰得更加绚丽和高贵。

鸭绿江因江水的颜色而得名，这里碧绿的江水犹如雄鸭脖颈的莹绿。鸭绿江发源于吉林省长白山南麓，流经长白、集安、宽甸、丹东等地，向南注入黄海，全长795千米，是中朝两国的界河。

鸭绿江流经丹东市约300千米，此段江面宽阔，两岸风光秀丽。丹东市隔江与朝鲜的新义州相望。

鸭绿江风景名胜区位于鸭绿江中下游，此段江水蜿蜒舒缓，两岸峭壁嶙峋，林木郁郁葱葱，形成了绚丽多彩的自然景观。古代城堡遗址、明代万里长城遗址、近代战争遗迹、现代桥梁和大型水利工程组成了丰富的人文景观。江畔的丹东市三面青山环绕，一面江水碧流，素有“北国江南”之美称。

丹东鸭绿江大桥又称为中朝友谊桥，是一座铁路、公路两用桥，是中朝两国的交通要道。

丹东市区全景

历史 HISTORY

历史大事记

●史前时期

根据1982年在丹东东港市发现的“前阳人”洞穴遗址证明，早在1.8万年以前，丹东地区就有人类居住劳作。

●战国、秦汉、两晋时期

战国时期，丹东一带是燕国的东部边疆要塞。秦朝时，丹东属辽东郡，一直延续到汉、三国、西晋。

东晋安帝义熙五年（409年），丹东地区被高句丽割据。

●唐代时期

唐总章元年（608年）收复辽东，设置安东都护府，丹东地区属安东都护府。

唐开元八年（720年），靺鞨族所建立的渤海国曾以今丹东市区一半为鸭渌府。

●明清时期

明万历四十六年（1618年），在有名的“萨尔浒”之战后，后金乘胜攻取辽宁各地，从此丹东属后金势力范围。

1689年后，清朝政府实行拓边政策，丹东地区逐步得到开发。

1907年，丹东被迫开放为通商口岸。

●近现代

1931年“九一八”事变发生后，丹东地区落入日本军队手中。

1937年12月，伪满洲国设置安东市，为丹东市的前身。

1949年5月，辽东省成立，安东市隶属于辽东省，是辽东省省会（至1954年辽东省撤销）。

1950年，抗美援朝战争爆发，志愿军过鸭绿江进入朝鲜参战，安东市被誉为英雄的城市。

1965年1月20日，安东市更名为丹东市，意喻“东方红”。

1992年，国家在丹东边境线设立了国家级经济合作区——丹东边境经济合作区，是当时14个国家边境经济合作区之一。

2013年8月，第十九届亚洲旅游业金旅奖在北京发布，丹东荣获“亚洲金旅奖·大中华区最佳绿色生态旅游名市”称号，这是亚太旅游界最重要的奖项。

百万将士过江援朝

在辽宁丹东的鸭绿江上耸立着两座大桥，一座是中朝友谊桥，是中朝两国的交通大动脉，另一座是鸭绿江断桥，它早已不能通行，而是作为著名的抗美援朝战争的见证而永久保存下来。

名单 丹东历史名人

抗日爱国将领左子元

革命烈士黄显声

革命烈士李春润

革命烈士丛德滋

速写、水彩画家邵宇

黄显声

朝鲜半岛作为“冷战”的最前沿，在第二次世界大战后一直是美苏博弈的焦点。1950年6月25日，朝鲜首先向南进攻韩国，朝鲜战争爆发。同年9月15日，以美军为主的联合国军直接介入朝鲜战争，一路向北进攻，直逼中国边境。为了保护刚刚成立的新中国免遭战火，10月25日，应朝鲜请求，中国人民志愿军第一批部队跨过鸭绿江赴朝开始与朝鲜人民军并肩作战，拉开了志愿军抗美援朝的序幕。

志愿军进入朝鲜后，先后与联合国军进行了5次大规模的战役，英勇的志愿军将士通过浴血奋战，大大打击了敌人的气焰，迫使其退回到“三八线”以南。1953年7月27日，朝、中和联合国军在板门店签订了《朝鲜停战协定》，历时3年的朝鲜战争落下帷幕。这场战争极大地提高了新中国的国际地位，增强了中华民族的民族自尊心。

文化 CULTURE

民间文化瑰宝——丹东单鼓

丹东单鼓是一种广泛流传于辽宁省宽甸、凤城与东港等地的传统民间风俗活动，俗称为“烧香”，是一种极具辽宁地域文化特色的文化艺术。

丹东单鼓的历史可追溯到数百年前女真时期的萨满跳神活动。相传，丹东单鼓最初是两人持鼓对唱，后来发展成领唱、群唱等多种形式，并融进了民间武术和舞蹈的动作。其基本表现方式是说唱结合，突出特点是载歌载舞，是一种带有满汉文化融合、融祭祀与娱乐为一体的民间艺术形式。

丹东单鼓融合了东北民歌、大鼓、二人转等艺术，其音乐特征主要体现在鼓套的节奏、节拍组合规律上。唱腔分为叙述性唱腔、舞蹈性唱腔和吟诵性唱腔三大类。现在丹东单鼓的表演人数一般为3~6人，活动时间多为农闲时节。

丹东单鼓表演是一项重要的民俗活动，极具地方特色，在丹东与韩国、朝鲜等周边国家城市之间的交往中发挥着“文化大使”的积极作用。

丹东单鼓

景点推荐 鸭绿江风景区 AAAA

鸭绿江国家级风景名胜区位于丹东境内鸭绿江下游的浑江口至江海分界处的沿江区，全长210千米，面积约400平方千米。

景区以水景为主线，山景相依托，游一江可观赏中朝两国风光。

玩家 解说

鸭绿江古称坝水，汉称为訾水，唐朝始称鸭绿江，因其水色青绿、恰如鸭头而得名。鸭绿江风景名胜区位于鸭绿江中下游，与朝鲜碧潼、清城、义州、新义州隔江相望。鸭绿江沿岸群山叠翠，江中翠岛棋布，站在岸边可一览中朝两国风光。

鸭绿江风景名胜区主要包括鸭绿江公园、水丰湖、太平湾、虎山长城、国门公园、鸭绿江大桥、鸭绿江断桥、河口景区、鸭绿江口滨海湿地、大东港等景区。

鸭绿江口滨海湿地

观鸟旅游的胜地

丹东东港市鸭绿江入海口一带

鸭绿江口滨海湿地地处我国海岸线的最北端，为华北和东北植物区系的交会处。区内陆地、滩涂、海洋三大生态系统交会过渡，形成了包括芦苇湿地、沼泽、湖沼、潮沼及河口湾等复杂多样的生态系统类型。

玩家 解说

鸭绿江口滨海湿地候鸟中数量最多的当属苍鹭，居留时间从3月底至次年11月。苍鹭生性机警，不易接近，多集体活动，如一只受惊起飞，其他的就会随之而飞。在滨海湿地和海滩上空常有成千只鸟盘旋，遮天蔽日，甚为壮观。

虎山景区
以虎山明长城闻名

丹东市振安区，鸭绿江与瑷河交汇处

虎山位于丹东市城东15千米的鸭绿江畔，隔江与朝鲜的于赤岛和古城义州相望。虎山环境优美，是早年安东八大名景之一，这里有长城、睡佛、虎口崖等28个景点，是丹东城郊绝好的旅游胜地。

大桥景区 文
见证历史的古桥

丹东市元宝区江岸路

20世纪，鸭绿江上始建铁桥，先后在丹东和朝鲜新义州之间建了两座大桥。第一座建于1909年，朝鲜战争中被美国飞机炸毁，桥墩至今犹存，现辟有断桥游览区。另一座建于1940年，为铁路、公路两用桥，它是中朝两国的交通要道，也是游人观光览胜的景点。

河口景区
有“塞外江南”之美誉

丹东市宽甸满族自治县长甸镇河口村

河口景区位于宽甸满族自治县长甸镇境内，是鸭绿江国家风景名胜区景色最美丽的地方，以神奇的自然山水和中朝两国边境民俗风情而驰名中外。

河口景区现已开发长河岛、河口断桥和龙泉山庄三大景区，古朴纯真的农家情趣和浓郁的朝鲜族风情，吸引了海内外游客纷至沓来，流连忘返。

链接

鸭绿江大桥

鸭绿江大桥也称中朝友谊桥，位于丹东市区内、鸭绿江断桥旁边，是横跨中朝两国的国境桥。它是一座历史的丰碑，历经抗美援朝战火的洗礼，铭记着中朝两国人民用鲜血和生命凝成的伟大友谊。现在，人们依然能清晰地看到桥梁上的众多弹痕和残留的弹孔。

水丰湖景区
北方“小千岛湖”

丹东市宽甸满族自治县长甸镇拉古哨村

水丰湖景区是鸭绿江六大景区中面积最大的景区，这里湖光山色，充满异国风情，是一条国境风情长廊，有着得天独厚的国境旅游环境。水丰湖是东北最大的水库，库区植被丰富，近似原始状态，水库两侧重峦叠嶂与江水融为一体。

玩家攻略

游艇：水丰湖景区拥有豪华游艇，让游客在欣赏鸭绿江秀美景色的同时体验豪华游艇的奢华。

鱼宴：是水丰湖餐饮的最大亮点，乘船行驶在浩瀚鸭绿江上，在船上品尝着美味的江鱼宴，别有一番风味，让人回味无穷。

大东港
中国最北端的不冻良港

丹东东港市鸭绿江入海口

濒临东港市城区的大东港位于鸭绿江入海口，是中国海岸线最北端的不冻良港。在雄伟的大东港码头东海岸，屹立着鸭绿江与黄海分界的标志——江海分界碑。

大东港素有朝鲜半岛“菜篮子”之誉。大东港与朝鲜新义州薪岛列岛近在咫尺，站在大东港可看到对面星罗棋布的列岛和岛上的朝鲜民居，也可看到大东港附近群象奔岸、乌龟投海、海上石林等海蚀景观。

景点推荐

丹东城区景点

抗美援朝纪念馆 AAAA

记录了抗美援朝战争历史

丹东市振兴区山上街7号

抗美援朝纪念馆坐落在丹东市英华山上，是全国唯一全面反映抗美援朝战争历史的大型军事专题纪念馆，始建于1958年。

纪念馆由纪念塔、陈列馆、全景画馆三大主体建筑和国防教育园区、纪念园区组成。纪念馆收藏了抗美援朝珍贵文物4.5万余件，以抗美援朝战争史为主线，主要展品分布在陈列馆、空军专馆、全景画馆和露天兵器陈列场。

锦江山公园

一山尽得天下秀

丹东市振兴区锦江山南坡

锦江山公园坐落在丹东市北面的锦江山中，整个公园依山而建，园路蜿蜒，曲径通幽，环境恬静自然；园中亭台错落，绿树成荫，一年四季风景如画，是国内外游客来丹东必游之地。

辽东解放烈士纪念塔屹立在锦江山公园的中心，为秀美的锦江山增添了庄严的气氛。纪念塔以独特的造型、鲜明的特色，成为革命先烈为解放辽东而英勇献身的历史见证。

玩家 解说

文化园建在锦江山公园中心地带，是一座浏览地方文化历史、观摩现代翰墨真迹，融丹东书、诗、画、歌等书碑作品为一体，适合观光览胜、临摹和休憩的新型文化园。

文化园内设有6个景区，即书碑林、长寿林、谜林、歌廊、画廊、丹东文化史墙。这里有当代文豪郭沫若、茅盾、冰心和书法家舒同、启功、沈朋等的墨宝碑林，又有国家领导人、革命老前辈的题词。

五龙山 AAAA
天然的石雕公园

丹东市振安区五龙背

五龙山位于丹东市西北17千米处，主峰海拔708.5米，为丹东市内最高的山峰。景区由休闲颐神区、佛教朝拜区、登山旅游区、商务服务区四部分组成。

五龙山景区内风光旖旎、林木葱茏、曲径通幽、清溪潺潺，被专家誉为天然的石雕公园。天然石观音、莲花峰、仙人桥、小熊拜月、海豹石等栩栩如生，形象逼真，浑然天成，令人拍案叫绝，游人无不感叹大自然的鬼斧神工。

灵峰禅寺

建于明朝正德元年（1506年）的灵峰禅寺，位于景区南麓山腰处，其风格独特，气势恢宏，为北方最大的寺庙，已成为丹东地区佛教活动的中心。

佛爷洞

五龙山佛爷洞历史悠久，素有“东佛爷西老母”之美誉。洞中供奉的璞玉古佛，因其神奇灵验而香火旺盛。

五龙背温泉

五龙背温泉位于五龙山下，这里的地下蕴藏着丰富的天然温泉水，内含20余种微量元素和化学物质，对各种疾病有良好的治疗效果。

玩家 攻略

五龙山景区有九天宾馆和12栋风格迥异的欧式别墅，适合不同消费层次的需求。宾馆设有多功能会议厅、网球场、乒乓球室、洗浴中心，为客人提供个性化服务；景区餐厅可同时容纳200人就餐，为客人提供物美价廉的美味佳肴。

景点推荐

丹东周边景点

青山沟

巨大的天然画卷

丹东市宽甸满族自治县青山沟镇

青山沟风景名胜区位于辽东宽甸满族自治县北部山区，这里的青山湖、飞瀑涧、虎塘沟构成一幅巨大的天然画卷。这里有浓绿的森林、清澈的江水、幽深的峡谷、宁静的深潭，宛如童话世界，是一处典型的山水型自然风景区。

青山沟是一个名副其实的青山世界，森林覆盖率达80%以上，既有北方山水的雄浑壮丽，又有南方山水的灵秀清新。除了美丽的自然风景外，这里还有浓郁的满族风情，中华满族风情园是感受满族民俗的绝佳地。

玩家攻略

美食：笨鸡炖蘑菇是青山沟特有的特色菜，笨鸡一只，加上蘑菇、粉条，其味鲜美无比。

购物：青山沟镇中心的旅游商品市场为游客提供大量的手工艺品、土特产品、中草药材等，有木雕、奇石、玉器、山野菜、木耳、山蘑菇等。

天桥沟国家森林公园 AAAA

地球造山运动经典之作

丹东市宽甸满族自治县双山子镇

天桥沟国家森林公园属长白山脉老岭支脉，形成于1.4亿年前的侏罗纪晚期，其独特的地貌被中外地质学家誉为“地球造山运动经典之作”。

公园森林覆盖率高达96%，其山水之盛、精致之美，既不同于我国传统名胜的“五岳”，又有别于长白山诸景。这里四季景色分明，可谓“一季一世界，四季四重天”。现有莲花峰、玉泉顶、晓月峰、红枫谷等四大旅游景区共72个旅游景点，包括东北抗日联军遗址20多处。

链接

天桥沟滑雪场

天桥沟滑雪场占地13万平方米，分初级道、中级道和高级道，可满足高、中、低不同水平的滑雪爱好者的需求。滑雪场分为两种不同难度的模式——直线速降道和多弯道。滑雪场内配套设施齐全，有长达6个月的滑雪季节。

天华山 AAAA

旷世佳境，万景奇山

丹东市宽甸满族自治县灌水镇

天华山风景区位于宽甸满族自治县灌水镇北部，为长白山脉西南麓，海拔1100多米。这里的奇峰、怪石、森林、古木、洞峡、幽涧、瀑布、溪水交相辉映。天华山景色奇特、清幽、雄险和润秀，被专家誉为“旷世佳境，万景奇山”。

天华山以峰奇、峡险、涧幽、水秀为特色，十八奇峰气势雄浑，通天峡和天门风道被称为景观极品。天华山之水尤为清澈，瀑布、溪水从巨石上飞泻而下，在怪石间奔腾，为浩瀚的天华山注入了灵性和活力。

天华山

龙韵湾漂流

可尽情体验嬉水的乐趣

丹东市宽甸满族自治县

龙韵湾漂流是辽宁丹东最新开发的可控式水域漂流区，其起点在蒲石河丰发电站大坝下，终点至蒲石河与鸭绿江交汇处，全长9.5千米。

龙韵湾漂流区景色旖旎，与虎山长城风景区、太平湾风景区、河口风景区同在一条沿江旅游线路上，它的开发为鸭绿江大旅游格局增添了一道极其亮丽的风景线，可谓龙兴之脉、世外桃源。

丹东凤凰山 AAAA

辽东第一山

丹东凤城市凤城区凤山路

凤凰山风景名胜区位于凤城市市郊，南与朝鲜妙香山相望，北与本溪水洞呼应。凤凰山自古有“辽东第一山”的美誉。

凤凰山系长白山余脉，现已建成西山景区和东山景区。凤凰山是以自然景观为主，历史文化古迹、边塞田园风光、风俗民情为辅的山岳型风景名胜区。这里优美的自然风光，厚重的历史积淀，迥异的宗教文化，诱人的民俗风情，是人们休闲旅游、品味自然、寻幽探险的最佳选择。

玩家攻略

从清代起，凤凰山便形成了一年一度的药王庙会，至今已有270多年的历史。每年农历四月二十八前后的三四天中，来自国内外的游客到此观光旅游，逛庙烧香、听曲看戏、经商购物，人数达几十万。

獐岛 AAAA

万里海疆北端第一岛

丹东东港市北井子镇

獐岛位于东港市北井子镇南黄海之中，是我国万里海疆北端第一岛。獐岛由一陵六石、四礁组成，陵石横东西，卧两翼，礁居其间。

獐岛山石犬牙交错，老雕窝、鹰嘴石、老猪礁、乌龟砣子等。形态逼真，岛上灌木丛生，曲径小路由贝壳铺盖，别有情趣。登主峰远眺，孤山、小岛风光尽收眼底，甚为迷人。

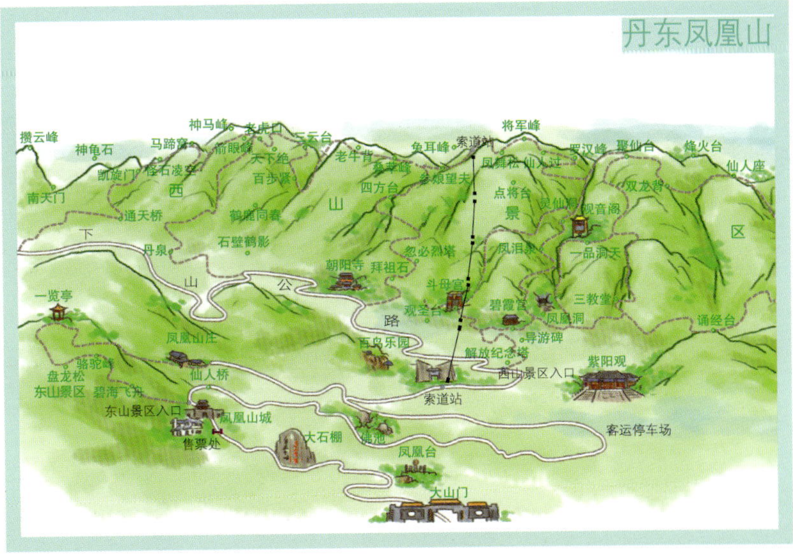

攻略资讯

- 交通
- 住宿
- 美食
- 购物
- 娱乐

鸭绿江大桥

交通

飞机

丹东浪头国际机场位于丹东市西南郊浪头镇，现有飞往北京、上海、青岛、哈尔滨、成都、三亚、威海、济南等城市及韩国首尔、朝鲜平壤等城市的航班。

丹东浪头机场距离丹东城南14千米，在丹东火车站前乘208路、机场巴士线公交车可到达机场。民航售票处位于锦江大街，亦有班车前往机场。

火车

丹东火车站位于丹东市十纬路1号，是沈丹高铁、沈丹客运专线、丹大快速铁路和丹前铁路的终点站和中朝两国的边境口岸站，担负着中国商品出口至朝鲜的重要运输任务。国内已开通丹东至北京南站、上海虹桥站、哈尔滨西站、吉林站等方向的高速动车组列车。乘坐102、120、121、128等路公交车可到达。

汽车

丹东主要的汽车客运站是丹东客运总站，有直达大连、营口、鞍山、桓仁、通化、北京、哈尔滨、锦州等多个城市的长途客运班车，乘坐长途大巴到各城市比较便捷。

此外，丹东市内还有宽甸客运站和凤城客运站。

轮船

丹东港客运业务以接送中国丹东至韩国仁川国际航线的旅客及小件货物为主，年客流量可达100多万人次。

住宿

丹东星级宾馆多集中在市中心，由于火车站靠近鸭绿江，因此选择在火车站附近住宿不仅交通便利，而且还能欣赏鸭绿

丹东住宿

江美丽的风景。此外，下榻近郊五龙背的一些温泉疗养所也不失为好选择，既能洗温泉，又可住宿，比起市内的宾馆，更休闲，更舒适。

●凤城欧式主题宾馆

酒店距离凤城火车站十分钟，交通便利，房间舒适温馨。✉ 凤城天河湾天正国际广场 ☎ 13081261287

●鸭绿江大厦万信至格酒店

四星级绿色涉外旅游饭店，地处市中心，与朝鲜新义州隔江相望，地理位置优越，距火车站500米，交通便捷。✉ 丹东振兴区九纬路87号 ☎ 0415-2593777

●丹东假日阳光酒店

四星级，地处黄海与鸭绿江的交汇口，与朝鲜隔江相望。坐落在丹东繁华的元宝区县前街。✉ 丹东元宝区县前街1号 ☎ 0415-2883333

美食

丹东是全国最大的满族聚居区，饮食有浓重的满族风味。由于与朝鲜一江之隔，各式朝鲜料理、韩国烧烤在这里也非常流行。此外，临海的丹东还盛产黄蚬子、大黄鱼、面条鱼、公鱼（秋生鱼）、鲳鱼、对虾、文蛤、海蟹等海产品，沿着鸭绿江边有多家不错的海鲜店，是品尝海鲜的好地方。

●梭子蟹

有些地方俗称白蟹。梭子蟹肉多，膏脂肥满，味鲜美，营养丰富。以蒸食为主，还可腌渍加工蟹酱等，是海味中之上品。

●黄蚬子

学名青柳蛤，产于黄海浅海处，外壳和肉呈黄色，味道鲜美，营养丰富，食后令人回味无穷。

购物

丹东最繁华的商业街是元宝区的新安路步行街。丹东著名的工艺品和土特产有柞蚕丝绸、“丹东绿”大理石、玻璃水具、皮毛制品、板栗、山楂、孤山杏梅、柱参、贡米、贡醋等，在这条街上都能买到。此外，火车站前的十纬路和七经街，商店也很密集。

丹东甜辣黄瓜：是20世纪50年代初为支援抗美援朝战争而创制的，甜辣鲜香、脆嫩可口，极受消费者欢迎。

柞蚕丝绸：是利用辽宁特产的柞蚕茧加工纺织而成的一种名贵织料。丹东市是柞蚕丝绸缎的主要产地。

凤城老窖：始创于1905年，以高粱和凤凰山天然泉水为主要原料。经多轮发酵、长期储存，精心勾兑而成。

黄蚬子干：是丹东的特产，选用鸭绿江与黄海交界处出产的黄蚬子制成，高蛋白、低脂肪，含有多种微量元素，口感好，营养丰富。

节日和重大活动

节日	地点	时间
鸭绿江国际旅游节	丹东市珍珠公园	9月
鸭绿江口湿地国际观鸟节	鸭绿江口湿地	4月
丹东河口桃花节	河口景区	4月、5月
青山沟满族风情月	青山沟风景区	9月
天桥沟枫叶节	天桥沟风景区	9月、10月

梭子蟹

92

发现者旅行指南

辽西

（含锦州、葫芦岛、朝阳、阜新）

概览

亮点

医巫闾山

地处锦州北镇市西郊，以悠久的历史文化和秀丽的自然风光而享誉国内外，是“东北三大名山”之一。

笔架山

在锦州市南辽东湾中。笔架山天桥随着潮涨潮落而时隐时现，神奇绝妙，堪称“天下一绝”。

兴城海滨

在葫芦岛兴城市，海滨浴场绵延14千米，沙细滩缓，潮稳波清，建有4个海滨浴场，是北方度假胜地。

兴城古城

在葫芦岛，古称宁远城，是一座保存完好的方形卫城，历来为兵家必争之地。

朝阳凤凰山

为辽西历史名山，历史悠久，景色旖旎，是驰名中外的旅游胜地。

朝阳鸟化石地质公园

中生代古生物化石丰富，是世界级的古生物化石宝库。

阜新瑞应寺

藏传佛教格鲁派寺院，主要建筑有大雄宝殿、祈愿殿、九大臣祈愿殿及东西配殿等。

必逛街道

锦州中央大街：锦州市最繁华的商业中心，有大量的星级酒店、大型超市、大型零售百货、购物广场等。

线路

锦州精华五日游

第一天参观锦州市博物馆、广济寺古建筑群、文雅博物馆。第二天拜谒辽沈战役纪念馆，接着游北普陀山。第三天上午登临笔架山，下午参观锦州世博园。第四天登医巫闾山，后游广宁古城、青岩寺。第五天拜谒奉国寺，后参观宜州化石馆、万佛堂石窟。

葫芦岛精华三日游

第一天早餐后游菊花岛，畅游兴城海滨，参观兴城古城。第二天游览首山、望海寺，游龙湾海滨。第三天登九门口水上长城，游前所古镇。

朝阳经典三日游

第一天参观凤凰山、朝阳双塔、佑顺寺。第二天到白石水库、大黑山、朝阳鸟化石地质公园游玩。第三天登奴鲁儿虎山，观千佛洞，游清风岭。

阜新一日游

线路一：早上登临海棠山赏阜新美景，后游览瑞应寺，接着参观阜新玛瑙王和阜新玛瑙宝石城。

线路二：上午参观查海遗址、海州露天矿遗址，午饭后参观阜新玛瑙王和阜新玛瑙宝石城。

线路三：早上到巨龙湖游览，接着登千佛山，拜谒圣经寺和那木斯莱。

为何去

锦州古称“徒河”，是依山傍海的活力之城。有号称“东北三大名山”之首的医巫闾山，还有堪称天下一绝的笔架山天桥。

葫芦岛素称“关外第一市”，气候温和。这里的海滩水清沙细、滩缓无礁。

朝阳是著名的历史文化名城，有“东北第一塔”之称的朝阳北塔，并奉有两颗佛祖真身舍利。朝阳还拥有“世界古生物化石宝库”之美誉。

阜新的山水美天下，山奇而多，水秀而繁，有被誉为“玉龙故乡、文明发端”的查海遗址，海棠山摩崖造像堪称奇观。

何时去

海棠山

到锦州旅游的最佳时间为5月和9月，此时温度适宜，天气状况良好，锦州美景可一览无余。

选择6月、7月、8月到葫芦岛市旅游最为适宜。

朝阳日照充分，降水偏低，选择夏季出游最为适宜，既能避暑，又可以观赏美景。

阜新春季多风，温差较大；夏季短暂；秋季气温下降较快；冬季漫长枯燥，干冷而少雪。相比之下，春夏之交是到阜新旅游的最佳时间。

医巫闾山

区域解读

锦州区号：0416
阜新区号：0418
朝阳区号：0421
葫芦岛区号：0429
面积：50 755km²
人口：992.7万人
主要少数民族：
蒙古族

地理 GEOGRAPHY

区划

锦州下辖3区（凌河区、古塔区、太和区）、2县（黑山县、义县）、2市（北镇市、凌海市）。

葫芦岛下辖3区（龙岗区、连山区、南票区）、2县（绥中县、建昌县）、1市（兴城市）。

朝阳下辖2区（双塔区、龙城区）、2县（朝阳县、建平县）、1自治县（喀喇沁左翼蒙古族自治县）、2市（北票市、凌源市）。

阜新下辖5区（细河区、海州区、新邱区、太平区、清河门区）、1县（彰武县）、1自治县（阜新蒙古族自治县）。

地形

锦州市、葫芦岛市、朝阳市、阜新市境内山脉连绵起伏，地势由西北向东南逐渐降低。锦州市和葫芦岛市东靠渤海，有绵长的海岸线。大凌河是辽西文明的摇篮及辽西人民的母亲河，北源于朝阳凌源市打鹿沟，东北流经朝阳市努鲁儿虎山和松岭间纵谷，接纳老虎山河、牤牛河、西河等支流，到锦州义县转向循医巫闾山西侧南流，在凌海东南注入辽东湾，河口三角洲规模大，河汊发育较多。

锦州市东北部有医巫闾山山脉，西北部有松岭山脉，并拥有较长的海岸线，素有“海上锦州”的美誉。葫芦岛市地势自西北向东南，由山区经丘陵区到滨海平原过渡，在渤海海岸形成狭长的滨海平原，素有“辽西走廊”之称。葫芦岛市海岸线全长261千米，其中兴城一带的海滨沙质优良，是我国北方著名的海滨度假胜地。朝阳市地貌类型多样，结构为“七山一水二分田”。阜新市最高点为西北部的乌兰木图山，海拔831.4米。

气候

锦州市、葫芦岛市、朝阳市和阜新市属于温带季风性气候，四季分明，全年温差较大。

锦州市春季风沙较多，夏季温度较高，雨水丰富，秋天比较清爽，冬季雪多寒冷。葫芦岛市全年降水量主要集中在7月、8月，冬季降水量稀少。朝阳市尽管东南部受海洋暖湿气流影响，但由于北部蒙古高原的干燥冷空气经常侵入，形成了半干燥、半湿润的气候，夏季雨热同季，日照充足，昼夜温差较大。阜新雨热同季，光照充足。

北国锦绣之州

中国的版图就像一只美丽的雄鸡。雄鸡颈下有一颗璀璨的明珠，它就是辽宁西部沿海经济区的中心城市——锦州。凹凸有致的

地形地貌和四季分明的气候塑造了锦绣之州的多姿多彩，让锦州成了游人向往的旅游胜地。

在浩瀚的渤海锦州湾，笔架山美丽而神奇，一天露出两次的天桥，全世界独一无二；三清阁、太阳殿、吕祖亭、五母宫等纯石古建筑已屹立千年；美丽的笔架山海滨浴场，清爽的海风和温柔的海浪，洋溢着海滨的浪漫情怀。

锦州境内，中国古代五大镇山之一的医巫闾山昂首屹立。闾山的中心景区观音阁，数千年文化积淀所遗存的亭台楼阁富丽堂皇；摩崖碑刻星罗棋布，映照着闾山历史的辉煌。中心景区周边还散布着青岩寺、大芦花景区、双峰山景区等风景胜地。

锦州城西北还有着誉满京华的关外第一佛山——锦州北普陀山。北普陀山中的大雄宝殿内，释迦牟尼佛像金碧辉煌，顶礼膜拜者络绎不绝。山中的天然大石棚古称“石棚松雪”，石棚内矗立着高达10余米的观音菩萨站像，雄伟无比。

历史 HISTORY

锦州历史大事记

●秦汉时期

夏、商、西周时期，锦州一带属冀、幽二州地，春秋时期属燕地，战国时属燕辽西郡地。

秦、西汉时，锦州地区分属辽西、辽东郡地，东汉时大部属辽东属国。三国时属幽州昌黎郡地，晋代属平州昌黎郡地。

隋代时锦州西部属柳城（今朝阳）郡地，东部属燕郡地。唐代初属营州（今朝阳）总管府辖，后属安东都护府辖，废府后归平卢节度使辖。

911—926年，辽太祖耶律阿保机“以汉俘建锦州”，锦州之名始于此时。

●辽金元时期

辽代分属中京道和东京道辖。金代改辽道制为路制，当时属北京路辖。元代分属大宁路和广宁府路辖。

●明清时期

明代建军卫制，锦州地区下设卫所，当时置广宁卫和广宁前、后、左、右、中（今锦州）屯卫以及义州卫、宁远卫。

清康熙元年（1662年）并广宁中、左、右三屯卫为锦县，康熙四年（1665年）设锦州府。

●近现代

1934年，设锦州省，管辖各县；1937年日伪政权实行市制，始设锦州市。

1987年，锦州市被国务院批准列入辽东

半岛对外开放城市。

2013年，锦州市成为世界园艺博览会的举办城市。

葫芦岛历史大事记

●秦汉时期

公元前221年，秦统一全国，分中国为36郡，以郡统县，葫芦岛一带属辽西郡。

汉武帝元朔元年（前128年），灭卫氏朝鲜，位于今葫芦岛境内的有徒河、文成二县。

汉安帝永初元年（107年），在昌黎（今义县）设属国都尉。汉灵帝中平六年（189年），董卓任命公孙度为辽东太守，辽东地区成为公孙氏割据政权。

●隋唐时期

隋炀帝大业八年（612年），置柳城郡与辽西郡，柳城郡治柳城县（今朝阳），葫芦岛境内为柳城县地。

唐开元五年（717年），唐玄宗在营州置平卢军使，第三年升格为平卢节度使。太宗李世民征高丽，曾在葫芦岛地区亲自祭奠阵亡将士。

●明清时期

明朝建立后，大力加强东北地区边防建设，修筑许多墩台城堡和长达1150多千米的辽东边墙，著名的兴城古城和九门口水上长城即建于明代。

1644年，清顺治帝即位，划全国为18个行省，在盛京（今沈阳）设盛京将军和奉天府，对辽宁地区实行旗民分治制度。

●近现代

1913年，国民政府置锦西县，因地处锦县西部而得名，属奉天省辽沈道。

1994年9月20日，经国务院批准，锦西市更名为葫芦岛市。

朝阳历史大事记

●远古时期

四五万年前，朝阳境内出现了与现代人体征相似的原始“新人”——建平人。

●东周、秦汉时期

春秋时期，朝阳地区是山戎、东胡的活动地区。战国时，北部仍是山戎活动区，南部属燕国辽西郡。

秦、西汉时期，朝阳地区东部属辽西郡，西部属右北平郡。东汉时，西部为鲜卑活动区，东部属辽西郡。

●魏晋南北朝

东晋咸康七年（341年），前燕王慕容

兴城蓟辽督师府

跳在“柳城之北、龙山之西”建城，改柳城为龙城县，并迁都于此，龙城位于今朝阳市南郊。十六国时期，前燕、后燕、北燕统治的88年期间，龙城为三燕都城达52年之久。

●隋唐时期

北魏太平真君五年（444年），龙城周边改置营州。447年，又置昌黎郡，治龙城。

隋唐时期是朝阳多民族聚居交融的兴盛时期，这一时期曾在朝阳境内居住的民族有契丹、突厥、室韦、奚族等。

●近现代

清乾隆四十三年（1778年），“朝阳”一名开始出现，以境内凤凰山上的朝阳洞得名。

1945年9月，朝阳境内相继解放，归热河省管辖。1946年一度被国民党军队占领，1947年秋，全境第二次解放，仍属热河省。

1956年，朝阳划归辽宁省，1958年以朝阳县城区设立朝阳市。

阜新历史大事记

●史前时期

早在7600年前，阜新一代就有人类繁衍生息。这里因出土“世界第一玉”和“华夏第一龙”，被国内外考古学界称誉为“玉龙故乡”；坐落在境内的查海古人类遗址，被誉为“中华第一村”。

●先秦、秦汉时期

西周和春秋战国时期，今阜新市属幽州地域，有山戎、东胡人活动于此。

秦代，今阜新市为秦地，分属辽东、辽西郡，燕长城以北为东胡族辖地。秦二世二年（前208年）匈奴大败东胡，今阜新市属匈奴左地。

汉武帝元狩四年（前119年），汉王朝打败匈奴，今阜新市属乌桓地。

朝阳南塔

●南北朝、隋唐时期

北魏太和三年（479年），契丹族臣附于北魏，并向南徙，今阜新市逐渐为契丹驻牧地。南北朝170年间，今阜新市为契丹辖地。

唐贞观二十二年（648年），唐朝在契丹驻牧地区设置松漠都督府（府治在今内蒙古自治区翁牛特旗西北部），今阜新市北部为松漠都督府辖，南部属营州。

●宋元时期

北宋时期，阜新地区一直属辽国辖境，辽将在战争中俘获的大批汉人、渤海人迁入本地，作为奴隶分给契丹贵族，令他们筑城。

元至顺元年（1330年），今阜新市境内有懿州、豪州等建制，并有洪州、驿安等驿站，懿州在元代成为政治、军事重镇。

●明清时期

明洪武二十六年（1393年），在今阜新市境内的懿州设广宁后屯卫，隶属辽东都指挥使司，辖今阜新市全境。

清顺治初期，在今彰武县境置官牧场，嘉庆十八年（1813年），清政府允许在养息牧场试垦，当地人口骤增。

●近现代

1931年“九一八”事变后，日军占领阜

新，在当地大规模开矿，数万中国劳工劳累致死，阜新市境内后来发现了全国最大的日占时期万人坑。

1982年，阜新蒙古族自治县发现了查海古遗址，后又出土了恐龙化石和玉石等文物，阜新也由此被誉为“玉龙故乡”。

明清最后的决战——松锦之战

明末发生于锦州一带的松锦大战是明朝与清朝的最后一次大决战，也是清朝奠定帝国基业的关键一战。松锦大战后，明朝再难组织起大规模的对清作战，于是才有了后来的闯王李自成进京，才有了李自成和吴三桂的山海关大战，才有了清军入关成就霸业。

明崇祯十四年（1641年）3月，锦州被以皇太极为帅的清军包围，锦州守将为祖大寿（吴三桂的舅舅），当时锦州城内存米仅够月余，而豆则不及1个月。明朝命洪承畴领吴三桂等八总兵、步骑13万，速会兵于宁远，解锦州之围。

洪承畴与清军决战于松山、锦州地区，皇太极密令清军偷袭明军粮草，救援的明军人乱，锦州成为孤城。1642年2月18日，清军攻破锦州城，守将祖大寿投降，此战中明军伤亡5万多人，只有吴三桂率3万残兵进入宁远，明朝在辽东的战事中从被动走向了灭亡。

松锦大战是经典的围城打援之战，皇太极和多尔衮将这一战术发挥到了极致。松锦大战后，关外城池尽失，唯悬宁远孤城，明朝多年苦心经营终付诸东流，松锦之战敲响了明王朝的丧钟，可谓亡国之战。

锦州会战，吹响反攻号角

锦州会战是辽沈战役第一阶段中人民解放军东北野战军主力对据守锦州的国民党军队的攻坚之战，是解放东北的第一场重要战役，也是辽沈战役的重要组成部分。

1948年秋，解放战争进入第三年。在东北战场，解放区的面积已占全东北的97%，并拥有86%以上的人口，解放军的实力和军力完全超过敌军，已经具备了与敌人进行战略决战的条件。1948年9月12日，辽沈战役首先在锦州打响，东北野战军的6个纵队共计25万人攻击锦州，经过31个小时的激战，全歼守军10万余人，生俘国民党将领范汉杰等人。

在锦州攻坚战的同时，南北两线阻援部队分别采取坚守防御和运动防御，粉碎了国民党军增援锦州的图谋。在南线坚守塔山阵地的第四纵队第十二师第三十四团，面对十倍于己的敌人陆海空立体进攻，鏖战6个昼夜，歼敌6000余人，创造了野战阵地坚守防御的光辉范例。锦州会战后，东北野战军又先后进行了辽西会战和沈阳会战。至此，东

瑞应寺

三清阁

北全境基本解放，著名的辽沈战役也落下了帷幕。

袁崇焕宁远御敌

在今天的兴城火车站前耸立着一尊极其高大的人物塑像，袁崇焕三个行书大字镌刻在底座上。塑像顶盔冠甲，目视远方，侧身手握剑柄，身边的大炮似乎刚刚退下发射后的滚热。明代著名将领袁崇焕，与宁远古城一道被永远写进了历史。

兴城古城即为最初的宁远古城，始建于明宣德三年（1428年），为明代辽东边防重地。1626年1月，清太祖努尔哈赤率兵13万围攻宁远城，意欲占领宁远后奔袭山海关，一举击垮明朝在辽东的防御部署。时任宁远守将袁崇焕是一个从未打过仗的文官。宁远被围后，袁崇焕沉着应战，仅凭宁远2万人兵力，殊死抵抗，竟然将后金大军硬生生地堵在城下不得前进一步。两军激战数日，后金军损兵折将，始终未能攻破城池，努尔哈赤身负重伤，最终被迫撤兵。1627年，后金军卷土重来，但又一次无功而返，努尔哈赤回到盛京，病恨交加，抑郁而死。这场战役被后人称为“宁远大捷”。

然而，由于受奸人所害，明崇祯二年（1629年），袁崇焕被逮捕入狱，半年后以“袁崇焕咐托不效，专恃欺隐，以市米则资盗，以谋疑则斩帅”的罪名遭受磔刑。错杀袁崇焕使崇祯帝自毁长城，同时也预示着大明王朝的灭亡。

古老的三燕故城

朝阳是一座古老的城市，已有近2000年的建城史，历史上十六国时期的前燕、后燕、北燕都曾建都于朝阳市的龙城，这里也成为闻名四海的“三燕故城”。

燕国的前身为活跃于辽宁西部大凌河流域的慕容鲜卑族。207年，曹操平定了辽西柳城的三郡乌桓之后，慕容鲜卑的首领莫护跋乘机率部入居辽西。慕容鲜卑入居辽西之后，其首领慕容廆不断吸收汉文化，改进农耕技术，发展军队，招纳人才，为前燕国的建立奠定了基础。

333年，慕容廆逝世，其第三子慕容皝以平北将军、行平州刺史统帅慕容鲜卑。337年，慕容皝称王，国号燕，都棘城，即为前燕。341年，慕容皝在朝阳一带筑建龙城，并由棘城迁都龙城，前燕成为东北地区的霸主。

名单 朝阳历史名人

安史之乱发动者安禄山

安史之乱发动者史思明

唐代将领李光弼

著名抗日将领赵尚志

著名女战斗英雄郭俊卿

郭俊卿

370年，前秦苻坚、王猛率大军围攻前燕国，前燕灭亡，后来苻坚在淝水之战中失利，慕容鲜卑的贵族趁机纷纷起兵复国，386年，慕容垂称帝，并将都城迁回龙城。409年，后燕灭亡后，冯跋被拥立为王，国号仍为燕，仍以龙城为都城，被称为北燕。至此，北方小城龙城也正式成就了其“三燕古都”的美誉。

中华第一村——查海遗址

中华民族是龙的传人，龙的艺术形象很早就在中国出现，1994年，辽宁阜新查海遗址发现了距今约8000年的砾石堆塑龙，堪称“华夏第一龙”，查海村也从此被誉为“中华第一村”。

查海遗址位于阜新蒙古族自治县沙拉乡查海村北的一处扇形台地上，查海村落遗址面积3万平方米。遗址距今约7600年，为目前辽宁省乃至松辽地区发现的最早一处新石器时代遗址。到目前为止，查海遗址已清理出房址近30座，村落布局以大房舍为中心围以中小房舍，排列有序，组成自然村落，村落中出土的文物有打制石器、磨制石器、陶器、玉器等。

查海文化是红山文化的源头，被称为5000年文明曙光的牛河梁“女娲庙”就源自这里，从查海遗址的文明起步，到红山文化早期国家的诞生，共经历了2000年左右的发展历程。查海遗址以其丰富的文化内涵，在中华文明起源的过程中先行了一步，起到了毋庸置疑的“龙头”作用。

名单 锦州历史名人

南北朝时期北魏名将慕容白曜
蒙古帝国大臣耶律楚材
辽代女政治家萧太后
民国英雄飞行员佟彦博
爱国将领李杜
英雄梁士英
著名作家萧军
著名国画家张仃

名单 葫芦岛历史名人

十六国西燕国大臣屈遵
十六国后燕国大臣卢鲁元
北周大将豆卢宁
明末大将祖大寿
抗日英雄郑桂林

名单 阜新历史名人

一代宗师张三丰
蒙医专家白清云
人民公仆牛玉儒

文化 CULTURE

中华文明曙光——红山文化

红山文化是距今五六千年间一个在燕山以北、大凌河与西辽河上游流域活动的部落创造的农业文化，因最早发现于内蒙古赤峰市郊的红山后遗址而得名。中国出土的红山文化遗址遍布辽宁西部地区，几近千处，其中以朝阳市最为丰富。

朝阳市境内有众多著名的红山文化遗址。位于凌源市与建平县交界处的牛河梁红山文化遗址是5000年“古文化、古国、古城”

古代辽塔

所在地，女神庙、积石冢、大型土台建筑等古迹，被称为“中华文明史新曙光”。位于喀左县兴隆庄乡大凌河西侧山梁上的东山嘴祭祀遗址是新石器时代的遗址，距今约5000多年，是我国第一个发现与女性崇拜有关的遗址。

红山文化全面反映了我国北方地区新石器时代文化特征和内涵，是我国发现的珍贵文化遗产。如今，红山文化越来越受到国内外学者的重视，朝阳市当地正在建设牛河梁红山文化国家遗址公园，以将红山文化更好地传承和保护。

中国敖包之乡

茹毛饮血，逐水而居，锻造了一个彪悍、勇猛的蒙古民族，也留存了独特的民俗民风，传承着人类悠久历史的民俗文化。走进阜新，几乎蒙古族居住的地方都有敖包，每年在阜新蒙古族自治县大板镇都会举办敖包节。敖包文化已经成为阜新蒙古族标志性的文化符号，阜新县也被誉为“中国敖包之乡”。

敖包意为“堆子”，即人工用木或土或石堆积而成的堆子，代表天、地、山川。蒙古族在信仰喇嘛教之前信奉萨满教，敬重天、地、山川，认为它们对人类有功，加以崇拜，对其祈求幸福、平安，逐步演变成祭敖包这种习俗。

阜新蒙古族地区不仅有单敖包，还有双敖包甚至13敖包群；不仅有旗敖包，还有苏木及个户等不同等级的敖包。据调查，阜新地区约有敖包300座。其中，尊贵显赫的关山旗敖包，直径36米，高18米，是目前国内最大的敖包。蒙古族敖包不仅密切地伴随着历史的发展而发展、演变，而且以其独特的内涵，反映着各个历史时期的社会生活、文化创造和人们的精神风貌。

中国玛瑙之都

在阜新市区的一个广场里，摆放着一块世界上最大的玛瑙石——阜新玛瑙王，阜新人把这块玛瑙石当作自己城市的标志。阜新玛瑙储量和产量均占全国一半以上，玛瑙早已与这座城市的历史和文化融为一体。

玛瑙属中档宝石，具有多种天然色彩和条带花纹，是雕刻的理想材料。玛瑙是在火山岩裂隙或空洞中一层层一圈圈沉淀而成的，由于每一层所含微量元素不同，所以呈现不同的颜色，有“千种玛瑙万种玉”之说，其花纹、形态千差万别，品种繁多，绚丽多姿，可与翡翠相媲美。

阜新玛瑙文化积淀深厚，7600年前的查海遗址中出土了用玛瑙打制的刮削器以及玉器、石器等，说明查海人是世界上最早认识玛瑙和使用玛瑙的人群。从辽代开始，阜新民间就有采集、挖掘、加工玛瑙的生产活动。到了清代，阜新地区玛瑙业发展已具备一定规模，阜新玛瑙已成为宫廷贡品。

敖包

景点推荐

锦州旅游区

锦州市博物馆 AAAA

馆藏文物丰富

锦州市古塔区北三里1号

锦州市博物馆位于锦州市内老城区古塔公园北侧，成立于1953年，其前身为辽西省地志博物馆筹备处，是地方综合性博物馆，为国家二级博物馆。

博物馆馆藏文物丰富，等级很高，有瓷器、玉器、铜器、货币、书画、石器、杂项等17大类计1.6万余件（套），这些珍贵的文物充分反映了锦州悠久的历史和丰厚的文化底蕴。

玩家解说

锦州市博物馆设有保管、陈列、宣教、古建筑保护部及保卫部等专业和行政部室。多年来，对藏品实行科学管理，使藏品得到了应有的保护。并陆续推出“甲午忠魂”“辽西走廊历史文明”“馆藏精品展”“辽西民俗”“馆藏瓷器”“宗教艺术”“辽西抗日义勇军之歌”等基本陈列，同时还引进“辽西古生物化石”及“道光廿五出土文物”等展览。

广济寺古建筑群 ⓧ

集我国南北建筑之大成

📍锦州市古塔区北三里1号，紧邻锦州市博物馆

广济寺古建筑群位于锦州市古塔区北三里1号，由广济寺及塔、天后宫、昭忠祠和观音阁组成，共有房屋68间。广济寺布局为塔寺合一，保存完好，国内少见。

广济寺古建筑群以塔为轴线，建有天王殿、关帝殿、大雄宝殿。广济寺西侧为天后宫，是我国北方最大的妈祖庙；广济寺东侧建有昭忠祠及碑亭。

■ 广济寺塔

广济寺塔为八角十三层实心密檐式，残高53.11米，维修后通高71.25米，由基座、塔身、塔檐、塔顶四部分构成。广济寺塔高矗于古城之中，因有黄昏寒鸦绕塔翻飞，故称"古塔昏鸦"，"古塔昏鸦"成为"锦州八景"之一。

北普陀山 AAAA

关外第一佛山

📍锦州市太和区西北郊7千米处

北普陀山景区位于辽宁省锦州市城西北7千米处，是观音菩萨在北方的显化道场。北普陀山的开山历史源远流长，文化底蕴深邃丰厚，它与南普陀山南北遥相呼应，并被誉为"关外第一佛山"。

北普陀山景区历史悠久，名胜古迹不计其数，其云、石、水、洞、林、花、鸟浑然一体，雄、险、奇、幽、动、静、美、妙交相辉映，人文景观与自然景观完美结合，是融旅游观光、休闲娱乐、探险猎奇为一体的综合性景区。

玩家攻略

桑葚：每到6月中旬桑葚挂满枝头，一年一度的北普陀山采桑节吸引许多中外游客慕名而来，品尝酸甜的桑葚。

贴士：爬山最好穿轻便的衣服和运动鞋，可以自带食物也可在当地购买。游客可以自带或到当地直接购买香火祭拜。

链接

北普陀山十大珍奇异宝

（1）千年古洞——观音洞。

（2）佛家珍宝《乾隆大藏经》，世界仅存10部，有7部藏于地下。

（3）已申请吉尼斯世界纪录的两大法器——直径1.2米的铜罄和直径1.5米的檀香木鱼。

（4）缅甸玉卧佛，身长7.5米，重18.5吨，由一整块缅甸玉制成。

（5）佛祖真身骨舍利，中国仅存4件。

（6）天然形成的珍贵树瘤熊猫像。

（7）东北三省最长的九龙壁。

（8）4米高的整根玉石龙柱。

（9）五百罗汉坡。

（10）东北最大的佛教建筑群。

辽沈战役纪念馆 AAAA

详细记载了辽沈战役的经过

📍锦州市凌河区北京路五段1号

辽沈战役纪念馆建于1959年，由叶剑英元帅题写馆名，新馆坐落在锦州火车站东侧铁路桥的北面云飞街。

辽沈战役纪念馆馆区占地18万平方米，贯穿南北的中轴线，将门、塔、馆主体建筑连成一体。馆区的纪念馆、纪念塔、烈士名录碑、雕像碑、书法碑、大型组雕、胜利之门及纪念性装饰物，构成了一组完整的具有纪念意义的建筑群体。

辽沈战役纪念馆

链接

辽沈战役

辽沈战役是中国近代史中第二次国共内战的“三大战役”之一，于1948年9月12日开始，同年11月2日结束，共历时52天。中国共产党称之为辽沈战役，中国国民党称之为辽西会战，又称辽沈会战。

辽沈战役共歼灭东北“剿总”及所属4个兵团部、11个军部、36个整师及地方部队计47.2万人，东北野战军伤亡6.9万余人，炮兵司令员朱瑞在辽沈战役中牺牲。辽沈战役的胜利，使东北野战军成为一支强大的战略机动力量，东北解放区成为坚固的战略后方。

笔架山 AAAA

道教名胜古迹

锦州凌海市天桥镇辽东湾中

笔架山位于锦州市南35千米的天桥镇辽东湾中，是近海中的一个连陆小岛。小岛南北长1.5千米，东西宽0.8千米，海拔78米。景区以笔架山岛和“天桥”为主要景点，分为岛上游览、海上观光、岸边娱乐、沙滩海浴和度假修养五个区域。

笔架山有一条潮汐冲击而成的连接海岛与陆地的天然卵石通道，俗称“天桥”，随着潮汐时隐时现，堪称佳景奇观。笔架山上有吕祖亭、五母宫、三清阁等古建筑。三清阁内有中国海上唯一的盘古造像，同时集儒、道、释三教派于一阁之内，实属罕见。

玩家 攻略

游泳：去笔架山景区山门的路上有一个当地用水坝围起来的沙滩浴场，水面很平静，可以戏水游泳。

潮汐：笔架山“天桥”随潮汐而显现或被淹没，前往旅游要关注当日的潮汐状况，避免危险。

笔架山

锦州世博园 AAAA

世界上首个海上园林博览会

锦州市太和区世园路1号

锦州世博园是世界上第一个海上世界园林博览会。园区共规划建设各类展园近百个，每个展园内有各种人文艺术景观，一园一花，百园百卉，呈现出“一园一花一特色，好山好水好家园”。

世博园分别为山地园林区、奇迹园林区、林地景观区、海岛园林区、海滨园林区和海上活动区六个区。

医巫闾山 AAAA

东北三大名山之首

锦州北镇市常兴店镇境内

医巫闾山古称于微闾、无虑山，满语意为翠绿的山。它以悠久、博深的历史文化和秀丽、奇特的自然风光而享誉国内外，为东北三大名山之首，是中国北方著名的旅游胜地。

医巫闾山分北部、中部、南部、东部四

个主要游览区，共计100多个景点。中心景区大观音阁景区以寺院为中心，包括大石棚、圣水盆、观音阁、白云观、辽代肖太后蜡像馆等景点。医巫闾山的奇峰怪石、苍松翠柏、石棚飞瀑等景壮美瑰丽。

玉泉寺

玉泉寺是医巫闾山的一座重要寺院，现有建筑为大殿3间，南北配殿6间，长廊1座，阁殿2座。大殿有青绵石雕成的扁鹊、张仲景、孙思邈、华佗像，殿外有巨石雕成的石香炉。

望海堂

望海堂建在医巫闾山的主峰望海山上，据文献记载，这里曾是辽太祖长子、东丹王耶律倍的读书处。据说天气晴朗的时候，从这里可以望到渤海。望海山下东边的山谷里，有辽代东丹王耶律倍的显陵和景宗耶律贤的清乾陵。

观音阁

观音阁地处医巫闾山东麓，原为明朝清安寺，清初改称现名。来到观音阁脚下，仰望绮丽多姿的山景，苍松翠柏、奇峰怪石、幽谷溪流与山间庙宇亭台浑然一体，恰似一幅绚丽的风景图画。

读书堂

闾山读书堂是辽太子耶律倍寄情养性之地，也是东北地区规模最大、兴建年代最早的私人藏书楼，珍藏在这里的藏书都是罕见的真本和善本。读书堂还建有楚材蜡像馆和历史文化碑廊。

链接

闾山与耶律倍

耶律倍幼年，其父阿保机选择了当时契丹族管辖下的中国五大镇山之一的北镇闾山，于峰顶建筑了一座读书堂，对他进行封闭式教育。后来耶律倍在筹建望海堂的同时，派遣专人去后唐汉地购书，先后买进图书数万卷，陆续运回闾山。

闾山与耶律倍密不可分。望海堂和桃花洞读书堂都始建于耶律倍时期，今日的旅游胜地是他打下的基础。

大石湖景区

大石湖景区位于医巫闾山西侧，景区内自然景观雄奇峻美，是辽西干旱地区少有的山水奇观，也是辽西北地区著名的佛教圣地。

北镇庙
保存完好的山神庙

锦州北镇市城西2000米的山岗上

北镇庙位于北镇市城西2000米的冈峦之上，它从山冈下到冈顶依天然地势排列而成，是一处布局严谨、规模宏大的古建筑群。北镇庙是全国五大镇山中唯一保存完好的山神庙，具有重要的历史价值和艺术价值。

北镇庙内的主要建筑为歇山式大木架结构，上盖琉璃瓦。建筑依山势由南向北层层升起，主要建筑均位于中轴线上，气势雄伟。从南向北依次为御香殿、正殿、更衣殿、内香殿、后殿。

奉国寺 AAAA 文
有“辽西佛国”之称

锦州市义县东街18号

奉国寺俗称大佛寺，坐落在锦州市义县县城内，始建于辽开泰九年（1020年），是辽朝自称释迦牟尼转世的圣宗皇帝——耶律隆绪在母亲萧太后故里所建的皇家寺院，有“辽西佛国”之称。

奉国寺现存有中国古代佛教寺院最古老、规模最大的大雄宝殿，世界最古老、最精美的彩塑佛像群。这里供奉着7尊巨佛，面目相同，手势各异，释迦牟尼佛像行列第七。

奉国寺

玩家 解说

奉国寺内主要建筑为大雄殿，是中国古代建筑中最大的单层木结构建筑。大殿筑于高3米的台基之上，为五脊单檐庑殿式，面阔九间，进深五间。殿前开三门，殿内7尊坐佛为辽代所塑。左起依次为迦叶佛、拘留孙佛、尸弃佛、毗婆尸佛、毗舍浮佛、拘那舍牟尼佛、释迦牟尼佛，皆端坐于须弥座上，通高9米以上。寺内还有金、元、明、清重修奉国寺碑10余通。山门、牌楼、无量殿等均为清代所建。

万佛堂石窟 文
东北地区最大最早的石窟群

锦州市义县西北9千米万佛堂村

万佛堂石窟位于锦州市义县西北9千米的万佛堂村南大凌河北岸悬崖上，是北魏时期位置最东、最北的石窟，也是东北地区最大、最早的石窟群。

万佛堂石窟所在的山上有大小石窟16窟，分东西两区。西区始建于北魏太和二十三年（499年），东区始建于北魏景明三年（502年），均在我国佛教雕刻史中占有重要地位。

宝林楼风景区
东北地区最早的佛教圣地

锦州市义县张家堡乡境内

宝林楼风景区位于医巫闾山西侧义县张家堡乡境内，景区内山岭险峻，植被茂密，山路曲折，峡谷幽深，是森林生态旅游的理想场所。

始建于4600年前的炎汉古刹和唐贞观十九年（645年）所建的宝林楼，是该景区独特的人文景观，它见证了中华民族五千年的文明历史，是东北地区最早的佛教圣地，至今香客众多，宝林禅寺和宝林楼等建筑现已恢复原貌。

景点推荐

兴城旅游区

兴城海滨风景名胜区 AAAA

集山海、古城、温泉于一地

葫芦岛兴城市兴城海滨风景名胜区

兴城海滨风景名胜区位于葫芦岛市兴城，依山面海，面积约42平方千米，濒临景色如画的辽东湾，这里有被誉为“第二北戴河”之称的美丽海滨，有巍峨壮美的首山，有海景壮阔的菊花岛，有颇具休闲度假气氛的温泉群，还有保存完好的明清古城。

兴城海滨风景名胜区集山海、古城、温泉于一地，分为5个景区，有50多个景点。兴城是著名古战场“宁远卫城”故址，宁远卫城是明朝边防重镇，现保存完好，是国内保留完整的四座古城池之一。

兴城海滨风景区共分为四大浴场，分别是第一浴场（兴海湾）、第二浴场（小坞湾）、第三浴场（邴家湾）、第四浴场（老龙湾），景色可与美国夏威夷相媲美。

玩家攻略

住宿： 兴城的住宿区域有钓鱼台村和菊花岛两个集中区域，一般游客选择居住在钓鱼台村，这里离海滨非常近，空气清新，景色宜人，以家庭旅馆为主。有“冒险精神”的游客可以选择在菊花岛上居住，虽然住宿条件一般，但胜在自然风光原始、优美。

美食： 兴城海域盛产鱼、虾、蟹、贝、蜇等海产品，其中鲜鱼、对虾、杂色蛤、海蜇皮等为海味佳品，久负盛名，到此不得不尝。

兴海湾浴场

兴海湾（俗称海口）是一个水质洁静、坡缓沙细、长约1500米的天然半月形海湾，与美国的西雅图、泰国的芭堤雅和中国的青岛海湾极为相似，非常适合普通游客特别是初学游泳者戏水、游泳。

港口湾海滨浴场

这里是兴城海滨第二海水浴场，国家4A级风景区。海岸线绵延1400米，占地面积2.7万平方米。这里环境优美，地势开阔，岸上绿树掩映，岸边沙滩细软，海水平稳清澈，是一个休闲度假的天然乐园。

玩家攻略

兴城海滨第二浴场属星级度假浴场，融海鲜美食、休闲、健身、度假、疗养、观光、娱乐、购物、会议为一体。浴场有全海景落地窗式客房、餐厅，新鲜、卫生的海鲜大餐和农家菜，丰富的海边娱乐休闲项目。

邴家湾浴场

这里是兴城海滨第三海水浴场，国家4A级风景区。游人可到海边捉蟹、拾贝，观日出，赏海潮，或者购买渔民刚打上来的海货。浴场滩缓沙细，海水洁净，周围景色秀美，是休闲、游览的好去处。

老龙湾浴场

是兴城海滨第四海水浴场，国家4A级风景区。浴场内无暗礁，岸边沙滩细软洁白，晶莹如玉，海水深浅适宜，水稳波清，清澈见底，海岸地势开阔，绿树掩映，是大海送给人间的一片天然乐园。每年盛夏，兴城海滨都以崭新的姿态迎接各地游人和国内外宾客。

三礁览胜

三礁览胜始建于1984年，由三块礁石组成，栈桥相连，礁石上建有两座亭阁，一曰"雪浪亭"，一曰"迎霞亭"。在此可扶栏近看鱼跃燕舞，远眺渤海日出，南望菊花宝岛，北眺兴海湾全貌。

兴城古城 AAAA 文

关外著名的军事重镇

葫芦岛兴城市兴城古城

兴城古城又称宁远古城，始建于明宣德三年（1428年），是关外著名的军事重镇，明代军事防御体系中卫城的典型建筑。

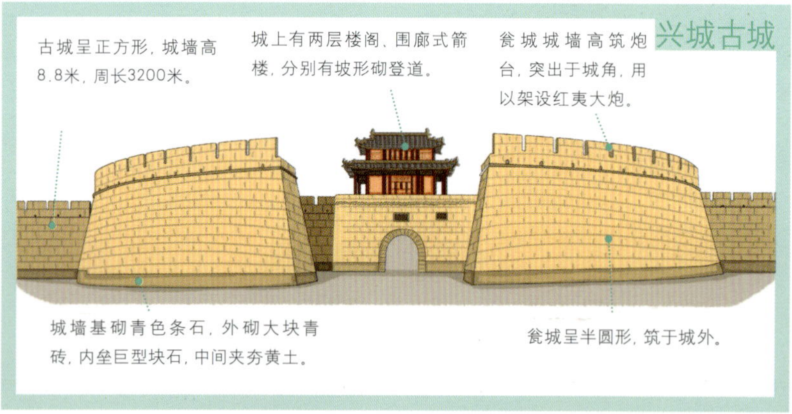

整座古城呈正方形，城内有四街八胡同，52条巷道，是我国保存最完整的明代古城之一。城墙周长3274米，底宽6.5米，顶宽5米，高近10米。城的四面有4座城门，城门之上皆设城楼。城中心耸立着气势宏伟的鼓楼，登楼四望，古城风光尽收眼底。

链接

宁远大捷

宁远大捷发生于明天启六年（1626年）正月，是明朝和后金之间进行的一场战役，明军取得胜利，后金兵败，这也是首次明军战胜后金军。在宁远之战中，袁崇焕率领的明军在主战场宁远城（即兴城古城）获胜，而在分战场菊花岛失利，但总的说来胜利是主要的，所以明朝称这场胜仗为“宁远大捷”。

鼓楼

鼓楼楼高17.2米，分为3层。基座平面为正方形，高如城墙，下砌通向四条大街的十字券洞，全部大青砖砌成，分东、西、南、北拱形通道。上为两层楼阁，第二层外部游廊悬挂历年来兴城视察的党和国家领导人及重要外宾的图片。

兴城文庙

兴城文庙亦称孔庙，为旧时祭孔之所，位于古城内东南隅，始建于明宣德五年（1430年）。文庙院内古柏参天、曲径通幽，体现了浓厚的历史文化。

祖氏石坊

兴城古城内南大街（延辉街）矗立着两座宏伟壮观的石坊，石坊雕刻工艺精美、手法细腻逼真，虽经受360年的风雨剥蚀，但仍保存完整，为研究明清以来劳动人民创造的石刻艺术和研究明清历史提供了珍贵的实物资料。

蓟辽督师府

蓟辽督师府是明朝北方最高军政领导机构，其前身为总督府，始建于明嘉靖二十九年（1550年）。

明天启年间，督师袁崇焕在宁远卫衙署的基础上进行维修增建，形成了辽东军事指挥机关——督师蓟辽府。袁崇焕遇难后，明朝廷先后任命了11位蓟辽总督，明末守将吴三桂曾驻扎于此。

周家住宅

周家住宅位于兴城古城延辉门里西侧，建于民国初年，有正房7间，左右厢房各3间，门房6间，其原主人叫周永吉，是古城内富庶大户。周家住宅的建筑结构为出梁抱柱，青砖所砌，是现今保存完好的具有辽西传统特色的囤顶民宅四合院。

玩家解说

兴城古城在历史上有着十分集中的囤顶房屋建筑群，这也是古城民居的一大特色。囤顶的排水效果较平顶好，还可以防御风沙。兴城古城地处辽西，历史上城内的民居建成囤顶式，与气候条件有关，也是地域文化的一种体现。

兴城古城

景点推荐

葫芦岛旅游区

龙湾海滨 AAAA

东北亚地区重要的景观

葫芦岛市，地跨兴城市和龙港区

龙湾海滨坐落于渤海湾畔，地跨兴城市和龙港区，海岸线总长3000多米。龙湾海滨四季分明，气候宜人，沙细水清，是环渤海景观带东北亚地区重要的景观。

经过多年精心打造，龙湾海滨风景区已成为自然风光和人文景观相结合，融旅游观光、海水洗浴、娱乐休闲、饮食购物为一体的综合性风景旅游区，海湾的北面是葫芦岛市龙湾新区，宽阔的海滨南路将海滨与城区紧紧连接成一体。

玩家攻略

整个景区由沙滩浴场区、游乐区、休闲购物区及美食广场组成。龙湾海滨在游乐区开发建设了20余项娱乐项目和设施；休闲购物区有大型购物博览广场和工艺品、泳装销售一条街，以及统一规划的零售卖店，满足了游客旅游购物需求；美食广场汇集了全国各地知名小吃及葫芦岛市当地特色的生猛海鲜，欧式建筑的高中档酒店旅店有几十家，可容纳上万人就餐住宿。

龙湾海滨滑雪场

国内唯一海滨滑雪场

葫芦岛市龙港区老龙湾之畔

龙湾海滨滑雪场坐落在葫芦岛市的老龙湾之畔，是我国唯一的海滨滑雪场，它拥有千米高、双人吊椅索道一条和拉杆式拖牵索道两条。

滑雪场地理位置优越，依山傍海。在此游玩可在阳光下、海风中尽享大自然的无限风光，给旅行留下一段美好的回忆。

龙回头

登高观海胜地

葫芦岛龙湾海滨以南2千米处

龙回头位于葫芦岛市龙湾海滨以南2千米处，依山傍海，这里风光旖旎，可俯瞰龙湾海滨，是葫芦岛的重要旅游景点之一。

龙回头观景台依山临海，松涛起伏，陡峭的悬崖下是美丽的海岸线。在观景台上可举目远望浩瀚的大海，还可以饱览葫芦岛新城区的城市景观。

葫芦山庄 AAAA

以葫芦文化为主题

葫芦岛市北港工业区滨海公路

葫芦山庄位于葫芦岛市东北部渤海岸边葫芦岛经济开发区境内。山庄以葫芦文化为主线，以民俗文化为特色，为“中国葫芦文化之乡”和“关东民俗文化第一村”。

龙回头

玩家 解说

葫芦山庄现有景观景点60多处，包括影视拍摄基地、仙岛博览园、匠人街、葫芦大观园、葫芦仙女雕像、现代游乐场、民俗村、圣水湖、生态农业采摘观光园、明代烽火台遗址、笊笠岛等。

中国葫芦文化博物馆、中国关东民俗博物馆是两座国家级专题性博物馆，馆藏文物丰富，文化影响深远。仙岛艺术团常年在景区进行东北二人转、民间绝技、绝活表演，浓郁的地方特色吸引了大批游客驻足观赏。

飞天广场

葫芦岛市的标志性建筑

葫芦岛龙港区龙湾新区大街中心

飞天广场位于龙湾新区大街中心，该广场充分利用葫芦岛市作为中国航天第一人——杨利伟故乡的独特优势，以“特别能吃苦、特别能战斗、特别能攻关、特别能奉献”的载人航天精神为主旋律。飞天广场是葫芦岛市的标志性建筑。

广场由中国航天第一人雕像、“飞天梦”（抽象主纪念体）、“飞天梦”的实现（人类航天史浮雕墙）、九天柱（航天大事记及科普）和“道运天积”五部分组成，航天员写实全身像高5.5米。

链接

中国航天第一人——杨利伟

杨利伟是中国进入太空的第一人，葫芦岛市绥中县人，中国特级航天员，也是中国培养的第一代航天员。2003年10月15日9时，杨利伟乘由长征二号火箭运载的神舟五号飞船首次进入太空，象征着中国太空事业向前迈进一大步，具有里程碑式的意义。

虹螺山

关外辽西走廊第一名山

葫芦岛市连山区市区北30千米

雄震辽西的虹螺山为关外辽西走廊第一名山，处于华北、长白和蒙古植物区系的

飞天广场

交会带上。景区融自然景观、森林景观、人文景观和森林大环境为一体，不仅是森林类型的自然保护区，同时也是辽西地区著名的生态旅游胜地。

虹螺山以夹道沟为界，西面为大虹螺山，主峰玉皇顶海拔900.8米，山势雄奇高峻；东为小虹螺山，主峰鹰背顶，海拔717.2米，山势嵯峨灵秀。

圣水寺 ㊮

有浓厚的园林风格

✉ 葫芦岛市连山区杨家杖子镇莲花山南麓

圣水寺位于葫芦岛市杨家杖子镇南的莲花山南麓，始建于清康熙五十九年（1720年），全寺由主院和东西跨院组成。圣水寺的建筑造型、塑像分布、美术彩绘等，都蕴含着丰厚的传统文化。

圣水寺布局规整，建筑构造新颖，做工精细，以山景衬托古建筑，人造景与自然景相结合，具有浓厚的园林风格。圣水寺现存5座楼阁，正面是山门，进门后，东、西有钟、鼓二楼对峙，院中是碧云宫，钟楼西侧有明心楼。

玩家 解说

清代民间庙宇中佛道塑像共存，庙宇建筑更是佛道不分，而莲花山圣水寺的建筑道教色彩极为浓厚。天元宫整体上圆下方，源于道教的“天圆地方”说，台基中柱用精刻的八卦“擎天柱”承托上梁，顶端还刻有“东西南北”四个方位，合于道教的太极主宰世界、五行八卦包罗万象的哲学观点。

九门口水上长城 AAAA

被称为“京东首关”

✉ 葫芦岛市绥中县李家堡乡新堡子村

九门口水上长城坐落在绥中县李家乡，其南端起于危峰绝壁间，与自山海关方向而来的长城相接。长城沿山脊向北一直延伸到当地的九江河南岸，在宽达百米的九江河上，筑起规模巨大的过河城桥，堪称世界奇观。

水上长城随山势蜿蜒起伏，逶迤北上，两侧山谷夹杂花木，特别是长城和自然景观的完美结合，更为九门口增添了色彩。

玩家 解说

九门口水上长城分为两段。一段位于家堡、

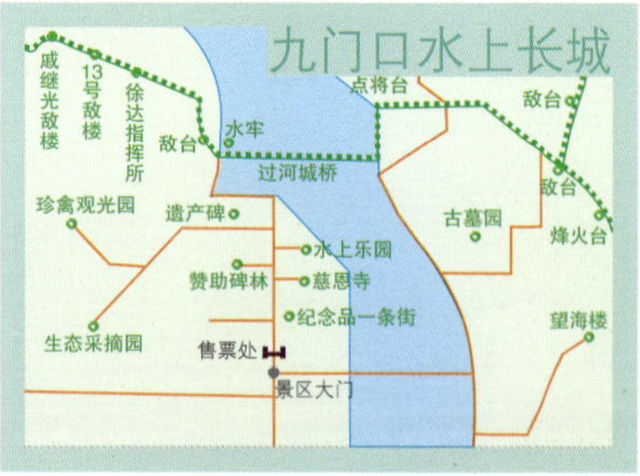

永安堡、加碑岩三个乡的西南处，全长31千米，建于明洪武十四年（1381年），属明万里长城主干线；另一段是明万里长城的支线，锥子山向东南的金牛洞，全长13千米。

九门口水上长城巍峨壮观，优美的自然环境如诗如画，吸引着广大游人。此外，附近还有前所明代古城、妙峰寺双塔等风景区，长城景区一年四季都可拍照，春天、秋天是拍摄长城的最佳时节。

前所古城 镇

关外第一所城

葫芦岛市绥中县前所镇

前所古城位于绥中县城西42千米处的前所镇，建于明宣德三年（1428年），是指挥叶兴所建的千户所，是明代所城的典型代表，见证了明代中晚期辽西地区的军事活动。

该城基本呈正方形，东西长510米，南北宽502米。城墙高10米，设3个城门，无北门。城墙上建的真武庙已毁于兵燹。各城门原建有罗城（又叫瓮城），现唯有西门罗城尚存。

前所古城

止锚湾海滨

此地环境优美、民风淳朴

葫芦岛市绥中县万家镇

止锚湾海滨位于绥中县万家镇，这里环境优美、民风淳朴。海滨风光秀丽，气候宜人，海水清澈见底，水浅波轻，海滩宽阔平缓，白沙细腻无泥，海中无礁石。止锚湾东侧的海域浅水区，海底坡度更缓，水拂脚面，极适合儿童游玩。

止锚湾曾是东北最富庶的渔港，拥有辽宁最优质的海滩，这里尘封着秦皇汉武东巡祭海的行宫，承载着徐福求仙不老的梦想，还流传着孟姜女投海殉情的动人故事。

玩家 攻略

在止锚湾海滨可以吃到新鲜的螃蟹、皮皮虾、蛤蜊、鲜贝、大虾等海产品。清晨海边有渔民捕鱼，可从渔民手中买到新鲜的海鲜，价格较公道。

小河口长城

被称为“野性长城”

葫芦岛市绥中县永安堡乡一带

小河口长城位于绥中永安堡燕山山脉的重峦叠嶂中，由三条从不同方向汇集而来的明代长城组成，距今已有近700年的历史，但砖石依然坚固，风采依旧。

小河口长城长约8.9千米，有敌楼31座，战台18座，烽火台14座。因其地处群山峻岭，山势险要，人迹罕至，虽没有进行任何人工修葺，但至今仍保持完好。因其保持了良好的原生状态，故被人们称为“野性长城”。

玩家 解说

小河口长城脚下的村庄大都是当年戍边将士和家属建立的，已有五六百年的历史。几百年来，他们在这里繁衍生息，逐渐形成了独特的民风习俗。在小河口村，还有十几间保存完好的清代古民居，对了解历史和当地民俗具有一定的价值。

景点推荐

朝阳市区景点

朝阳凤凰山 AAAA

东北第一佛教圣山

朝阳市双塔区城区东部4千米处

凤凰山古称龙山，清初乾隆皇帝赐名改称为凤凰山。凤凰山位于朝阳市区东部4千米处，最高峰海拔668米，现为国家级森林公园，被誉为东北第一佛教圣山。

凤凰山植被丰茂，森林覆盖率达80%以上，素有“天然氧吧”之美誉。凤凰山自然景观形神兼备，众多亭廊壁阁等建筑小品掩映于山林间，构成道道典雅景致。经历代累建，凤凰山形成了三塔（凌霄塔、摩云塔、大宝塔）、四寺（延寿寺、天庆寺、云接寺、华严寺）佛教建筑群落。

摩云塔

摩云塔建于辽代，为方形实心十三级密

檐式砖塔，高37米。各层塔檐束腰处镶嵌青铜宝镜104块，檐脚出梁悬有52个风铎，现已留存不多，塔刹也早已毁圮。

延寿寺

延寿寺俗称下寺，原名报恩寺，始建于清康熙五十一年（1711年）。延寿寺是凤凰山规模最大的一组古建筑群，建有6重正殿，3重东西配殿，中轴线上从前向后依次是天王殿、地藏殿、大雄宝殿、关帝殿、药王殿、观音殿、玉佛殿。

天庆寺

天庆寺俗称小西寺，位于延寿寺西南坡峭壁之上。天庆寺原是一组辽代寺院，始建于辽寿昌五年（1093年），1993年按清式建筑复原，再现了昔日风貌。

天庆寺主要建筑有观音殿、东西配房、山门、围墙及唱和诗碑。主体建筑观音殿，建筑面积40平方米。天庆寺背依山崖，前临深壑，寺后的崖畔生长着数株古柏，倾斜覆荫于寺宇之上。

玩家 解说

凤凰山不仅是辽西历史名山，也是燕、辽时享有盛誉的佛教圣地。早在1660年前，燕王慕容皝就在山上修建了迄今为止东北地区最早见诸史籍的佛教寺院——龙翔佛寺。因此，龙翔佛寺成为东北佛教的“祖庭”，也成为东北佛教第一寺。

除了著名的三塔四寺外，凤凰山还有北魏摩崖佛龛、辽代古道降香十八盘、清代倒座观音洞和卧佛古洞等古迹遗存。

凤凰山

大宝塔

大宝塔位于凤凰山主峰北面的山坡上，是凤凰山三座辽塔之一。塔为方形空心，十三级砖筑，残高17米。此塔规模不大，但小巧精美，塔身细高，收分较小，显得十分俊俏。

朝阳北塔 ㊈

十三级密檐式砖筑佛塔

朝阳市双塔区

朝阳北塔位于朝阳市双塔街北端，始建于北魏孝文帝太和年间（477—499），隋唐辽时期重新修建，形成了现今以三燕宫殿夯土台基为地基、“思燕佛图”的台基为台基、隋唐砖塔为内核、辽塔为外表的朝阳北塔。

北塔为十三级密檐式砖筑佛塔，现高42.6米，由夯土台基、砖台座、须弥座、塔身、塔檐、刹顶组成。其主体结构塔身上，四面砖雕密宗四方佛、八胁侍菩萨、二十四飞天、八大灵塔及塔名等图案，精美异常，引人入胜。

玩家解说

朝阳北塔于1986年至1993年进行了维修，维修中发现了天宫、地宫，地宫位于塔基座中心，早期被盗，仅出土石函、滑石瓶和一些瓷器，均是辽代遗物。天宫中出土了1000多件辽代佛教文物，其中灌顶玻璃瓶、鎏金银塔、金塔、经塔、舍利子、银菩提树、宝盖、白瓷盘等文物都是稀世珍宝。

朝阳南塔

古城朝阳的象征

朝阳市双塔区

朝阳南塔位于朝阳市新化工路双塔街南口，因位置上与朝阳北塔相对应而得名，是古城朝阳的象征。

南塔建于辽代，为方形空心十三级密檐式砖塔，高45米，由塔基、须弥座、塔身、塔檐和塔刹构成。南塔塔基为方形素面，以砖堆砌而成。须弥座设束腰两周，线层束腰的每面各设壶门5个，内雕云龙。

佑顺寺

喇嘛教寺院

朝阳市双塔区朝阳南街

佑顺寺位于朝阳南街，是清代绰尔济喇嘛奉康熙皇帝之命修建的一座喇嘛教寺院，俗称“喇嘛庙”。佑顺寺之名是清康熙皇帝所赐，朝阳市博物馆设于佑顺寺院内，馆内藏有朝阳市历代出土文物。

佑顺寺布局和建筑别具一格，有牌楼、山门、天王殿等150多间建筑，均为木结构。其建筑布局为中轴线对称式，建筑结构严谨，装饰典雅，大雄宝殿是寺内的主体建筑。殿外朱墙上嵌有精美的石雕。

玩家解说

佑顺寺早在清初就屡受皇恩，据说乾隆皇帝在去盛京祭祖途中曾在此驻跸，并为寺院题写匾额“真如妙觉”。寺院在鼎盛之时曾有喇嘛300多名，经阁藏有珍贵经卷400多部。每年的农历六月十五是庙会日，届时香客商贾云集，寺内外鼓乐震天，晨钟暮鼓、经声佛号响起，热闹的庙会要持续6日之久。

关帝庙

朝阳市仅存的礼制性建筑

朝阳市双塔区营州路东段

关帝庙位于朝阳市营州路东段朝阳东塔的塔基右侧，修建于清乾隆九年（1744年），为朝阳市内保存的唯一礼制性建筑。

关帝庙现占地面积3900平方米，庙中主体建筑有戏楼、棂星门、牌楼、神马殿、仪仗殿、关帝殿、药王殿、财神殿、东西配殿等；附属建筑有钟楼、鼓楼、东西配房、佛殿、耳房等。各殿均为砖木结构。

关帝庙

景点推荐

朝阳周边景点

天秀山

自然、人文景观丰富

朝阳市建平县万寿街道小平房村

天秀山位于建平县城东南方向5千米处，现已成为天秀山省级森林公园，自然景观、人文景观丰富，历史悠久。

走近天秀山，蓝蓝的天空白云飘逸，群鸟嬉戏，满目葱茏，雾霭缭绕，林海苍茫。天秀山上怪石嶙峋，玉皇顶上富有传奇色彩的四门洞、神仙洞、天权宫、朝凤鸟、石头人、八戒石形态独特，别具一格。

喀喇沁右翼王陵

扎萨克及其亲族之陵寝

朝阳市建平县三家蒙古族乡新爱里村

喀喇沁右翼王陵位于建平县三家蒙古族乡新爱里村东北1.5千米处龙旦山下，远近群山环抱、松柏苍郁，景色宜人。王陵为喀喇沁右翼历代扎萨克及其亲族之陵园，当地俗称"王子坟"。

在苍松翠柏中，一字排开两座陵园，东为历代扎萨克之陵寝，西为历代扎萨克亲族之墓区。陵园内斑驳的石雕印证着岁月的年轮，哽咽的松涛述说着历史的沧桑，一砖一石莫不记录着历代扎萨克亲王及王室的荣辱兴衰，观之令人感叹不已。

玩家 解说

喀喇沁右翼王陵中的东陵园保存较为完好。东陵园南北长130米，东西宽127米，前正门为明堂，明堂两侧各有一侧门。穿过明堂，在松柏掩映下的是一座三进式石拱牌坊，正中镌刻康熙御笔“藩屏世泽”四个大字，4个石柱上各立有一只石刻望天吼，经历了300多年的风风雨雨，似乎仍在仰天长啸。过了牌坊是5间佛殿，佛殿后是3间享殿，内供奉着喀喇沁先王的灵位。

牛河梁遗址 AAAA文

红山文化遗址

朝阳凌源市大凌河中上游

牛河梁红山文化遗址位于凌源市与建平县交界处，因牤牛河源出山梁东麓而得名，遗址距今已有5500年的历史。整个遗址置于万亩松林中，冬夏常青，空气新鲜，环境幽雅，依然存有原始风貌。

遗址坐落在一处绵延10余千米的多道山梁上，有规律地分布着祭坛、女神庙和积石冢群，并组成一个规模宏大的宗教祭祀中心。在方圆有致的积石冢内，以大墓为中心将墓室分为若干等级。

玩家 解说

女神庙、积石冢、大型土台建筑址是牛河梁文化遗址的代表性建筑。此3个遗址依山势按南北轴线分布，坛、庙、冢三位一体，规模宏大，是红山文化最高层次的祭祀中心场所。

浴龙谷温泉度假区 AAAA

朝阳市首家温泉旅游度假区

朝阳市喀左县平房子镇小营村

浴龙谷温泉度假区紧邻敖木伦湿地公园，分为大众化温泉度假体验区、农业观光体验区、东蒙文化园、分时度假旅游区、山体景观区五大旅游区域，是朝阳市首家集温泉养生、度假休闲、商务会议、特色餐饮于一体的温泉度假区。浴龙谷温泉水源自地下2011米深的自流温泉层，富含氟、锶、铁、偏硅酸、偏硼酸等20种以上对人体有利的微量元素。

朝阳鸟化石国家地质公园 AAAA

“世界上第一只鸟飞起”的地方

朝阳市龙城区七道泉子镇龙鸟大街100号

辽宁朝阳鸟化石国家地质公园是一个集科研、科普、休闲和娱乐于一体的地质遗址性主题公园，由北票四合屯化石园区、凤凰山地质地貌园区、凌源大王杖子古生物化石园区、上河首古生物园区及槐树洞景区组成。

朝阳鸟化石国家地质公园拥有六个“世界之最”，即时代最久、数量最多、种类最全、层位最丰、科研价值最高和未知领域最广。人们在这里发现了世界上最早的鸟类“中华龙鸟”和开花的植物“辽宁古果”，因此朝阳被誉为“世界上第一朵花盛开和第一只鸟飞起”的地方，亦被称为“花鸟源头”。

朝阳鸟化石国家地质公园拥有世界上系统最完整的“热河生物群”珍奇的古生物化石资源，是全球古生物研究的重要场所，不仅为科学家提供了重要的研究材料，也为公众提供了一个了解地球历史和生物演化的窗口。

玩家 解说

朝阳古生物化石分布广，种类多，数量大，已知的化石产地近百处。朝阳古生物化石种类有鸟类、鱼类、爬行类、两栖类、哺乳类、鳄类、翼龙类、双壳类、昆虫类和植物类，构成了一个系统、完整的中生代“热河生物群”。其中，中华龙鸟的发现改写了教科书中鸟类起源于德国始祖鸟的学说。

牛河梁遗址

景点推荐

阜新旅游区

海州露天矿国家矿山公园

亚洲第一大露天煤矿

阜新市太平区，距阜新市中心3千米

海州露天矿国家矿山公园位于距阜新市中心3千米处。站在该矿调度大平台上，若天气晴朗，可俯瞰剥采现场，机车轰轰，大型电镐上下飞舞，滚滚原煤如飞瀑而泻，场面极为壮观。

海州露天矿的煤炭生成于中生代，大规模的地质变迁形成了许许多多的动、植物化石标本，深入剥离现场，游客会不时发现一些令人称奇的鱼、鸟、树的化石。

孙家湾万人坑 文

日军暴行的有力物证

阜新市太平区孙家湾南山

发掘于1968年的阜新孙家湾万人坑是国内唯一保存完整、保护完好的死难矿工群葬遗址，同时也是见证日本侵华疯狂掠夺煤炭、残酷迫害矿工的有力物证。2005年，孙家湾万人坑被命名为辽宁省爱国主义教育基地。

孙家湾万人坑共发掘出3个群葬大坑，在原址保持原葬形态的情况下建起两座展馆，一处为“死难矿工遗骨馆”，另一处为“抗暴青工遗骨馆”，另有7个单人典型厅，1个白骨陈列厅。

玩家 解说

阜新万人坑形成于1936年至1945年日本侵略者侵占阜新的10年间。这10年间，日本侵略者为了大肆掠夺阜新煤炭资源，招骗了大批劳工来到阜新煤矿，疯狂地采取“人肉开采”政策，从阜新掠走煤炭近3000万吨，造成13万矿工死亡。日本侵略者为了埋葬日益增多的死难矿工，于1940年前后在矿区附近设立了4个“满炭墓地”，各墓地掩埋死难矿工成千上万，被称为“万人坑”。

瑞应寺 AAAA
有“小布达拉宫”之称

阜新市阜新蒙古族自治县佛寺镇佛寺村

瑞应寺位于阜新蒙古自治县佛寺镇佛寺村，始建于清康熙八年（1699年），属藏传佛教格鲁派寺院。瑞应寺三面环山。瑞应寺方圆5平方千米的山谷中，遍布楼台、殿阁、寺院。瑞应寺是阜新最大的佛教寺院，有“小布达拉宫”之称。

瑞应寺坐南向北，采用突出中央、两侧相辅格局，既仿西藏布达拉宫形式，又有一定变化，充分体现了满、蒙、藏、汉融合在一起的藏传佛教寺庙的建筑风格。

玩家 解说

瑞应寺大雄宝殿外有四大扎仓，大殿周围庙宇分别建在东西南北的山顶或山坡上，形成内外相映、四面对称的格局。殿外有6千米长绕寺一周的环寺路，路旁有万尊石佛环路而立，素有“环寺路上万尊佛”之说。在通向寺庙的每条路旁和附近的山上，到处都有大小不一的石雕佛像，瑞应寺堪称佛教圣地。

藏经阁

藏经阁称甘珠尔庙，这里珍藏着琳琅满目的经文，有用藏文编写的《大藏经》12部，《甘珠尔经》3部，还有宗喀巴大师的《菩提道次第广论》和《密宗道次第广论》等佛教经典，囊括了法相学、医学、天文学、密乘学等多方面的高深学问。

瑞应寺

大雄宝殿

大雄宝殿是瑞应寺的主建筑，一层大殿是藏式平顶结构，有房舍81间，殿内有64根大圆柱子。二层大殿是宫殿式结构，有房舍5间，还有80多米长的廊檐走廊。

大召寺

大雄宝殿背后是康熙皇帝下旨修建的大召寺。大召寺为回廊式单层檐庙宇，寺内中央主供佛祖释迦牟尼塑像，其后佛龛中供奉千尊无量寿佛，两侧供奉十八罗汉塑像。

宝力根寺
有神奇的“三泉圣井”

阜新市阜新蒙古族自治县大板镇衙门村

宝力根寺位于阜新蒙古族自治县大板镇衙门村，这里依山傍水，环境幽雅，松柏苍翠。宝力根寺风景区由“三山一涧一庙”组成，包括成功岭、长寿山、发财峰、圣水涧及宝力根寺庙。

宝力根寺鼎盛时建有大雄宝殿、关帝庙、活佛殿、达木津庙、大小龙王庙、土地庙、吉斯仓等8座庙宇。大雄宝殿也叫措钦大殿，底层为藏式建筑，上层为单檐歇山式宫殿建筑，是藏汉建筑相结合的双层楼阁。殿内主供7尊大佛，两侧墙壁上有千尊佛及佛龛。

三塔沟
山青、林密、水秀、石奇

阜新市阜新蒙古族自治县大板镇三河村

三塔沟风景区位于辽宁省阜新蒙古族自

治县大板镇境内，属于海棠山自然保护区的实验区。三塔沟风景区包括松涛、奇石、三塔、青龙山四大景区。

三塔沟风景区以山青、林密、水秀、石奇为主要特色，给游客以青、秀、幽、奇的感受。风景区内森林景观多样，峰险谷秀，奇石天成，环境幽静，水草丰美，是野生动物的乐园。三塔沟风景区人文景观丰富，能引起游人思古之幽情。

玩家 攻略

三塔沟景区内还有森林乐园、森林音乐广场、人工瀑布、钓鱼池、森林迷宫、森林射击场等游乐设施。

关山辽墓 文

辽代贵族家族墓

阜新市阜新蒙古族自治县大巴镇

关山辽墓群的所在地为辽宁省阜新蒙古族自治县大巴镇北5千米的关山种畜场附近，为辽代贵族家族墓。

关山辽墓群现已发掘的7座墓是萧德温墓、萧德恭及其妻合葬墓、秦国太妃与萧谐领合葬墓等。墓为砖室，八角形，由墓道、天井、墓门、甬道、耳室、主室组成。出土墓志铭6方，镇墓兽一尊，各色釉罐、碗、钵及一批金银铜铁器等珍贵文物。

海棠山 AAAA

佛教艺术名山

阜新市阜新蒙古族自治县大板镇大板村

海棠山风景名胜区位于辽宁西部医巫闾山北段。海棠山的奇松怪石可与黄山相媲美，山上有千年古松翠柏，有300余种奇花异草。阴阳松、迎客松、不老松雄姿各异，夹扁石、济公帽石、雄狮石令人叹为观止。景区内还有40余种野生动物，是天然的游览胜地。

海棠山最大的景观是鬼斧神工般的267尊摩崖造像，这些造像是中国佛教的艺术瑰宝，最大的高达5米，最小的仅高15厘米。这些摩崖造像雕法精湛，工艺高超，造型各异，栩栩如生，虽经历了300多年的风雨洗礼，依然色彩不褪，尤其是雨后更加清新鲜艳。

玩家 攻略

在海棠山，游客可以坐在蒙古包里品尝蒙古馅饼、喇嘛炖肉、手把羊肉等蒙古族风味食品，欣赏民族歌舞表演；可以坐在农家火炕上品尝风味小吃，到采摘园体验劳动收获的喜悦；可以买到阜新特产——巧夺天工的玛瑙工艺品，有养生健身作用的麦饭石产品；还可以在美好的夜色下举办篝火晚会，一展歌喉，放松心情。

大清沟

兼容蒙汉两族风土人情

阜新市彰武县大冷蒙古族自治乡程沟村

大清沟风景区位于彰武县西北大冷蒙古族自治乡，是融山、水、沙、林为一体的自然风光旅游景区。大清沟水库始建于1958年，以粉沙筑坝，堪称“世界之最”。

大清沟南依松辽平原，东、西、北三面被沙漠包围，是典型的沙漠断裂峡谷地带，具有独特的地域特征，是沙海中一颗璀璨的明珠。这里是蒙汉混居地区，民风淳朴，既有蒙古人的豪爽，又有汉族人的含蓄，兼容蒙汉双重风土人情。

玩家 解说

连绵的沙丘、断裂的峡谷、荡漾的碧波、广袤的草原和沙丘植物、珍禽异兽等构成了大清沟颇为奇特完美的自然景观。在这里既可以观赏山光湖色和举世闻名的粉沙大坝，还可看到水库中腾跃的鱼儿。大清沟由其独特的沙海和原始森林、天然泉水组成，上游万泉喷涌，下游水平如镜，清澈见底。水库水面开阔，景致奇妙。

攻略资讯

- 交通
- 住宿
- 美食
- 购物
- 娱乐

交通

飞机

●锦州

锦州湾国际机场位于锦州市滨海新区机场路1号，是辽西地区的枢纽机场，有飞往成都、深圳、哈尔滨等十余个城市的航班。

●葫芦岛

葫芦岛机场位于葫芦岛市南港区，距离市区约20公里。葫芦岛机场是辽宁省唯一的沿海机场。从葫芦岛市区到机场，出租车是最为便捷的交通工具之一，车程大约20分钟。

●朝阳

朝阳机场位于朝阳市双塔区朝阳大街四段，距市中心4千米，是国际标准的4C级机场，已开通至北京、天津、大连和上海浦东国际机场的航线。乘坐7、13路公交车可到达朝阳机场。

●阜新

阜新机场位于阜新市台安县兴隆台区中营子镇，距离阜新市区约29公里，已经开通了阜新至北京、深圳、上海等城市的多条国内航线。

火车

●锦州

锦州境内有京哈铁路、沈山铁路、京沈高铁、秦沈客运专线、锦承铁路、大郑铁路、沟海铁路等经过，有直达沈阳、大连、丹东、北京、上海、广州等全国各大城市的列车。

锦州目前有三个火车站——锦州南站、锦州站和锦州北站。锦州站坐落在市区中心的延安路，是锦州市区繁华地段之一，在市内乘坐208、209、216路公交可到达。锦州南站是新落成的车站，位于锦州市太和区，一般过锦州的京哈线列车均在南站停靠。市内乘坐208、209、216路公交车可到达锦州南站。

锦州北站位于太和区三屯村，是朝凌高铁的中间站，2021年开通运营，226、227、228等多条公交线路都可到锦州北站。

●葫芦岛

葫芦岛市有京哈铁路、秦沈客运专线贯穿全境，境内的葫芦岛站、兴城站、绥中站为旧站，通行一般列车；葫芦岛北站、兴城西站和绥中北站为新站，主要通行动车组和高铁列车。

葫芦岛站是葫芦岛最主要的火车站，位于葫芦岛市站前广场，乘坐1、2、3等路公交

锦州城市风光

车可到达。葫芦岛北站位于连山区锦郊乡，可乘坐15、21、K3路等公交车可到达。

●朝阳

朝阳市铁路运输便捷，主要车站是朝阳站（原朝阳北站）。朝阳站位于龙城区，是京哈高铁京沈段的中间站，也是朝凌高铁的起点站。建成后，从朝阳站乘车到沈阳仅需一个小时左右，到北京和大连仅需两个小时左右，并且通过北京、沈阳、盘锦将直接到达全国东西部大城市，以及吉林、黑龙江、辽南城市群。

●阜新

阜新市有多条铁路干线会聚，铁路交通较为方便。阜新南站位于海州区的振兴路82号，有直达沈阳、大连、锦州、丹东、北京、上海、秦皇岛、南京等地的列车。另外，还有阜新站，位于细河区高铁南路，是京哈高铁的中间站。

汽车

●锦州

锦州市有京哈高速、辽宁滨海、丹锡高速、锦阜高速、锦朝高速及G102在境内纵横交会，公路交通便捷。

锦州长途客运站位于火车站西侧，是锦州地区的汽车客运枢纽中心，现开通发往省内沈阳、大连、丹东、抚顺等地的班车，也有发往北京等地的省外班车。

●葫芦岛

葫芦岛市公路交通四通八达，G102、G306、京沈高速公路、辽宁滨海公路架构了陆上交通网。从葫芦岛坐汽车到北京只需5个小时，到沈阳2.5个小时。

葫芦岛市规模最大、线路最多的汽车站是长途汽车客运总站，位于新区文化街与龙程街交会处西180米。客运站离葫芦岛火车站5公里，离葫芦岛北站15公里，是辽西地区仅次于锦州客运总站的客运交通枢纽站。K2、29路公交车都可到达。

葫芦岛北站

●朝阳

朝阳市境内有10余条国道、省道干道交错，公路运输十分方便。朝阳开通的主要客运线路可达沈阳、大连、鞍山、赤峰、承德、营口、盘锦、锦州、葫芦岛、辽阳、阜新等省内外大中城市，朝阳市经高速公路乘车4小时即可抵达北京。

朝阳客运中心位于双塔区文化路三段。

●阜新

阜新市境内有阜锦、阜盘、丹阜、沈通等高速公路经过，公路交通便捷。阜新市长途客运站为一级客运站，位于海州区迎宾大街，与阜新火车站遥相呼应。每日有发往省内沈阳、大连、锦州、抚顺等城市的长途班车，同时也有发往北京等省外城市的长途班车。

住宿

锦州

锦州紧靠渤海，旅游资源丰富，因此住宿业也相对发达。如果是去笔架山风景区观赏海景，可以住在景区周边的快捷酒店及商务宾馆，方便观赏海滩的日出日落。如果是为了交通方便或者有赶车需求的旅客，建议住在市区火车站周边。

●锦州石油宾馆

为四星级宾馆，距锦州火车站仅3千米车程，交通较为便利。宾馆装修精美别致，有国际国内直拨电话、办公桌、液晶电脑、免费宽带网络、私人保险箱、宽屏液晶电视、独立浴缸与淋浴等设施。 锦州古塔区敬业北里64号 0416-4578113

●锦州喜来登酒店

位于市府广场中心地带，地理位置极为优越。酒店750平方米的豪华宴会厅，是举办大型会议、宴会及浪漫婚礼的最佳场地。

锦州松山新区科技路68号 0416-7999999

葫芦岛住宿

葫芦岛市内各类高、中、低档的宾馆和招待所应有尽有。出葫芦岛火车北站坐1路公交可以到达离海滨不远的钓鱼台村，那里有很多家庭旅馆，价格实惠。在旅游旺季时前往兴城旅游最好提前预订房间。

●葫芦岛华泰国际酒店

是葫芦岛市第一家星级商务酒店，由葫芦岛市中业集团投资兴建。融餐饮、客房、会议、康乐等多功能为一体，设施一流、环境高雅，是住宿、用餐、娱乐休闲和商务洽谈的首选酒店。 葫芦岛龙港区龙湾大街62号 0429-3077777

●葫芦岛维景大酒店

位于龙港区龙湾大街，地理位置优越，交通便利，是一家按照高星级标准建造、融

锦州风光

客房、会议、餐饮、洗浴、健身、SPA为一体的休闲度假酒店。葫芦岛龙港区龙湾大街58-1号 0429-2550000

朝阳

朝阳市住宿业比较发达，星级宾馆、大型酒店综合服务设施齐全。高档的星级酒店有富斯顿国际酒店、华府万国大饭店等，经济型酒店有汉庭、7天等连锁酒店。朝阳市的宾馆酒店在市区火车站和长途汽车站一带较为集中。

●朝阳富斯顿国际酒店

按照四星级酒店建造，拥有百余间气派不凡的各款客房。

酒店拥有朝阳市内首屈一指的顶级餐饮设施，提供精致的国际、国内餐饮美食。

朝阳市朝阳大街一段146号 0421-2999999

●朝阳华府万国大饭店

位于朝阳市核心地带的大凌河畔，饭店房间宽敞舒适，完善的客房设施、热情周到的服务，为客人带来高品质入住体验。朝阳市双塔区新华路二段1号 0421-8888888

阜新

阜新市住宿方面相对较为便捷。其中海州区的火车站和长途汽车站一带酒店较为集中。

海鲜

●阜新水韵宏都宾馆

宾馆位于青年街，房间宽敞明亮，设施配备较全，闹中取静，环境舒适，交通出行方便快捷。阜新海州区青年街23号 0418-3370001

●阜新凯文国际商务酒店

酒店地处繁华地段，西邻阜新市长途客运站，南邻阜新市火车站，交通十分便利。

阜新海州区创业路42号 0418-6190000

美食

锦州

古城锦州美食丰富，特色鲜明，不仅具有浓浓的东北气息，而且还能尝到全国其他地区的风味小吃。

锦州有名的风味美食有沟帮子熏鸡、水馅包子、白家锅烙、什锦小菜等。吃海鲜可到笔架山海滨，这里的价格比较便宜。锦州还有干豆腐，特别薄，十分好吃。

●高家烧鸽子

高家特色烧鸽子肉质瘦而不柴，骨里透香，鲜嫩爽口，食后令人口齿生香、回味无穷，百吃不厌。

●沟帮子熏鸡

始于清光绪年间，煮鸡原汤汤鲜味美，制作的熏鸡色泽枣红、明亮，味道芳香，肉质细嫩，烂而连丝，食者赞不绝口。

葫芦岛

葫芦岛市濒临辽东湾，海产品十分丰富，对虾、海蟹、笔杆蛏、海蜇皮不仅是美味的海鲜，也是出游葫芦岛能够购买的当地海产品。葫芦岛的风味美食有兴城全羊宴和古城宴，小吃有虹螺岘干豆腐、绥中毛驴拉小豆腐、建昌杏仁小米粥等。

●梭子蟹

又名海螃蟹，是兴城的主要海产品。梭子蟹是近海岸的两栖动物，肉多、黄多、味美，营养丰富。

●面茶

主要原料是小米面或小黄米面，既有祛寒暖胃的作用，又可以作为早点，一年四季的早晨兴城大街上都有出售。

朝阳

朝阳市小吃历史悠久，基本上融汇了满族、蒙古族、回族和汉族4个民族的饮食文化，形成了独树一帜的特色。朝阳风味小吃突出季节性，春天凉糕、年糕和蜂饼相继上市，夏天有凉粉、小鲶鱼、碗砣等。

●缸炉烧饼

选上等小麦面粉为主料，和面擀成大片，放入油酥，做成扁圆形，沾满芝麻，入瓷缸炉内烤制而成。其特点是油酥、个大，酥脆甜软，味道独特。

●切糕

选用上等的糯米、豌豆、大枣为原料，蒸制而成。呈杏黄色，黏而不筋，色鲜、黏软、味香。

阜新

阜新的饮食具有少数民族特色，其中受蒙古族影响较大。阜新代表食品有蒙族馅饼、干炸鹿肉喇嘛糕、全羊汤等。

蒙古馅饼

●蒙族馅饼

是阜新地区蒙古族的一种风味面食，距今已有300多年的历史。蒙族馅饼是蒙古族人家招待贵客的主要食品之一，味道鲜美。

●全羊汤

是将新鲜的羊肉配以羊的心肝肺肚肠等，切成条状，一起放入水中煮熟，然后配上各种作料食用。其味道鲜美可口，颇受人们的喜爱。

购物

锦州

锦州消费水平一般，商业发展速度适中。火车站直对的中央大街是锦州的繁华街道，这里囊括了众多的购物场所，从早年的百货大楼到如今的现代化商场。锦华商场、华联商厦、中大购物中心等引领着锦州的消费前沿。

北镇鸭梨：锦州是我国北方著名的酸性梨产地，尤以鸭梨闻名于世。北镇鸭梨具有皮薄、色黄、肉细、质脆、多汁、香气浓郁等特点，曾是古丛贡品。

锦州干豆腐：以“干、薄、细”著称，在全国声名远播，在锦州市的大街小巷里都能见到。

葫芦岛

葫芦岛的旅游特产主要为海产品，此外玻璃贝雕、贝雕画、盆景、泥人、玛瑙等旅游纪念品也颇受游客的青睐，各景区都有出售。

虹螺岘干豆腐：以“干、薄、细”著称。干是指豆腐压得实，水分少，相当干爽；薄是指每张豆腐皮厚薄如纸；细是指豆腐里不含豆渣，质地细腻。

高桥陈醋：产于高桥古镇，有500年的历史，具有独特的北方风味，久存不变质，乃醋

高桥陈醋

绥中猕猴桃

中之极品。

绥中猕猴桃：是绥中西北部山区野生的蔓性落叶果树的果实，是土特产中的名贵产品。绥中县果酒厂还生产猕猴桃小香槟酒，成为消费者争相购买的热门货。

朝阳

朝阳市内商业繁华的地段集中在新华街附近，在这里可以买到各种各样的商品。朝阳较为有名的特产有麻花布、山杏仁、建平苦参、凌源大枣等。

麻花布：采用家织大布为坯，以驴皮烫蜡制成镂花版，图案美观，古朴典雅，是制作被褥、门帘、衣服的好布料。

山杏仁：朝阳市是我国山杏仁的主要产地之一。朝阳山杏大都为天然林，所产的山杏仁有甜、苦两种，营养丰富，含有大量的蛋白质、脂肪、钙、铁等，可加工成杏仁霜、杏仁茶等滋补佳品。

阜新

阜新市区步行街、东市场、花园市场、新世纪等地都是购物的好去处。如果喜欢收藏，可以参观鑫维玛瑙城，一定会让你大饱眼福。

阜新玛瑙：阜新玛瑙储量占全国总量的一半以上，中国各旅游景区和工艺品店的玛瑙制品约有90%出自阜新，阜新玛瑙是旅游购物的极佳选择。

三沟白酒：辽宁名牌产品，已有百余年历史，具有香气浓郁、诸味协调、绵甜爽净的特点。

大扁杏：大扁杏食用部分是杏仁、杏肉，其营养丰富，含人体必需的18种氨基酸及铁、锌等多种微量元素，是传统的保健食品和营养滋补品。

节日和重大活动

节日	地点	时间
锦州国际民间文化节	医巫闾山等地	9月、中秋节、国庆期间
锦州古玩节	锦州古玩城	4月
锦州北普陀山采桑节	北普陀山	6月下旬
锦州伏羊节	义县	7月、8月
锦州青岩寺庙会	青岩寺	农历二月十九
锦州奉国寺庙会	奉国寺	农历正月初三到十五
葫芦岛国际葫芦文化节	葫芦岛市	8月中下旬
葫芦岛兴城海会	兴城海滨	7月16日
朝阳凤凰山文化艺术节	朝阳凤凰山	农历七月三十
阜新玛瑙节	阜新市	7月或9月

发 现 者 旅 行 指 南
吉林

发现者旅行指南

长春及周边

（含长春、辽源、四平、松原、白城）

概览

亮点

南湖公园

南湖公园是长春市内最大的公园，水面面积92万平方米，湖水清澈，岸柳低垂，胜似江南。

净月潭

有台湾日月潭姊妹潭之称，因筑坝蓄水呈弯月状而得名，因山清水秀而闻名。景区内包括净月潭国家重点风景名胜区、净月潭国家森林公园和吉林省净月潭旅游度假区。

长影世纪城

我国首家电影制片工业与旅游业相结合的电影主题公园，堪称“东方好莱坞”，是汲取了美国好莱坞环球影城和迪士尼游乐园的精华建造而成。

净月潭

伪满皇宫

伪满皇宫是中国清朝末代皇帝溥仪充当伪满洲国皇帝时居住的宫殿，建筑风格古今并陈、中外杂糅，具有典型的殖民地特点。

必逛街道

长春重庆路：被老百姓称为“金街”的重庆路商业街，是长春市的一张重量级烫金“名片”，置身其中，不仅能感受到现代文化的时尚气息，更能强烈地触摸到春城经济跳动的脉搏。

线路

长春经典三日游

第一天上午到伪满新皇宫参观，建议在重庆路吃午饭，下午可以去伪满八大部遗址参观。晚上推荐住在长春市区，方便到各种景点进行游览。

第二天吃过早饭后到净月潭游览，午饭后便可参观长影世纪城了，感受电影文化的独特魅力。为了方便第三天的行程，建议住世界雕塑公园附近。

第三天早饭后到世界雕塑公园游览。

查干湖冬捕

松原经典三日游

第一天上午直奔查干湖，如是冬天，还可以体验查干湖冬捕，很有趣。

第二天早上赴狼牙坝泥林，参观喀斯特地貌和峡谷景观。下午前往大布苏湖，晚上仍住在松原市区。

第三天游览向海、蒙古黄榆、蒲草苇荡，看牛羊亲吻着草地、鱼虾漫游于池塘等构成的美丽画卷。

为何去

汽车、电影，这个神奇的组合把长春催化出一副江南小资的模样。来到此地，你会发现这座北方的园林城市，确实和想象中的那片黑土地有点儿不一样。如果时间有限，建议冬季到长春来，花三天时间将长春的主要旅游景点走遍，体验电影之都的魅力，欣赏北国风光。这条经典线路不仅能游览伪满新皇宫、旧八大部、伪满洲国国务院旧址，还能参观长影世纪城和净月潭。

南湖公园

何时去

长春四季有不同景色，皆可出游。春季天气大多是温和宜人的，夏日，这里满目葱绿，气候清爽宜人，是海内外游客避暑度假和观光旅游的胜地。12月至次年2月是长春最冷的时候，也是最美的时候，银装素裹，玉树琼花，是欣赏冰雪艺术，进行滑雪、滑冰、高台冰坡、冰帆、雪橇等旅游活动的好时节。此外，夏末秋初的“中国长春电影节”和冬季的“中国长春净月潭冰雪旅游节”在全国有着较高声誉。

长影世纪城

区域解读

长春区号：0431
辽源区号：0437
四平区号：0434
松原区号：0438
白城区号：0436
面积：87 837km²
人口：约1638万人
主要少数民族：满族、蒙古族

地理 GEOGRAPHY

区划

长春市辖7区（南关区、朝阳区、宽城区、二道区、绿园区、双阳区、九台区）、3县级市（榆树市、德惠市、农安市）。市政府驻南关区。

辽源市下辖2区（龙山区、西安区）、2县（东丰县、东辽县）。市政府驻龙山区。

四平市下辖2区（铁东区、铁西区）、1市（双辽市）、1县（梨树县）、1自治县（伊通满族自治县）。市政府驻铁西区。

松原市下辖1区（宁江区）、1县级市（扶余市）、2县（乾安县、长岭县）、1自治县（前郭尔罗斯蒙古族自治县）。市政府驻宁江区。

白城市下辖1区（洮北区）、2县（镇赉县、通榆县）、2县级市（洮南市、大安市）。市政府驻洮北区。

地形

长春地区地貌由山地、台地和平原组成，形成了“一山四冈五分川”的地貌格局。长春山地面积不大，约占长春地区土地总面积的9%，其中低山占2.56%，丘陵占6.44%，主要有大黑山和吉林哈达岭。长春到四平深断裂是一条分割山地与平原的主要构造线，以东为隆起区，以西为沉降区，长春地区位于隆起区与沉降区之间。地质构造的过渡性决定了长春地貌类型的多样性，形成了东高西低的地貌特征。

长春位于东部低山丘陵向西部台地平原的过渡地带。平原面积较大，台地略有起伏，地势平坦，便利交通。长春地区除东部有小面积的低山丘陵，绝大部分为台地，第二松花江（西流松花江）、饮马河、伊通河纵贯其间，沿河两岸则为平坦的冲积平原。地势平坦，交通方便。四通八达的自然区位，对发展长春经济十分有利。

气候

长春市地处中国东北平原腹地，市区海拔250~350米，地势平坦开阔。属北温带大陆性季风气候区，在全国干湿气候分区中，地处湿润区向亚干旱区的过渡地带。气温自东向西递增，降水自东向西递减。春季干燥多风，夏季湿热多雨，秋季天高气爽，冬季寒冷漫长，具有四季分明、雨热同季、干湿适中的气候特征。

历史 HISTORY

长春历史大事记

长春始建于公元前2130年，是早期肃慎

净月潭

王国的第二个王都。此时已有人口约千户，这是长春最早的历史。

唐朝开元时期，长春地区成为唐安北都护府的一部分，被中原人士称为“书山府”，是唐朝发配文字狱犯人的地方，当时书山府被冤枉发配的文人很多，也使之成为文化之城，是许多中原学子向往的读书之地，所谓“书山有路勤为径”广为流传。此时的长春已成为近10万人的大城市，城墙面积扩大了数十倍。也因为这一时期中原文化广泛传入东北亚地区，此后千年一直影响着东北民族文化发展方向。

846年，大祚荣在此建立渤海郡国，改书山府为“隆州府”，定为国都。后迁都“敖东城”，但隆州府仍为渤海国文化经济中心和第一大城市，人口已50多万人。

916年，契丹建国，逐渐强大，长春地区成为契丹管制女真的重地。由于契丹的一个王子在此地出生，遂将隆州府以契丹王子名字命名，改称“耶律德光城”。

1115年，女真人崛起，建立大金国，将长春定名为隆州白龙府；迁都中都（北京）之

伪满皇宫博物院

后，将长春改称隆州宽城府（宽城子），为北方的军事、政治、文化中心。

1896年，沙俄侵入东北，攫取中长铁路筑路权，在长春城建起俄国人居住区。

1906年，日俄战争结束，沙俄在长春的权益被日本取代。1908年，日本为扩大“满铁附属地”，开始建设长春火车站，之后又开辟商埠，当时城市面积为21平方千米，人口约15万人。

1931年“九一八”事变后，日本帝国主义侵占了我国整个东北地区，长春沦为日本帝国主义的殖民地。1932年3月1日，日本帝国主义扶持清朝末代皇帝爱新觉罗·溥仪成立了傀儡政权——“满洲帝国”，将长春定为“国都”，改名“新京”，成为日本帝国主义统治东北的政治、军事、经济、文化中心。

1944年长春市区面积为80平方千米，人口达121.7万人，超过日本东京（都市区人口），号称亚洲第一大都市。

1948年10月18日，长春获得解放，被确定为特别市。1953年改为中央直辖市。1954年划归吉林省，随后省会迁至长春，成为吉林省的政治、经济、文化中心。

文化 CULTURE

查干湖冬捕

查干湖冬捕，即查干湖冬季冰雪捕鱼（或称渔猎），是一种传统的渔业生产方式（习俗）。早在辽金时期，查干湖冬捕就享有盛名。虽然岁月更迭，查干湖冬捕的神奇、神秘与神圣依旧。

真正的查干湖冬捕，可以追溯到辽金时代。据史料记载，辽帝圣达宗喜欢吃“冰鱼”，每年腊月，便率领家眷浩浩荡荡来到冰冻的查干湖上扎营，命令仆人将帐篷里的冰层刮薄，直至薄若纸片儿，冰下游动的鱼儿清晰可见。等看够了想吃时，便将薄冰轻轻击破，水中鲜活的鱼儿就会接二连三地跳上冰面，成为案上之物，供君臣欢宴。

历史上这种捕鱼方式叫“春捺钵”。另外，查干湖冬季捕的鱼易于保存运输，所以，这一古老的冬捕方式延续至今。每年12月中旬到次年1月中旬的壮观冬捕场面，都会吸引大量国内外游客前来观看。

冬捕的祭祀仪式上，盛装的蒙古族姑娘为渔工们献上奶干。喇嘛将怀抱的供品逐个递给“渔把头”，“渔把头”按次序将供品摆放在供桌上，率众喇嘛按顺时针方向绕供桌、冰洞和冰雪敖包转三圈并诵经，朗诵祭湖词。

之后，“渔把头”接过一名喇嘛从供桌上端来的酒，手托酒碗，跪冰洞前；几名蒙古族姑娘走到冰雪敖包前，将手中的哈达系绕在敖包上的松柏枝上，其他蒙古族青年则将糖块、牛奶撒向天空；喇嘛把酒和供品倒入冰洞中，随后所有人围着冰雪敖包转三圈。

祭完湖后，“渔把头”手里拿着“抄捞子”，在已经凿好的那眼冰洞里搅几下，使劲往上一提，从湖里捞出了一条活蹦乱跳的胖头鱼来，这也称“开湖头鱼”。2023年捕捞的头鱼，起拍价299 999元，成交价1399 999元。

查干湖冬捕

景点推荐

长春市景点

伪满皇宫博物院 AAAAA

末代皇帝居住过的宫殿

长春市宽城区光复北路5号

旺季08:30~17:20；淡季08:30~16:50

70元

这里是中国清朝末代皇帝爱新觉罗·溥仪充当伪满洲国皇帝时居住的宫殿，先后作为溥仪的“执政府”与“帝宫”。伪满皇宫大小建筑数十座，建筑风格古今并陈、中外杂糅，具有典型的殖民地特点。它是日本帝国主义武力侵占中国东北，推行法西斯殖民统治的历史见证。

目前，伪满皇宫博物院已经成为占地20万平方米，融伪满宫廷（核心保护区）、红色旅游、文化休闲、旅游商服为一体的特色人文景区。

玩家解说

入博物院大门，首先可看到溥仪曾经使用的御用跑马场和花窖。往东走是主体建筑群，在溥仪曾用于办公的勤民楼中可看到当时的御用服装。在祭祖之地怀远楼中停放着溥仪的“御驾”派克牌轿车，还可参观溥仪和皇后婉容的寝宫缉熙楼，而在同德殿中可见到电影厅、钢琴间等娱乐处所。

继续往东是东御花园。这座日式园林中有御用泳池、假山及防空洞。书画楼陈列着溥仪当年从北京故宫带来的书画珍品。

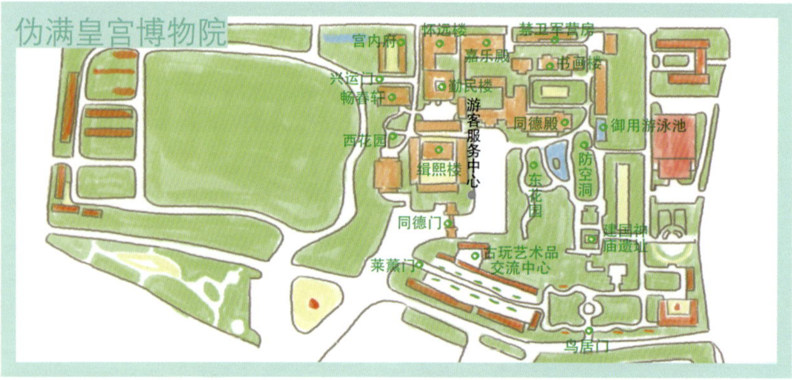

南湖公园

市民休闲的好去处

✉ 长春市朝阳区工农大路51号

南湖公园是目前全国第二大的市内公园，仅次于北京颐和园。南湖公园内岸柳低垂、花香鸟语，一大半的面积为南湖所占据，春夏季节走在湖边的曲桥亭榭上，可以感受到浓郁的江南意境。

南湖公园是纳凉、划船的好去处。夏天来这里找块阴凉地支个帐篷，与亲友野餐或聊天、打牌，很是惬意。夏季的湖面上开满大片荷花，是拍照赏花的好去处。湖边还有人工沙滩可供休闲散步。不过夏天来公园要注意防晒和防蚊虫叮咬，猛烈的太阳底下划船比较晒。

玩家 攻略

每逢盛夏和初秋，南湖公园都要举办灯会、民俗风情展等各类活动，非常热闹。不过灯会、展览需要另收门票。在公园里还能钓鱼、划船，在宽阔的湖面上荡舟很舒畅。湖边有几个租船的码头，建议多问两家砍砍价。

每到冰封时节，在白茫茫的湖面上会举办花样繁多的冰雪活动，可以滑冰、赏冰灯等，还能见到很多冬泳的健儿。此外，公园内还有儿童乐园，可以带孩子来这里玩。

旧八部

西式风格的宏伟建筑

✉ 长春市朝阳区中心新民大街附近

伪满洲国的八大机构（治安部、司法部、经济部、交通部、兴农部、文教部、外交部、卫生部）所在地，建成于1936年。

八大部各幢大楼的建筑风格都不相同，集中西方风格于一身，既有外观宏伟的大楼，又有垂花拱门的庭院。这八幢建筑独特的大楼在新民大街两侧的绿树之中隐隐而现，将这条街装点得典雅清静。

文化广场

长春最大的城市广场

✉ 长春市朝阳区新民大街与解放大路交会处

文化广场以新民大街道路中心线至地质宫广场主楼中央为南北主轴，中轴线全长429米，由南向北广场主入口、南北主路依次排列。文化广场的中央是太阳鸟雕塑，北面是露天音乐坛，跨过东西主路是1万平方米的主楼前庭广场，最北端为地质宫主楼。

整个中轴线采用天然花岗石铺砌，给人以自然、庄严、厚重的感觉。文化广场至主入口两侧均为广场绿化用地和园路用地，总面积4万平方米。广场鸽为整个广场增添了情趣。

伪满皇宫缉熙楼

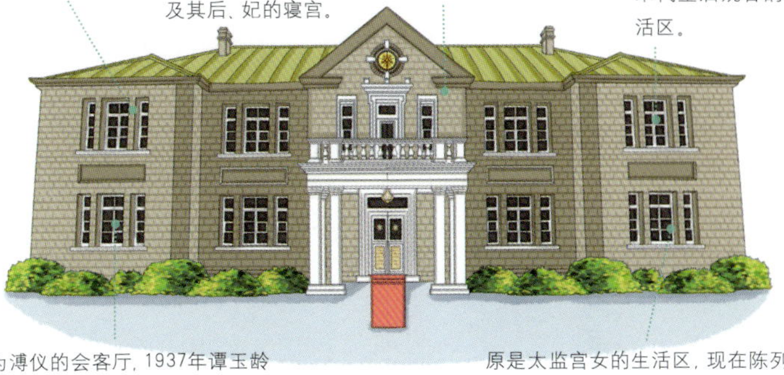

玩家攻略

文化广场最大的特色是每逢春夏天气晴朗时，很多人聚集在此处放风筝。风筝种类繁多，非常漂亮。广场内也有卖风筝的，普通的蜻蜓、蝴蝶、金鱼造型风筝讲价后10元左右一个。

地质宫博物馆

亚洲著名地质博物馆之一

✉ 长春市朝阳区民主大街938号

地质宫博物馆（今吉林大学博物馆）始建于1952年，陈列面积1500平方米，以藏品丰富、精品荟萃、特色鲜明享誉中外，是我国乃至亚洲著名的地质博物馆之一。建馆以来，共接待国内外观众数十万人，朱德、董必武、邓小平、李富春等党和国家老一辈领导人都曾来馆视察。

博物馆分科普厅和恐龙厅。科普厅设有奇石展区、宝玉石展区、古生物展区及地学科普知识展区。恐龙厅展有三具巨型恐龙骨架化石及珍贵的恐龙蛋、恐龙脚印化石等。博物馆被命名为“全国科普教育基地”和“全国青少年科技教育基地”。

中泰海洋世界

趣味十足的海洋世界

✉ 长春市朝阳区清华路与新民大街交会处

中泰海洋世界是融科普教育、观光旅游、休闲娱乐、购物餐饮为一体的大型海洋主题娱乐场所，由“海洋世界”和“海洋广场”组成，共计4层，地下一层，地上三层。

其中海洋广场以一、二层为主，规划面积3.5万平方米，包括时尚色彩馆和生活主题馆两大部分，是融儿童游乐园、国际童星馆、国际风尚馆、潮人靓装街、潮人美饰街、创意家具街、美食礼品街和万国美食汇为一体的全新体验式城市生活中心。

中泰海洋世界规划在地下一层（1/3区域）、顶层（第三层）区域及二层圆筒形回旋长廊部分，规划面积约1.5万平方米，包括深海探险、侏罗纪世界、雨林奇观、咱家的鱼、风情海岸、海底花园、奇趣水族馆、大脚板剧场八大主题展示及表演场馆。中泰海洋世界具有国内最先进的立体式分布和实景再现身临其境的热带雨林馆、最具特色的全景多角度展示的海底隧道。

净月潭国家森林公园 AAAAA

亚洲第一大人工林海

长春市净月开发区净月大街5840号

30元，滑雪场30元

0431-84518000

www.jingyuetan.com

净月潭是长春市东南郊的一个水库，因形如弯月而得名。净月潭周围种植了大面积的树木，成了长春最大的森林公园。

公园树木茂盛、空气清新，很适合享受森林浴，游人可以带上食物、野餐布甚至帐篷在此露营。公园内还有吉林东北虎园，但属于独立景点，可看到东北虎、非洲狮、棕熊、梅花鹿等。

玩家 攻略

在净月潭上划船是一件惬意的事儿，大坝旁、滑雪场旁、森林浴场前都有游船码头，手划船和脚踏船每小时100元。

冬季时可以来净月潭滑雪场滑雪，这里有初、中、高级滑道和越野雪道。夏季来也可以体验滑雪场的索滑道（每人75元），即先坐索道上山，然后坐1.6千米长的管轨式滑道穿过层层林海下山，相当刺激。

净月潭

净月潭滑雪场

雪场区域面积18平方千米，三面环林，一面临水，具有得天独厚的区位优势和旅游资源。雪场雪质松软，适合不同类型的滑雪爱好者，并拥有高空索道和号称世界第一长的长达1314米的管轨式滑道。与众多滑雪场不同的是，这里是“城市中的滑雪场”，还有丰富多彩的冬季游乐项目。若身临其境，将会体验到真正的北国风光，寻到冬天真正的情趣。

北普陀寺

净月潭公园中的北普陀寺是东北名寺之

一，始建于1996年，于1997年6月22日举行开光大典。寺院建造年代虽不久远，但远近闻名，堪称“喧嚣都市中的一块净土”。每逢佛教盛会，香火鼎盛，游人络绎不绝，香客流连其间。

碧松净月塔楼

碧松净月塔楼是净月潭公园内的标志性建筑。塔楼坐落于观潭山上，远看塔楼矗立在茫茫的林海中，就像一名绿色的卫士，保卫着净月潭这片净土。塔楼是由我国著名建筑大师齐康先生设计的，造型取材于松柏，建筑融入了植物的概念。这个塔楼在长春建制200周年之际正式向游人开放，塔楼高50.2米，“50”代表新中国成立50周年，“2”代表长春建制200周年。

长影世纪城

长影世纪城 AAAAA

著名的电影主题公园

- 长春市净月开发区净月大街与永顺路交叉口
- 5月1日至10月7日9:00~17:30；10月8日至次年4月30日9:00~16:30
- 4月1日至10月31日240元；11月1日至次年3月31日198元
- 0431-84550888
- www.changying.com

长影世纪城是国内著名的电影主题公园，它汲取了美国好莱坞环球影城和迪士尼游乐园的精华建造而成。长影世纪城荟萃了各种最先进的电影特效技术，除了能观看各种特效影片，还可以看到真人特技表演和喜剧小品，了解到电影的拍摄过程。

长影世纪城里有很多造型奇特的建筑，大多是各种影院和特效馆。

玩家 解说

长影世纪城里还有各种电影拍摄过程的展示，“英雄秀场”里有真人特技表演，再现了飞车、爆炸、枪战等特技电影的惊险场面，而景点“今日开机”则上演了东北味儿的喜剧小品。

玩家 攻略

特效电影是长影世纪城的最大看点，最精彩的是动感球幕电影《星际探险》，你将坐上“飞船”穿梭太空，感受逼真的各种身体状态，非常刺激，这种特效体验目前只能在美国拉斯维加斯的凯萨宫、好莱坞的环球影城以及长影世纪城能够领略到。

建议游玩路线：动感球幕影院（魔方星城）—航天影院（宇宙森林）—立体水幕影院（飞龙宫）—激光悬浮影院（悬浮宫）—4D影院（世纪明珠）—电影探秘馆（奇妙宫）—英雄秀场—密林古堡—阴阳庐（八卦阵）—鹰神山（火山爆发）—中心广场看表演。

长影世纪城

吉林省自然博物馆

自然科学教育基地

长春市净月大街2556号东北师范大学自然博物馆

博物馆目前共分"林之韵""山之魂""蝴蝶谷""鸟之灵""兽之趣"和"化石世界"六个展区进行展示，其中"林之韵""山之魂"为主要展区，突出吉林省地方特色，主要展示吉林省具有代表性的生态景观——长白山，其他展区介绍了与吉林省生态环境有关的地质古生物、动植物等相关知识。

陈列展览中还设计了一些有益于中小学生身心健康的项目，如鼓励增强勇气的攀岩，克服恐高心理障碍的高架玻璃桥，满足探秘心理的林中通幽，提高动手能力的标本制作等，让观众在参观中获得身心的快乐，增涨知识。

新立湖滑雪场

欢乐无限的滑雪场

长春市区东南部净月区所辖新立湖西南端

新立湖滑雪场是长春市距离城区较近的滑雪场，位于美丽的国家级水利风景区新立湖水库。滑雪场拥有一条长800米、宽100米的滑雪道，3万平方米的活动空间让游人尽情享受雪上世界的无尽欢乐。同时，配有一条拖牵式索道和一个雪具大厅，可同时容纳1000人滑雪。

滑雪场西侧建有儿童娱乐区，主要有冰滑梯、雪圈滑道、狗拉爬犁、马拉爬犁、冰车、抽冰猴等项目。在新立湖冰面建有冰雪运动区，主要有滑冰、雪地摩托、风力冰车、冰上自行车、雪地跑马场、汽车冰雪体验等项目。

世界雕塑公园 AAAAA

世界最大的城市雕塑公园

长春市南关区人民大街9518号

冬季8:00~16:30，夏季7:30~17:30

长春世界雕塑公园目前室外区域实行免费实名预约游览。展馆实行收费游览，长春雕塑艺术馆、松山韩蓉非洲艺术收藏博物馆、魏小明艺术馆票价10元/人；长春雕塑博物馆票价为10元/人；四馆通票票价为30元/人

0431–85379019

www.ccwsp.com

世界雕塑公园是全球最大的建于城市中心区的雕塑公园，这里展示了来自200多个国家和地区的400多位雕塑家创作的近500件（组）雕塑艺术作品，均为世界雕塑艺术的精品。公园内环境优美，随处可见雕塑作品，徜徉在艺术海洋的同时可享受着大自然的气息。

公园内的春天广场中央矗立着29米高的大型组雕"友谊、和平、春天"，象征着世界各国人民珍视友谊、热爱和平、向往春天的强烈愿望，这也是世界雕塑公园的主题。

玩家攻略

世界雕塑公园由室外展区和室内展馆组成，从主入口进入首先来到罗丹广场，这里展示着世界雕塑大师罗丹创作的三尊名作"思想者""青铜时代""巴尔扎克"。其中，"思想者"是由法国罗丹博物馆的原模翻制而成，世界上仅有几十件原模浇铸的作品，长春这件是中国唯一的一件，相当珍贵。

世界雕塑公园

长春雕塑艺术馆是公园内的主体建筑，馆藏数十位中外雕塑大师的百余件雕塑精品。馆内还设有“王克庆艺术博物馆”，珍藏了王克庆先生的雕塑作品、部分手稿和绘画作品。“彭祖述艺术馆”收藏了彭祖述先生捐赠的珍贵微雕“石头记”及大量手稿。

般若寺

吉林省佛教协会所在地

长春市南关区长春大街137号

般若寺是长春市主要佛教寺院，现为吉林省佛教协会所在地。寺院由佛教居士捐赠建造。寺院占地面积2万平方米。1923年，倓虚法师来长春开讲《金刚般若心经》，随后创建寺庙，取名“般若寺”。经过几年努力，天王殿、大雄宝殿堂相继建成，佛像也塑造完毕，正准备举行开光典礼时，发生了“九一八”事变。日本军队占领长春后，在长春修路要通过般若寺，刚刚建成的寺庙被迫全部拆除，之后现址重建。

玩家 解说

般若寺曾举行了般若寺首任住持澍培法师灵塔落成典礼和超度佛传诵法会。灵塔为汉白玉质地，塔高3.5米，基座高1.8米，四周为莲花基座。灵塔位于般若寺藏经楼后，澎培法师灵骨藏于塔内。

链接

谭玉龄与“和尚”的故事

“和尚”是长春君子兰中的佳品，其品名由来与溥仪和谭玉龄有关。1942年，溥仪的爱妃谭玉龄亡故后，溥仪命人将一盆君子兰摆放在护国寺谭玉龄的灵前。谭玉龄安葬后，此花被般若寺普明和尚护养起来，后流传至民间，于是人们便称此品种为“和尚”。

长春动植物公园 AAAA

儿童的游玩乐园

长春市南关区自由大路2121号

长春动植物公园位于长春市区东南，原名老虎公园，其前身是始建于1938年的“新京动植物园”，当时以其面积之大、动植物品种之多而号称“亚洲第一公园”。如今的动植物公园环境优美，除了可以看到金丝猴、长颈鹿、白犀牛、亚洲象等各种珍稀动物外，还建有游乐园和微缩日本园林供游客游览。

从公园正门进入，往左走可以去“猛兽谷”看狮子、老虎、熊等猛兽，还有大象、犀牛、长颈鹿、斑马等大型食草动物。往右走可参观鸟类、灵长类、爬行类动物以及极地动物。公园北端建有小动物园区，有小兔、小狗、豚鼠等动物。

玩家 解说

动植物公园里环境也相当优美，公园西部的人工山丘上栽植了产于长白山的树木，公园的东北部则建有“吉林·宫城友谊园”。友谊园是吉林省和日本宫城县为纪念结成友好关系10周年而建的日本风格园林，园内有小径、瀑布、溪流、石岸，还栽植着各种珍贵植物。

玩家 攻略

动植物公园里还有精彩的马戏表演，一般上、下午都有表演场次，建议入园后向工作人员询问表演的具体时间。看完马戏表演还可以去

长春动植物公园

北门的东方游乐园，这里有激流勇进、勇敢者转盘、遨游太空、海盗船、碰碰车、碰碰船等设施，可疯玩一把。

天怡温泉山庄 AAAA

纯天然的山水疗养之地

长春市南关区新湖镇红田村东安屯金家沟

天怡温泉山庄是一座融温泉嬉水、餐饮娱乐、养生避暑、旅游度假、运动休憩为一体的全方位、多功能、综合性涉外山庄。山庄紧邻美丽的新立湖水库，依山傍水，植被繁茂，空气清新，环境幽雅，景色宜人，是度假疗养的绝佳之地。

山庄可以提供餐饮住宿、温泉洗浴、嬉水游乐、商务会议、婚礼喜宴等服务项目，山庄内各种娱乐及运动配套设施完善，并提供一站式服务。

御龙温泉 AAAA

休闲养生的好去处

长春市双阳区杨家村大庙屯

御龙温泉度假村生态园占地面积22万平方米，以其特有的“南国风光”著称于吉林温泉业。御龙温泉服务设施豪华，餐饮的

冰溶洞风景区

特色菜品是以吉菜、鹿宴和山珍为主要原料的营养套餐，同时提供全国各大菜系的精品菜。

御龙温泉富含多种人体必需的微量元素，对于调解内分泌、恢复人体功能、改善微循环非常有利，对缓解疲劳、放松身心有一定的理疗作用。御龙温泉无色无味，无浑浊物，完全符合国家生活饮用水标准。

玩家解说

御龙温泉营造了亚热带雨林气候及风光，融山石林泉、溪瀑塘池、亭台轩榭、花鸟草木为一体。御龙温泉有50个特色温泉泡池，并建有熏蒸房、玉石房、火山岩房、汗蒸房、托玛琳蒸房、瑜伽馆、健身广场、模拟高尔夫球场、射箭厅、保龄球馆、茶艺馆、咖啡屋等，是缓解亚健康、驱赶疲劳、恢复体力、养性休闲的绝好去处。

冰溶洞风景区

几亿年形成的地质奇观

长春市双阳区山河街道柳树村

双阳冰溶洞风景区位于长春市区东南约85千米处，这里群山连绵、森林茂密， 更有着神秘的地下岩溶和冰洞景观。夏季是冰溶洞风景区的最佳旅游时节，不仅植被苍翠茂盛，而且是避暑的好地方，尤其适合入洞探秘。

风景区内有老吊洞、冰洞、夕阳塔、野狼谷、千米栈道、通天洞、罗汉洞、弥勒宫、老道洞、老虎洞等景点。夕阳塔是进入景区后的第一道景观，坐落于入山口的山峰之上。进入景区远远望去，景区景观神秘莫测。过了夕阳塔是一条原始大峡谷，这就是野狼谷，春季时这里可观赏盛开的金达莱。

玩家解说

春天冰溶洞风景区的映山红争奇斗艳，杜鹃鸟声声啼鸣报春；夏日参天的古树、茂密的森林为游客送来丝丝凉意；秋天红叶满山，果实累

累，松鼠、花鼠争抢核桃、榛子、松果；冬天白雪皑皑，整个山上银装素裹。

双阳湖风景区

风光绝美的度假地

长春市双阳区，从长春驱车南行46千米

从长春驱车南行46千米，便来到双阳湖风景旅游区。双阳湖水面面积650公顷，大堤长1570米，湖面宽阔，湖水清澈，景色优美。

该风景区由双阳湖、鹿鸣山庄、度假村三个景点组成。其中鹿鸣山庄是该区别具特色的景点，占地3.5万平方米，均为仿古式建筑。六合轩专门展销闻名中外的双阳特产——梅花鹿副产品及加工而成的各类滋补品。

玩家解说

依山傍水的双阳风景区度假村设计精巧，风格古朴典雅，42幢不同风格的小别墅错落有致地分布在密林之中，有欧式、日本式、朝鲜式、蒙古式，既有现代的，也有古典的。湖滨松林中还设有军用野营团体帐篷、民用情侣帐篷和篝火露天舞场、儿童游乐场等。

长春公园

多姿多彩的城市花园

长春市绿园区皓月大街1411号

长春公园位于长春市绿园区中心区域，是一座以各类观赏型花卉为主题，以郁金香为特色，依托多种观赏性植物与各式园林建筑相结合的城市森林生态公园，公园“水晶帘动微风起，满园花开一片香”的美景，吸引了无数中外游客。

长春公园以植物为骨架，以花草为血肉，以文化为灵魂，2014年新建成的百草园、郁金香园、野花园是主景区，芍药园、岩石鸢尾园、百合园、梅花园、长白山秋色园、睡莲湖等是副景区，为游客呈现了一个花团锦簇、绿荫环绕、碧波荡漾的四季城市花园。

关东文化园 AAAA

长春市内的天然氧吧

长春市绿园区长白公路与四环路交会处

长春关东文化园占地面积50万平方米，其中花草树木、湖泊水塘占总面积的80%，

长春公园

是吉林省首家在市区内融温泉度假、餐饮娱乐、文化博览、会议接待为一体的大型花园式文化乐园。游客在园内可春赏花、夏垂钓、秋采果、冬观雾凇，堪称长春市内的天然氧吧。

文化园以独具关东风情的生态自然景观为依托，以具有浓郁的关东地域特色的建筑为载体，通过关东文化博物馆、关东非物质文化遗产长廊、关东历史名人雕塑园、关东民族村等展示了生态关东、民俗关东、文化关东、休闲关东和盛世关东五大主题。

卡伦湖度假村

休闲度假的好场所

九台市东吉长公路北线17千米处

卡伦湖度假村以旅游度假为主，文化教育、体育训练及渔牧养殖为辅。卡伦湖水面面积333公顷，陆地面积1360公顷，园林绿化覆盖率达50%，景色秀丽，风光迷人。

度假村里的林中别墅、西苑宾馆和彩色喷泉、罗马石柱广场、网球场、露天浴池、水上乐园、射击场等，为旅游者创造了一个理想的休闲环境。各种完善的设施可举办经济、文化、艺术等类型的展览会、交易会及体育赛事。

关东文化园双福石雕

玩家攻略

到卡伦湖旅游，春可踏青、赛马；夏可游泳、划船；秋能登山、赏叶；冬可滑雪。这里风味小吃也别具特色。

农安古塔

最具代表性的古建筑之一

长春市农安市农安镇城西门

长春农安市是金代黄龙府所在地，辽金时代是这里最繁荣的时期，留下了诸多历史遗迹。农安古塔就是最具代表性的古建筑之一，亦称佛塔、辽塔、金塔。

古塔建于983—1030年，为砖砌实心建筑，八角十三层，高近40米。层层檐下有砖雕斗拱、八面壶门，塔身层层收分，宝顶直插云霄。

古塔因千年的风雨侵蚀，损坏严重，新中国成立后此塔已濒临坍塌，1953年全面修缮，1983年又续建，恢复了原貌，现为全国重点文物保护单位。抗金名将岳飞曾留下名句“直抵黄龙府，与诸君痛饮耳”，很多旅游者来此凭古吊今。

玩家攻略

古塔各层檐的坡脊上塑有狮子、龙、马等各类走兽，千姿百态，活灵活现。塔角皆悬有铜铃，每当风雨飘洒，铜铃齐鸣，远近皆闻。塔由座、身、刹三部分组成，塔刹高8米，分8个侧面，塔上宝顶颇为壮观，宝顶上是两个铜制的交仰月，中间有铜制宝珠两个，宝珠上的宝盖上面有4条铜链，系在塔脊4个角上，形成一个由大到小的塔顶，塔刹结构匀称、精美。

链接

黄龙府的来源

两汉时期，农安市曾为扶余国都城，辽灭渤海国后，将其改名为黄龙府，迄今已有2000多年的历史。黄龙府的名字，来源于神话故事。传说，天显元年（926年）七月，辽王耶律阿保机征战渤海国（今宁安东京城）回来，病死在扶余国行宫。这天乌云密布，在一阵暴风骤雨里，下来一条金光耀眼的黄龙，降落在行宫里。此后，人们传说辽太祖是黄龙的化身，从此辽将扶余府改为黄龙府。

莲花山冰雪旅游度假小镇 AAAA

交通便捷的滑雪场

长春市二道区四家乡青山村

莲花山冰雪旅游度假小镇距长春市区约30公里，由莲花山滑雪场、巴图鲁乐园和莲秀峰森林公园组成，是一个集冰雪运动、休闲度假、娱乐观光于一体的旅游胜地。

莲花山滑雪场目前是长春地区人气较旺的滑雪场之一，是全国中高级滑雪场中距中心城市最近的滑雪场。

滑雪场占地6平方千米，群山环绕、山水相连，9座高低起伏的山峰酷似九朵含苞的莲花，其中最高峰为莲秀峰，海拔413米。独特的自然条件使莲花山成为竞技与旅游滑雪的理想之地。滑雪场先进的造雪系统可使滑雪期提前至每年的11月下旬，延长至次年的3月末。

“巴图鲁”在满语中是“勇士”的意思。巴图鲁乐园有玻璃悬索桥、高空滑索、七彩滑道、雪地摩托、狗拉雪橇等娱乐项目，游客可体验心情飞扬、压力释放的刺激与愉悦。

莲花山冰雪旅游度假小镇内建有莲花湖、荷花池等景点，在冬季这些景点会被冰雪覆盖，形成独特的冰雪景观。此外，该度假小镇还有雪雕、冰雕等艺术作品，让游客欣赏到冰雪的魅力。小镇也有多种住宿选择，包括酒店、别墅和木屋等，还有各种餐饮设施，提供各种美食和当地特色小吃。

玩家 解说

莲花山滑雪场按国际标准设计建造了“自由式空中技巧”和“单板U形槽”两个比赛场地。一期开设了6条初、中、高级滑雪道，可满足不同滑雪水平游客的需求。新建的2条高山吊椅索道和2条拖牵索道，能在最短的时间内把游客送达各条雪道的起始点。

莲花山滑雪场

玩家 攻略

滑雪场有雪地摩托、雪上飞碟、冰上滑梯、马爬犁、狗爬犁等多种运动项目。此外还有莲花鱼馆、可容纳百余人的别墅群和日接待500余人食宿的运动员中心。

莲花山冰雪小镇还建有青少年雪具大厅，这是国内首个儿童雪具大厅，可同时接纳1000人，给青少年滑雪及培训提供相应的学习条件。

东北民族民俗博物馆 AAAA

了解东北民族民俗的课堂

长春市经济技术开发区新城大街99号

东北民族民俗博物馆占地面积3.1万平方米，民族民俗类藏品4万余件，包括东北古代民族民俗展区、东北近现代民族民俗展区、东北地区代表性行业作坊展区等，展示了从古至今东北各民族的民风民俗及与之相关的最新研究成果。

该馆是目前东北地区规模最大、展示东北古代及近现代民族最多和古今民俗事项最丰富的综合性博物馆，是广大公众学习和了解东北民族民俗的课堂，也是东北著名的旅游观光景点之一。

景点推荐

长春周边景点

辽源市博物馆

城市历史文化的名片

辽源市区中心的龙首山南麓

辽源市博物馆在关东著名道观福寿宫内的魁星楼一、二层，2006年10月18日对外开放，由中央军委原副主席迟浩田题写馆名。

博物馆收藏的历史文物有300多件，其中国家三级以上文物近百件，主要是新石器的文物，以及汉、高句丽、辽金、明清等历史时期的文物。人们可在博物馆领略辽源的文明历史和先人们的智慧与创造。

玩家 解说

魁星楼为塔式建筑，其建筑规模为全国道教之首。塔楼共分9层（含夹层），为天地全阳之数，上面7层，下面2层为辽源市博物馆，塔楼高66米。此塔风格为辽代建筑，多为清式旋子彩绘和各家绘画，外栏为汉白玉栏杆，柱色朱红，整体建筑气势宏大、雄伟壮观，被誉为“华夏玄门第一楼”。

福寿宫

东北最大的道观

辽源市区中心的龙首山南麓

福寿宫坐落于辽源市龙首山南麓，是东北最大的道观之一。

福寿宫始建于清光绪二十三年（1897年），开山祖师为道教金山派大师王坐全道长。福寿宫选址于龙首山南麓，背依龙山之首，青山苍翠，脚下东辽河蜿蜒，山水俱佳，钟灵毓秀。经过王坐全等数位祖师50多年的修筑、扩建，至1949年已建成依山而上五层大殿组成的传统宫殿建筑群。

福寿宫建筑群中矗立着一座雕梁画栋、大气恢宏的塔楼，那就是有着“华夏玄门第一楼”美誉的辽源魁星楼。塔楼共分九层（含夹层），为天地至阳之数。塔楼高66米，塔基直径40米，塔身直径24米。整体建筑按照道教太极、两仪、三才、四相、五行、六合、七星、八卦、九宫设计，合于天地十方自然之数，气势宏大，雄伟壮观，堪称全国道教建筑之首，可与江南三大名楼——岳阳楼、滕王阁、黄鹤楼相媲美。它集宗教、历史、文化、艺术、旅游、观光于一体，成为辽源市蔚为壮观的标志性建筑和人文景观。

玩家 解说

福寿宫共有五层，第一层为山门，建有马殿、青石台基，“福寿宫”匾额高悬，殿内有彩塑红白二马。经左右青龙白虎两个配门踏甬道进入二层大殿，殿前有钟鼓二楼。正殿为关岳殿，正中立关公神像，前供岳飞神位。殿内东为龙王神像，西为财神像。东配殿为两仙堂，内供纪仙、柳仙。大殿东、西各有配房五间，东为讲经堂，西为大仙堂。第三层为三座大殿，中为碧霞宫，东殿为吕祖殿，西殿为大仙堂。第四层东、西二大殿，东殿为三宫殿，西殿为娘娘殿。最顶一层为三清殿，供奉三清教祖。

净安寺

参礼拜佛的好去处

辽源市西安区太安街卧虎山上

净安寺俗称钱和尚庙，原位于辽源市福镇街东部路南，始建于1916年，由钱和尚投资创建，正殿5间，供如来佛像，还有僧房地产11间，常住僧人6人。“文革”期间，宗教活动停止，庙舍改为民宅。1995年6月，寺庙从福镇原址迁移到卧虎山上，建有天王殿、大雄宝殿、念佛堂、流通处、东西厢房、斋堂等建筑。地藏殿、观音殿、文殊殿、普贤殿及钟鼓楼等也在建中。

东北沦陷时期吉林辽源矿工墓陈列馆 AAAA

依托辽源矿工墓遗址建设的专题陈列馆

辽源市西安区安家街安仁路36号

东北沦陷时期吉林辽源矿工墓陈列馆是一座近现代重要史迹陈列馆，依托辽源矿工墓而建。辽源矿工墓，俗称“方家坟”“万人坑”，是东北沦陷时期日本帝国主义占领辽源煤矿，疯狂掠夺中国煤炭资源，残害中国矿工而留下的一处历史罪证见证地。

辽源矿工墓分为陈列展示区和墓地遗址两大部分。陈列馆文物藏品230多件，主要有日本侵略者遗留下来的矿山所用的生产设备、文化与生活设施，与矿工息息相关的生产及生活用品等，展示了辽源矿工的苦难历史和抗争精神。墓地遗址占地近6万平方米，现有八处尸骨展馆，保存着197具完整的死难矿工遗骨及20余具零散的矿工遗骨。墓地西坡还有一处“炼人炉”遗址，虽历经半个多世纪，仍可见一尺多厚的骨灰和焦土，周围山坡上分布着3000多座矿工坟，是日本侵华罪行的铁证。

矿工墓中心山岗上耸立着死难矿工纪

净安寺大殿一隅

念碑，馆区的一角建有一座由128块警示碑组成的碑林，突显了矿工墓的爱国主义教育阵地的作用。

金霖山庄
绿色原生态的度假山庄

辽源市东丰县那丹伯镇建国村

金霖山庄坐落于辽源市东丰县境内，是长白山余脉向松辽平原过渡地带，也是清代盛京围场所在地。山庄的自然环境非常优美，拥有水库、鱼塘、滑雪场等。面积2500平方米的三星级酒店，可以同时接待100余人住宿、用餐、休闲娱乐。

金霖山庄以山水为依托，提倡绿色、原生态的旅游方式。山庄倡导绿色餐饮，食材全部选自山庄自产的绿色有机食品，水库的活鱼，乡间散养的柴鸡家畜，农户自家种植的蔬菜和水果，山间采摘的木耳、蘑菇、野菜等。

金霖森林公园滑雪场在东丰县境内双鸭山的山脉上，距海拔600米的双鸭山主峰不到3千米。滑雪场内建有160米长的标准滑雪道一条，还有三条50米长的“雪上飞碟”雪道。此外，滑雪场配备大量专业的滑雪用具，还有专业的滑雪教练免费进行指导。滑雪场现增加了雪道、滑索等配套设施。

玩家 指路

从长春出发，在人民大街上高速公路，一直行驶到辉南与辽源岔路口，往辉南方向走，前边有个营城子，在长白山与通化、东丰的岔路口，走通化、东丰的方向，在前方的8千米处有个建国收费站，在收费站下高速公路左转行2千米便是金霖山庄。

玩家 攻略

在金霖山庄欣赏青山绿水的同时，还可以品尝具有金霖特色的野味烧烤。可以三五好友小聚，也可以跟团游玩，还可以举办篝火晚会。在湖边生起篝火，吃着当地纯天然的风味烧烤食品，微风掠过，清新自然的景象浮现心底，或许是儿时亲历的烧烤场景，或许是人类祖先埋藏在血液里的记忆，一时间，所有的乡情随着篝火的燃烧喷涌而出。

江城森林植物园
如诗如画的森林公园

辽源市东丰县兴太村3组

江城森林植物园西距东丰县城12千米，东距梅河口市9千米，交通便利，是融旅游、度假、餐饮、娱乐休闲为一体的植物园。

从江城森林植物园仿古大门进入，自然景观如诗如画，园内山清水秀，花红草绿，亭台楼阁，曲径通幽。园内建有极具特色的树木标本园，栽有东北、华北、西北地区及国外引进的植物180余种，被誉为大小兴安岭、

江城森林植物园

长白山植被的橱窗和缩影。园内空气清新温润，称得上是天然氧吧。

园内还有亚洲最大梅花鹿养殖繁育基地，其鹿产品久负盛名，享誉世界，是难得的滋补佳品。丛林中栖息着野鸡、狐狸、松鼠、獾子、灰鹤、山猫等多种野生动物。山间生长着中草药、山野菜、食用菌近千种。湖中有草鱼、鲫鱼、鲶鱼、武昌鱼、黄鳝、棒鱼等30多种野生鱼类，是垂钓的极佳场所。曲折蜿蜒的山间小路，把一个个景点连接起来，人们在此可以领略北国风光，尽享自然景色。

玩家 解说

植物园中的小溪与长桥遥相呼应，孔雀在游人面前展示出绚丽的羽翼。山上的各类水果挂满枝头，樱桃、杏子、葡萄、山里红五颜六色，满山遍野的野花姹紫嫣红，加上布谷鸟的鸣叫声，让人体会到了天地人的和谐与统一。

扎兰芬围民俗文化园

关东民俗特色文化园

辽源市东丰县沙河镇庆余村

扎兰芬围民俗文化园位于长白山余脉的辽源寒葱顶国家森林公园内。园区立足于吉林独有的长白山、松江水、黑土地、白雪原等自然、人文、历史、文化元素，形成融影视拍摄、民俗生态观光旅游、数字影视科技孵化基地为一体的综合性文化产业园区。文化园突出了“盛京围场、皇家鹿苑、关东文化、满族风情”的特色，打造了中国北方最具关东民俗文化特色、最富吉林特点的影视基地，填补了中国清末民初阶段影视拍摄基地和全国冰雪影视基地的空白。

文化园集中了著名影视制片人冷雪松等一大批国内著名的影视文化创作人员，制作了《军歌嘹亮》《关东金王》《关东渔王》《小城交警》《山里红》（原名《角儿》）等10余部描写关东大地上可歌可泣的故事和人物的电视剧作品。

链接

扎兰芬围的由来

扎兰芬围民俗文化园所在地原是清代盛京围场105围中最大的“扎拉芬阿林的围”和著名的“扎拉芬阿林”。据“盛京通志”记载，满语“扎拉芬阿林”即“寿山”，是围名，又是山名。扎兰芬围地处磐石、伊通、东丰和东辽四县交界之处，是古驿道交通要塞，历代兵家必争之地，也是慈禧太后叶赫那拉氏的始祖居住之地。

据庄福林《叶赫研究》一书介绍：“叶赫那拉氏的始祖是蒙古人星根达尔汗，原姓土默特，在五代的时候星根达尔汗被到达此地的那拉部落招赘，改姓那拉氏。16世纪他的后代祝孔革才移居现在的叶赫河畔，此地也称璋城，是叶赫那拉氏的发祥地。具体位置就在扎兰芬阿林围内，寒葱岭山下许家屯附近。”

龙泉湖山庄

休闲度假的好去处

辽源市寿山镇永治村

龙泉湖山庄占地面积60.5公顷，山庄广场建有长廊环绕的露天餐厅，是举办篝火晚会和室外卡拉OK的最佳场地。山庄有养殖

龙泉湖山庄

场、绿色蔬菜种植园和果树园；有容纳近百人的大型会议室，也有小型会客厅。山庄的客房分为标准间、高级客房，床位60余张。山庄餐厅一次性能接待240余人就餐。

玩家 指路

由辽源市区出发，沿辽营一级公路行驶，过幸福桥右转，沿辽源至辽河源公路，到永治村龙泉湖山庄标牌处右转直行即到。

聚龙潭生态旅游度假区

以水库为主体的度假区

辽源市东辽县白泉镇

聚龙潭生态旅游度假区地处长白山余脉的乌龙山脚下，聚龙潭水库汇梨树河等八河而成。度假区内水草丰美，有许多珍禽异兽。潭水幽深清澈，周围群山千树环绕，山水相谐，美不胜收。

聚龙潭水库是一座以防洪、供水为主，以水产养殖、生态旅游为辅的综合性水利枢纽工程。面积2.9平方千米的水域与大坝东西两侧山岭结合，形成了一幅完美的自然山水景观。周边山岭上的针阔叶混交林生长繁盛，水域周边水草丰茂，常年有白鹭、灰鹭、野鸭等水鸟栖息。

四平战役纪念馆

玩家 解说

聚龙潭景区所在东辽县原为清代皇家猎场。康熙、乾隆二帝都曾北巡田猎于此，后高才俊士慕名前往会聚于此，故名“聚龙潭”。水库西山坡现存2300年前青铜器时期的古墓群遗址，是春秋战国时期我国北方人类活动和葬俗文化的宝贵遗产。该景区的历史文化积淀厚重，景区中的龙潭寺已成为辽东乃至周边地区佛教祭祀圣地。

四平战役纪念馆 AAAA

爱国主义教育示范基地

四平市西区南新华大街英雄大街60号

纪念馆主体建筑坐北朝南，建筑外形呈弧形，似在热情环抱八方而来的宾客。2005年建成的新馆建筑面积5158平方米。外墙上“四平战役纪念馆”七个鎏金大字，为东北解放战争时期中共中央东北局书记彭真同志于1988年亲笔题写。新馆的落成，使四平战役纪念馆的社会影响力和文化辐射力迅速扩大。

新馆划分为陈列区、综合服务区、办公区，其中陈列区内设有半景画馆、战史陈列厅、临时展厅、电影厅等。“四战四平历史陈列”共展出图片、历史文献、文物1000多件，结合声、光、电等多种陈展艺术形式，以强烈的视觉冲击力和艺术感染力，再现了60多年前四战四平血火交织的历史情景。

作为全国百家爱国主义教育示范基地之一、全国百个红色旅游经典景区之一的四平战役纪念馆，随着新馆的建成，将进入一个新的发展阶段。

牧情谷旅游风景区

展现神秘的萨满文化

四平市伊通满族自治县营城子镇郊

牧情谷旅游风景区位于伊通城南8千米处。牧情谷以展现富有神秘感的萨满文化为特色，依托自然秀丽的山水风光，是一个展示

萨满文化、开展生态旅游的综合性风景区。

风景区以九情园和七彩谷为主体框架，主要景点有三进四合院、祭祀坛、神殿、凉亭、书画苑、萨满民居、七星别墅等。其中，风情萨满园是目前世界上展品内容最丰富、蕴含最厚重的萨满文化展示基地。风情萨满园由女真古寨、萨满神殿、萨满神路、萨满图腾林、祭祀坛、萨满文化展览馆以及北方少数民族民俗村组成，再现了数千年萨满历史文化传承及萨满文化博大精深的内涵。

玩家 解说

九情园分为风情萨满园、怡情植物园、诗情白桦园、纵情狩猎园、激情嬉水园、幽情鸟语园、闲情垂钓园、温情野营园和雅情书画园。七彩谷分为鸳鸯谷、心愿谷、逍遥谷、神秘谷、聪灵谷、黄花谷和天籁谷。

伊通满族博物馆 AAAA

满族文化的展览馆

四平市伊通满族自治县伊通镇人民大路1129号

伊通满族博物馆是展示满族民间习俗传世文物的博物馆，其前身为1987年创建的伊通满族民俗馆。博物馆坐落在伊通满族自治县，占地1万平方米，建筑面积5800平方米，主楼五层，为仿古建筑。

伊通满族博物馆是一座展示满族历史、文化和满族风情的专业性博物馆，现有馆藏文物630种，是目前国内县级满族民俗文物收藏最多、档次较高的民俗文化展馆。馆内设渊源生产、生活文化、礼仪信仰、古今伊通等展厅，并以照片、图表、模型、影像、视听等多种展示手段，从不同侧面再现满族悠久历史和灿烂文化。

建馆40余年来，接待国内社会各界观众和美、日、韩、德、意大利、加拿大及中国港澳台等国家和地区友人近百万人次。2008年被中国民族博物馆确定为“中国民族博物馆·伊通满族分馆”。

报国普乐寺

庄严辉煌的佛教道场

四平市伊通满族自治县伊通镇内

报国普乐寺位于秀丽的七星山中，殿堂雄伟，佛像生动，是一处庄严肃穆的佛教圣地。

此寺由刘秀真居士于1993年8月倡建，仿照浙江普陀山普济寺的格局修建，广大信众在没有机械设备、没有完整图纸的情况下，艰苦、顽强地奋斗，历时5年建成，于1997年农历九月十三举行了开光大典。

寺院面积6000平方米，主体建筑是山门、圆慧宝殿、圆通宝殿、三圣殿。三圣殿上层是藏经楼，两侧是普门殿、地藏殿。圆通宝殿左右有文殊殿、普贤殿。此外还有眼光菩萨殿、功德堂、药师殿、祖师殿、钟楼、鼓楼、念佛堂、僧舍、斋堂等。

普门殿内供奉着千手千眼大悲观世音菩萨像，又根据《大悲咒》塑了88位菩萨像，其形态各异，巧夺天工。露天的观世音菩萨像高5.5米，重8吨多，工艺精湛。信众将报国普乐寺誉为“普陀北移”。

玩家 解说

圆通宝殿五层楼高，占地500平方米，可同时容纳500人拜佛。殿内供奉毗卢遮那佛、观世音菩萨，旁边侍立着善财童子、龙女菩萨，周围有32尊观世音菩萨化身像。全国除了普陀山普济寺，这是第二处供奉32尊化身菩萨像的地方。

四平烈士陵园

爱国主义教育基地之一

四平市北郊

陵园占地20余万平方米，其前身是1951年建立的革命公墓，1974年在此基础上建立了四平烈士陵园。纪念碑后面是无名烈士墓，安葬着解放战争中中国人民解放军四战四平英勇牺牲的10000多名烈士，该无名烈士墓是国内最大的烈士合葬墓。

无名烈士墓的墓铭由全国政协原副主席、四平攻坚战主要指挥者洪学智题写，无名墓烈士四周有208座有姓名的烈士墓，无名墓与有名墓呈花盆状，其意引自陶铸的著名诗章：“成仁有志花应碧，杀敌留红土亦香。”陵园内还辟有四平英烈事迹展览馆，规划待建中的还有四战四平万名烈士英名录碑廊、马仁兴雕像等项工程。

玩家 解说

陵园城堡式的大门宏伟壮观，两头高大威武的雄狮坐卧在大门两侧，把陵园衬托得既雄伟又庄严肃穆。陵园的主轴线正中是一座由四把尖刀组成的四战四平纪念碑，在纪念碑底座上，镌刻着全国人大常务委员会原委员长彭真题写的“四平烈士永垂不朽”八个大字。

内部陈列分两层，第一层展出了彭真、洪学智等曾指挥四平战役的老一辈无产阶级革命家的题词，刻有以李红光师长为首的英烈榜；第二层主要展出坚贞不屈的姬兴周、不死的英雄王西兰等8位烈士的英雄事迹。两个展厅共陈列实物111件、照片58张、图表31幅，馆藏烈士文字资料80万字。

链接

“四战四平”的历史

四平战役是解放战争期间东北民主联军在东北军事重镇四平地区抗击国民党军进攻的一次防御战役。1946年3月到1948年3月，国共双方先后调动了大量兵力在四平展开了四次大战役：第一次是四平解放战；第二次是四平保卫战；第三次是四平攻坚战；第四次是四平战役。在这几次战役中，双方共投入兵力40万人，累计战斗52天，这就是震惊中外的“四战四平”。“四战四平”又以四平保卫战、四平攻坚战作战时间长、投入兵力多、伤亡数量大而著称于世。四平战役不仅解放了四平，对全国解放也具有重大意义。整个四平战役，东北民主联军伤亡3万余人，击毙击伤敌人5万余人，英雄们用年轻的生命赋予四平“英雄城”的美誉。

四平战役纪念馆

叶赫那拉古城 AAAA

满族的重要发祥地

✉ 四平市梨树县东南部

叶赫那拉古城是著名的民俗风景旅游点，以富有女真族特色的古城堡建筑闻名。古城的建筑极有特点，每城有木、土、石三道城墙，城外有护城河环绕，登城远眺，更觉朔风猎猎、四野茫茫。城内的八角时楼，古朴肃穆，巍峨雄伟，是我国北方少见的古建筑，极具考古及观赏价值。堡体及内部楼台等保存完整，散落着多处清朝历史中著名的遗迹，其中点将台、烽火台尤为引人注目。

如今的叶赫那拉古城景区一分为二，分古城文化区和转山湖风景游艺度假区。古城文化区内的东西二城遗址、古驿站、伽蓝寺、娘娘庙、虫王庙等文化古迹可供游客参观游览；转山湖景区风光旖旎，湖面330公顷的水域，再现了“山水共长天一色”的诗意境界。

链接

叶赫部族的历史

叶赫在满语中意为“河边的太阳”，叶赫是满族的重要发祥地之一。明末元初的叶赫族先人征服了周围的弱小部落之后，在叶赫两岸的山头上选择险要之地筑起两座城堡。尽管叶赫部族于619年年初被清太祖努尔哈赤所灭，却无法掩埋其对清朝皇室史的重要而又微妙的作用：清太祖努尔哈赤夫人孝慈高皇后那拉氏及清末慈禧太后皆出生在此。故该城享有“两代皇后的家乡”的别称。直至今日，热情好客的叶赫人仍部分保留着传统的满族文化特色，并以独特的满族礼节迎接慕名而来的海内外游客。

叶赫那拉城

英雄广场

红色旅游景点之一

✉ 四平市英雄大街和迎宾街交会处

英雄广场占地10.1万平方米，南朝英雄大街，背靠公园北街，东邻烈士纪念塔，西依中共四平市委。早年这里是烈士公园，后改建成英雄广场。

英雄广场寓示着四平是一个英雄辈出的城市，由太阳广场、月亮广场、会演广场、几何广场、亭榭、儿童乐园、激光音乐喷泉等部分组成。英雄广场是红色旅游景点之一，也是四平人民休闲健身的好去处。

二龙湖风景区

风光秀丽的湖泊景观

✉ 公主岭市、辽源市和伊通县的二市一县交界处

二龙湖风景区如一颗明珠镶嵌在东辽河上，水域面积8000多公顷，盛产青、草、鲢、鲇、池沼虾等鱼虾。风景区群山环抱，绿树成荫，风光秀丽。春季有各种候鸟水禽来这里繁衍栖息，夏季漫山野花竞相开放，秋季各种野果、菌、菇信手可采，冬季白雪皑皑、银装素裹。站在二龙湖大坝的泄水闸旁，俯瞰湖畔两侧的二龙山，如同两条蛟龙，守护着碧波荡漾的二龙湖。

链接

二龙湖传说

二龙湖的岸边，流传着一个有趣的故事。据说早先二龙湖是滴答嘴，常年滴答水，人们叫它埕子。埕子上有珍珠，旁边有两座山，似二龙，又称二龙戏珠。虽说滴答嘴流水少，但由于长年不断，滴出一眼几十丈深的水坑。潭水溢出，又被珍珠山拦住，形成了辽阔的湖面，湖又被二龙山环抱，所以叫二龙湖。

大孤山

独特的火山景观

四平市伊通满族自治县145乡道

大孤山素以伊通“七星山”之首而享誉国内外。“浸出式”火山机制形成了大量形状复杂、粗细各异的玄武岩柱状节理，构成了令人叹为观止的独特火山景观。

大孤山重峦叠嶂，涧溪成网，天然次生林和人工林生长茂密，花草植被发育良好，塔林、石屋、天梯、神椅等景观巧夺天工。四座山峰形态迥然，有的如“金龟望日”，有的像“巨象卧地”，似一幅壮美的风景画，令人流连忘返。

大孤山是国家级自然保护区，以自然景观为主，主要景点有北方少数民俗村、钢索浮桥、青云寺、观星台、龙王庙、植物园等。十几年来，众多国内外地质学者前来考察。近几年，地方政府加大旅游开发力度，相继完成了水、电、通信和交通路、环山路、登山路等基础建设和景区道路建设。大孤山现已成为科研考察、观光旅游和休闲度假的理想去处。

梨树偏脸城古城遗址

沉睡百年的古城

四平市梨树县梨树镇北偏东4千米处

梨树古城遗址南临昭苏太河，北依白山丘陵。古城依山势修筑，因地势不平，西北高而东南低，形成“偏脸”状，故民间又称“偏脸城”，蒙古语为阿拉木图城。

古城平面略呈方形，城垣雄阔方正，夯土而成。城垣周长4318米，顶宽1米，基宽12米，最高处达7.4米。城垣四角筑瞭望台（又称角楼），高出城墙2米。古城开有4扇城门，城门外有瓮城，城墙外有护城河。现除南墙破损较严重外，其余三面城墙保存完好。

该城原为辽代九百奚营治所，金初称“合叔勃”，是宋金时期交通要道。金末蒙古贵族挥兵攻金伐宋，古城毁于战火。此后数百年间，古城一直沉睡在旷野之中，渐渐被人们遗忘。20世纪60年代，文物部门将梨树古城定名为偏脸城，列为吉林省重点文物保护单位。

玩家 解说

梨树古城原名昭苏城，因在昭苏太河右岸而得名。传说有一位蒙古太子名叫昭苏，死于此地。为纪念他，此河被命名为昭苏太子河。昭苏为蒙语，意为有很多钱。昭苏太子河后简称昭苏太河，1987年确定标准名称为昭苏太河，是梨树县境内仅次于东辽河的第二大河。

二郎山庄

人文景观与自然景观结合

四平市铁东区山门镇内

二郎山庄风景区建于山门镇中心海拔293米的半拉山上，占地面积15万平方米，二郎山相传是昔日杨二郎奉玉帝旨意，下界为民赶山造田时以神鞭劈开而成，风景区由此命名二郎山庄风景区。

二郎山庄风景区自然景观绚丽多彩、景色宜人，融自然风光、宗教信仰、历史故事、

二郎山庄

古老传说为一体。每逢农历四月初八、十八、二十八庙会之日，热闹非凡。踏上二郎山台阶，迎面是高大的石楼牌坊，匾额上是溥杰先生题写的“二郎山庄”四个大字。山上150米的仿古长廊由“平步亭”“佛犬亭”“鸳鸯亭”和“垂花门”相连。神台上是手执“赶山鞭”，带着“哮天犬”的二郎神白玉神像。景区内还有二郎神宫、青云寺、财神堂、观音堂、历代帝王宫、美女荟萃宫、十八层地狱等景点。

玩家 解说

进二郎神宫，看活佛悠闲自在，知山门众传说由来，明孝道之因果；游“十八层地狱”，观阴曹地府惩治恶人场面，断阳间善恶之念；访青云寺，吃斋念佛，解世间怨恨，保平安人生；览美女名人宫，看闭月羞花、沉鱼落雁之美色；到西游记宫，悟取经之艰难，增加对事业成功的信心和勇气。

二十家子风景区

湖光山色的度假区

公主岭市西南部13千米处

二十家子景区是一个“五山一水四分田”的半山区。这里山清水秀，鸟语花香，资源丰富。温暖的春季姹紫嫣红，浪漫的夏季绿草如茵，金色的秋天色彩斑斓，朔风的隆冬绿色常在。

二十家子风景区水库附近的旅游接待设施较完善，同时配备了垂钓、游艇等娱乐设施。风景区的秀水云宫山庄建有小别墅六栋，依山傍水，可欣赏湖光山色。

一马树森林公园 AAAA

环境宜人的森林公园

四平市双辽市红旗街100号

一马树森林公园距四平市区10千米，交通便利。公园占地533公顷，森林覆盖率95%。园内动植物种类繁多，针、阔、乔、灌木遍布其中，松鼠、狼、獾等10余种野生动物和30多种鸟类在此繁衍生息。

一马树森林公园

公园森林风景资源丰富，植被良好，景色优美，环境宜人，一年四季风光无限。春日山花烂漫，姹紫嫣红；夏季凉风习习，浓荫蔽日；秋季天高气爽，落叶翩翩；冬季白雪皑皑，银装素裹。步入景区，尽情享受大自然旖旎风光，苍松翠柏与清溪碧水交相辉映，鸟语花香，美不胜收。

范家屯火山群

活动强烈的火山群

公主岭市范家屯镇

范家屯地区火山活动非常强烈，古生代主要为优地槽海底火山喷发。新生代火山活动也很强烈，主要分布于伊舒地堑盆地内和松辽盆地东部边缘，形成伊通—舒兰火山群带和大屯—范家屯火山群，它们与伊舒断裂带和松辽盆地东部边界断裂活动关系密切。岩性主要为玄武岩和橄榄玄武岩，可划分为四个旋回：第一旋回为古新世，以大屯火山为代表；第二旋回为始新世，以舒兰火山群中的前团山和后团山为代表；第三旋回为中新世，以伊通火山群为代表；第四旋回为更新世，以舒兰的凤凰山层状玄武岩为代表。

转山湖水库

青山环绕的水库风光

四平市叶赫镇境内

转山湖水库为人工水库，建于1977年至1981年，水域面积333公顷，蓄水量3700万立方米，水库形状呈“S”形，围绕叶赫那拉城所处的东山。转山湖水库截叶赫河成湖，湖岸四周青山环绕，湖山一色，美不胜收。湖面游艇穿梭往来，水中鱼翔浅底，岸边钓者悠然自在。转山湖游乐园内塑有神鹰海冬青的雕塑，神态逼真。环湖建有金马驹公园、叶赫故事园、满族伊甸园等7个景点。

查干湖自然保护区 AAAAA

吉林省最大的内陆湖泊

松原市前郭尔罗斯蒙古族自治县境内

查干湖蒙古语为“查干淖尔”，意为白色圣洁的湖。查干湖又名查干泡、圣水湖，包括辛甸泡、新庙泡和库里泡三个姊妹湖泊，南北长37千米，是全国十大淡水湖之一，也是吉林省最大的内陆湖泊。

查干湖景色优美，夏日的湖区碧波万顷、烟波浩渺，坐着快艇在宽广的湖面上乘风破浪，或是乘竹筏穿行在蒲苇长廊赏荷戏水，令人心旷神怡。也可以团坐于浓密的野草丛中倾听悠扬的马头琴声，或是坐在小舟上悠然垂钓，赏鸥鸟齐飞，十分惬意。

链接

传统的查干湖冬捕

查干湖冬捕是一种古老的渔猎方式。冬捕前要举行跳舞、祭湖、醒网等仪式，这一习俗从辽金延续至今已有几百年的历史了。渔夫会在湖上厚冰钻多个钻孔来下网，然后透过透明的冰层追踪鱼群的动向。渔网的网孔遵照传统保持疏织，以确保鱼龄在5年以下的幼鱼可以游离渔网。

头鱼拍卖更是热闹，一条头鱼能卖到几百万元。人们认为吃头鱼能带来好运。据说历来帝王就喜欢吃查干湖的头鱼，预示江山稳固、风调雨顺。查干湖冬捕曾获单网捕鱼量最多的世界吉尼斯纪录，一网最多能捕10多万斤。

2008年查干湖冬捕经国务院批准被列入国家级非物质文化遗产保护名录。2009年查干湖冬捕景观成功入选“吉林八景”，被誉为“冰湖腾鱼”。

长山明珠园

现代气息的园林景观

松原市前郭县长山镇境内长山热电厂东侧

长山明珠园始建于1988年，原名水上公园，为了充分发挥地理环境优势，加快开发旅游业，2001年进行了全面改造，并更名为明珠园。现在的明珠园占地面积达2.2平方千米，其中水域面积1.4平方千米，绿化面积超过1万平方米。

公园内设置了16个功能区，涵盖了历史教育、野外生存、餐饮服务、园林景观、现代游艺、荷花观赏、植物观赏、游船垂钓、冬季运动等项目。整个明珠园既富现代气息，又具苏州园林典雅气质，突出了休闲、娱乐、教育、健身等功能。

查干湖

乾安泥林

历经沧桑的土柱泥林

松原市乾安县所字镇119县道

泥林又称狼牙坝，西临大布苏湖，北靠大布苏镇。东观狼牙坝，形似狼牙，奇峰林立，气势磅礴，又像一座森严古城堡，垛口连绵，影若将士扶望守城，严阵以待。

狼牙坝历经数万年风雨沧桑，但是，高大泥林景观在漫长的历史变迁中仍完好地保存下来。中外考古学家发掘的13种脊椎动物化石证明，这里几万年前生活着大批猛犸象、披毛犀动物群。

今日的狼牙坝奇花异草共生，湖中芦苇荡漾，是野兔、狐狸、野狼、蛇等常常出没和繁衍的地方。

玩家 指路

从长春出发的自驾路线有两条。

（1）长白西线：长春—火烧里—合心—翁克—光明—流水（乾安的路程是村村通，距离乾安还有120千米）—东三家子—查干花—安字—乾安县城，以上总里程200千米。

（2）长白东线：长春—潭家（收费站）—农安（收费站）—青龙山（收费站）—松原上高架桥至乾安方向—拐脖店（收费站）—鳞字—乾安，以上总里程230千米。

玩家 解说

狼牙坝高出湖面50米，南北长15千米，面积为58平方千米，沟壑纵横，山峦起伏，数以万计的泥柱如林，连峰接岭，形状各异，深秋阵阵寒气逼人，犹如置身于原始公园之中。土柱泥林其形似锯齿，状如狼牙，脉脉相连，横卧南北，故当地人称为“狼牙坝”。来此观光的人说：“南有桂林，北有泥林。”

慈云寺

重点宗教文化旅游场所

松原市扶余市蔡家沟镇中心卫生院西北

慈云寺建于1925年，1927年竣工，开山尼僧妙严，号圆明，俗名车淑清。

慈云寺建有东西廊房的三层殿（每殿三间），庙殿门窗都是长条状，上下都画着名山胜景。山门（也称三门）是中间门大，两侧门小，称为解脱门、无相门、无愿门，故曰山门清静。寺院常有香客和游览者。

慈云寺前殿供有佛像：正面弥勒佛，东面日光菩萨，东北角地藏主菩萨，西北角加兰菩萨，跟弥勒佛相对脸朝北的是护法韦驮菩萨。主殿，高像三尊：左为迦叶，右为阿难，中间释迦牟尼。东北角是消灾延寿药师佛，面对释迦牟尼的是千手千眼观世音菩萨。

玩家 解说

慈云寺修建了配有东西廊房的三层殿，前殿横匾是“佛慈广大”；中殿横匾是“大雄宝殿”；后殿无匾。

殿顶均是高楞大背的两侧伸出环眼阔口的龙头；坡苫长，前出廊檐后出梢；长坡弯弯，卷翘檐，瓦缝参差。廊檐里是两红艳明柱，和明柱对齐从东到西悬空排列着二龙戏珠、飞禽展翅、走兽跳跃等雕塑。

三层殿内每尊佛前有桌案、香炉、蜡台、大磬、佛衣、幔帐、桌围、拜墩等，以及法器铜磬、大小鼓、大小木鱼、挡子、铜手铃，手炉，门两侧有幢幡。

殿门前台阶上东侧有一个高80厘米、直径30厘米的铁报钟，两侧有火典（牌），长方形铁铸，后殿还有个长1.6米的木梆。

后殿五尊佛像，中间阿弥陀佛，左边南无观世音菩萨，右边大势至菩萨，东边文殊菩萨，西边普贤菩萨。

乾安泥林

塔虎城

辽金古城遗址

松原市前郭尔罗斯县北部靠近白城地区的八郎乡

塔虎城是一处辽代古城遗址。辽重熙八年（1039年）置州城，城为方形，黄土夯筑，高6米，城有4门，唯有西门保存较好。塔虎城曾是辽国皇帝的行宫和春行打猎驻足之地，当年这里除驻有辽军官兵外，还是佛教圣地和贸易中心，曾出土不少唐至辽代的文物。

古城周围还发现许多与城有关的遗址。城东北距城墙50米处，有一座椭圆形土台，此台基部东西长38米，南北宽30米，高5米，砖筑，石灰勾缝，非常坚固。高台表面上镶有牡丹花和莲花等花纹砖。台下出土铜风铃1件，为方柱形，四角呈卷云状，做工精美。此台已遭破坏，现仅存土台。此台是辽代的一座塔基。

南城子遗址

辽代古城遗址

松原市长岭县前进乡福庆长屯南5千米

南城子呈梯形，四周城墙均为黄土夯筑。城墙的东、北、南三面分别有一座宽11米的城门，除北门可见瓮城迹象外，其余二门由于破坏严重，已无法看出是否存在瓮城。在城的西北角和东南角各有一个角楼，城四周没有护城河的遗迹。

城墙大部分遭到不同程度的破坏，仅北墙保存较好，但墙的底部也有多处被挖掘。只有城门和少部分城墙被保留下来。城中出土的文物有刻画纹陶片、附加堆纹陶片、陶器大卷口沿、布纹筒瓦、鸱吻、瓦当残块、陶印记等，这些对于研究当时政治、军事、文化、经济、历史都有重要的参考价值。

遗址西北750米处，有石刻群一处，站立着石人，趴卧着石羊、石虎。

南城子石刻群

玩家 解说

南城子城址内南半部已住满居民，北半部被垦为耕地。城内地势东北部平坦，西北部起伏不平，遍布有陶片、瓷片、灰砖、布纹瓦残块，应为当年的建筑物遗存。在城的东南角人们发现了大量灰砖、鸱吻、布纹瓦等建筑构件的残部，当年这里应有高大的建筑物。

伯都讷古城

辽宁省重点文物保护单位

松原市宁江区城北12.5千米

伯都讷古城地势较为平坦，城的东、南、西三面是平原，东北部有一漫岗，距第二松花江4千米，是一处水草丰美的好地方。现仍存永善寺，占地5万平方米，内有大雄宝殿、观音殿等10余处，有固定的接待室，年接待游览者10余万人次。

为了弘扬北宋出使金国的著名爱国重臣洪皓的民族精神，松原市正在筹建伯都讷历史博物馆、洪皓纪念馆。

孝庄祖陵旅游区

古朴与现代并存的园林风光

松原市前郭尔罗斯县长山镇

孝庄祖陵旅游区以旅游区东侧的孝庄祖陵陈列馆为主体，西有游船娱乐区，南有仿苏州园林区，北有卡丁车区和钓鱼台，中间有人工湖。仿苏州园林区有亭台楼榭、小桥流水、曲院风荷等景观。

最具代表性的建筑孝庄祖陵陈列馆采

用传统四合院建筑形式，三个展厅和门房以单面回廊相连。馆正厅展出的是孝庄文皇后生活起居用品，西厅是孝庄祖陵的资料和文物，东厅是孝庄祖陵的神奇传说和当地的民风民俗。馆中陈放着的古代大型碑刻、省级重点保护文物“追封忠亲王暨忠亲王贤妃碑”，俗称“库里碑”，至今已有350多年历史，是目前吉林省现存清代碑刻中、雕刻精细、艺术处理较完美的古代石碑，也是清皇室与科尔沁蒙古部联姻的历史见证，具有很高的欣赏价值和考古价值。

龙凤湖旅游风景区

烟波浩渺的湿地保护区

松原市长岭县境内

龙凤湖旅游风景区是野生动物的天堂、鸟类的乐园、芦苇的海洋。龙凤湖畔的湿地有狐狸、兔、獾等野生动物20余种，天鹅、灰鹤等珍稀鸟类30多种，其野生动物之多、密度之大在吉林省罕见。

龙凤湖风景区的芦苇荡被游人称为“流连的绿色迷宫”。在辽阔的松嫩平原上，龙凤湖周边的芦苇铺天盖地，一望无际的芦苇荡编织起一条条绿色长廊，置身其中可聆听百鸟夜啾、雁鸭鸣叫。

龙凤湖旅游风景区

宁江森林公园

景观独特的森林公园

松原市宁江区第二松花江右岸

宁江森林公园位于吉林省松原市宁江区第二松花江右岸，其范围为宁江区善友林场和八家子苗圃范围内的扶余岛、鳇鱼圈、三江口的部分地区，占地面积2533公顷。园内有杨、樟子松、落叶松、沙柳等20多种树木，还有引种的长白美人松，形成独特的景观。

公园内地势平缓，有百余种草本植物，如山菊花、芍药、百合等。园内分为森林旅游度假区、生态观光区、宗教朝觐区、水上运动区、综合服务区。

森林公园周围有多处原始社会的遗址，出土的文物以陶器、骨器为主。

江滨公园景区

松原的公益性公园

松原市宁江东路199号

江滨公园始建于20世纪50年代，公园的松花江右岸有防风、固沙的百里杨柳长廊。公园占地19公顷。

公园内有儿童游戏区、动物观赏区、水上娱乐区、健身区等。每年端午节公园举行一次游园会，届时公园内外、大桥上下人山人海。冬季这里是银色的世界，雾凇、冰雕别具一格，游人流连忘返。江滨公园是松原的大众休闲区。

向海湿地 AAAA

人间仙境般的自然风光

白城市通榆县向海蒙古族乡

向海湿地是以保护丹顶鹤等珍稀水禽和蒙古黄榆等稀有动植物群落为主的自然保护区。在这里可以观赏到具有草原原始特色的沼泽、黄榆、苇荡、杏树林等各种自然景观，还能观赏到丹顶鹤等珍禽的优美身姿。

栖息于向海湿地的鸟类有173种之多，其中鹤类有15种，将近占了全世界现有鹤种类的一半，其中珍稀种类有丹顶鹤、白枕鹤、白头鹤、灰鹤、白鹤、天鹅等，是我国有名的“鹤乡”。每年4~6月的繁殖期和9~11月的迁

向海湿地的鹤

徙期，都是观鹤和其他鸟类的好季节，常有摄影爱好者带着长焦镜头来此拍摄群鸟飞翔的壮观画面。

玩家 解说

向海湿地素有“东有长白、西有向海”的美誉。这里的地形为典型的草原湿地地貌，霍林河、额木太河、洮儿河三条大河横贯其中，还有上百个自然泡沼。这里的夏季绿意盎然，秋季则色彩绚丽、秋高气爽，这两季是每年的最佳旅游季节。

老道沟

牛羊遍地的世外桃源

洮南市西北端，胡力吐乡政府西5千米处

老道沟地处大兴安岭余脉东麓低山丘陵区，与内蒙古自治区科右前旗交界，沟壑呈南北走向。

老道沟在清代系蒙古族游牧地，这里春季杏花开放，秋季果实累累，野兽遍地跑，禽鸟满天飞，所以当地流传着这样一句顺口溜：“棒打獐子瓢舀鱼，野鸡飞到饭锅里。”在这里旅游你会体会到蒙古人的热情和豪放。

玩家 解说

老道沟的生态植被基本保持着原始自然状态。老道沟在海拔567米的九头山（也称大架子）中，四周山峦起伏，有如风景画悬挂的挂画山，有山状酷似马鞍的马鞍山，有如野马奔腾的马鞍图山。夏季是游览老道沟的最佳时节，适时的老道沟掩映在苍翠密林的浓荫中，沟里的野鸡、沙半鸡、山兔、獐子等野生动物四处奔跑，山野、谷底开满的野花，千重红锦，好不烂漫。

链接

老道沟传说

传说八仙之一的张果老参加王母娘娘的蟠桃盛会之后，经过此地时，发现这里四周环山，风景宜人、水草丰美，便决定长居此地，因而得名“老道沟”。

华严寺

白城地区的佛教中心

白城市区南部，长白公路入口处

华严寺始建于民国初年，在这里，游客不仅可以欣赏明清时代的建筑特色和艺术风格，还能感受僧人们“板响云堂赴供，钟鸣上殿讽经”的清净生活。

华严寺占地面积近4万平方米。正殿三间，为砖木材料，结构精致，殿中供奉释迦牟尼等三尊坐佛，立佛四尊，东西有配殿各三间，供僧人居住使用。华严寺平时香火不断，庙会时更是香客如云、游人如织，是白城地区的佛教活动中心。

如今的华严寺与抗洪胜利纪念塔、森林公园、烈士陵园融为一体。寺院整体布局合理，殿堂雄伟，规模宏大，为宫殿式的古典建筑。该寺在吉林省西北地区有很高的知名度。

莫莫格国家级自然保护区 AAAA

鹤的故乡，鸟的天堂

白城市镇赉县莫莫格蒙古族乡

莫莫格国家级自然保护区位于风景如画的嫩江之畔，地处嫩江和洮儿河汇合处，这里河流纵横，有河滩苔草湿地、湖滩洼地芦苇湿地及碱蓬盐沼等自然景观。莫莫格是著名的丹顶鹤及其他珍禽的保护区，这里被人们称为“鹤的故乡、鸟的天堂”。

莫莫格除了拥有绝美的江滨风光、鸟群同时腾空的壮观场面及风吹草低现牛羊的草原景色之外，还能让游客体验莫莫格蒙古族自治乡的民俗风情，喝沁人心脾的马奶，品尝鲜美的烤全羊，临别时还能让游客带上一两件精美的柳编制品。

莫莫格国家级自然保护区

洮南双塔与莲花图庙

年代久远的精美双塔

白城市洮北区德顺乡双塔屯

洮儿河北岸的双塔村内有两座建筑精美、年代久远的古塔，它就是赫赫有名的洮南双塔，俗称双塔子，又名保安塔，塔高12米，两塔距离约20米，皆为清砖构建。塔基为方形底座，有4层塔阶，下部四周有大型浮雕砖狮16块。

双塔是典型的黄教寺塔，此种建筑风格与沈阳东、西、南、北四塔，北京北海的白塔极其相似。

如今，双塔已被修葺一新，是东北松辽平原上仅存的几座古建筑之一，其雄伟壮观的气势，吸引着越来越多的中外游客前来瞻仰观光。

玩家解说

双塔顶部原有数十斤重的铜制华盖与宝珠，做工精致，别具一格。华盖底部挂有铜铃4个，迎风摇曳，铃声悦耳，可惜如今一个也不在了。据当地农民讲，其中一个早已被盗，另外3个在1937年连铜制华盖被日本侵略军盗走。

昂岱山

风物怡人的山林风貌

白城市洮南市那金镇境内

昂岱山属大兴安岭余脉，海拔480.4米，山上长满山杏、山榆等树木，山鸡、山兔等猎物甚多，故此得名（昂岱山，蒙语为猎物山）。

昂岱山景点有五个，一是群昌水库娱乐区，水库水质清澈，水下沙底平坦，水中多野生鱼类，水边栖息着大量鸟类，库内建有游泳区和钓鱼场。二是群昌烈士陵园。陵园坐落在昂岱山脚下与群昌水库之间的一块高地上，陵园内栽满树木和花卉。三是昂岱山的老鹰窝景点。老鹰窝为昂岱山的南坡，杏树、山榆长满山坡，野花野草茂盛。四是昂岱山石林景点，石林位于山的最高峰，到达山巅可观赏石林和整个风景区全貌。五是六姐妹树景点，大面积的林地是游人歇息纳凉之处。

玩家解说

春暖花开时节，昂岱山万物复苏，满坡的野山杏花朵朵怒放，红如火，粉似霞，白如雪，含香吐蕊，沁人心脾；几十种野花开遍山野，犹如巧手织就的地毯。山间蜂舞蝶飞，百鸟啁啾，置身其间，即便“春意去匆匆”，然而“游人喜自留”。

寻着山间野径，信步于风草绿树之间，登上昂岱山最高峰。山巅之上，山风掠过，鬓发生寒。极目四顾，昂岱山景区全貌尽收眼底。

黄榆景区

亚洲最大的蒙古黄榆林

白城市兴隆山镇西南2千米处

在距离通榆县城约60千米的黄榆景区，有一片至今保护完好、亚洲最大的蒙古黄榆林。具有原始风貌的黄榆景区面积为50平方千米。

站在赏榆亭上望去，蒙古黄榆树尽收眼底，有的像古藤盘柱，有的若霸王挥鞭，有的似八仙过海。隆冬时节，呼啸的北风和漫卷的黄沙遇到黄榆林，便驯服地放慢脚步；阳春三月，其他树木刚从睡梦中醒来，但蒙古黄榆就已经吐出葱郁的叶子，引来各种禽鸟在枝头栖息；酷暑盛夏，黄榆树舒展巨大的枝叶，为八方游客纳凉提供方便。

黄榆景区

月亮湖水库风景区
草原上的明珠

白城大安市月亮泡镇

素有“草原明珠”之称的月亮湖位于大安市洮儿河与嫩江的交汇处，水域面积200多平方千米，因形似月亮，故称月亮湖。

月亮湖的形成有着悠久历史和动人的传说，据辽史记载：辽圣宗太平五年（1025年）三月，“长春河（今洮儿河）渔儿泺（月亮湖）其水一夕有声如雷，越沙冈四十里为陡（即发生地震）”，造成一湖水相连的弯形湖泊，因两池形似弯月，蒙古语称“撒兰纳池”，即日月池之意，汉语称月亮湖。辽代的历代皇帝都到过月亮湖进行“春捺钵”——每年春天，皇帝率文武百官到月亮湖捕鱼、狩猎，皇帝率先“凿冰取鱼”，将捕得之鱼设“鱼头宴”宴请群臣，共享太平盛世。

嫩江湾国家湿地公园
风景优美的天然港湾湿地

白城市大安市嫩江北街

嫩江湾国家湿地公园是集湿地保护、科研宣教、生态旅游于一体的特色公园。这里拥有永久性河流、永久性淡水湖、草本沼泽、灌丛沼泽、森林沼泽、库塘和稻田7个湿地类型，展现出丰富的生态多样性。

整个公园分为湿地保护区、湿地生态功能展示区、湿地体验区、服务管理区、生态缓冲与控制区。其中，核心区建设有广场、码头、玉龙湖、同心桥、映月潭、揽月亭等10个景点，亭台水榭、江鸥翔集，风景非常优美。在这里，游客可以尽享大自然的馈赠，感受人与自然的和谐共生。

作为鸟类迁徙的重要通道，嫩江湾国家湿地公园吸引了大量候鸟在此停歇和繁殖。同时，这里也是水鸟、陆鸟、哺乳动物等众多野生动物的家园。丰富的动植物资源为游客提供了近距离接触和了解自然的难得机会。

除了生态资源，嫩江湾国家湿地公园还承载着独特的文化遗产和人文景观。古建筑、民俗文化等元素为游客提供了一个深入了解当地文化的平台，使人们在欣赏自然风光的同时，也能感受到浓厚的人文气息。

郁洋淀苇海观光区
一望无际的芦苇荡

白城市同发牧场境内

郁洋淀无论是水面面积、芦苇面积、渔获产量还是自然景观的观赏性、原始风情的体验性，都远远超过了久负盛名的白洋淀。

观光区内有郁洋淀蒙古新村，新村南面是一望无际的平坦开阔的大草原；西面有碧波荡漾的湖泊；北面是万顷蒲海苇荡，是野鸭和大雁的天堂；东面的山林是山鸡、野兔、狐狸、貉等的乐园。

攻略资讯

- 交通
- 住宿
- 美食
- 购物
- 娱乐

交通

飞机

长春拥有一个民用机场——长春龙嘉国际机场，它是我国东北地区四大航空枢纽之一，已开通长春至首尔、仙台、东京、俄罗斯新西伯利亚等国家和地区城市的20余条国际航线；国内已开通长春至北京、上海、成都、昆明、厦门、西安、桂林、香港等主要城市的150余条航线。

城际列车：连接长春和吉林两市的城际高速铁路中间停靠龙嘉机场，坐动车从长春市仅需15分钟即可到达机场。

机场巴士：长春龙嘉国际机场巴士前往长春市区共四条线路，前往辽源市区有一条线路。

火车

长春市内有三个火车站，分别是位于市中心的长春站、高速列车通过的火车西站及停靠列车较少的长春南站。

长春站：位于市区北部、人民大街的最北端，是长春主要的客运火车站，几乎所有经过长春的普通列车都会停靠此站。乘坐公交车和轨道1号线、3号线到长春站下。

长春西站：主要停靠的是东北主要城市及北京与长春之间开行的高速列车。乘坐公交车和轨道2号线到长春西站下。

汽车

长春公路交通很发达，省内各地及吉林省周边的城市都有班车直达。长春有3个比较大的汽车客运站，即黄河路客运站、长春高速公路客运站、凯旋路公路客运站。

黄河路客运站：又称长春客运中心站，位于长春火车站南200米处，是长春最老的长途客运站，班车主要是发往省外。乘坐G2、117、289等路公交车可到达，离轻轨3号线的终点站也很近。

长春高速公路客运站：位于人民大街卫星路附近，班车主要发往吉林省内各市县，且全部走高速公路。途经的公交车有161、208、351路及机场巴士2号线。3号线和1号线的卫星广场站就在客运站北面300米处。

凯旋路公路客运站：位于长春火车站以北约500米处，是长春近年新建成的公路客运站，班车主要发往通辽、白城、哈尔滨、吉林等方向。可乘16、88、246路等公交车，1号线、4号线及机场巴士3号线可到达。

轨道交通

长春轨道交通包括长春地铁和长春轻

轨。目前开通运行了地铁1号、2号线路和轻轨3号、4号、6号、8号线路，可换乘到市内各大交通枢纽和景点。

住宿

平时去长春旅游，住宿可以选择在重庆路和人民广场一带，从这里到长影世纪城、伪满皇宫博物院、世界雕塑公园等著名景区都很方便。南湖公园景色宜人，有多所高校宾馆分布在周边。市区的宾馆大多是连锁商务酒店，价格适中，服务周到。冬天来长春滑雪游玩的话可以选择住在净月潭或者莲花山滑雪场宾馆。

●吉林省宾馆

吉林省宾馆位于长春市中心人民广场东侧，毗邻省市党政机关和繁华商业区，交通便利，出行方便。虽然是家老宾馆，但无论是服务还是设施、环境都很不错的，早餐也很丰盛。✉ 长春市南关区人民大街2598号（人民广场旁） ☎ 0431-88488855

●乐府大酒店

乐府大酒店距离火车站很近，距离机场40分钟车程。酒店环境不错，早餐丰盛，设施完善，服务热情，是来长春的商务、旅游客人之首选。✉ 长春市人民大街1078号 ☎ 0431-82090999

●南湖宾馆

南湖宾馆位置不错，距离南湖公园很近，环境幽雅，工作人员服务热情，房间布局合理，非常适合自驾度假的游客。✉ 长春市南湖大路3798号 ☎ 0431-85586888

●天达名都大酒店

酒店邻近松原市公路客运中心站、奥林匹克广场，交通便利，价格合理，设施很新，而且环境很不错。✉ 松原市宁江区松原大路与查干淖尔大路交会处 ☎ 0438-2549999

南湖宾馆

●向海大酒店

向海大酒店是通榆县最大的酒店，交通便利，出行方便，虽设施比较陈旧，但房间环境舒适，服务热情，早餐种类丰富，味道也不错。✉ 白城市通榆县风电大路1505号 ☎ 0436-4257001

美食

长春名菜多以长白山的人参、雪蛤、松茸蘑等珍稀物品为原料。家常菜推荐东北的大锅炖菜、小鸡炖蘑菇、酸菜白肉炖粉条等，此类菜醇厚香浓，味道鲜美。长春的特色小吃以东北风味和朝鲜族风味居多，主要集中在重庆路和桂林路一带。东北菜量都偏大，建议酌情少点。

美食小吃

●锅包肉

火遍全国的锅包肉可是正宗的东北菜。其色泽金黄，外酥里嫩，酸甜可口，加上不油腻的特点，深受食客欢迎，在长春的大小餐馆都能尝到这一美味。

锅包肉

● **翡翠人参茅台鸡**

翡翠人参茅台鸡是长春名菜之一。此菜将母鸡、茅台酒、吉林人参会聚、烹调制成。菜品色彩绚烂，造型美观，香味四溢，是一道药膳结合、荤素搭配、特色鲜明的地方名肴。

● **满族八大碗**

满族八大碗是满族同胞的特有菜种，由雪菜炒小豆腐、卤虾豆腐蛋、扒猪手、灼田鸡 、小鸡珍蘑粉、年猪烩菜、御府椿鱼、阿玛尊肉八种菜组成。不过现在长春很少有餐馆还出品这套菜了，遇到了可不要错过。

● **酱骨头**

酱骨头最火爆的时候曾经在长春的繁华路段占据了长长的一条街，现在只有王记酱骨头一家生存下来并发展壮大。这种酱骨头分为脊骨和棒骨两种，脊骨吃肉，棒骨吸髓，香味十足。该店里的土豆酱也是用酱骨头汤做成的，很有特色。

满族八大碗

● **全鱼宴**

全鱼宴以鱼为主料。鱼肉肉质鲜美，营养丰富，主要名贵鱼菜有二龙戏珠、鲤鱼跳龙门、鲤鱼三献、胖头鱼、慢炖鲇鱼、嘎鱼、油浸鲤鱼、鲤鱼甩籽等。

全鱼宴

长春美食去处

重庆路： 重庆路上聚集了中西快餐、特色小吃等各种美食，逛街逛累了在这里随便吃点儿东西十分便利，价格也不贵，很多美食据说都超过了桂林路。

桂林路： 桂林路最有名的当数绿豆饼了，店前每次都排着长长的队伍。桂林路小吃种类繁多，有老二炒粉、麻辣粉丝、小姑娘冰激凌、糖葫芦、炒年糕、烤鱿鱼、新疆羊肉串、酸奶、杜老鲜麻辣烫、888拉面、金子酱汤等。

购物

长春是吉林省内最大的土特产品、工艺品加工、贸易集散地。这里商贾云集，名品荟萃，品种繁多。长春市内有多家旅游定点商店，出售吉林省的名特产品及当地的一些民间艺术品，如人参、木雕、草编、地毯、树皮画、羽毛画等。

长春特产

●人参

东北三宝之一，为多年生草本植物，素有“百草之王”美称。吉林人参以品质上乘而被誉为中国人参的正宗产品。尤其是长白山的野山参，是驰名中外的稀世珍品。

人参

●长春木雕

我国古老民间工艺之一，距今已有2000多年的历史。长春木雕是利用长白山根木手工雕刻成吉祥物和各种古今人物，其造型美观，工艺精细，图案细致，形象生动，内容丰富多彩。

长春木雕

●鼎丰真糕点

鼎丰真糕点已有60余年历史，其用料讲究，风味独特。其中最受欢迎的是萨其马满族传统食品，其特点是外形美观，色泽鲜艳，酥松绵软，有蛋香味；还有传统油炸点心冰蓼花，其特点是酥泡甜香，绵软易化。

鼎丰真糕点

●德惠草编

德惠草编已有近百年的历史，除了人们常见的麦草、高粱秆皮编织品外，现以玉米秆皮制品为主，编制提篮、首饰盒、果盒、面包盘、坐垫、茶垫、拖鞋、地毯等。其特点是柔软富有韧性、轻便，不传热。有的草编具有天然色泽，有的人工染色，美观而实用。

德惠草编

长春购物场所

红旗街：位于繁华的红旗街口，是长春市内较为繁华的商业街，云集了大型百货商场和各类小商铺，经营食品、服装鞋帽、针纺织品、钟表眼镜、金银首饰、文体用品、家居用具、家用电器、五金交电等160大类近10万种商品。其中欧亚商都是吉林省最大的商业零售企业。

重庆路商业街：被当地老百姓称为“金街”，是长春市的一张重量级烫金“名片”。

经过几年的全新改造后，许多国内外的知名品牌服装商纷纷入驻重庆路商业街，最具特色的是服装专卖店。置身重庆路商业街，能感受到现代、时尚的气息。

娱乐

长春的冬天虽然很冷，但当地人的冬季娱乐活动很有特色，丰富的冬季特有的活动也为寒冷的冬天增加了很多乐趣。另外，长春国际电影节闻名海内外，每年电影节都是一场视听盛宴。

●长春国际电影节

每两年举办一届，其主要活动是围绕中外电影影片的评奖、交易、展映等，辅以大型的文艺晚会，现已形成了融电影、文化、经贸、科技、旅游为一体的盛会。游客可以去长影世纪城和长春电影城主题公园近距离接触电影艺术。

●瓦萨洛佩特国际滑雪节

瓦萨洛佩特国际滑雪节是1922年由瑞典国王创办的一项冬季群众性体育活动，经过80多年的发展，该滑雪节已风靡欧洲，每年有近4万名滑雪爱好者参加。长春净月潭瓦萨洛佩特国际滑雪节开创了该项国际赛事首次在欧洲以外国家举行的先例。2015年这里举行了第五届全国大学生越野滑雪赛。

●冬钓

东北人的寒冬垂钓与传统的钓鱼完全不同：在白雪皑皑、千里冰封的江面上凿开一个脸盆大的冰眼儿，把系在半米长的短棍上的渔线投入水中；然后，手持鱼竿上下抖动，说说笑笑中就把鱼儿钓上来了。

瓦萨洛佩特国际滑雪节

发现者旅行指南

吉林及周边

（含吉林、通化、白山）

概览

亮点

松花湖

松花湖水域辽阔、湖汊繁多，湖形呈狭长形，犹如一条蛟龙。湖面碧波荡漾，令人心驰神往。

雾凇岛

雾凇岛是松花江上冲击而成的江中小岛，也是中国最著名的雾凇观赏胜地。雾凇岛的雾凇在冬季能挂几天而不掉落，其造型因树形而异，十分壮观。

朱雀山

吉林市四大名山之一，山势极陡，怪石嶙峋，林木茂密。东峰上有一块10多米长的猪形巨石，称为“魔猪石”，还有5头小石猪紧随其后，因此朱雀山又叫“猪山”。

龙潭山

龙潭山是吉林四大名山之一，而龙潭山也是中国著名的城市森林公园。整个山区被近百种树木所覆盖，其中百年以上的古树就有130多株，属寺庙风景天然园林。

松花湖

北大壶滑雪场

北大壶滑雪场山坡平缓，少有陡崖，雪质、雪情非常适宜滑雪，素有“粉雪度假天堂”之称。

龙湾群国家森林公园

公园整体以森林生态景观为主体，火山口湖群和火山椎体为骨架，流泉、瀑布为脉络，人文建筑点缀其间。

线路

吉林市区经典二日游

到达吉林市内后，可就近选择到世纪广场走一圈，然后到旁边的江南公园游览；中午到松江二厅去吃地道的东北菜，之后前往松花湖一睹冰雪风采。留给自己一点时间，去河南街好好扫货。

次日去雾凇岛欣赏雾凇奇观，记得带上相机；下午前往龙潭山景区，探秘神奇幽深的龙潭风采，有时间的话还可以去吉林文庙体验满族文化。

龙潭山

吉林周边一日游

到吉林少不了滑雪、滑冰。来到北大壶滑雪场，用半天的时间与积雪来次亲密接触，然后就近休息，晚上可以到附近的民宿感受一下东北大炕的魅力。

为何去

在吉林市及周边冰雪王国，雾凇之都，一段奇妙的冰雪之旅正等待着你：高山滑雪，感受自由与飞翔；雾凇奇景，感受视野的震撼；民俗村，感受朝鲜族的文化艺术；还有松花湖、红叶谷、朱雀山等自然景观，可以领略大自然的神奇。

吉林城区的黎明

何时去

冬天来滑雪，夏季来吃冰。寒冬中的吉林，冰雪景观甚是神奇，呵气成霜中的雾凇奇景震撼视野。夏季的吉林，气候宜人，凉爽湿润，受不了闷热与火辣辣的太阳，就到吉林享受清凉。

深秋的山间铁路

松花江畔雪景

区域解读

吉林区号：0432
通化区号：0435
白山区号：0439
面积：59 820km²
人口：653.9万人
主要少数民族：朝鲜族

地理 GEOGRAPHY

区划

吉林市辖4区（昌邑区、船营区、龙潭区、丰满区）、4县级市（舒兰市、磐石市、蛟河市、桦甸市）、1县（永吉县）。市政府驻船营区。

通化市辖2区(东昌区、二道江区)、2县级市(梅河口市、集安市)、3县(通化县、辉南县、柳河县)。市政府驻东昌区。

白山市辖2区（浑江区、江源区）、1县级市（临江市）、2县（抚松县、靖宇县）、1自治县（长白朝鲜族自治县）。市政府驻浑江区。

地形

吉林市位于长白山向松嫩平原的过渡地带，自然环境优越，但地貌类型复杂。由于不

松花江风光

同时期地壳板块的运动及河流侵蚀作用，吉林市形成了山区与丘陵错综复杂的地形。

吉林市整个地势由东南向西北逐渐降低，南有长白山地龙岗山脉，东南有龙岗山脉的余脉富尔岭。中心城区四面环山，三面环水，松花江呈倒“S”形穿城而过。蛟河、桦甸、舒兰县级市多低山丘陵。松花江中游区域、永吉县北部多为河谷平原。

吉林市内水系也较为发达，有松花江、拉林河、牡丹江三大水系，其中松花江水系在市内的流域面积为22 336平方千米，占到全市总面积的84%，其他小流域的沟溪也有上千条。

气候

吉林市属四季分明的温带大陆性季风气候，海陆热力性质差异明显。夏季暖热多雨，冬季寒冷干燥，雨热同季。而受地形影响，气温由南向北逐渐降低。年平均气温3.9℃，全年降水量为650~750毫米。

历史 HISTORY

吉林历史大事记

● **上古时代**

吉林市的历史可以追溯到旧石器时代，

雾凇

这里出土了距今2万年的人类居住遗址——寿山仙人洞，作为旧石器时代晚期的文化代表，这个遗址具有重要的考古意义。

●西汉时期

西汉时期，吉林市为扶余国的前期首都，是当时东北最先进的城市。该国当时归玄菟郡管辖，后属辽东郡。据考其前期王城就在"秽城"，即今吉林市东团山麓的南城子。

●东晋时期

东晋永和二年（346年），秽城被鲜卑慕容皝派军攻占之后，扶余王室往西迁徙。

东晋义熙六年（410年），高句丽王国第十九代王广开土王谈德（即好太王），其势力扩展到今吉林一带。为抵御勿吉王国的南下，在今吉林市龙潭山、东团山和三道岭子修建了规模大小不等的军事城堡。

高句丽灭亡后，勿吉王国七部之一的粟末靺鞨部首领大祚荣，于武则天圣元年（698年）在敦化、宁安建立了渤海国（初称震国），到大湮撰时（926年）被契丹国所灭，共历229年。

●明清时期

明朝时吉林市是海西女真四部之一的乌拉部所在地，成为"乌拉国"。

1409年，明朝政府在吉林市设置造船基地，以加强辽东都司与奴尔干都司之间的联系，负责建造运载官兵、粮草、赏赐品和贡品的船只，同时也把这里作为运输官兵、粮草的转运站。

到了清朝，统治者把沈阳看成清朝的发祥重地，为了防止满族汉化，保护当地土特产品，施行了严格的封禁政策，于顺治、康熙年间先后修建两条柳条边墙（壕）。到了1658年，为了抗击沙俄入侵并加强对东北地区的控制，清朝下令在松花江畔一带恢复船厂造船，操练起八旗水师，系吉林市著名的"船厂时期"。

1673年后，吉林市局势趋于稳定，改称"吉林乌拉"，后在口语中将"乌拉"省略，就变成了吉林。

1685年，康熙帝下令通称"吉林"，从此吉林就成了法定称谓。

文化 CULTURE

千树万树梨花开——吉林雾凇

吉林雾凇与桂林山水、云南石林、长江三峡并称为中国四大自然奇观。雾凇是雾气和水汽遇冷凝结在枝叶上的冰晶，分为粒状和晶状。粒状雾凇结构紧密，形成一粒粒很小的冰块；而晶状雾凇结构松散，会呈现出较大的片状。吉林雾凇为晶状。

雾凇

吉林雾凇岛的雾凇在冬季能挂几天而不掉落，造型因树形而异。沿江的垂柳挂满了洁白晶莹的霜花，江风吹过，银丝闪烁，景色清丽美艳。背风处的松树上凝结了根根银针，阳光下寒光乍现，犹如利刃，让人心中一寒。从整个松花江上看去，处处凝霜挂雪、银装素裹，十分壮观，有一种无与伦比的美丽。

千姿百态的吉林雾凇独具风韵，吸引了众多中外游客前来观赏、拍摄，煞有"千树万树梨花开"的奇妙意境，美不胜收，游人如痴如醉。同时雾凇还有净化空气、隔离噪音的作用，给人类的健康以及吉林市的环境都带来了积极的影响。

松花湖浪木根雕

作为东北三宝之外的又一宝，松花湖浪木是江城特有的根艺资源。早在20世纪30年代，松花江上游拦江筑坝，修建发电站，致使松花湖水位上涨，沿江的林木被浸入湖中。于是，这些林木经过了几十年湖水的浸泡冲刷，或埋在淤泥里，在缺氧、高压状态下，在细菌等微生物的作用下，成了根雕的优质原料，也成就了今天的松花湖浪木根雕艺术。

松花湖浪木因为经过几十年湖水的浸泡冲刷，木质坚硬，形状也是千姿百态。有的像鸟类，有的像动物，有的像人形。而这些根雕经过雕刻师的反复揣摩、构思后才会被选出确定造型。然后经过阴干、吹烤、油浸、上蜡、刨光等几道工艺程序细致处理后，才能成品。

这些根雕七分天成，三分雕琢，色泽雅致，颜色持久，十分高贵大方。无论是作为赠品还是个人收藏，都有极高的价值。

松花湖浪木根雕

景点推荐

吉林市景点

雾凇岛

凝霜挂雪的仙境

吉林市龙潭区乌拉街满族镇

雾凇岛是松花江上冲击而成的江中小岛，也是中国最著名的雾凇观赏胜地。

独具魅力的吉林雾凇是天造地设的自然美景，给人以迷奇之感，更让人陶醉。雾凇岛的雾凇厚度远远超过国内北方一些地方普通雾凇的厚度（5~10毫米），达到40~60毫米，是雾凇中厚度最大、密度最小和结构最疏松的雾凇品种——毛茸形晶状雾凇，观看起来格外晶莹剔透，所以吉林雾凇堪称雾凇极品。

每当雾凇来临，雾凇岛及松花口江岸十里长堤“千树万树梨花开”，柳树结银花，松树绽银菊，把人带进如涛如画的仙境。江泽民同志1991年在吉林视察期间恰逢雾凇奇景，他欣然秉笔，写下“寒江雪柳，玉树琼花，吉林树挂，名不虚传”之句。1998年他又赋诗曰：“寒江雪柳日新晴，玉树琼花满目春。历尽天华成此景，人间万事出艰辛。”

玩家 攻略

每年的12月到次年2月是观看雾凇的最佳时机，当地人说十天中大概7天会有雾凇，所以守雾凇的人一般只要在雾凇岛待上3天，看到雾凇的概率就有99%。其实中国有雾凇的地方很多，但雾凇岛的雾凇多而且树形特别好看，所以才比较出名。

看雾凇岛可以住在离岛非常近的韩屯，那里有很多家庭旅店。也可以住在吉林市区，等确定

有雾凇后打车前往。雾凇的形成跟天气有很大关系，下雨、下雪、刮风是不易形成雾凇的，大晴天会有，太阳出来后雾凇就慢慢开始化了，要趁着这几个小时抓紧拍照。注意拍日落是不需要上岛的。早上很冷，记得多穿点儿。

链接

雾凇冰雪节

吉林市自1991年起，每年的1月份举办一次“雾凇冰雪节”，以观赏中国四大自然奇观之一的吉林雾凇为主，活动持续约1个月，活动期间松花江上放河灯、彩灯，还会举办盛大的东北大秧歌会和五彩缤纷的彩船游江会、焰火晚会、国际及全国性的滑冰滑雪及冰球赛事，还有冰灯、冰雕游园盛会。

龙潭山鹿场

呦呦鹿鸣，食野之苹

吉林市龙潭区鹿场街7号

龙潭山鹿场位于龙潭山南麓，松花江东岸，依山傍水，气候温湿，良好的生态状况给梅花鹿提供了好的生长繁衍环境。

龙潭山鹿场是我国圈养东北梅花鹿历史最悠久、吉林地区规模最大的鹿场，同时也是集养鹿、商贸、旅游于一身的综合性国有企业。

梅花鹿作为一种胆小易惊的动物，十分温顺讨喜，而鹿场里的鹿因为习惯了游客群聚观赏，可以接受游人投递的食物，也可以任人抚摸其柔软的绒毛，甚至合影留念。梅花鹿的毛色鲜艳美丽，如果夏天去参观，可看到整个身体毛色渐变的状况。

玩家解说

龙潭山鹿场的小鹿很有灵气，很健康，而且丝毫不怕生人。门票10元，在吉林市火车站坐43路公交车到团山子站下车。龙潭山鹿场是我国圈养东北梅花鹿历史最悠久的鹿场。游人可随牧鹿人押群鹿于山野，看梅花鹿嬉戏，听呦呦鹿鸣，别有一番情趣。在这里不仅可以看鹿，还可以看到人参、水貂、山鸡等。

龙潭山公园

寺庙风景园林

吉林市龙潭区龙山路2号

龙潭山是吉林四大名山之一，而龙潭山公园也是中国著名的城市森林公园。整个龙潭山被近百种树木所覆盖，其中百年以上的古树就有130多株，属寺庙风景天然园林。

龙潭藏于山洼林木深处，寒气逼人，东西长47米，南北宽22米，潭水呈墨绿色，水面浮萍密布，显得深不可测。龙潭山上有建于公元4~5世纪的古城遗址及水牢、旱牢，还有建于清代的龙凤寺、龙王庙、关帝庙等古建筑群，均属省级文物保护单位。公园将自然景观与人文景观结合在一起，开展各种文化活动，如端午踏青游园会、朝鲜民族民俗游园会、庙会等。

链接

龙潭的传说

传说在很久以前，龙潭山周围风调雨顺、五谷丰登，老百姓渔猎耕织，安居乐业。有一天，忽然天昏地暗、电闪雷鸣，从天上降下一条孽龙，落到山间水池中。从此老百姓称水池为龙潭，山也被叫作龙潭山了。这条孽龙经常呼风唤雨，发大水祸害山下的老百姓。有一年，两村民为救一只燕子，女儿被洪水冲走。后来，燕子却化为人形开口说话，安慰两村民。燕子为报救命之恩，飞往南海拜师学艺，三年后学成归来，率领众燕子打败了孽龙，从此龙潭山下的老百姓又过上了太平日子。

乌拉街满族镇

满族风情小镇

吉林市龙潭区

该镇是吉林市北边的一个满族风情小镇，这里的满族文化、萨满研究在世界上占有重要地位。镇上有不少历史悠久的古迹，如乌拉总管衙门、侯府、魁府、古城墙等，满族特色厚重。镇上百姓的生活习俗也带有浓郁的满族色彩，在这里可以品尝到地道的满族风味饮食，如哈伊玛、打打糕、菠萝叶饼、黏豆包。如凑巧，还可以亲眼目睹独特的满族婚俗和萨满教仪式。

链接

清王朝发祥之地

乌拉街满族镇是满族主要发祥地之一。据当地史籍记载，乌拉街古称“洪泥罗”城，远在5000年以前的新石器时代，满族人的祖先肃慎人就生活在这里。乌拉街历史悠久，古迹传闻众多，曾是明朝海西女真乌拉部及清朝三大贡品基地之一的打牲乌拉总管衙门所在地。清代12任皇帝，有5任在这里留下过战迹、足迹、墨迹，被清王朝封为“本朝发祥之地”，有“先有乌拉，后有吉林”之说。

松花湖 AAAA

万里冰封第一湖

吉林市丰满区松滨路和吉丰东路交会处东侧

松花湖水域辽阔、湖汊繁多，湖形呈现狭长形，犹如一条蛟龙，水域面积为554平方千米，平均水深22米，最深处77.5米。松花湖是日本人1937年筑坝拦截松花江水建设丰满水电站后所形成的一个山间水库，湖面碧波荡漾，景色优美。

松花湖整个湖区被群山环绕，重峦叠嶂，千米以上的峰有几十座，这些山峰石壁挺拔、峻峭。泛舟湖上，浩渺烟波随风而起。有140种野生动物在松花湖畔栖息繁殖。

玩家解说

抵达松花湖，远远就能看到日据时期建造的丰满水电站大坝横亘在松花湖上，不过现在

大坝已经处于危险状态，不能安排参观了。湖水波光粼粼，清澈见底，白帆点点，烟波浩渺，一碧万顷，颇有中国山水画的柔情细腻。

五虎岛

五虎岛是松花湖中最著名的一座岛屿，位于电站大坝西南17千米的湖汊处。岛上林木苍翠，山丘连绵起伏。岛中建有省内最大的游乐园，还建有连水桥、望湖台以及造型别致的五虎亭廊。在岛上的鱼味餐馆可以品尝刚刚打捞上来的松花湖鲜鱼。

金龟岛

金龟岛因其状如一只大乌龟凫于水上，且有头有尾、神态酷肖而得名。岛上林海绿浪翻涌，岛中央的一座金山亭，黄瓦红柱，古朴典雅，气势不凡。在金山亭内可以眺望整个松花湖的美景与不远处的丰满大坝。

松花湖

松花湖林区

松花湖林区围绕着整个松花湖，周围山地的森林茂密，莽莽苍苍，林区占湖区总面积的72%。这里既有原始林、天然次生林，也有人工林。林区树种丰富，包括阔叶树和针叶树等。林区内空气清新，偶有小鸟啾啾，还有野兔、獐子、狍子出没，呈现出了大自然的原始生态状态。

阿拉底朝鲜族村

朝鲜族聚居区

吉林市龙潭区松花江畔的太平山脚下

阿拉底是一个朝鲜族聚居区。在当地居民家中可以看到一些古老的生产、生活工具，可以坐牛车、荡秋千、跳跳板，还可以观看朝鲜族歌舞等。如果赶巧碰上当地老人过"花甲"、初生儿过"百岁"或婚嫁，那可是体验朝鲜族风俗的好机会。

吉林市博物馆 AAAA

地方综合性博物馆

吉林市吉林大街100号

吉林市博物馆是一所集陈列展示、收藏保管、科学研究、宣传教育于一体的地方综合性博物馆。馆藏文物精华荟萃，共2.4万余件套，其中一级文物14件，二级文物15件，藏品以考古品和陨石标本居多。博物馆设有"吉林陨石雨陈列""吉林市历史陈列""吉林三杰陈列馆""吉林牛子厚与京剧艺术展览""金意庵艺术馆""刘廼中艺术馆""松花湖浪木艺术馆""我和我的祖国——吉林市奋进70年大型主题展览""城市记忆——吉林市非物质文化遗产展览"9个基本陈列。

阿拉底朝鲜族村

吉林陨石雨陈列是中国第一个以陨石为题材的专题展览，馆内收藏着世界最大的陨石——陨石1号，以及全世界十几个国家送来的各类陨石标本。展厅的设计上也是别出心裁，不仅有传统的陨石实物、相关图片、照片等，还采用3D球形岩石系统，将吉林陨石落地的场景完美再现，参观者可以身临其境感受陨石落地的精彩场景。同时在整个空间布局上，也营造出了浩瀚宇宙的效果，游人在感叹宇宙壮美的同时还能增涨天体知识。

链接

宇宙的"不速之客"

1976年3月8日15时许，吉林市郊区附近县镇，随着一阵震耳欲聋的轰鸣，一些来自宇宙的"客人"突然降落到这里，它就是现在陈列在吉林市陨石博物馆的吉林陨石。吉林陨石降落在吉林市和永吉县附近方圆500平方千米的范围内。其中，被称为"大陆一神"的一号陨石重1770千克，是目前世界上最大的石陨石。该陨石呈棕黑色，上有气印。吉林陨石就其数量、重量、散落范围及科技含量在世界上都是罕见的。经测定，吉林陨石的母体原是太阳系火星与木星之间小行星带中的一颗行星，年龄约为46亿年。

朱雀山森林公园 AAAA

风光无限的山岳型景区

吉林市丰满区松花湖十堰林场

朱雀山森林公园距离松花湖仅2千米，海域817米，隶属于吉林市松花湖实验林场。公园内河谷众多，动植物资源丰富，森林覆盖率高。公园共分5个游览风景点，其中最高的冰河翠景区，山顶名曰“冰晶顶”，行走在朱雀山森林公园内，可以看到原始森林、奇山古松、冰川遗迹、云海奇观及杜鹃林。朱雀山森林公园共有18处景观，如石龟探海、玉兔奔月、雄狮吼天等，均来自民间神话。

链接

朱雀山十八景

据民间神话传说，很久以前，铁拐李（李铁拐）、汉钟离（钟离权）、张果老、何仙姑、蓝采和、吕洞宾、韩湘子、曹国舅八位神仙云游来到朱雀山。他们被此山的风光所陶醉，便把从天宫带来的美酒倒在寻梦峰上的“仙酿池”中，坐在八仙台上开怀畅饮。醇酒飘香，引来山下众多生灵，大家也想尝尝天宫的玉液琼浆。八仙动怒，用法术将众生灵定住变为石头，形成了今天的朱雀山18处景观。

朱雀山

朱雀山是吉林市四大名山之一，山势极陡，怪石嶙峋，林木茂密。东峰上有一块10多米长的猪形巨石，称为“魔猪石”，有5头小石猪紧随其后，因此朱雀山又叫“猪山”。

朱雀山滑雪场

朱雀山滑雪场占地80多公顷。山门外有马拉雪橇、狗拉雪橇、羊拉雪橇将游客送到滑雪场内。滑雪场内有长200米，宽50米的滑雪道，适合初学者滑雪，还有面积约7000平方米的人工湖，冬季供游客滑冰。

菩提寺

该寺位于朱雀山主峰寻梦峰的山坳处，曾是小观音庙，是石庙子的旧址。现在的菩提寺庙掩映在苍松翠柏之中，建成的庙宇有念佛堂、天王殿、僧寮房、大雄宝殿，是进行禅修论佛法的好地方。

链接

潜心修行的师徒二人

菩提寺是一座比丘尼（女众）寺院。菩提寺的住持是佛下玺师傅，知客师为佛玺师傅，她们师徒二人，专修净业。几年来师徒二人历经千辛万苦，不惜一切代价建净宗道场，其目的就是为所有潜心修行的净宗弟子建一处清净的念佛道场，提供良好的修学环境，以接引更多的众生共结清净法缘。

朱雀山森林公园

世纪广场

吉林市的地标

吉林市丰满区吉林大街博物馆附近

世纪广场是吉林市的地标，南北长900余米，东西长200余米，占地面积22.8公顷。广场的国旗平台上有12面彩旗排成一列，还有高50米的“世纪之舟”巨塔，长50米的大型音乐喷泉群。“世纪之舟”巨塔上设有望江观景平台，可以鸟瞰整个江城（吉林市别称“北国江城”）美景。

江南公园

游乐观赏的综合性公园

吉林市丰满区泰山路吉林大街

江南公园始建于1908年，是以林木、花卉、动物为主的综合性公园，并有游乐场设施。花卉是江南公园的特色之一，因江南公园的前身是园林苗圃实验场，这里有草本、木本名贵花木210余种。公园基本每年举办迎春花展、杜鹃花展、大丽花展、菊花展。冬季的时候，吉林的冰灯游园会在此举行，大型冰雕艺术展展示的冰灯、冰花、冰建筑、雪雕等，流光溢彩，美轮美奂。

世纪广场

链接

江南公园的过往

据吉林市建筑物档案和《吉林市园林志》等资料记载：光绪三十四年（1908年）始建江南农事试验会场，即今天的江南公园；1929年始建园林苗圃；1957年，全国首次大丽花栽培经济交流现场会在此召开；1964年朱德等中央领导亲自来公园为兰花换盆；1979年，为纪念朱德同志逝世3周年，公园的园中园对外开放。

圣鑫葡萄酒庄园 AAAA

松花江畔的葡萄酒庄

吉林市丰满区通达南路

圣鑫葡萄酒庄园是一个集自然生态、田园风光、农家餐饮及葡萄酒文化于一体的休闲农业园区。庄园位于北纬43°，东经128°，拥有丰沛的阳光和适宜的气候条件。这里的土壤富含矿物质，为葡萄的生长提供了得天独厚的环境。该园区以闯关东人种植的5棵百年古梨树为核心，现已发展成为拥有1000多棵果树和2000多颗山葡萄的大型果园。在保持原有特色的基础上，对坍塌的中原式古院落、草屋式古院落及果园式古院落进行了创新式修复，成为了今日极具特色的园区，带给人们美酒与文化的盛宴。

景区内有多处引人注目的景点，包括7个大型木雕古门楼群、50多块巨型龟背石、太湖石、石笋石，以及40余幅古墙浮雕壁画。此外，还有500余件关东老物件，这些物件见证了中原文化、中原古院落文化和酿葡萄酒文化在此地的生根、开花及结果。

除了丰富的自然和文化景观，圣鑫葡萄酒庄园还提供各种活动和体验。游客可以在葡萄酒文化博物馆了解葡萄酒的历史和制作过程，可以参观葡萄园、品鉴美酒、采摘葡萄、葡萄酒DIY，还可以在草屋式古院落内参加户外婚礼等活动。此外，游客还可以品尝到地道的农家餐饮，并选择在草屋式古院落内留宿，感受那段激情燃烧的岁月。

丰满水电博物馆

全国首座水电博物馆

吉林市丰满区吉丰东路丰满路口附近

该馆是我国第一座以丰满水电为背景、全面系统展示中国水电历史的主题博物馆，建筑面积6500平方米，分上下双层。丰满水电博物馆内有十大展厅，各展厅风格各异，主题鲜明，同时还有“柔和电击”“手摇亚葛布天梯”“太阳能小车”等互动模型供游客参观体验。博物馆融知识性、趣味性、科普性、可读性、观赏性为一体，展现了中国水电70多年来的发展成果。

磨盘山

山势陡峻的奇山

吉林市丰满区前二道乡王相村

磨盘山又称小磨盘山，因峰顶形状如磨盘而得名。该山南北走向，南北峰对峙，南侧面为长山顶，北侧为尖山顶。磨盘山山势陡峻，峰奇石秀，林木茂密。山体由花岗岩构成，表层为棕壤土，植被茂密，多为天然林，森林覆盖率达90%。

磨盘山除了森林景观外，还有滴水洞、狐仙洞等自然洞穴，野生动植物种也极其丰富。山上的佛教主刹万德寺，既有美丽神奇的传说，又遗留着明末清初宗教兴盛痕迹。据说这里许愿很灵，是吉林市数一数二的香火旺盛之地。

玩家解说

充满神秘的磨盘山一向被佛、道两家视为风水宝地。早在明正德年间，就有道家龙门派在此建庙接受四方香火，清朝达到鼎盛，道观、佛殿、玉皇阁、娘娘庙、药王庙等一应俱有。此后历经数百年兴衰，庙宇拆建，但其灵气不减。

链接

磨盘山的传说

相传很久之前，磨盘山并不叫磨盘山，而是寸草不生、五谷不长。山脚下有一户王姓农家靠捡拾山石用毛驴运到山外卖掉维持生活。一日，王姓农家在家门口收留了一个行乞老者并精心照料。老者临走前送给王姓农家一粒葫芦种子，并告诉他等到毛驴产下小驴再把葫芦籽种下，三年后小驴长大、葫芦成熟，就可从山中取出金豆子。然而三年后葫芦将熟之际，这个消息被山外财主知晓，财主强行要牵走小驴，此时，小驴挣断缰绳跑掉了，葫芦也钻入了云端。当小驴累得吐血而死时，山崖半腰裂开一道缝隙，里面全是金豆子，财主和家丁见钱眼开全部钻进缝隙中抢豆子，刹那间葫芦被压碎，财主和家丁全部被夹在山中，就像被两扇石磨紧紧压住，瞬间粉身碎骨。从此，这山就叫作磨盘山。

拉法山国家森林公园 AAAA

被称为关东奇山

吉林市蛟河市拉法街道十八垧地村

拉法山被称为关东奇山，属于长白山余脉。拉法山以其雄伟险峻、古洞清幽、怪石嶙峋、花木奇秀的自然风光闻名遐迩。

拉法山向来以花岗岩奇洞、怪石著称，有“八十一峰，七十二洞”之说，俗称“九顶铁叉山”。由于在海拔相对较低的地区拔地而起，因此整个山势雄峻。拉法山曾作为古代道士的修炼之地，山中的道观精致古朴，丝毫没有北方的粗犷豪放之气。山腰上有一

拉法山国家森林公园

个奇洞叫穿心洞，洞内平坦宽敞，似一座天然大礼堂，能够容纳千余人，而在洞的东南西三个洞口可分别观看日出、日落、云海，蔚为神奇壮观。

玩家 攻略

（1）一般游览时间4个小时，上山不要走峰线，不好走，下山再走，峰线的景色很美。

（2）山上有土特产售卖，但还是要备好食物。

（3）最佳旅游时间为9月25日至10月中旬。

红叶谷

深秋层林尽染美不胜收

蛟河市庆岭镇

红叶谷属于长白山余脉老爷岭的一条山谷。红叶谷四季风景如画，特别是秋天，因为红叶生长区不同，颜色层次有区别，绿、黄、棕、红颜色不一，仿佛是打翻的颜料盘。待到深秋季节，枫叶转入深红，漫山遍野，层林尽染，美不胜收。

因为谷内的无霜期比较长，红叶的色彩更加鲜艳。除了醉人的红叶外，谷内怪石嶙峋，飞瀑跌落，溪水潺潺，山水相依，自有别样的趣味。

玩家 攻略

红叶谷风景区的山、水、草、木、走兽、飞禽无不保持着原始的风貌，没有一丝人工痕迹，将天然山谷的优雅形态展示给人们。红叶谷美，美在自然。集红叶、叠瀑、奇树、怪石于一体，以其自然天成、美妙绝伦的自然风光蜚声关东大地。主要景观有清澈甘甜的万寿泉、世间罕见的槭树王、独具匠心的玉女桥。红叶谷最佳赏红季节是每年的10月中旬，历时10多天的绝妙佳景，红叶满天，五彩斑斓。谷中景点众多，主要有红叶溪、南湖瀑布、爱林林场、林蛙沟、五彩路等。

吉林机器局旧址

东北第一家近代工业

吉林市昌邑区东局子街松江东路11号

吉林机器局是东北地区第一家近代工业，也是清末“洋务运动”中东北地区唯一的兵工厂。机器局始建于1881年，占地19.7万平方米，当时主要生产骑枪、雷管、马铳、子弹、开花炮，后又生产炮车、汽艇等。机器局东侧有一“表正书院”，是培养制造和测量专业人才的地方。机器局在1900年沙俄入侵时被毁，现在的机器局仅剩残垣断壁。

吉林文庙

中国四大文庙之一

吉林市昌邑区文庙胡同南昌路2号

吉林文庙与南京夫子庙、曲阜孔庙、北京孔庙并称为中国四大文庙，属吉林省重点文物保护单位。它既是清朝对汉文化传入东北的认可，也是汉文化与东北少数民族互相通融的见证。文庙主体建筑坐北朝南，三进院落，青砖碧瓦，红柱翘檐，文庙殿宇金碧辉煌、气势宏伟，反映了古代建筑工艺已逐步走向成熟。

神农庄园温泉度假村 AAAA

东北最大的温泉池之一

吉林市昌邑区孤店子镇大荒地生态村红旗路

神农温泉水出自长白山温泉带地下1980米深的岩石层，出水温度62℃，富含氡、镁、钠等30多种有益于人体的矿物质和微量元素。度假村分为室内生态温泉区、室外温泉休闲广场，主要有娱乐温泉、养生温泉、保健温泉、亲亲鱼疗、儿童嬉水等60余种形式

吉林文庙

风格各异的温泉泡池，可同时接待3000余人沐浴体验，是目前东北最大的温泉池群。度假村内以满族风情文化作为底蕴，建筑和餐饮、娱乐、住宿都充满了满族特色。

北大壶滑雪场 AAAA

粉雪度假天堂

吉林市永吉县北大湖镇

北大壶滑雪场是一个融旅游观光、休闲度假、竞赛训练、会议服务为一体的国际级滑雪场（度假村）。因其山坡平缓，少有陡崖，雪质、气温和雪情都非常好，所以它素有“粉雪度假天堂”之称。全国第八届、第九届冬运会的雪上项目都在此举行。

北大壶有国内雪道最长、规模最大、设施最好的城区高山滑雪场。因三面环山，冬季风力弱，不管是高山滑雪、越野滑雪、跳台滑雪，还是自由滑雪或者雪橇等项目都十分适合。除了滑雪外，还有观日出、看雾凇、渔家乐等活动。

玩家解说

北大壶滑雪场的雪多是天然雪，天然积雪形成的松软雪道成了滑野雪和粉雪爱好者的天堂。因其具有雪软、雪厚、雪道多变且难度大的优势，每年吸引了国内外四面八方的滑雪高手来此竞技。滑雪场热情周到的服务和及时到位的救援巡视，为初级滑友增添了安全感。北大壶滑雪场四周景色迷人，尤其是早晨或雪后的二索山顶、九索山顶仙境般的景观犹如一个童话世界，令人流连忘返。

北大壶滑雪场

链接

北大湖到北大壶

北大壶原名北大湖，2011年经吉林市政府相关部门的批准改为北大壶。北大壶没有湖，原来的“湖”并没有什么真正的含义，只缘于20世纪60年代地质测绘队员的一个口误。改成这个“壶”，主要是为了证实一个历史。因为据史料记载，北大壶原来还有个地名叫“清茶馆”，距离不远处有个地名叫“茶壶嘴”，而这里三面环山，中间高峰突起，北部狭长，宛如一只水壶，当地老百姓都因其形称之为“北大壶”。

北山滑雪场

滑雪爱好者的天堂

吉林市北山旅游经济开发区内清真北寺西侧

北山滑雪场又称北山冰雪旅游大世界，是国内唯一的市内综合性户外冰雪娱乐场所。滑雪场占地面积8万平方米，设有三条滑雪道、两条雪爬犁道、三条索道，并有综合楼、游泳池等设施。滑雪场还有各种冰雪景观供游人观赏拍照。夏季这里凉爽清幽，是休闲避暑胜地。冬季雪质纯厚，非常适合滑雪初学者。

北山公园 AAAA

是久负盛名的寺庙园林

吉林市船营区德胜路51号

北山公园地处吉林市中心，是一座久负盛名的寺庙风景园林，以山地景观为主。在北山上的古寺庙群糅合了佛、道、儒三教特色，山下的亭桥廊榭掩映在林木之中。整个公园景象幽深、山水相依，自然景观与人文景观相结合。在老“吉林八景”中，北山公园占有“北山双塔”“药寺晚钟”“德碑夕照”三景。此山公园在每年的农历四月十八和四月二十八都将举行娘娘会和药王庙会。玉皇阁是公园内比较著名的景点。

链接

蟠龙卧虎压帝王

吉林北山有九座山峰，清康熙年间曾名九龙山。山后有沟名卧虎沟，据传曾有猛虎卧于沟内。康熙二十一年（1682年），康熙皇帝东巡来到大清王朝的"龙兴之地"吉林乌拉。听风水先生说，吉林乌拉有东青龙、西白虎、南朱雀、北玄武四方星宿守护。此地藏九龙一卧虎，又濒临一江天水，是蟠龙卧虎之地，有帝王之气。这番话使康熙皇帝感到不安，于是他命宁古塔将军将九龙山凿去数座，以破吉林乌拉帝王风水。九龙山因此更名北山或北大山。乾隆四十一年（1776年）修建玉皇阁后，人称玉皇阁山。

吉林乌拉主题公园

展现古时乌拉国风貌

吉林市船营区松江东路与欣昌街交会处

以吉林乌拉历史为主题的公园，因为吉林城原名吉林乌拉。主题公园按照古时乌拉国风貌修建，有八旗筑城、天河古渡、强弩待发等雕塑。然而公园最大的看点莫过于晚间的大型山水灯光实景表演，演出运用灯光与演员紧密结合的形式，再现数百年前满族先民的生活状况和康熙东巡时的盛大景象，在音乐与光影中帮助人们更好地了解满族文化。

吉林天主教堂

国家重点文物保护单位

吉林市船营区松江中路3号

吉林天主教堂又称耶稣圣心堂，为典型的哥特式建筑，主体由教堂和钟楼组成，平面呈"十"字形。全部建筑为砖石拱形建筑，无木梁或木柱。教堂楼内悬挂铜铸大钟一顶，顶部为十字交叉单砖多拱结构，而24扇玻璃窗是用法国运来的铅条镶嵌的彩色图案玻璃，上面绘有花卉和圣经的故事。教堂始建于1902年，费时10年建造完工，2013年被国务院确定为全国重点文物保护单位。

金日成读书纪念室

中朝友谊的象征

吉林市船营区松江中路191号

纪念室位于吉林毓文中学旧址。1927年至1930年，朝鲜原国家主席金日成同志在此读书并从事革命活动。金日成读书纪念室是中朝两国人民友谊的象征，也是中国吉林对外形象的窗口，是吉林省重点文物保护单位，也是吉林重要的旅游观光景点之一。

纪念室的园内，一身军装的金日成同志塑像矗立在庭院中央，庄严肃穆，周围的松柏四季常青。每年都会有很多的朝鲜友人和

吉林天主教堂

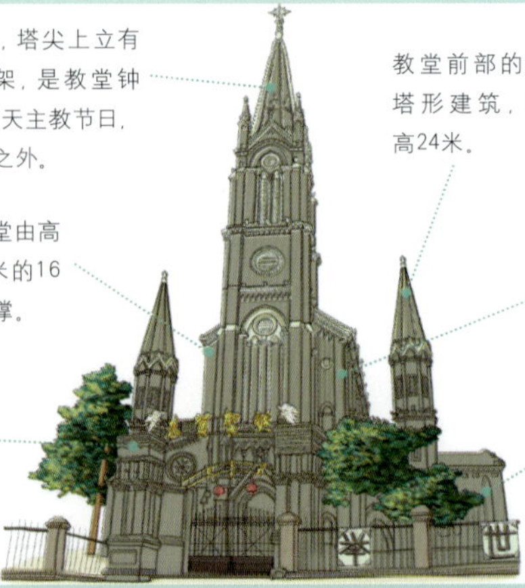

朝侨来此瞻仰。纪念室内部不对外开放，游人只能在庭院中游览。

西团山遗址

原始文化的遗存

吉林市船营区欢喜乡吉兴村

西团山遗址是一处距今3000多年的青铜器时代的原始社会文化遗址，也是“西团山文化”的命名地。西团山文化是东北地区第一个被命名的考古学文化。遗址包括生活居址和墓地两部分，总面积4万平方米。遗址内有房址、灰坑等，房址均半地穴式，依山而建，后高前低。墓葬为石棺墓，大多呈长方形，有板石立砌和块石叠筑两种。墓葬结构分为三种，即长方形石棺墓、长方形副棺的石棺墓和近方形小石棺墓。2001年，国务院公布西团山遗址为全国重点文物保护单位。

链接

西团山文化

西团山文化是吉林大地上一种独具特色的原始文化遗存，处于农业由“刀耕火种”进入锄耕的阶段，其社会性质由父系氏族社会向阶级社会过渡。西团山文化遗址对研究东北历史上家庭、私有制的起源，原始人类社会制度的改变和东北少数民族的繁衍生息都具有十分重要的价值。

满族博物馆

满族文化的凝聚之地

吉林市船营区德胜街47号

满族博物馆位于吉林市王百川居宅旧址内，是吉林省乃至整个东北地区目前保存最好的具有清代建筑特色的满汉融合的民宅建筑，该建筑具有较大的历史价值与观赏价值。

博物馆内的相关展品展现了吉林满族及其先民的生活习俗，还体现了吉林市作为清朝皇室的祭祖圣地的重要性。馆内分为满族溯源、生产生活习俗、龙兴之地、皇家贡

满族博物馆

地、吉林乌拉满族文化等6个展馆。馆内还有全国最高的努尔哈赤坐姿铜像及康熙检阅吉林水师的沙盘模型。

玩家 解说

满族博物馆免费开放，每天开放四场，每场只有半小时。如果认真看，半小时时间不够。这个博物馆不大，在一所民居旧址里，是一个四合院形式的建筑。里面有6个展馆，不允许拍照。满族博物馆是一个了解满族文化的好地方。

黄河水库景区

被誉为天然氧吧

磐石市烟筒山镇李塘坊屯西1千米处

景区依托黄河水库开发的景点有观水长廊、垂钓晓夕、回音凉亭和荷花池。该景区2003年被评为国家水利风景区。景区内生态环境优美，气候宜人，具有得天独厚的自然资源，空气中的氧含量和负离子含量极高，被人们誉为天然氧吧。游人在景区内可登山远眺，乘游艇观景。景区内的大坝电站可供参观，还有风车、假山、凉亭。

官马溶洞

吉林最大的喀斯特溶洞

磐石市烟筒镇粗榆村

官马溶洞因距离原官马政府所在地7千米，又系原官马镇开发而得名。溶洞形成于3

亿年前，是吉林省目前最大的喀斯特溶洞，还是电视剧《雪山飞狐》的拍摄地。

官马溶洞长约1500米，总面积3800平方米，由仙人壁、石龟静卧、夫府石林、仙翁渡海、水晶宫殿等形状各异的奇异景观组成。溶洞由最初的独立石笋到最后与石钟乳相连。洞内的石花、石笋、石柱、石乳、石蔓等形象逼真，变幻莫测，令人如痴如醉、浮想联翩。

玩家 解说

官马溶洞内有一条宽2米、深3米的暗河延伸至溶洞深处。洞内很冷，得穿上棉衣才能参观，溶洞分为6个宽敞雄伟的大厅，其中高15米、宽7米的石岩瀑布最为壮观。

亮甲山

相传是岳飞军队休整之地

舒兰市西北部

亮甲山坐落在舒兰市西北部亮甲山乡、庆丰乡和莲花乡的交界处。亮甲山的东峰海拔382米，西峰亮甲台海拔353米，两峰之间的十几座山峰连绵不断。山上林木茂盛，林间花草丛生，林中禽兽飞跃。有狐仙洞、仰岳亭、观山寺等景点。

链接

亮甲山名称由来

相传南宋年间，民族英雄岳飞北征金兀术，夜渡松花江，全军将士不顾江水寒冷奋力搏杀，金兵闻风丧胆。岳飞率兵追至今亮甲山附近，下令暂时歇马休整，并在此地晾晒衣甲。岳飞趁兵马休整之际，登至山顶，举目眺望，被眼前的美丽景色倾倒，命兵马扎营驻寨，将自己浸湿的盔甲晾于山顶，立在山巅久久不肯离去。至今，岳飞的晾甲印及马蹄印依然清晰可见，亮甲山也因此得名，闻名于东北三省。

红石国家森林公园 AAAA

山岛湖三位一体的综合性公园

桦甸市红石林业局附近

红石国家森林公园占地面积28 574公顷，水域面积2269公顷，森林覆盖率达84.6%。公园主要依托白山湖、红石湖及周边的自然景观，集山、岛、湖于一体。公园内自然资源丰富，有植物190余种，动物230余种，黑熊、梅花鹿、白鹳都栖息在林溪湖畔，其中真菌类等天然绿色食品也分遍在园内各处。除了自然资源，红石公园名胜古迹也繁多，如四海龙王庙、望江祠、山神庙等。

亮甲山

景点推荐

吉林周边景点

龙湾群国家森林公园 AAAA

中国最大的火山口湖群

通化市辉南县金川镇三角龙湾景区

龙湾群位于长白山龙岗山脉的西南端，是中国最大的火山口湖群，地形复杂，地貌奇特，土壤为暗棕色森林有机土质。景区由“七湾、二顶、一湖”十大区域组成，分别是大龙湾、二龙湾、三角龙湾、小龙湾、东龙湾、南龙湾、旱龙湾、金龙顶子、四方顶子、吊水壶。

公园整体以森林生态景观为主体，火山口湖群和火山锥体为骨架，流泉、瀑布为脉络，人文建筑点缀其间，自然景观与人文景观错落有致，完美地融合在了一起。

吊水壶瀑布是火山爆发后河床受张力断达形成的瀑布，宽约10米，落差7米，因有

吊水壶瀑布

一处水流自山崖中间凌空泻下，就像茶壶中的水从壶嘴中倒出来一样，所以被称为“吊水壶”。整个瀑布壮观秀美，远观如白练当空、飞帘挂壁，近看似丝帛飘逸、银瓶乍破。瀑布流水清澈见底，冬天水不封冰，夏日冰凉刺骨。瀑布周围树木丛生，岩壁苔藓遍布，形成了多彩景色。

链接

凡人与仙人的故事

很久以前，有一位仙人常来吊水壶瀑布。那位仙人说这里景色甚好，十分适合修身养性。一凡人因经常到瀑布打水喝而与仙人结缘，那位仙人常常告诉他这瀑布十分像从茶壶嘴里吐出来的水，故当地村民称其为“吊水壶瀑布”。有一次因为村里死了许多人，不少村民以为是那位凡人在水里下了毒，便把他赶出了村。那个凡人得知与他结缘的人是仙人后便拜他为师。过了许多年，那个凡人的法力比仙人还要高强，于是他把所有当时赶他出村的村民都杀死了，他又怕那仙人告诉玉帝，于是把仙人也杀死了。后来消息灵通的玉帝还是知道了他杀人的事，便把他化为鱼儿永沉在瀑布之底。

玩家 解说

龙湾群国家森林公园面积很大，环境非常优美。公园中有“七湾、两顶、一瀑”十大胜景。七处火山口湖，湖水深幽，似颗颗珠玉散落崇山峻岭之中。龙湾群火山口湖数量多，空间密度大，保存完好，被专家确认为“中国最大的火山口湖群”。

杨靖宇烈士陵园 AAAA

抗日英雄英灵安息所

通化市浑江东岸的靖宇山上

该陵园是伟大的抗日英雄杨靖宇的英灵安息地。陵园由五座琉璃瓦民族式建筑物组成，正面主体建筑为灵堂和墓室，两侧四个偏殿为陈列室。

陵园正中是一身戎装的杨靖宇烈士的铜像，铜像四周镶嵌黑色花岗岩。灵堂后是陵墓，呈穹状，内壁雪白，墓室正中水磨石棺

杨靖宇烈士陵园

座上放置着白丁香木棺，里面放置着杨靖宇烈士的遗体。墓室外两侧的陈列室展出杨靖宇将军在抗日战争艰苦岁月里的遗物及有关文献资料、照片等。

链接

革命烈士杨靖宇

杨靖宇是优秀的共产主义战士、伟大的抗日民族英雄。他1929年受中央派遣来到东北领导抗日斗争，曾任东北抗日联军第一路军总司令兼政委，率部队同日军进行了艰苦卓绝的斗争，沉重打击了日本侵略者，鼓舞了东北人民的抗日斗志，有力支援了全国的抗日战争。1940年2月23日，他在率部对敌作战中，在冰天雪地、弹尽粮绝的紧急情况下，最后孤身一人与大量日寇周旋战斗几昼夜后壮烈牺牲，年仅35岁。

白鸡峰国家森林公园 AAAA

集森林公园之大成

通化市东昌区秀泉路576号

白鸡峰国家森林公园是融秀美山水、珍稀动物及历史人文景观为一体的独特园区，也是东北地区著名的森林公园。公园以自然景观为主，一年四季美景各不相同，春芽嫩绿，夏花灿烂，秋叶静美，冬雪浪漫。公园内无峰不险、无树不古、无水不秀、无景不奇，主要景点有棒槌峰、参女沐浴、天女梳妆、白鸡腰山、观音寺等，适宜度假、旅游。

参女沐浴

参女沐浴是一处滚水瀑布，瀑布斜长30余米，宽5.2米，落差7.5米，中间被两块巨石隔开，水流沿两侧石块滚动而下，白浪翻涌，仿佛人参横卧，因此得名参女沐浴。

棒槌峰

棒槌峰是参女瀑布上方两座笔直的小山峰，山峰上长有古松，郁郁葱葱，远看酷似棒槌（即人参的上半部），因此称棒槌峰。

白鸡腰山

白鸡腰山岩石坚硬，颜色银白如雪，两山形如鸡状，因此称白鸡腰山，并有前鸡、后鸡之分，海拔分别为1318米和1300米。白鸡腰山有古时驮运的栈道，地理位置十分重要。

天女梳妆

天女梳妆是一道天然三阶梯瀑布，斜长32米，宽10米，落差9.1米，由山涧溪流和泉水汇聚而成，常年水流不断。相传古时候仙女经常下凡到这里采集清水，久而久之沟里的水就有了仙气。凡间的人们到这里求水，据说用这里的水洗脸梳头可以祛百病且能容貌变清秀，因此得名天女梳妆。

关公庙

关公庙为传统的砖木结构建筑。庙内正殿中关羽塑像居正中，左为周仓，右是关平，墙上还绘有关公故事的壁画，庙的四周山墙刻有精美石雕。

龙王庙

龙王庙建有大殿、配殿各一座，大殿前有一彩棚，旗幔招展。彩棚之后的龙宫大殿内正中摆放着金色龙王的雕像。龙王雕像后是廒山图影，东面有一白发老翁像，南面是手持三叉戟的牛头爷，北面是面目狰狞的夜叉爷。

观音寺

清朝时期的观音寺香火鼎盛。几经战乱之后，仅存残垣断壁，破败不堪。2008年复建的观音寺恢复了往日风采，建有山门、鼓楼、天王殿、退居寮、西方三圣殿等。

链接

白鸡峰里的吴里常沟

传说在光绪年间，一位关内的挖参老汉来到白鸡腰山，名叫吴里常。他听说白鸡腰山有人参娃娃，于是便住进山里，决心挖遍青山也要挖到这个宝贝。历经三年的寻找，他终于在一个山沟里挖到了一棵八两七钱重的大山参，于是他忙送到官府。县令问他要钱、要地还是想做官，老汉左思右想后说要地。官府赐给他一块地界匾，在本县范围内可以任意选择土地。老汉走遍通化各地都没有选中，最后还是选了白鸡腰山的这块地，他把匾插到白鸡腰山挖到山参的沟口，这沟也就被百姓称作吴里常沟。

罗通山 AAAA

唐朝大将挂帅征北地

通化市柳河县

因唐朝大将罗成之子罗通挂帅征北在此安营扎寨，故得名罗通山。罗通山是久负盛名的文物古迹遗址和风景旅游胜地。风景区的游览区分南北两线：南线主要有长脖砬子、刀切砬子、滴水壶、通天洞、一线天等自然景观；北线主要有卧虎岭、饮马溪、锁龙潭、穿心洞等名胜景点。

罗通古城坐落在罗通山中部主峰上，为高句丽绝奴部所建，是一处重要的战略性城堡。罗通山城依山而建，有角楼台基，城内地势平缓开阔，有演兵场、点将台、兵营、烽火台、蓄水池、三清观、神清主瓮门等著名遗址。

通化滑雪场

中国滑雪运动的发祥地

通化市东昌区金厂镇金厂村

通化滑雪场是1959年苏联滑雪专家帮助考察选址并建设的新中国第一座具有国际水平的竞技滑雪场，也是我国滑雪运动的发祥地、培养滑雪运动员的摇篮。如今的滑雪场在老址兴建，具有雪质好、风速小、气候温和等特点。滑雪场还建有全国唯一的一座滑雪博物馆，值得一看。

通化滑雪场雪地摩托

通化溶洞

光怪陆离的梦幻世界

通化市鸭园镇东北5千米处

通化溶洞位于白山支脉的老爷岭。溶洞内有长达750余米的长廊，曲折迂回。长廊两旁乳石丛生，配上灯光色彩斑斓，其中人形和动物形状的乳石比比皆是，有王母娘娘、空中飞人、人参娃娃、雄狮等。著名的景点有水帘洞、花果山、北京白塔、雪山瀑布等，这些景物形象非常逼真。溶洞仿佛是一个光怪陆离的梦幻世界，令人如痴如醉、浮想联翩。

云霞洞 AAAA

中国最大的火山岩溶洞

通化市二道江区鸭园镇以东3千米处

云霞洞是第四纪火山活动遗留下来的一处天然溶洞，也是中国最大的火山岩溶洞。洞内的通道上下起伏、左右迂回，总长超过4000米。洞内怪石嶙峋，千姿百态。火山活动遗留下的气势恢宏的岩浆通道，展现了长白山地从6亿年前至今的地质演变过程。洞内的石钟乳、石笋、石柱、石蔓、石管、石花、石瀑、石珊瑚等形象逼真，钟乳石形成的观世音、福禄寿三星、女娲、碧水金睛兽、巨龟、宝塔等造型更是惟妙惟肖。

千叶湖景区

一个天然森林氧吧

通化市东昌区

千叶湖景区融吃、喝、玩、住为一体，是在原日伪滑雪场和石板沟水库基础上开发建设的。千叶湖人称“小天池”。景区内青山绿水，植被葱茏，四季分明，是一个天然森林氧吧。景区冬季以冰雪活动为主，夏季以森林旅游、戏水活动为主。景区每年冬季都举办大型冰灯、冰雕节。

辉发古城

女真扈伦四部之一所在地

通化市辉南县朝阳镇

辉发古城是明代女真扈伦四部之一的辉发部所在地。古城南、北、西三面临辉发河，以山脉为天然屏障。古城部分地段以土石夯筑城墙，分内、中、外三城。内城内有一平台，高出地面4.8米，上有砖瓦、陶瓷片等遗物，应为古建筑遗址。近年来在古城出土的五彩瓷罐、青花瓷罐、白地斗彩花碗、铁马镫等文物，具有鲜明的地方色彩和风格。

链接

辉发部落

辉发部落原系萨哈连乌拉江尼马家部人，始祖星古礼，传至旺吉努，曾征服邻近诸部。辉发部落在辉发河畔的呼尔奇山“筑城以居”，即辉发古城。旺吉努死后，其孙拜吉达里“杀其叔七人”，自立为贝勒。万历二十一年（1593年）十二月，拜吉达里参加叶赫等九部攻击以努尔哈赤为首领的建州部，大败，为努尔哈赤所灭，辉发部落也湮没在历史长河之中。

玉皇山公园

玉皇阁庙兴起地

通化市东昌区柳泉路160号

玉皇山公园围绕着玉皇阁庙而兴建，园内遍布亭台阁楼，且山峦起伏，湖水清澈，林木茂盛，曲径通幽。春之清新，夏之浓烈，秋之萧瑟，冬之肃穆，园内美景因四时变化而不同。

玉皇阁庙内的雕塑除了玉皇大帝外，还有关公、张飞等。庙外还有压水池、花窖、动物园及儿童乐园等观赏景点。

玉皇山公园

三仙夹国家森林公园

东北民俗风情微缩景观

通化市柳河县东南10千米处

该公园因地处三人班村、仙人沟村和夹皮沟村交界处而得名。公园景区的特点是自然和人工结合，历史和现代结合，大多是围绕东北民俗风情建设的微缩景观。公园森林资源丰富，景色秀丽，是夏季旅游避暑的胜地。公园内还有游泳池、人工湖、游乐场、儿童乐园、会议中心等娱乐服务设施。人文景观有异地亭、八仙亭、文史斋、福兴寺、观音殿、生态科技园等。

三仙夹国家森林公园

通化葡萄酒地下贮酒窖

中国最早的地下酒窖之一

通化市前兴路28号

通化葡萄酒地下贮酒窖是通化葡萄酒股份有限公司的核心，也是中国最早的地下酒窖之一，总面积10 340平方米，常年恒温保持在15℃~16℃，距地面深4.5米。酒窖内有大橡木桶772个，每个橡木桶容量为3～8吨，共可贮藏葡萄酒6000多吨，形成了世界罕见的大橡木桶群。这些木桶全部取材于长白山百年树龄以上的橡树，据初步估算，每一个橡木桶价值都在20万元以上，几乎每一个都是绝版，每一个都是葡萄酒界的重要文物。

五女峰国家森林公园 AAAA

石奇、木秀、峰美、谷幽

集安市迎宾路608号

五女峰国家森林公园以优美的自然景观为主体，辅以人文景观和历史遗迹，集中展现了当地独特的动植物资源和瑰丽的自然景观。景区冬暖夏凉，林木繁茂，是理想的休闲胜地。

园内有十大景区，目前开放了八个，分别为老虎岩景区、幽谷银瀑景区、观峰台景区、五女峰景区、洞天皓月景区、仙人台景区、美容泉景区、园址景区，共有自然和人文景观30多处。

玩家解说

该景区四季风景各有千秋。春季风和日丽，山花烂漫，是观花的季节；夏季草木丰茂，满目苍翠，是望绿的季节；秋季霜染枫叶，万山红遍，是看红的季节；冬季银装素裹，玉树琼花，是赏雪的季节。景区交通方便，乘集安至通化、沈阳、哈尔滨、梅河、辽源、白山的客车均可到达景区。发车时间从早4:30至晚5:00，车程25分钟左右，票价为4.5～6元。门票65元，值得前往游览。

观峰台景区

该景区是五女峰森林公园自然景观最集中的景区，主要有古代高句丽采石场、须根奇功、飞来石、骆驼峰、仙人洞、观峰台等景点。观峰台是景区的中心景点，也是景区的制高点。

五女峰景区

该景区是森林公园的核心景区。五女峰陡峭挺拔、奇丽秀美，似五位身披绿纱的窈窕淑女，故此成名。五女峰是国家森林公园最美的景区，现已开放了五女峰、枫叶岭等景点，形成了以原始生态为特色的自然风景旅游区。

洞天皓月景区

该景区位于森林公园西部，是一处自然景观非常优美而神奇的景区。主要景点有仙佛洞、一线天石壁和空中悬佛、登天崖等。

仙人台景区

仙人台景区的景点大多充满神秘色彩，主要有藏心洞、白蛇洞、仙人台、天兽岩、壮阳泉等。藏心洞是五女峰左侧的一座山崖中的一个天然石洞，洞内有一块酷似心脏形状的石头，且恰好卧在石洞中央，故而得名藏心洞。

大峡谷景区

景区内有一条深邃的大峡谷，大峡谷以原始、自然、神奇闻名，有多种自然环境和生物物种，景色十分优美。峡谷内有一条清澈的河流奔腾而下，四季流淌，长年不断。峡谷两侧的悬崖峭壁上生长着细高挺拔的各种树木，呈现出独特的峡谷奇观。

链接

五女峰登天崖的奇幻来源

相传高句丽建国以前，集安城里有一个古老的王国，名叫卒本夫余。据说有一代国王很英明，深受百姓爱戴，人们称他为神王。有一天，神王带领文武大臣到五女峰山上打猎，当走到一个地势险要的山崖时，神王感到又累又乏，便躺在岩石上休息，不一会儿就睡着了。突然，岩石发出了一声震耳欲聋的巨响，把人们都吓呆了。接着，神奇的事情发生了：只见国王坐的岩石发出了万道金光，晃得人们睁不开眼睛。待刺眼的金光消失之后，人们发现，原来的岩石不见了，变成了一座石头莲花台。国王四平八稳地坐在上面，微笑着向各位大臣招手，莲花台慢慢向天空升去。这时大家才明白，国王是寿终归天了。从此，人们把这块岩石看得十分神圣，视为人死去登天的起点，起名“登天崖”，以纪念这位国王。

高句丽文物古迹旅游景区AAAA

奴隶制国家高句丽王朝的遗迹

✉ 通化市集安市迎宾路249号

高句丽文物古迹旅游景区是公元1世纪到7世纪奴隶制国家高句丽王朝的遗迹。下设集安市博物馆、好太王碑（含太王陵）、将军坟、禹山贵族墓地、丸都山城五个景区。

丸都山城

丸都山城是高句丽早、中期的著名城址之一。修建之初是作为国内城的军事守备城而建，后曾两次作为高句丽王都使用。山城平面不规则，北高南低，形若“簸箕”，环山为屏障，谷口为门，山腹为宫，是古代城市建设中的上乘之作。

长寿王陵

长寿王陵又名将军坟，是现存最为完整的石结构陵墓，为高句丽第二十代王长寿王之陵，建于公元5世纪。外观呈方坛阶梯式，全部用精琢的花岗岩砌成，气势宏伟。因造形颇似古埃及法老的陵墓，故有“东方金字塔”之美誉。

长寿王陵

好太王碑

好太王碑是高句丽第十九代王“国冈上广开土境平安好太王”的墓碑，被誉为“海东第一古碑”。立于公元414年，是其子高句丽第二十代王长寿王为其父所立。角砾凝灰岩粗制而成，近方柱状，共1775个字，现能辨识者1590余字，是现存最早、文字最多的高句丽考古史料。

禹山贵族墓地

包括以禹山2110号墓为中心的“五盔坟”“四盔坟”及四神墓、2112号墓等12座墓葬。墓葬等级很高，对于研究高句丽墓葬习俗具有重要价值。

云峰湖景区

炎夏避暑胜地

集安市以东鸭绿江上游40千米处

云峰湖景区主要由有着“界河明珠”之称的云峰发电厂、象征着中朝友谊纽带的云峰大坝、大坝截流形成的人工湖组成。景区内风景优美，气候宜人，是炎夏的避暑胜地。

景区内的主要景点有铁塔银线、寻幽石洞、铁桥春早、云水远眺和日伪时期建造的铁桥及花园式街道等。如果时机凑巧，赶上大坝泻湖，可以一览玉湖飞瀑的壮丽场面。

玩家解说

置身云峰湖景区如临仙境，岸上鸟鸣，水中鱼跃，蓝天白云，青山碧水构成一幅秀丽的湖光山色画，使游人大饱眼福，心旷神怡。另外，在桥上可以看到朝鲜的景色。

鸭绿江国境旅游区

国境风景带

集安市迎宾路21号

该旅游区位于祖国边陲集安市内，与朝鲜隔江相望，旅游区内地质地貌景观独特，是具有江南景色的谷地风景带。站在鸭绿江大桥上，可以欣赏到两岸的景色。旅游区内还有知名的国东大穴蚀洞、穴群及危崖峭壁景观，其中通天洞、三角天崖、大观音洞各具特色，值得观赏。

到旅游区内可乘船游览鸭绿江，船票每人为25元。

万鹭岛

万鹭的栖息所

梅河口市磨盘湖水库

万鹭岛坐落在磨盘湖景区内，因岛上栖息着成千上万的苍鹭和白鹭而得名，是长白山地区最大的鹭鸟繁衍生息地，现在已经成为中国北方鹭鸟科考基地，央视和吉林省电视台多次在此拍摄纪录片。到了春夏季节，这里有白鹭、灰鹭数千只，是我国北方罕见的生态景观，也是一处难得的观鸟、摄影基地，爱鸟人士和摄影爱好者可到此拍照，一睹万鸟齐飞的壮观场面。

鸡冠山国家森林公园 AAAA

大自然的天然氧吧

梅河口市吉乐乡吉兴村

鸡冠山国家森林公园山势陡峭险峻，山峰秀丽挺拔，山路崎岖不平，山石嶙峋突兀，溪水潺潺流淌，树木花草繁茂，森林覆盖率达90%。公园内空气清新，负氧离子含量高，是不可多得的天然氧吧。而且园内的泉水水质纯净，无污染，达到了国家一级水质标准，

鸭绿江国境旅游区

可直接饮用。

景区内除优美的自然风光外，物种资源也十分丰富，有大量的珍奇古树、野生动物，还有当地村民兴建的药用植物场、鹿场等，是梅河口市发展人参、中草药、山鸡、梅花鹿等种植业、养殖业的重要基地。

玩家 解说

鸡冠山属长白山余脉，因状如鸡冠而得名。鸡冠山有12峰，最高峰为969.1米，即鸡冠砬子。其山势险峻，怪石林立，古树参天，针阔混交林遮天蔽日。登临此顶，春可赏杜鹃花海，夏可观云海奇观，秋可赏漫山红叶，冬可观林海雪原。

梅河口海龙湖景区 AAAA

东北“小西湖”

通化市梅河口市南环西路

海龙湖位于梅河口市东南部，总占地面积 1636 亩，其中湖区水面约 700 亩，是梅河口市最大的人工湖，被誉为东北“小西湖”。整个景区采用海绵城市设计理念，形成“一湖、两廊、三岛、四桥、七区”的空间格局，著名景点包括海龙湖广场、牵手广场、梅溪湿地、十里铺、松风广场、禹门岛。其中海龙湖广场由入口景观道、中心喷泉、亲水栈道和观景台组成。牵手广场是专为婚庆典礼及婚纱摄影打造的主题广场，有浪漫的求婚花海、温馨的婚礼草坪和临湖庆典平台。

五奎山风景区

综合性服务功能景区

梅河口市东北9千米处

五奎山风景区以自然山水为主体，重点突出寺院宗教特色，是兼有旅游、观光、度假等综合性服务功能的景区。

五奎山境内山峦起伏，五峰耸立，山上洞穴嶙峋，泉眼处处，流水淙淙。东起第二峰顶有八角九层内梯外廊佛教楼阁式观赏塔——祥云塔。第三峰顶有气势恢宏、金碧辉煌的龙泉寺，龙泉寺周边有梅河口市广播电视发射塔。

链接

五奎山名称由来

相传有一年暮春，清康熙帝到盛京（今沈阳）祭祖，后来到海龙附近的皇家围场狩猎。康熙在五位大将的陪同下，跑了半天一无所获，十分扫兴，正想转驾回銮时看到树丛中有一只梅花鹿忽然跳出，康熙立马弯弓射箭，鹿被伤了一条腿，康熙催马紧追，翻了几座山后眼看就要抓到伤鹿，它突然吃了一个蘑菇状的东西后飞奔跑掉了。后来大臣告诉康熙鹿吃的是灵芝草，不仅可治百病还能长生不老。康熙听后大为心动，立马派五位大将去搜寻鹿群。五位大将好不容易找到鹿群，最后却跟丢了，康熙气极，欲杀五位大将以显君威，但是五位大将战功显赫，杀了可惜，有大臣建议以盔代首，于是就把五位将军的头盔放在山包上斩了一刀。从那以后，人们就把放将军头盔的五个山包叫五奎顶子，时间久了，最后变成了五奎山。

长白山风景区 AAAAA

中国最大的火山湖

白山市抚松县境内和延边州安图县

9月4日至次年4月30日，8:00~17:00；5月1日至9月3日，7:00~17:00

北景区组合票225元（门票+大巴车票+池北旅游班线往返车票，不含天池主峰）；西景区组合票214元（门票+大巴车往返+池西旅游班线车往返，不含主峰）

0433-5742286

长白山天池位于长白山主峰火山锥的顶部，是火山喷发后在雨水、雪水和地下泉水作用下形成的火山口湖，同时也是松花江的源头。16座山峰簇拥着一潭清澈的湖水，不同角度观察到的天池颜色各异。这里四季景色迷人，碧空如洗，湖水幽蓝，宛如仙境，是来长白山的必赏之地。夏季是到天池游览的最佳季节。

天池作为中国和朝鲜的界湖，站在湖边可眺望朝鲜境内的景观。西坡还有中朝两国的界碑，游客可以拍照留念。著名小说《盗墓笔记》把这里作为男主人公的故乡，因此这里也成了书迷“稻米”的心中圣地，吸引着众多“稻米”前来朝圣。

链接

天池的神话演义

远古时期，水神共工与火神祝融争战，共工兵败，气急之下用头怒撞不周山的撑天之柱。天柱崩溃导致天庭塌陷，天河水从天豁口灌入人间，导致洪水泛滥。女娲娘娘为民众福祉，在不咸山天稽崖下烈焰冲天、岩浆翻滚的巨大火山口中，炼出了高十二丈、方二十四丈的五色石36 501块。女娲娘娘用了36 500块五色石堵住了缺口，只单单剩了一块未用，留了个小小的豁口，叫天庭之水缓缓地流下沃灌人间，形成了通天乘槎河。

白云峰

白云峰位于天池西侧，南邻玉柱峰，北对芝盘峰。海拔2691米，是东北第一高峰。白云峰顶终日云雾缭绕，显得神秘莫测。

芝盘峰

芝盘峰又称鹿鸣峰，位于天池西偏北，海拔2603米，峰顶由4个小山峰组成，有“四子会芝盘”之说。北侧有可容纳几十人的山洞，是长白山的主要异洞之一，因形似鹿蹄，又称鹿蹄洞。

锦屏峰

锦屏峰位于天池西侧，海拔2590米，东起龙门峰，西经观日峰、芝盘峰，南至白云峰的大马蹄形内壁，俗称“大簸箕”的正中。

观日峰

观日峰位于天池西北，海拔2510米。观日峰与西大坡相连，山上经常有成群的野马和鹿出没。

长白山（溪流）

龙门峰

龙门峰海拔2595.7米，比天池水面高出401.7米。峰门两峰突起，形状像门，故名龙门。它位于天池北偏西，与天豁峰一起把守着天池水的出口。

天豁峰

天豁峰海拔2620米，位于乘槎河东岸，与龙门峰对峙。天豁峰有一侧颜色为赭褚色，就像龙盘旋在岩壁上；而在山峰后面，颜色多为赤红色，色彩对比强烈。

铁壁峰

铁壁峰位于天池北侧，海拔2560米，铁壁峰的凝灰岩为柱状节理发育，又经多年风蚀雨侵，多为悬崖峭壁，并形成了“四老对弈”“观景台”等胜景。

华盖峰

华盖峰又称黄岩峰、鹰嘴峰、天文峰，海拔2670米，是长白山第三高峰，也是天池东侧最高峰。整个山峰霸气凌厉，是从北坡俯瞰天池的最佳之处。

紫霞峰

紫霞峰海拔2618.2米，位于天池东侧，大部分由紫色火山岩构成。峰顶两驼峰高耸天际，参差错落，远观宛若西天落霞，紫气东来，故而得名。

孤隼峰

孤隼峰位于天池东南紫霞峰、三奇峰之间，海拔2711米，下有鸡冠岩、仙人岛等名胜。孤隼峰峰顶峻峭，向西斜出，形似一只孤傲的鹰隼，故得名。

将军峰

将军峰海拔2749米，是长白山16峰中最高的山峰，位于天池东南。

长白山天池

冠冕峰

冠冕峰位于天池正南，海拔2525.8米，与“补天石”隔池相对。是由火山喷出物——白色浮石构成，加之高山气候，四季积雪，终年皆白，雪石难分，景色煞是好看。

梯云峰

梯云峰位于天池西南侧，海拔2543米。面朝天池侧有双峰挺立，呈梯形，背向天池侧两峰相对，亦呈梯形，故而得名。山头终年云雾缭绕，即使是晴天也看不清山峰的轮廓，十分神秘。

玉柱峰

玉柱峰位于天池西侧，海拔2664米。因山体由青色玄武岩构成，又称青石峰。因状若石柱，摇摇欲坠，因此也享有“长白玉柱”的美誉。

织女峰

织女峰位于乘槎河东岸的天豁峰和铁壁峰之间，海拔2530米，峰顶有闻名遐迩的览胜台。传说牛郎织女每年七月初七相会时，均在此观览湖光月影，因名织女峰。

落笔峰

落笔峰又名荷笔峰，位于天豁峰北偏

东，东南距天文峰700米，海拔2520米。柱状峰顶高耸入云，恰似笔尖放在笔筒之上，因而得名。

杨靖宇将军殉国地

不朽的精神丰碑

白山市靖宇县城西南6千米

此地是抗日英雄杨靖宇将军的殉国之地，人们为了纪念这位英雄，1962年起相继在此修建了纪念碑和纪念塔。纪念塔上刻有朱德题词“人民英雄杨靖宇同志永垂不朽”。整个景区分为前导区、中心区和旅游区，以牌楼、塑像、正气亭、台阶、拱桥、纪念碑、纪念塔形成一条纵轴线，将三个区连在一起。

牌楼是陵园的正门，采用古式黄色琉璃瓦建筑。在前导区的中心广场上，耸立着杨靖宇将军的塑像，塑像前的四角形正气亭中可观望中心区和旅游区全貌。中心区内纪念碑的西侧有杨靖宇将军纪念馆，再现了将军殉国前在蒙江90天的战斗历程。

望天鹅风景区 AAAA

火山作用下的奇异景观

白山市长白县十五道沟

望天鹅山是一个巨大的中心式喷发和溢流的玄武质火山锥，沟内因火山作用形成的火山地质遗迹和景观非常独特。望天鹅山远看就像一只翘首展翅的天鹅，故得此名。景区内奇岩怪石居多，瀑布也颇多。这里的岩石节理发育明显，多为四棱、六棱体，瀑布多且造型奇特，蘑菇泉瀑布、母子瀑布、九叠泉瀑布十分有名。八大瀑布、十大石景是望天鹅风景区最具代表性的景观。

彩虹瀑

彩虹瀑的亮点在于似绫罗般的瀑布均匀地被巨石劈开，飞流直下，在石面上形成了奇妙的纹理，落到巨石下面与之成直角的一

望天鹅风景区

块更大的巨石上，就如珍珠散落玉盘，溅起水花一片，再由阳光一照，映射出色彩斑斓的彩虹，并且随着光线的移动彩虹的位置也会发生变化。

九叠瀑

九叠瀑是望天鹅景区内最著名的景观，瀑布从天而降，撞击在礁石上，似天女散花，再拍打在层层岩石上，数十次坠落和弹起，浪花飞溅，十分有趣。

书墙

岩石组成的岩壁很是奇特，很像古代读书人依墙而立起的一面书架，上面装满了古老的匣装书，大自然的鬼斧神工只能让人啧啧称奇。

玉女泉

玉女泉是石与水奇妙组合的精美造型，粗糙的岩石被大自然刻画成了精美绝伦的物象，似皓腕玉臂、粉脂凝香的美人，旁边就是清澈的泉水，俨然是一幅美女出浴图。

金童泉

金童泉与玉女泉紧挨，金童玉女，自古就是佳话。山间的一道清泉略呈弧线形，就像是一股童子尿。

琴弦瀑

琴弦瀑因像九根琴弦，故而得名。瀑布从崖顶飞奔而下，被山崖峭壁劈开，均匀地

形成了九束水流，水流后面是黛绿幽深的石壁，远看就像是古琴，伴随着水流击打岩壁发出的声响，好一曲“高山流水”。

通天河

通天河气势磅礴，就像是千百条龙摇头摆尾地撞击着岩石，卷起千堆雪浪，吐出千万颗银珠。

珍珠帘瀑布

珍珠帘瀑布是悬崖顶端中从绿色植被中溢出的流水，形似串串银珠，再落于宽敞的石窟形的峭壁前，犹如珍珠帘幕一般璀璨夺目。

母子瀑

母子瀑是由并排三个大小不等的瀑布组成，瀑高22米，北面的最大，南面的两个较小，形同母子，人称母子瀑。瀑布下面溪流之中有一块巨大的岩石，形似一只石龟，缓缓向前爬行。

雄狮岩

突兀而立的岩石，形似雄狮，威武、庄严，昂首而坐，面向北方眺望。

蜂窝砬子

天公将这座石峰的盖头揭开，将组成山峰的柱状节理的漂亮横截面亮给游客，让游客看到了大山的肌理。六棱六角的石柱截面，六棱六角的石缝，状如蜂窝，向游览者展示了大山构造之奇绝，天工造就之精美。

石柱崖

石柱崖是具有柱状节理的玄武岩经风化作用、流水侵蚀和崩塌而形成的地貌景观。石柱崖横跨距离60米，高28米，其下部以挺立的石柱为基，上部以横卧的石条为顶，清晰地展现了由火山喷发溢出的熔岩流在冷凝过程中形成的柱状节理。柱状节理是玄武岩中的一种原生构造，此现象对研究熔岩流的方向有着极为重要的科考意义。

千柱峰

千柱峰的柱状节理的形成与石柱崖相同。在300万~200万年前，火山喷发的玄武岩熔岩流在地表冷凝形成熔岩时，因冷凝面向中心收缩，中心连线的方向上产生了相应的张应力，因而形成的断面为六边形或五边形的柱状节理。此处裸露在表面的石柱为108根，横跨距离118米，最高的石柱高为26米，石柱肩并肩或背对背，整整齐齐，严丝合缝，共同托举起巨大的横卧石顶，可谓是鬼斧神工、壁立千仞。

露水河国家森林公园 AAAA

红松的故乡

白山市抚松县露水河镇

该森林公园内林木茂密，拥有大面积的长白山红松阔叶混交林，保存着亚洲最大的天然红松母树林，享有“红松故乡”美誉。森林公园由松海景区、松源景区、松江景区、松湖景区、逐鹿景区、漂流景区构成，一年四季皆可游玩。森林公园还建有狩猎基地，分开放式、封闭式狩猎围场和繁殖区。园内建有度假别墅木屋，可体验森林生活。

沐氧园

顾名思义是吸氧的纯净之地。这里的负氧离子每立方厘米高达4万个，是吉林空气公司采集森林空气的主要采集地。园内古木苍天，建有空中楼阁3栋和长约1700米的林中甬道，还有梅花桩、独木桥、高空秋千等野外拓展训练活动设施。

和露园

和露园于2008年建成，是书法艺术石

露水河国家森林公园

白山湖风景区

刻园，有40余块“白山石刻”，这些石刻分为“古韵”“今唱”“风物”三部分，“古韵”是清代诗人所作诗句，“今唱”为当代诗人的诗歌，“风物”为名家剪纸作品。

木质八卦迷宫

这是森林公园利用木材生产加工剩余物建成的一座木质迷宫。迷宫占地面积约3000平方米，共有9层，迷宫中间建有一座高9.8米的塔楼，里面的通道曲折迂回，十分具有迷惑性。

长白朝鲜民俗村

综合性民俗旅游场所

白山市马鹿沟镇果园村

民俗村内的建筑主体充分体现了朝鲜族的传统风俗和风格，整体以旅游开发为主，生态特色农业为辅。民俗村内有民俗陈列馆、高丽馆、文化墙、奇石园等，是融休闲、观展、娱乐、餐饮、购物和度假为一体的综合性民俗旅游场所。

白山湖风景区

湖泊型风景区

白山市靖宇县城外

白山湖风景区陡峭险峻，重峦叠嶂，奇峰高耸，直立的山峰高达600米。湖岸边怪石嶙峋，有的似天仙临月，有的又像狰狞的怪兽在对湖咆哮。风景区内各类自然景观达上百处，而白山湖是这里的主打景观，湖岸边设有游船码头。

白山湖景区以夏季旅游为主，这里有仁义峰、冰湖沟、时运泉、骆驼峰、石门崖、神女峰、一线天、补天石等自然景观。游客在领略大自然的鬼斧神工后，还可欣赏白山湖畔的秀丽风光。

中国人参博物馆

全国首家人参博物馆

白山市抚松县抚松镇参乡路419号

博物馆集收藏、保护、研究等功能于一体，设序厅、参史厅、参俗厅、品参厅、参品厅、影视厅和临时展厅，从多个方面详细介绍了人参的历史、人参的应用、人参的野外采挖、人工栽培、生产加工等方面的内容，并展示了各种形态的人参实物样品和人参标本，其中有重达1.35千克的长白山参王。

博物馆还利用泥塑的形式，生动地展示了被列入国家级非物质文化遗产保护名录的长白山采参习俗的整个过程及有关人参的各种传说故事和艺术品等。

四保临江战役纪念馆 AAAA

忆古惜今地

白山市浑江区岳桦路62号

该纪念馆是在四保临江战役胜利58周年之际在原址上动工兴建的，主体为三层建筑，大厅内摆放着陈云、萧劲光、肖华同志的塑像，大厅两侧分别是四保临江战役场景的大型浮雕。纪念馆共分8个展厅，馆藏各种珍贵图片400余幅、艺术品12件、文物150件，并有大型铜塑像6尊、大型浮雕5幅，系统展现了东北解放战争期间我党我军坚持南满斗争的艰苦历程和四保临江战役的恢宏场面，以及临江地区人民英勇奋战的精神。

七星泉景区

长白山小九寨

白山市江源县三岔子镇东北部

七星泉景区位置偏僻，但是景区内石奇、水秀、林美，5月下旬是观赏映山红的最佳时节。作为浑江源头的清水河横贯整个景区。景区的主要景点有日星泉、月星泉、木星泉、金星泉、水星泉、火星泉、土星泉，还有卧虎崖、七星飞瀑、风情岛、仙人峰等岩壁景观。有人称：“九寨一去不看水，七星归来不思泉。”

火山矿泉群国家地质公园

火山型景观带

白山市靖宇县龙岗山

火山矿泉群国家地质公园奇特的自然风光主要由玄武熔岩、火山口、火山锥、玛珥湖、堰塞湖、火山湿地和千奇百状的矿物泉

火山矿泉群国家地质公园

组成。由于地形地貌、地质构造和流水的作用，台地上经流水作用切割形成的浅“V”形沟谷的走向多为北东向。地质公园内森林密布，植被资源丰富，自然景观壮美奇特。

夏日冰洞

夏天结冰的神奇洞穴

白山市八道江区六道江镇西村

夏日冰洞位处于西村的一个窑沟山上。这个洞最神奇的是夏天开始结冰，天气越是炎热，洞内的冰层就结得越厚，以至于形成了冰山、冰柱、冰帘等形态各异的神奇景观。到了秋季的时候，洞内的冰柱开始融化，冬季荡然无存。这种奇特的自然现象引起了众多中外游客的好奇及关注。洞口处还有一个大厅，可观赏一线天、钟乳石和动物遗骨。这里是游人探险、探奇的好地方。

金银峡景区

自然与人文景观景区

临江市085县道附近

金银峡景区江阔水稳、峰险岭奇，这里还盛产鳌花、重唇等各种名鱼。景区不仅有着良好的自然生态环境，人文景观也很有特色，如法荫寺悠扬的古刹钟声、高僧的念经诵法。

松岭雪村

中国第一雪村

临江市花山镇珍珠门村

松岭雪村是较为典型的山东移民村。雪村的住户不过100来户，分布在村落的岭上及小山底部。这里的自然生态保持完好，四季景色分明，特别是冬季，千里冰封，万里雪飘，银装素裹，俨然是一个童话世界，吸引着众多摄影爱好者前来采风，被誉为“关东雪村·水墨松岭”。

攻略资讯

- 交通
- 住宿
- 美食
- 购物
- 娱乐

交通

飞机

吉林二台子机场简称吉林机场，在长春龙嘉国际机场启用前曾是军民两用机场，在2005年停止民航业务。目前在改扩建中。

长白山机场：位于白山市抚松县松江河镇长白山保护开发区池西区，为4D级森林旅游支线机场。目前已通航上海、北京、杭州、西安等十余座城市。有机场至长白山池北区的机场巴士。

通化三源浦机场：位于通化市柳河县三源浦朝鲜族镇，为军民合用支线机场。通航北京、天津、广州、上海、青岛、西安等多个城市。有机场专线巴士连接通化市区，终点在江边城市候机楼，车程约1小时。

火车

吉林火车站是东北地区重要的交通枢纽，是长图铁路、沈吉线、吉舒线和长珲城际铁路的交会处。周边城市通化、白山各有一个火车站。

吉林站：位于吉林市昌邑区重庆街1号，每天的列车停靠数量有100多次，主要通往省内各城市及全国各地。

通化站：位于通化市建设大街，每日发出或途径列车有30多次，主要为周边城市服务。

白山站：火车站的建筑具有俄罗斯风格，位于白山市浑江区东庆路东兴街，主要通往周边城市，也有少量通往北京、大连等城市的列车。

汽车

吉林市公路发达，主要有吉林客运总站，县级市主要有舒兰客运站及磐石客运总站等。通化市有通化客运站（老站）和通化总站新站；白山市有白山客运总站、客运西站及长白山客运总站等。

吉林客运总站：位于昌邑区重庆街1号吉林站西广场地下综合交通换乘中心内，有发往吉林省内以及省外的班车。

长白山客运总站：位于安图县明月镇九龙路93号（长白山博览城旁），目前已开通前往长春、延吉、敦化、安图、通化等地的公路客运线路。

住宿

虽然旅游业并不是吉林市的热门产业，但是冬季来滑雪、赏雾凇的人还是给吉林当地的宾馆带来了一定的客流量。吉林市内的宾馆、酒店主要集中在火车站和旅游景点附

吉林火车站

近。住在火车站附近可以方便地到周边城市景点游玩。如果想到松花江看雾凇或到龙潭山玩，可以在景区附近选择性价比较高的酒店住宿。

●吉林紫光苑大饭店

四星级饭店，拥有各类客房，且装修精致，现代时尚与欧式浪漫完美地融合。附近有百货大楼、大润发超市、龙潭山公园，可满足出行的基本需要。 吉林市昌邑区中兴街136号 0432-65088888

●吉林雾凇岛张家客栈

客栈是典型的东北风格，火炕舒服又

吉林市的酒店客房

暖和，老板一家都十分热情，做的东北菜非常正宗。想体验一下东北人家的风情可以试试。 吉林市龙潭区乌拉街韩屯村二组 15044684566

●更多住宿推荐

窝牛太空舱青年旅舍 昌邑区辽宁路阿里山花园14号楼 13644479077

吉林雾凇岛胡家大院 龙潭区乌拉街韩屯村 13844618666

美食

吉林市的饮食以东北菜、朝鲜菜为主。东北菜量大、分足且多为炖菜，朝鲜菜多为冷面素食，比较著名的有锅包肉、冷面、人参鸡、白肉血肠、庆岭活鱼等。吉林市的美食及小吃主要集中在东石和松江二厅一带。注意，饭馆的菜量都很足，可酌情少点。

●锅包肉

东北名菜，吉林的餐馆内几乎都有这道菜。做法是把猪肉切片腌制，入味后裹上浆下锅炸至金黄色，然后捞出摆盘勾芡。锅包肉肥而不腻、外酥里嫩，味道很棒。

●冷面

朝鲜族的传统食品，是来吉林不能错过的美食。入口凉爽清淡，面条柔滑耐嚼，而且价格便宜，配料丰富。

冷面

●白肉血肠

白肉血肠是一道东北名菜，以猪肉、血肠作为原料，辅以其他蔬菜作为配料乱炖而成。血肠吃起来绵软脆嫩，白肉肥而不腻，汤鲜香浓醇。

白肉血肠

●庆岭活鱼

庆岭活鱼是一道有药香的菜，这与当地的鱼质及烹饪方法有关——在烹饪的过程中是锅里的水慢慢渗入鱼肉里面，这样做出来的鱼肉就鲜香滑嫩，并且各种调料的味道也糅合到了鱼肉里面。

●人参鸡

人参作为东北三宝之一，是一种名贵的补品。人参鸡是一道传统的汉族药膳菜肴。当地人采用上等的人参与老母鸡先慢火煨，然后将老母鸡放在笼屉上蒸制而成，不是大锅一起煮的。人参鸡营养又滋补，是养生必备佳品。

●什锦田鸡油

作为吉林特产，田鸡高蛋白含量丰富。这道菜取田鸡油作为主料，并配上苹果、香蕉、梨、菠萝等水果调制成糖糕，营养丰富，口味香甜。

购物

东北三宝很有名，吉林还盛产中药材，如党参、黄柏。当地的土特产比较多，而且手工艺品也很不错，如松花湖浪木根雕、树皮画、彩绘雕刻葫芦等。

特产推荐

●松花湖浪木根雕

还是吉林特有的根雕艺品。浪木经过几十年的湖水浸泡，成色饱满，木面滑腻，再经过人工打磨，栩栩如生的根雕艺术品就诞生了，具有非常强的收藏价值。

●树皮画

它是利用树皮所具有的天然形态，根据其不同的纹理、颜色，巧妙地组合在一起，粘贴成各种半浮雕式的图案的一种画作，以风景画为主。

树皮画

●参茸

参茸是中医的常用配伍药，具有强心、镇静、降血糖、抗疲劳、利尿等功效。

● **吉林彩绘雕刻葫芦**

用当地特产的葫芦作为雕刻原料，经过打皮、磨光、绘画、雕刻、着色等步骤精雕细刻而成。葫芦上的图案也是多彩多样，有花鸟虫鱼、古刹宝塔、人神动物等，惟妙惟肖，煞是可爱。

● **东山白蜜**

源自长白山的野生蜂蜜，具有润肺生津、美容养颜、改善睡眠、调节神经等作用。

● **乌拉街小米**

乌拉街小米煮粥不煳汤，味道醇香，有健脾、养胃、安眠的效果，曾为清朝的贡米。小米粥营养丰富，有“代参汤”的美称。

● **黏豆包**

采用大黄米面或糯米面包入红豆馅蒸制而成，其色泽金黄，口感香甜软糯，是当地人最喜爱的小吃之一。

购物场所

河南街：吉林市的百年老街，聚集了吉林市很多大型购物商城，如东方商场、吉林百货大楼等。河南街还设有旅游购物商店，在这些商店中游客可以用比较低廉的价格买到正宗的人参、鹿茸等吉林特产，以及当地的一些民间艺术品。

东市：街道不长，但是有很多的特色小吃、烧烤摊，以及土特产商店和一些小商品购物店。周围有很多购物商场，如国贸购物中心。

娱乐

吉林市的特色娱乐活动基本围绕冰雪展开，如雾凇冰雪节、江面捕鱼，还有最富地方特色的东北二人转等文艺活动。

● **雾凇冰雪节**

每年的1月举行，以观赏吉林雾凇为主，活动为期约一个月。届时会举办盛大的东北大秧歌歌会、彩船游江会、焰火晚会、冰雕游园会，以及国际及全国性滑雪、滑冰和冰球赛事。

● **北山庙会**

每年的农历四月，北山的庙会接连不断：四月初八的佛诞节、四月十八的娘娘庙会、四月二十八的药王庙会、五月十三的关帝庙会，其中药王庙会最为热闹，届时人声鼎沸，北山上人山人海，好不热闹。

雾凇冰雪节

延边州

发现者旅行指南

概览

亮点

防川风景区

防川风景区位于中、朝、俄三国交界的地方，在这里可以一眼望三国，也是中国唯一濒临日本海的景区。景区濒江临海，依山傍水。防川村有“东方第一村”的美誉。

六鼎山

六鼎山融渤海文化、道教文化、清始祖文化为一体，同时也是闻名中外的长白山山脉的丘陵地带，南有渤海国古墓群，北有牡丹江穿过，东有世界上最大的比丘尼修行道场。

帽儿山

延吉市的最高山峰，登顶可俯瞰整个延吉风采。山上汇聚了朝鲜族各式民居，还有朝鲜族民俗园，游客可来此体验朝鲜族风情。

防川风景区

雪山飞湖

地处松花江的上游，源头来自长白山天池。景区内风景美如画，有“长白山第一湖”的美称，还是电视剧《雪山飞狐》的拍摄地。

二道白河

素有“长白山第一镇”之美称，距离长白山核心景观只有35千米，是进出长白山的门户，还是《盗墓笔记》书粉“稻米”的“朝圣”之地。

线路

延边边境风光二日游

以边境游为主题，围绕延吉、珲春和图们三个城市展开。第一天上午来到祖国的东大门——图们国门，遥望对面的朝鲜；下午去有着一眼望三国的珲春防川风景区，这里有莲花湖、龙华阁、沙丘公园等众多景点；晚上去吃一顿正宗的朝鲜族大餐。

第二天上午赶往延吉，参观朝鲜族民俗风情村金达莱民俗村；中午去西市场元奶奶包饭享用韩式料理；下午游览帽儿山森林公园。

长白山峡谷浮石林

长白山周边一日游

上午前往二道白河，这里是长白山的进出门户。稍作休息后可到不远处的长白山峡谷浮石林，领略一下大自然的鬼斧神工。下午可到大戏台河风景区感受泉水的清凉，有时间的话还可以到周边的村落体验一下当地丰富多彩的民俗。

为何去

浓郁的民族风情，带点异国色彩。地处中国边陲地带，在图们口岸可一睹他国风采；防川可一眼望三国；来到金达莱民俗村，纯正的朝鲜族风俗让你大开眼界；登上帽儿山，一览延吉风光；走进雪山飞湖风景区，感受金庸笔下的神秘之境；驱车前往二道白河，向着心中的圣山出发。

图们江大桥

何时去

冬暖夏凉的气候特征，让这两个季节的延边变得分外迷人。夏天来延边，地道的冷面驱走夏日炎热，然后到民俗村感受朝鲜族风俗。冬天的长白山冰雪嘉年华等着你来狂欢，还可以到老克里湖，在白雪皑皑中探寻童话世界的秘密。

二道白河

敦化六鼎山

区域解读

区号：0433
面积：43 474km²
人口：189.95万人
主要少数民族：
朝鲜族

地理 GEOGRAPHY

区划

延边州下辖6县级市（延吉市、图们市、敦化市、龙井市、珲春市、和龙市），2县（汪清县、安图县）。延边州政府驻延吉。

地形

延边地处吉林省东部，位于中、俄、朝三国的交界处，面临日本海，是著名的边陲之地。延边州处于长白山区，山地占延边总面积的54.8%，“八山一水半草半分田”是延边地貌的真实写照。

延边地势西高东低，自西南、西北、东北三面向东南倾斜，珲春一带为最低，故整个地貌呈现出山地、丘陵、盆地三个梯度。延边的周边地带多为山地，丘陵多分布在山地边缘，而盆地主要分布在江河两岸和延边中心市区。

气候

延边州属于温带湿润季风气候，因为受到亚洲大陆和太平洋高低气压季节变化的影响以及锋带季节的移动，它的气候又与一般的季风气候有所不同。主要表现在季风明显，春季干燥多风，夏季温热多雨，秋季凉爽少雨，冬季寒冷期长。同时又因为四周高山的阻挡，多了个冬暖夏凉的特点。

延边年平均气温为2℃～6℃，由于受到海拔和温度影响，气温东部高于西部，11月到次年3月为延边的结冻期。延边年平均降水量一般为400~650毫米，雨期出现在6月、7月、8月三个月。

历史 HISTORY

历史大事记

●远古时期

据考古发现，迄今为止已知延边地区最古老的人类活动大约发生在2.6万多年前。

●新石器时代

根据已经发掘的新石器时代出土文物及2000年前的史书记载，中华肃慎族早在新石器时代已经在延边这块土地上繁衍生息。《左传》上有史为证：昭公九年，周景王使詹桓伯辞于晋曰“及武王克商，肃慎、燕亳、吾北土也”，也就说明了延边是肃慎人最早的发祥地。

●清朝时期

清朝称长白山为“龙兴之地”，即满族的发祥地，是八旗之外其他人不许入内的贵族圣地，对外封闭长达近200年之久。

延吉天池大桥

清宣统元年（1909年），设珲春厅，治所在珲春城。

1907年，日本帝国主义以“保护朝鲜人”为名，派军队侵入延吉朝鲜人较为集中的龙井，并设立了“朝鲜统临府临时间岛派出所”，开始进行间谍活动。清政府抗议后，相关官员举出各种实例，科学论证了朝鲜人所称的“间岛”是中国神圣领土。

●近代时期

1931年，日本帝国主义发动了侵略中国东北的战争。从此，东北陷入了日伪统治时期。东北沦陷期间，延吉市被称为“间岛市”，成了伪间岛省省会。日本帝国主义在侵占东北以后，采取了极其险恶的“以鲜治华”策略，并制订出“朝鲜人移民计划”，将大批朝鲜人强制移居东北各地。

图们口岸

1936年，伪满政府与朝鲜总督府共同制定了指导纲要，议定每年从朝鲜移民1万户，并决定把朝鲜移民作为伪满洲国国民的一分子，朝鲜移民受到了严密的管制。

1945年，苏联红军和东北抗日联军进驻延吉，伪满政府机关随之瓦解，延边地区获得解放。

1955年12月20日，延边朝鲜族自治州正式成立。

文化 CULTURE

击鼓舞乐的传统表演——长鼓舞

长鼓舞是朝鲜族民间舞蹈，历史悠久，在敦煌的北魏壁画中，已经有了类似长鼓的击鼓舞乐图。

长鼓在历史上起源于印度细腰鼓，又名“杖鼓”，曾流行于中原地区，其构造独特、音色柔和，因此常常用来歌舞伴奏和合奏。细腰鼓是通过丝绸之路传入我国中原之后又东传朝鲜的。

朝鲜族的长鼓鼓面为两面，音高不同，

长鼓舞

两端都可以进行击打奏乐。最早的长鼓舞以男性独舞为主，后来也加入了女性角色。两种角色下的长鼓舞，意境也全然不同，男性的舞风洒脱活泼，女性则端庄柔美。最早这种舞蹈表演形式起源于农乐舞，以庆祝丰收，而后慢慢演变成为当地人欢庆活动的一种表演形式。

现在的长鼓舞经过朝鲜族舞蹈家的精心改编，增添了新的时代特征和民族特色，形成了独舞、双人舞、群舞等多种形式。舞蹈家们在表演时往往有两种击打法：一种用鼓鞭兼用鼓槌，结合着击打鼓面奏出节奏；另一种是只用鼓鞭不用鼓槌。前者在表演时，会用鼓鞭按慢鞭拍子边击边舞，等到高潮时，才抽出长鼓上的鼓槌辅以助兴进行技巧表演。后者则是持鼓鞭随乐而舞，边跳舞边敲鼓，整个演奏是集身、鼓于一体，达到形式与内容的协调统一。不管是哪种击打方式，长鼓舞基本上都是由慢板起拍，尔后节奏逐渐加快，最后戛然而止，留给人无限怅惘与遐想。

现在朝鲜族长鼓舞经国务院批准列入第二批国家非物质文化遗产名录，是中华民族宝贵的文化财富。

祖国的东大门——图们口岸

延边州位于长白山脉的北麓，是以旅游业为主、具有朝鲜族特色的边疆开放城市，这里所有的商店、饭店以及各种广告牌都同时使用汉文和朝鲜文字。这里80%以上的人都是朝鲜族。延边与朝鲜隔湖相望，当你跨过国界线，你就来到了另外一个国家，国与国的距离，在这里仅仅几步之遥。

图们口岸是我国的东大门。图们与朝鲜咸境北道稳城郡隔图们江相望，东与珲春市相邻，西与州府延吉市相连，南与龙井市相接，北与汪清县相邻，地处大小“金三角”结合部，这里素有“地理之要冲，交通之咽喉”之称，是具有沿边、沿江、沿交通线和近海特点的吉林省最大的边境口岸城市，图们口岸则是这座城市的门户关卡。

图们口岸是我国一类口岸，也是吉林省唯一有公路桥、铁路桥与朝鲜相连的口岸，是我国首批“中外籍人员出入境陆地通行口岸”，我国对朝鲜的第二大陆口岸。作为东北地区重要的物资集散地、中转口岸和人员中转地，我国通往朝鲜的交通枢纽，图们口岸当之无愧成了“东北亚第一大陆桥”起点。

景点推荐

延边州旅游区

防川风景区 AAAA

中朝俄三国交界处

珲春市敬信镇防川村

防川风景区位于中朝俄三国交界之地，也是中国唯一濒临日本海的景区。风景区濒江临海，依山傍水，风景区内的防川村有“东方第一村”的美誉。

在防川，登高远眺，三国风光尽收眼底，中国的古朴典雅、俄罗斯的粗犷豪放、朝鲜的清新自然，各国风情大放异彩。在这里可以充分领略到亚欧交会处的绝妙异域风情，感受到强烈的文化冲击。

防川风景区蕴藏着丰富的自然旅游资源和人文旅游资源。这里有“一眼望三国”的景点，有茂盛的水草，有绿洲沙漠，有图们江红莲等景观，还有中俄“土字牌”界碑等，优美的景色让人应接不暇，浓厚的文化让人见识大涨。

玩家 解说

防川自古就有“鸡鸣闻三国，犬吠惊三疆”之称。防川风景区以其独特的“一眼望三国”以及区内的湖泊、森林和珍稀植物、鸟类等闻名于世。防川村前数千米便是1886年由清政府钦差大臣吴大澄会同沙俄代表巴拉诺夫而立的“土字牌”界碑。从这里到图们江口只有15千米，可以远眺日本海。登上附近山包上的瞭望塔，远处雾气蒙蒙的日本海连着天际；近处中朝俄三国的景致尽收眼底，左侧是俄罗斯的边城包德哥尔那亚，右侧隔江则是朝鲜的豆满江市。

龙虎阁

龙虎阁是防川景区内的一个观景台，可眺望中朝俄三国风光——朝鲜的豆满江、俄罗斯的哈桑镇，还有波澜不惊的图们江。

土字牌

光绪十二年（1886年）立，在我侧正中刻有“土字牌”三个大字，在俄侧刻有俄文字母“T”。现在的土字牌为国家一级文物，也是省级爱国主义教育基地和国防教育基地。

东方第一哨

东方第一哨处于中俄边界山岗上，是我国最东部的边防哨所，因此得名。江泽民、胡锦涛、李鹏、朱镕基等多位领导人曾到此视察，江泽民同志曾为哨所题词："当好国门卫士，固我中华边关。"

望海阁

望海阁是1993年建成的三层建筑物，高14米，矗立在防川哨所东面。在望海阁上可以看到朝鲜的豆满江和俄罗斯的包德哥尔那亚镇。"望海阁"三个字为中央军委原副主席刘华清所题。

吴大澂雕像

吴大澂曾为吉林的督办，管理珲春防务，擅诗文作画，也是著名的古文学家和金石学家。1886年，中俄重新勘察东部边界时是靠着他的据理力争，将沙俄偷偷立于洋馆坪大堤处的界碑往俄方移了8千米，扩大了我国的疆域。

图们江国家森林公园

综合性国家森林公园

珲春市林业局敬信林场

该公园东边与俄罗斯接壤，界长55千米；西南边以图们江为界与朝鲜为邻，界长75千米；北邻珲春市板石镇。图们森林公园是以森林景观和森林休闲文化为主题，以山水为依托、以民俗民风为重点、以边境风光为特色，融观光旅游、生态保护、休养度假、娱乐健身、跨国旅游、边境贸易等综合性功能于一体的国际性森林公园。

公园距日本海较近、气候属中纬度中温带近海季风性气候，冬暖夏凉，山清水秀，景色宜人。

玩家 解说

图们江国家森林公园可以"一眼望三国"。这里是与俄罗斯和朝鲜非常接近的一个边境公园，山下的图们江对面就是朝鲜，图们江是两国的分界河。由于这个森林公园本身就是在一个林场里，所以这里的绿化环境非常好，森林覆盖面广，夏天是旅游度假的最佳季节，每天傍晚也有很多人来这里散步。森林公园的山脚下是一个很大的广场，广场边就是图们江，可以沿着图们江散步。图们江森林公园沿边境的风光非常美。晚上广场附近非常热闹，沿着江边有很多的烧烤摊。

六鼎山风景区 AAAAA

亚洲最大佛教尼罗道场

敦化市南郊3千米处的牡丹江南岸

旺季7:00~16:30（4月1日至10月31日），淡季7:30~16:00（11月1日至次年3月31日）

110元（成人门票+观光车票）

吴大澂雕像

0433-6688330

该景区融渤海文化、道教文化、清始祖文化为一体，同时也是长白山的主要景区之一。这里依山傍水，群峰环绕，南有渤海国古墓群，北有牡丹江穿过，东有比丘尼修行道场，可祈福许愿，可参观祖祠古墓群，还可登高一览四周秀美风光。

景区内有48米高的金鼎大佛，有纯金贴面的千手观音，有缅玉雕成的释迦牟尼像，有清朝祖祠等观光景点。

玩家解说

进入景区，凭门票免费乘坐电瓶车前去正觉寺。进入正觉寺，门口有一只巨大的佛手，手心上印有命运舵轮。据说虔诚地去转动它会带来好运、摆脱厄运。

金鼎大佛

金鼎大佛是世界最高的释迦牟尼青铜露天坐佛。大佛共用铜500吨，由1046片铜板拼接而成。从莲花底座算起一共高48米，寓意释迦牟尼农历四月初八的诞辰。大佛右手向上悬举施“无畏印”，喻无所畏惧，左手向下伸展做托状施“与愿印”，喻宏愿齐天。

正觉寺

正觉寺是国内大型庙宇之一，也是世界知名的尼罗道场，寺院分殿堂区、生活区、佛学院三个区，山门殿、天王殿、大雄宝殿、观音互殿和藏经殿五座双檐大殿沿中轴线一字铺开随山势而升高。正觉寺是古今建筑相结合的杰作，也是东北地区宗教活动的重要场所。

清祖祠

据史料记载，敦化是清皇室的发祥地，清始祖在这里出生，并平定“三姓之乱”，之后创建了第一个满族政权。因此，后世在此建立了清始祖祠，它由始祖庙、天女宫、列组馆三大项目组成，融合了萨满文化。

古墓群

国务院第一批公布的全国重点文物保护单位之一。历史上粟末靺鞨部落首领大祚荣在敦化建立震国，后被唐玄宗封为“渤海郡王”，与高句丽和日本等国来往密切，史称“海东盛国”。

敖东城

渤海国中京遗址

敦化市东南区

敖东城距离牡丹江市约500米，敖东城又称忽汗城、鄂多理城、阿可克敦城、俄朵里城，是渤海国的早期都城。现在的敖东城原貌全失，仅留残缺的遗迹。

遗迹有252米长的外城南墙残段和190米长的外城西墙残段。城垣土筑，有内、外城。内城方形，外城长方形。向西有通往扶余府的道路，向东有联结东京城的衢道。

链接

古国渤海

唐代以后，大祚荣以粟末靺鞨部为主体，结合部分高句丽人于圣历元年（698年）建立振国（亦称震国）。先天二年（713年），大祚荣蒙受唐封为“左骁卫大将军渤海郡王”，仍以其所统治地为忽汗州，“加授忽汗州都督”，始称渤海王国，定都于此。全盛时“地方五千里”，史称“海东盛国”。

老白山原始生态景区 AAAA

自然多彩的垂直景观带

敦化市黄泥河林业局团北林场

景区内由于山地地形垂直变化的影响，老白山从山脚到山顶随着高度的增加形成了由温带到寒带的4个景观带，从山脚到山顶分阔叶林带、红松阔叶混交林带、鱼鳞松云山暗针叶林带、岳桦矮曲林带，这种自然多彩的垂直景观带在世界上是罕见的。

除了自然带，景区内的云海、怪石、瀑布都独具特色，由于此地地形复杂、人迹罕至，因此保留了大量的原始景观。

帽儿山国家森林公园 AAAA

展示延边风情的窗口

延吉市西南部与龙井市交界处

帽儿山国家森林公园以丰富的民族文化、森林文化、地域文化著称，同时也是延吉市重要的休闲度假胜地。公园内的帽儿山为延吉市的海拔最高处，登顶可俯瞰整个延吉风采，山上汇聚了朝鲜各式民居的朝鲜族民俗园，游客来此可以深入了解延吉风情。

帽儿山

除此之外，公园内野生动植物颇多，还有各种菌菇类植物，古木葱郁，遮天蔽日。在此地旅游休假，可尽情感受大自然的气息，脱离城市的喧嚣。

玩家 解说

帽儿山形如一顶草帽，故名帽儿山。帽儿山主峰海拔517米，坡度为15°，顶部附近坡度为30°。帽儿山国家森林公园内林茂草丰，空气清新，森林覆盖率达到76.1%，适合旅游者和市民踏青吸氧。帽儿山有一条木栈道，直接通到山顶。

从帽儿山主峰向东北远眺，延吉盆地尽收眼底；向南俯瞰，流淌的海兰江银练般地镶嵌在遍地稻花的海兰江平原上；向西仰视，果树成行，梨花飘香，远处的马鞍山双峰清晰可见；向东眺望，层林尽染，郁郁葱葱。

虎雕广场

虎雕广场入山口处矗立着一座高2米的虎雕建筑，上面有青年书法家杨青山草书的“虎啸长白”的题刻，彰显着延边人顽强拼搏的精神。

长白山植物园

植物园在帽儿山的东侧，园内植物茂密，树木种类很多，是观光游览的好去处，也是增涨植物知识的好场所。

帽儿山墩遗址

帽儿山墩遗址原是古代的一个烽火台，用火山岩碎石块堆砌而成，高约3米，顶部直径6~8米，根据史料记载它是渤海王国时期的烽火台。

朝鲜民族风俗园

民族风俗园分为民俗村、游乐村、水上

乐园、餐饮区、森林别墅、梨树园、婚礼城七大区域，游客可以在这里尝遍朝鲜民族小吃，体验最纯正的朝鲜族风采。

海兰湖风景区

综合性旅游景区

延吉市龙村与龙井市河村境内

风景区位于延吉、龙井、图们的三市交界处，具有得天独厚的区位优势，是融景观、餐饮、娱乐等为一体的综合性旅游景区。在这里游客可以坐船游湖，既欣赏美景，观看民族、歌舞表演，又可以品尝具有朝鲜族特色的美食。

风景区内的海兰湖高尔夫球场是36洞国际标准高尔夫球场。

延吉边墙遗址

绵延150余千米的边墙

延吉市烟集乡台岩村

边墙遗址西起和龙县，向东绵延150余千米，终点在龙井市长安镇，跨越和龙县、龙井市、延吉市的9个乡镇，处于南岗山脉与英额岭山脉的交会处。

这一带山势陡峭，南邻海兰江，形势十分险要。边墙由东山村向北延伸，经西城乡的西北山，沿着亚东水库边缘，越过和龙县人参场后进入龙井市境内。边墙蜿蜒不断，当地人称“长城”“边墙”。

延边博物馆 AAAA

地方历史和朝鲜族民族特色融合的博物馆

延吉市长白西路8627号

延边博物馆是一座集地方历史和朝鲜族民族特色于一体的综合性博物馆。馆舍三经变迁，现馆舍于2012年落成开馆，占地面积2万余平方米，馆藏文物近1.5万件。其中，国家珍贵文物500多件，由古代文物、近现代文物和朝鲜族民俗文物组成。博物馆现有三大基本陈列：《朝鲜族民俗陈列》《千秋正气——中国朝鲜族革命斗争史陈列》《延边出土文物陈列》。这些陈列以丰富的文物和史料，生动地展示了朝鲜族的民俗风情、革命斗争历程以及延边地区的历史文化。此外，还有《中国朝鲜族农乐舞》和《延边历程——延边朝鲜族自治州成就展》两个专题展览，是人们了解延边的重要窗口，进一步丰富了观众的参观体验。

满天星国家森林公园

满天星国家森林公园

延边唯一的四季景区

延吉市汪清县棉田村

满天星森林公园是汪清县满台城水电站拦河大坝建成后以人工湖为中心形成的公园，东西横距10.5千米，南北纵距5.4千米，总面积56.7平方千米，其中湖面水域10.49平方千米。公园内植被保护良好，森林覆盖率达到了90%。公园位于群山环抱之中，重峦叠嶂，林木苍翠，以美丽的满天星传说而命名。公园共分为八大景区、36个景点，具有“水旷、山幽、雪佳、林秀”的特点，同时也是延边唯一的“四季景区”。

金达莱民俗村

朝鲜族民俗村

和龙市延河一级公路北侧，距市区21千米

金达莱民俗村是延边州为数不多的全部由朝鲜族构成的村落，至今已有100多年的历史，保存了非常完整的朝鲜族生活习俗、文化传统等。民俗村三面环水、一面靠山，融旅游、休闲、农家乐等为一体，是国内外游客体验朝鲜族风情的最佳去处。

目前村内还设置了民俗美食体验区、民俗文化广场、体育文化广场等旅游休闲区域。在民俗美食体验区，可以品尝到各种朝鲜族民俗美食；在民俗广场，可以亲身体验秋千、跳板、摔跤等朝鲜族传统民俗体育运动；在体育文化广场，可以观看民族文艺表演及举行篝火晚会。

玩家解说

民俗村很有特色，所有的小屋子排列整齐，而且都只有一层。每家屋前都有一个小花园，可以种菜、种药材。民俗村坐落于帽儿山脚下，一般来延吉市旅游的朋友，可以先去帽儿山爬爬山，然后到山脚下就可以好好感受一下朝鲜族特色了。

仙景台风景区

天下第一仙景

和龙市德化镇和龙街13号

仙景台风景区内群峰秀丽壮观，主峰平地而起，气势磅礴，山峰奇特。风景区有大片的松树林，山野上的金达莱、杜鹃花姹紫嫣红、鲜艳夺目。山上的泉水四季长流，溪水清澈。仙景台的美景赢得了“诸仙游乐的天下第一仙境”美称，故而得名仙景台。

景区内有仙景台、高丽峰、金龟峰、独秀峰、北斗七星佛庙遗址、甘露泉、龙仙潭、仙耳岩、仙人岩等自然景观和人文景观。

链接

白发老翁的人间情结

传说中远古时期仙景台住着天王委派的白发苍苍的神仙老翁，名曰天福。他在仙景台尽情游览，享受着人间朝仙拜佛的乐趣。当他陶醉于人间美满幸福的欢笑声时，天福接到天王圣旨。天福不敢违抗天王圣旨，在离开人间之时，把自己的耳朵留在千姿岩11米高的绝壁上，以表达对仙景台美好的眷恋之情。

老克里湖

神秘的高山湖泊

和龙市城区西北30余千米处

老克里湖是海兰江的发源地，乃高山季节湖，丰水期积水成湖，枯水期一片沼泽。因海拔、气候等因素，老克里湖多以高山沼泽湿地形态呈现，植物资源以茂盛的乌拉草为主。

老克里湖

坐落在高山之巅的老克里湖的四周分布着茂密的原始森林。原始森林中人迹罕至，野生动物较多，十分神秘。20世纪50年代，著名的影片《寂静的山林》就是在老克里湖实地拍摄的。

每年10月开始，老克里湖就已经提前进入了冬季。隆冬季节的老克里湖白雪皑皑，树木上的积雪有十几厘米厚。由于开发力度小，这里很少有人来观光，但却不乏一些户外爱好者来此地探险、摄影、赏雪景。

雪山飞湖风景区 AAAA

长白山第一湖

安图县两江镇境内

雪山飞湖风景区地处松花江上游，雪山湖的源头来自长白山天池，景区内风景美如画。雪山湖有“长白山第一湖”的美称，湖面水域宽阔，湖周林木葱郁，群山环绕，美不胜收。初春时节，冰雪始融，湖面冰水两重天；盛夏满山葱翠，湖面碧绿；深秋霜叶渐红，湖水深绿；隆冬白雪皑皑，银装素裹，分外美丽。

景区内还有大大小小的半岛湖，两岸都是悬崖峭壁，山势险峻。有香蕉岩、太阳岩、

雪山飞湖风景区

柱体岩等奇异景观。景区空气清新，是个天然氧吧，也是夏季的避暑胜地。另外，这里是电视剧《雪山飞狐》的外景拍摄地，景区也改名为雪山飞湖风景区。

链接

雪山湖的民间传说

很久以前这里是一块山间凹地，当地人称麻窝地。两位朝鲜族老人在麻窝地里砍麻，砍着砍着，突然跑出三只白鼠，两位老人把它们打死了。忽然，麻窝地边岩石缝涌出三股清泉，将麻窝地淹没了。两位老人赶紧跑到半山腰，此刻天上乌云密布，雷电交加，下起了倾盆大雨，他们隐约看见一条小青龙在雨雾中钻入了水里。从此就有了雪山湖。这个故事至今还在民间流传。

朝鲜族民居

红旗朝鲜族民俗村

中国朝鲜族第一村

安图县万宝镇

该村位于通往长白山的必经之路上，是吉林唯一的朝鲜族民俗村。这里的居民全部都是朝鲜族，村里保留着古老的朝鲜族民俗风情。2006年，国家民委主任李德洙为该村题名“中国朝鲜族第一村”。

该村以其独具特色的朝鲜族饮食、民族舞蹈、民俗体育运动及热情好客的乡风，吸引着众多游客前来观光。同时也大力发展旅游文化产业，现在基本形成了融食、住、行、游、购为一体的旅游服务体系。

福满生态沟

北方的香格里拉

安图县西南19千米的福满林场

福满生态沟坐落在长白山旅游热线上，沟内山高、水丰、林密，土特产繁多。在2004年被确定为国家级农业生态旅游示范区。福满沟气候宜人，林木葱郁，是天然的氧吧，有“北方的香格里拉”之称。

在福满沟不仅可以看到生态农业，还可以看到美丽的自然风光。这里有纯天然野菜生产基地，还有中药材生产加工基地、有机绿色食用菌基地、梅花鹿养殖基地，以及有机蔬菜生产基地。

链接

福满名字由来

相传很早以前，一位仙女来到这里，触景生情，吟诗道：“山清水秀景色新，姹紫嫣红万木春，人间为何多仙境，盼得福满留子孙。”正巧，憨厚朴实的小伙子大勤走来，两人唠起来。大勤指着三条小河汇流处说：“三水汇一流，福气满山沟。”仙女惊喜地说：“那这地方就叫福满了！”大勤也高兴地答道：“就叫福满，太棒了！”从此，“福满”地名便传开了。

长白山自然博物馆

自成体系的地域性博物馆

安图县二道白河镇宝山路

该馆始建于1986年，老馆面积为2600平方米，2006年进行扩建，面积达到5600平方米。这里可见到当地各种动植物标本，以及通过图文资料和模型向人们展示的本地区地质、水利、矿产、旅游等多方面状况，游客通过参观此馆可对长白山地区的自然资源有大致的了解。

长白山自然博物馆由四个大厅组成，展现了长白山山川地貌、垂直景观、自然资源及其历史与现状，宣传保护自然环境对人类生存的意义与作用。这里还设有“怪兽厅”，展出了自20世纪以来有关长白山天池“怪兽”的各种历史资料和“怪兽”模型。

玩家解说

长白山自然博物馆详细介绍了长白山的自然资源发布及生物特性。馆内有巨大的沙盘模型和巨幕电影，为长白山的起源进行了详细的演示，馆内还展出了长白山的四季风景图片。博物馆还有一个动物馆，主要展示了长白山地区的动物及动物标本。

长白山历史文化园 AAAA

佛道合一、生态优美的度假地

安图县松江镇二道白河北5千米处

长白山历史文化园由泰安寺佛教文化园、长白山神祠民俗文化园、长白山珍奇博物馆、生态观光采摘园、人参文化园及综合服务区组成。泰安寺是长白山区最早的佛教圣地，距今已有1600多年历史。神祠是长白山自然保护区唯一的道观。生态观光采摘园则是一处融合了自然风光与休闲活动的场所。游客可以在这里欣赏万亩花海，感受大自然的魅力，同时采摘特色果蔬，体验田园生活的乐趣。人参文化园区现有生长期15~17 年的林下参50万株左右，这些参具有极高的药用价值和经济价值。综合服务区包括四星级天鼎大酒店、绿色山野特产交易中心和游客服务中心。在这里，游客可以享受到完美的旅游体验和难忘的旅游时光。

长白山和平滑雪场

距长白山最近的滑雪场

安图县二道白河镇

和平滑雪场坐落在长白山脚下，是游览长白山北坡的必经之路。滑雪场海拔1034米，山体落差140米，现有初、中级滑雪道三条，越野雪道一条，配有吊椅、索道、进口压雪机等设施设备。

滑雪场景色宜人，既有神奇怪异的天然石海、古老的百年美人松、珍贵的东北红豆杉林、秀美奇特的瀑布群，还有地理位置独特的观景台，在欢景台上可远眺长白山全貌，俯视茫茫林海。

二道白河

长白山第一镇

安图县长白山北坡

因坐落在二道白河两岸，故名“二道白河”；又因地处长白山的脚下，素有“长白山第一镇”之美称。二道白河距离长白山核心景观只有35千米，是进出长白山的门户。著名小说《盗墓笔记》对这里也有详细的描述，是书中主人公吴邪去云顶天宫的地方。现在的小镇依靠旅游而兴盛，小镇成了不少《盗墓笔记》书粉的拜访之地。

图们口岸

百年历史的口岸

图们市口岸大街

图们口岸是吉林省立关最早、历史最长的“百年口岸”，也是国家一类国际客货运输口岸，分为铁路口岸和公路口岸。其中公路口岸是经国家批准的允许第三国客货通行的我国对朝鲜的第二大陆路口岸。1945年建立

二道白河

长白山峡谷浮石林

起双方边民的探亲制度，后开展贸易活动。公路口岸的国门始建于1985年，呈“门”字形结构，高11米，宽5.5米，上有江泽民同志的亲笔题字“中国图们口岸”。

长白山峡谷浮石林 AAAA

地质景观区

长白山国家级自然保护区池北区，长白山山门东南6千米处

这是一处由火山喷发而形成的地质景观区，被称为“火山峡谷”，后来又因为岩石大部分成分是由浮石组成，所以又称“峡谷浮石林”。峡谷内怪石林立，泉水叮咚。游客不仅可以一览峡谷奇石全貌，还可以到谷底欣赏大自然的鬼斧神工。

除了奇峰怪石外，峡谷内的瀑布、溪流、暗河等景观都有很大的欣赏价值，无字碑、猎人屋也值得浏览、参观。

玩家 解说

大峡谷是火山喷发的留存地，当从谷底走过时，只是感受到身边的奇石、积雪、泉水，当走到地势高的观景点时，才能真正感受到大峡谷的壮观、粗犷和美丽，才能真正理解什么是震撼，什么是亘古和永远。

链接

百年前的火山爆发

1199年，长白山发生了一次规模空前的火山喷发，喷发时形成的碎屑流将峡谷填满。由于峡谷距火山口的直线距离是19千米，喷出的火山碎屑流到这里，温度由1000℃降到600℃~700℃，碎屑流的凝固性大大降低，经过800多年的雨水冲刷，部分碎屑物被冲走，坚硬的碎屑物留了下来，形成了现在的峡谷浮石林的奇特景观。

大戏台河风景区

大戏台河风景区 AAAA

九泉汇聚

安图县长白山风景区北坡外8千米处

大戏台河的源头有9个地下水涌出的自流泉，因此又有“九星泉”之称。泉水清澈甘甜，并且含有人体所需的微量元素，可以直接饮用。景区内树木葱茏、林海翻涌，是长白山最完好的原始森林，林中有红醉、水曲柳、红豆杉等珍贵树种。

景区还有梯子河瀑布群、神女七妹瀑、山神祭台、抗联石、结缘桥等景点，既神奇又秀美。

攻略资讯

- 交通
- 住宿
- 美食
- 购物
- 娱乐

延吉市区风光

交通

飞机

延吉朝阳川机场是军民合用机场，位于延边州延吉市的朝阳川镇，目前已开通至北京、深圳、广州、成都及周边城市的国内航线和至首尔、釜山等地的国际航线。

火车

延边州铁路干线发达，运营的铁路线有453千米，向南通过辽宁沈阳可到达大连和北京，往北可到达哈尔滨，但是延边州的火车站基本都不大，以过路车为主，和龙、汪清、安图、敦化、图们、延吉6个县市都有火车站。

延吉站：延吉站有可直达青岛、长春、吉林、沈阳、营口、丹东、大连、哈尔滨、北京等地的火车，还有分别通往朝鲜和俄罗斯的国际铁路线。

延吉西站：位于延吉市朝阳川镇光东村，是吉图珲高铁的中间站，极大地方便了旅客出行需求。西站离市区稍远，可乘坐4、7、37、38路公交线路到市区。

汽车

延吉市的客运站主要是公铁分流站、延吉公路客运总站和客运北站。其中，公铁站和客运总站的班车比较多，每天都有发往东北各地的班车。如果是去周边的景点，如长白山，也是在这两个站乘车。

公铁分流站：位于延吉市站前街，主要是发往大连、长春、吉林、沈阳等地，以及北京、天津等省外城市的班车。

延吉公路客运总站：位于延吉市长白山西路2319号，主要发往东北各地如辽宁、沈阳、大连、吉林、哈尔滨等城市的班车，也有少量班车前往长白山景区。

住宿

延吉较好的宾馆都集中在市内。延吉市的住宿价格和全国的地级市相比算是比较贵的。稍好的酒店每晚200多元，而像如家快捷连锁酒店，价格也要在160元左右。不过延吉市区的面积不大，每个酒店都离火车站、汽车站不远，交通很便利。

●龙井新梨花大酒店

酒店的区域位置比较好，很安静，还有传统的韩式客房可供选择。酒店大厅很气派，很有特点，整体装修设计典雅，另外酒店的饭菜很不错。地址：龙井市龙门街龙和路289号

电话：18844368183

●延边国际饭店

延吉最好的酒店。不管是深度游还是

一日游，都可以选择住在这里。客房装饰精美，人员服务周到，在客房窗口可以眺望大半个延吉城。周边还有西市场可以购买各种特产。延吉市友谊路118号 0433-2541777

●延吉白山大厦

一家涉外酒店，服务员基本都会汉语、韩语。有朝鲜民俗房可供选择。酒店周边有许许多多具有延边特色的餐馆，可以品尝朝鲜族美食，而且酒店送的自助早餐也很不错。据说成龙当年拍摄电影《神话》曾在此大厦下榻。这里接待过很多重要人物。延吉市友谊路66号（友谊路与河南路交会口）

●更多住宿去处

银浦会馆（延吉长白路店） 延吉长白山西路1005（东方公寓） 0433-285933

延吉明仕主题客栈 延吉市公园路977号 0433-2713999

鑫洲假日酒店 延吉河南街121号 13194335800

延边宾馆 延吉市延龙路168号 0433-2240000

美食

延边州朝鲜族较多，所以饮食基本以朝鲜风味为主。以米饭和冷面为主食，汤、酱、泡菜为副食，调味品爱用辣椒和豆酱，喜欢吃牛肉和狗肉。特色泡菜有鱼鲜泡菜、野菜泡菜、青酱泡菜、什锦包泡菜等。在延吉想要吃地道的朝鲜美食可以去阿里郎美食街，那儿的美食品种多，口味地道。

●打糕

打糕是朝鲜族同胞最爱吃的传统食品之一，而且历史悠久，早在18世纪就已出现。打糕的原料主要是糯米，用木墩边打边撒下豆面原料，最后打烂糅合而成。每逢节庆延边人都用打糕来招待亲朋好友。

打糕

●冷面

朝鲜族的传统食物之一。冷面以它独特的风味闻名中外，既清凉又爽口。吃的时候加上牛肉汤或者鸡肉汤，然后放上辣椒、黄

延吉夜景

瓜丝、牛肉片、鸡蛋等，鲜香味美。朝鲜族人不仅爱在炎热的夏天吃冷面，寒冬腊月也会吃冷面，享受不一样的清凉。

●泡菜

泡菜也叫辣白菜，是朝鲜族饮食中最有特色的一种食品。每年冬天，大白菜下来后，他们就开始制作泡菜了。此时无论是农村还是城镇，家家都要做。泡菜清香爽口，有解腻解酒、助消化、增食欲之作用。

泡菜

●清花缘饺子

出自满汉全席的满洲饽饽系列，据说在清乾隆晚期，宫廷伴驾御厨随帝出征，根据满洲蒸饺的特点，博采众家之长，精工细作，创造了“冰花煎饺”。一个煎饺分为两部分，一边是鲜红的辣椒酱，一边是翠绿的野生蔬菜，煞是好看。

●米肠

米肠是朝鲜族的特色食物之一，是将浸泡过的红米塞入洗净的猪肠里，然后扎口上屉蒸熟。吃时再配上葱油、香菜、辣椒，米肠的脂香味厚、软糯嫩滑，经过酱汁的调和更加入味。同时米肠里富含维生素B、铁及蛋白质，在东北寒冷的季节吃米肠是很惬意的。

米肠

●黄牛肉

延边州的黄牛肉因肉质细嫩多汁、鲜美适口、营养丰富等优点，已经得到越来越多人的喜爱。延边黄牛肉在日本、韩国等都很抢手。在煎黄牛肉的时候，可以看到清晰的纹路，肉香自然地弥漫开来，无须加任何调料就可以直接食用。

●全州拌饭

灼热的石锅里盛满米饭，各种肉片、鸡蛋、黄豆芽、黄瓜丝、胡萝卜丝、生菜、酱菜覆在上面，色彩缤纷，让人食欲大增，趁热将所有的饭菜搅拌在一起，就汇成了一锅绝佳的美食。

清花缘饺子

全州拌饭

●石板豆腐

石板豆腐是延边朝鲜族的人气小吃。以普通白豆腐、豆干、卤豆腐作为原料，加上一些香料，在铁板上煎制而成。煎好后撒上一些翠绿的葱花，豆香与葱香扑鼻而来，豆腐入口鲜滑嫩软。在寒冷的冬天吃上一块烫烫嘴，驱赶寒气也是极好的。

购物

延边州水系发达，雨量充沛，因此也孕育了不少土特产品，延边盛产东北三宝——人参、鹿茸、貂皮。而在独特的低温、近似海洋性的大陆性气候下生长出来的延边大米，有着极佳的口感，是大米中的极品，在全国各地都享有较高的声誉。

延吉西市场是一个很大的商圈，里面可以买到延吉的所有土特产。这里还有很多朝鲜族服装店、饭店、药材店和韩国日用品超市等。延吉西市场集菜市场、购物城、美食街、步行街于一体，是延边州最大的商贸中心。游客除满足购物需求外，还可体验朝鲜族当地生活。

●延吉大米

延边大米品质优良，食味上佳，其粒形整齐、色泽莹白、透明度强、软硬适中、黏性适度，做出的米饭油润可口，米香四溢。

延吉大米

●长白山人参

人参又叫棒槌，因为似人形，故名“人参”。长白山人参因品质上乘，被誉为中国人参的正宗。

●鹿茸

东北三宝之一，一般是梅花鹿或马鹿头上尚未骨化的密生绒毛的幼角。鹿茸含有激素样物质雌酮，还有多种人体所需的氨基酸、蛋白质及钙、磷、镁、钠等微量元素，是著名的滋补品，具有生精补髓、益肾助阳等功效。

鹿茸

●松花砚

松花砚是由松花石加工而成的传统文房用具。用于加工松花砚的松花石最早发掘于长白山安图县两江镇砥石山江沿的甩湾处，这种石头的色泽和松花颜色一样，故人们把它叫作松花石。松花石制作的砚磨出来的墨汁颜色浓黑，不易分流晕开，持久度高。

●松饼

松饼是将蒸熟的米面擀成小面片，然后

松饼

把小豆、豌豆、芝麻、枣、糖等馅像包饺子一样包制而成，吃起来也别有风味。

● **苹果梨**

延边的苹果梨是1921年从朝鲜引种的6棵梨的接穗与龙井市桃源乡小箕村的耐寒山梨嫁接而成的，其果形扁圆，果面带有点状红晕，酷似苹果，故名苹果梨。

娱乐

延边州是个多民族的城市，当地的节庆活动多是围绕民族特色展开，丰富多彩。随着东北地区旅游资源的不断开发，延边州的特色节庆活动也被挖掘出来，让更多的游客感受到朝鲜族的文化魅力。

● **上元节**

上元节即传统的元宵节，朝鲜族又将其称为上元节、大十五、乌忌日。当地居民会用很多传统形式来庆祝，如吃“五谷饭”，喝“聪耳酒”，寓意五谷丰登、耳聪目明。上元节的主要活动就是赏月，伴有各种游戏，如旧时的火炬战、石战、车战等。现在多为秧歌舞表演、祈福活动、民俗表演等。

● **延吉冰川啤酒节**

每年一届的延吉冰川啤酒节是当地特色旅游项目之一。啤酒节期间，不同风格、不同形式的演艺节目轮番登场。期间游客们还可以参加啤酒大赛，一展身手。主会场内也会展示延边最具代表性的特色美食和歌舞节目。

● **跳板**

跳板是朝鲜族妇女喜爱的一项体育活动。跳板比赛有“抽线”比高度和技巧表演两种。跳板两端的姑娘踏动跳板，此起彼落，婀娜多姿，宛如空中芭蕾，别有一番情趣。跳板成为朝鲜族人民热爱生活、憧憬未来的一种健身娱乐形式。

● **长白山冰雪嘉年华**

二道白河镇开启的一场属于冬日的狂欢，届时冰与雪的交响乐会全面奏响，各种雪雕大赛、雪地汽车越野赛、焰火大会、雪地极限运动都将举行。

延吉娱乐大世界

发现者旅行指南

黑龙江

曼哈顿

发现者旅行指南

哈尔滨及周边

（含哈尔滨、绥化、大庆、齐齐哈尔）

概览

亮点

哈尔滨冰雪大世界

每年百余万的游客、2000件冰雕作品、30余项冰雪娱乐活动，不愧是世界最大的冰雪主题游乐园。

圣索菲亚教堂

目前中国保存最完整的典型拜占庭式建筑。这座诞生近百年的建筑宏伟壮观，古朴典雅，已成为哈尔滨市一道独具特色的风景线。

太阳岛风景区

景区的北部区域是太阳岛公园，拥有多个小型动植物园区和景观湖，南部主要以艺术展馆和俄罗斯风情建筑景观为主。

冰雪大世界

哈尔滨极地馆

哈尔滨极地馆是世界首座极地演艺游乐园，是哈尔滨国际冰雪节四大景区之一，国家4A级旅游景区，中国首家以极地动物娱乐表演为主题的场馆。

亚布力滑雪场

目前国内最大的滑雪场，也是我国目前最大的综合性雪上训练中心。

线路

哈尔滨城市文化二日游

第一天上午观赏东大直街的东正教圣母守护教堂和圣索菲亚教堂，接着步行到中央大街，寻找特色美食饱餐一顿；下午，先到犹太新会堂，随后去看看犹太总会堂旧址土耳其清真寺（鞑靼寺）；晚上可住附近的酒店，方便安排第二天的行程。

第二天早上沿街道行至江边的防洪纪念塔，随后逛一逛靖宇街、景阳街东内史胡同、北头道街至北十二道街这片老建筑群，体验哈尔滨最古朴的风情。

中央大街

哈尔滨经典三日游

第一天上午先到亚洲最长的步行街中央大街逛逛商店，然后到冰雪大世界观赏冰灯，玩玩冰雪项目，等待夜幕降临。

第二天早上从哈尔滨火车站乘过路列车赴亚布力镇，午饭可尝一尝东北的特色菜，下午就可以正式开始滑雪了。

为何去

哈尔滨地处东北亚中心地带，被誉为欧亚大陆桥的明珠，也是中国著名的历史文化名城、热点旅游城市和国际冰雪文化名城。有“冰城”“东方莫斯科”“东方小巴黎”之美称，还有“文化之都”“音乐之都”“冰城夏都”的美誉。松花江蜿蜒而过，倒映出哈尔滨独特的风采。冬季是这里最漫长的季节，也是最迷人的季节，雪花悠然飘洒，大江冰封横卧；以冰为砖，以雪为墙，巧手的工匠用冰雪筑成一个个梦幻的城堡；以雪为被，以冰为床，寒冬里的人们在冰天雪地里摔摔打打，滑一次爬犁，打一场雪仗。这座城市，冰雪是它的名字；北国的冬天，被冰雪演绎得分外浪漫精彩。

索菲亚广场

何时去

哈尔滨的最佳旅游季节是每年12月至次年1月，此时的冰城银装素裹，虽然寒冷，却到处可以看到与江南水乡迥异的雪地冰天景色。而且1月哈尔滨国际冰雪节时，可欣赏到漂亮的冰灯雪雕，加之具有当地特色的雾凇、各项冰雪娱乐活动，游客会充分感受到冰雪赐予人间无穷的快乐。另外，7月至9月的夏季对游客而言也是理想的避暑佳季。

亚雪公路（亚布力）

冰雪大世界

区域解读

哈尔滨区号：0451
绥化区号：0455
大庆区号：0459
齐齐哈尔区号：0452
面积：155 499km²
人口：约2087万人
主要少数民族：满族

地理 GEOGRAPHY

区划

哈尔滨市下辖9区（道里区、道外区、南岗区、香坊区、平房区、松北区、呼兰区、阿城区、双城区）、7县（依兰县、方正县、宾县、巴彦县、木兰县、通河县、延寿县），代管2县级市（尚志市、五常市）。市政府驻松北区。

绥化市下辖1区（北林区）、3县级市（肇东市、安达市、海伦市）、6县（绥棱县、青冈县、庆安县、兰西县、望奎县、明水县）。市政府驻北林区。

大庆市下辖5区（萨尔图区、让胡路区、龙凤区、大同区、红岗区）、3县（肇州县、肇源县、林甸县）、1自治县（杜尔伯特蒙古族自治县）。市政府驻萨尔图区。

齐齐哈尔市下辖7区（龙沙区、建华区、铁锋区、昂昂溪区、富拉尔基区、碾子山区、梅里斯达斡尔族区）、1县级市（讷河市）、8县（富裕县、拜泉县、甘南县、依安县、克山县、泰来县、克东县、龙江县）。市政府驻建华区。

地形

哈尔滨市东南临张广才岭支脉，北部为小兴安岭山区，中部有松花江通过，山势不高，河流纵横，平原辽阔。哈尔滨市区主要分布在松花江形成的三级阶地上：第一级阶地海拔为132~140米，主要包括道里区和道外区，地面平坦；第二级阶地海拔为145~175米，由第一级阶地逐步过渡，无明显界限，主要包括南岗区和香坊区的部分地区，面积较大，长期流水侵蚀，地形略有起伏，土层深厚，土质肥沃，是哈尔滨市的重要农业区；第三级阶地海拔为180~200米，主要分布在荒山嘴子和平房区南部等地，再往东南则逐渐过渡到张广才岭余脉，为丘陵地区。

气候

哈尔滨市位于中国最北端，是中国纬度最高、气温最低的大城市。四季分明，冬季漫长寒冷，而夏季则短暂凉爽。春、秋季气温升降变化快，属于过渡性季节，时间较短。气候属中温带大陆性季风气候，全年平均降水量569.1毫米，降水主要集中在6~9月，夏季占全年降水量的60%，集中降雪期为每年11月至次年1月。冬季1月平均气温为-19℃，夏季7月的平均气温为23℃。

历史 HISTORY

哈尔滨历史大事记

哈尔滨历史悠久，早在2.2万年前的旧石

哈尔滨松花江外滩

器时代晚期，这里就已经有人类活动。

大约5000年前，哈尔滨地区进入新石器时代。

大约3000年前的殷商晚期，哈尔滨进入青铜器时代，属于黑龙江地区最早的古代文明国家白金宝文化的分布区域。

1115年金国在阿城区（当时称上京）建都，19世纪末，哈尔滨已出现村屯数十个，居民约3万人，交通、贸易、人口等经济因素开始膨胀，为城市的形成和发展奠定了基础。

光绪二十二年（1896年）六月三日，由于清政府的腐败，签订了不平等的《中俄密约》，使沙俄获得了东清铁路的修筑权。

1896年至1903年，随着东清铁路建设，哈尔滨开始繁荣，具备近代城市的雏形。

20世纪初，哈尔滨成为国际性商埠，先后吸引了33个国家的16万余侨民在这里聚集，19个国家在此设领事馆。

731部队遗址

1946年4月28日，哈尔滨建立了人民政权，成为中国解放最早的大城市。

文化 CULTURE

美丽神奇的冰雪王国

哈尔滨地处松嫩平原东部，是一座风光秀丽的城市，整座城市人文历史悠久。特殊的历史进程和地理位置造就了哈尔滨这座具有异国情调的美丽城市，不仅荟萃北方少数民族的历史文化，而且融会了中西文化，是中国著名的历史文化名城。

不仅如此，哈尔滨还一直有着“冰城”的美誉，独特的地理环境使得哈尔滨的冬季坚冰锁寒江，瑞雪铺大地，为开展冰雪运动、制作冰灯雪雕创造了天然的条件，而浓厚的冰雪文化更是有着悠久的历史。

从商周时代到隋唐时代，生活在哈尔滨地区及黑龙江的满族先世肃慎人、挹娄人、靺鞨人，为了在风雪严寒的环境中求得生存和发展，取食方法由单纯的渔猎发展到渔猎农耕，创造了古老的冰雪文化。10世纪中叶，在哈尔滨地区阿什河流域定居的女真人开始在地上建房屋，屋中砌火炕，冰雪建筑文化有了发展。12世纪初叶，女真人在会宁府建立金国后从中原地区向黑龙江移民，使哈

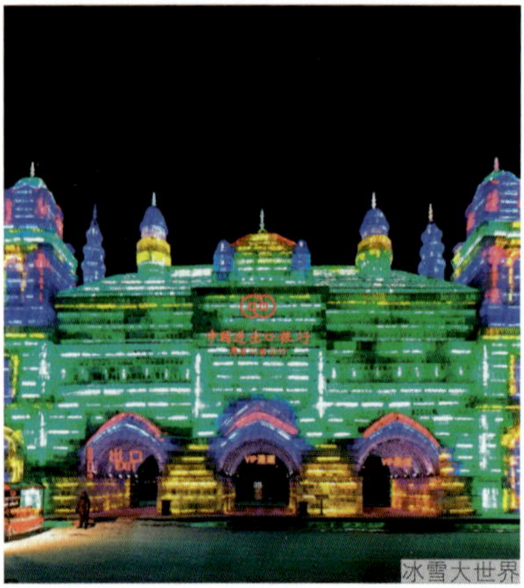
冰雪大世界

尔滨地区的女真冰雪文化与中原地区的汉族冰雪文化有了第一次碰撞。1897年中东铁路建设后，哈尔滨出现了外国移民潮，先后有33个国家的侨民移居哈尔滨，19个国家在哈设立领事馆，国外的移民潮又将以俄罗斯为主的欧洲的滑冰、滑雪、冰橇、冰帆等冰雪运动传到哈尔滨，欧洲的冰雪建筑文化、冰雪服饰文化等也融入哈尔滨的冰雪文化之中。

哈尔滨的冰灯、雪雕文化始于20世纪60年代初期，是在民间冰雪文化基础上发展而来。以园林艺术为依托，以建筑和雕塑为表现手法，并于20世纪下半叶，逐步发展成哈尔滨具有代表性的冰雪文化艺术。

现如今，哈尔滨国际冰雪节已成为我国历史上第一个以冰雪活动为内容的国际性节日，持续时间为一个月，与日本札幌雪节、加拿大魁北克冬季狂欢节和挪威滑雪节并称世界四大冰雪节。每年一届的冰雪节、冰灯游园会已成为赏冰灯、雪雕的艺术大观园，阳光下的雪雕晶莹圣洁，华灯照射下的冰雕更是流光溢彩、美景纷呈。

智慧、勤劳、勇敢的哈尔滨人化严寒为艺术、赋冰雪以生命，更是将千里冰封、万里雪飘的北国冬日创造成融文化、体育、旅游、经贸、科技等多领域活动为一体的黄金季节。

热情古朴的达斡尔民族

达斡尔族是一个智慧、奔放的民族，“达斡尔”意即“开拓者”。达斡尔族人民自古尚武强悍，素以热情好客著称。达斡尔族的村庄别具风格，多数依山傍水，房舍院落修建得十分整齐，一幢幢高大“介”字形草房，既古朴又大方。

达斡尔族能歌善舞，达斡尔族民歌是民族世代传承下来的原创民歌，音调热情奔放、柔婉多变，节奏鲜明，通常在野外生产劳动间隙创作演唱，即兴填词，内容积极健康，将演唱与舞蹈融为一体，充分体现了达斡尔族人民淳朴、豪放、勇敢、坚强的民族性格。尤其是罕伯岱达斡尔族民歌与邻近民族的民歌相互渗透，在我国的众多民歌中占有十分重要的地位。2008年6月，达斡尔族民歌经国务院批准被列入第二批国家级非物质文化遗产名录。

达斡尔族信奉萨满教。萨满教是原始社会氏族制度表现的一种形式。以崇拜大自然、图腾、祖始为三大内容，“万物有灵”是萨满教的核心。舞蹈时，巫师服装饰以兽骨、兽牙，所执抓鼓既是法器又是伴奏乐器，有的头戴鹿角帽、熊头帽或饰以鹰翎，动作大抵模拟野兽或雄鹰。

来到达斡尔民族村，就一定要坐一坐勒勒车。勒勒车又叫大轱辘车，是游牧民族的传统交通工具。达斡尔人经常把勒勒车串联起来，一个人能驾驶七八辆，这些车走动起来，活像一条游龙，适合穿山越岭，可载七八百斤货物。抛却现代交通工具的便捷与舒适，以轻松和宁静的心绪乘坐勒勒车，能切身感受到从远古流传到现代的达斡尔族文明。

每年的正月十六是达斡尔族人传统的节日——抹黑节。传说，这天“五谷之神”要下凡巡视，人们互相往脸上抹黑，是为了祈求“五谷之神”不要把黑穗病传到人间，使小麦丰收、百姓平安。

景点推荐

哈尔滨市景点

圣索菲亚大教堂 AAAA

宏伟的拜占庭式建筑

哈尔滨市道里区透笼街88号

始建于1907年的圣索菲亚大教堂是哈尔滨的地标性建筑，它那绿色的洋葱头式大穹顶十分引人注目，作为哈尔滨最漂亮的异域风格建筑，教堂一直吸引着众人慕名前来参观。

圣索菲亚大教堂曾经是远东地区最大的东正教堂，目前是中国保存最完整的拜占庭式建筑，1997年更名为哈尔滨市建筑艺术馆。

教堂改建成艺术馆后，进行了内部改建，通过展示近千幅图片和城市规划沙盘，反映了名城哈尔滨的历史、现状与未来。不过改建后，原有的格局被破坏了，作为教堂的功能也已经消失了。如果游客只是对建筑和教堂感兴趣，可以不必入内参加。

玩家 攻略

教堂前的广场有“广场鸽”，还设有大型系列音乐喷泉，当地人非常喜欢在这里拍婚纱照。与白天相比，教堂的夜景更美丽，每当夜幕降临，在灯光的衬托下，教堂更显得雄伟神秘，充满异国情调。

兆麟公园

哈尔滨最早的城市公园

哈尔滨市道里区森林街377号

兆麟公园距离中央大街仅200多米，始建于1906年，是哈尔滨最早的城市公园。1946年3月9日，人们为纪念抗日英雄李兆麟将军，在此地设衣冠冢，并举行隆重公祭和安葬仪式，公园也更名为“兆麟公园”。

夏季的兆麟公园景色宜人，绿树成荫，鸟语花香。园中的“北苑”“映月园”“丁香园”各具特色，为游客勾勒出一幅美丽的画卷。乘坐高空缆车可以俯瞰整个公园的美景，而碰碰车、美人鱼、太空飞车等娱乐项目则带给游人带来了惊险刺激的体验。

冬季的兆麟公园则成为冰的世界和灯的海洋。每年一度的哈尔滨冰灯游园会在这里举行，吸引着成千上万的中外游客。这些艺术品在阳光下晶莹如玉，月光下五光十色，仿佛一幅幅立体的图画，美轮美奂，令人惊叹。此外，兆麟公园还提供各种冰雪娱乐项目，如滑冰、雪地摩托等，让游客尽情领略冰雪运动的魅力。

中央大街 AAAA

欧式风光的浪漫街景

哈尔滨市道里区中央大街

中央大街北起松花江畔的防洪纪念塔，南至经纬街，这条由方石铺成的步行街两侧坐落着众多文艺复兴、巴洛克等各种风格的欧式建筑，充满了浪漫色彩。

作为哈尔滨最繁华的商街，中央大街的各种大型百货商店总吸引着无数爱逛街的游人。著名的华梅西餐厅、波特曼西餐厅等俄式西餐厅及美味的马迭尔冰棍是众多游客慕名而来的理由，另外这里还有俄罗斯工艺品商店、秋林食品等专卖店。

玩家攻略

来到中央大街一定要去尝尝地道的俄式西餐，以及大名鼎鼎的马迭尔冰棍。这条拥有超过百年历史的商业街荟萃着许多经典的欧式建筑，也开满了各种百货商店，每到夜晚整条街被灯光渲染得流光溢彩，是来哈尔滨的必游之地。而冰雪节期间的大街上随处可见有趣的冰雕和雪雕，等着你来与它们合影。

圣索菲亚大教堂

防洪纪念塔

俄式风格浓郁的纪念塔

哈尔滨市道里区防汛路（中央大街北端尽头）

防洪纪念塔的全称为哈尔滨市人民防洪胜利纪念塔，它的后面就是松花江。1957年哈尔滨遭遇特大洪水，全市人民与驻地官兵共同努力战胜了洪水，于次年建立此塔以纪念。

防洪纪念塔是哈尔滨最著名的地标建筑之一。这座纪念塔外形宏伟，建筑设计充满了浓郁的俄罗斯风格，加之它所在的位置较为宽阔，因此成为游客们热衷留影的景点。

玩家 解说

纪念塔为圆柱体，塔高22.5米，塔身以浮雕方式描绘了当年战胜洪水的生动情节。塔顶是工农兵和知识分子形象的群雕，展现了战胜洪水的英雄形象。塔身底部设11个半圆形水池，其水位即1957年最高水位标志。塔后是古罗马式回廊，环立着20根圆柱，与纪念塔融为一景，协调壮观。

斯大林公园

开放式景观公园

哈尔滨市道里区通江街斯大林街3号

斯大林公园建于1953年，原名江畔公园，与太阳岛风景区隔江相望。这里是一处充满俄罗斯风情的景观带，可见到一些艺术雕像和仿俄罗斯古典式风格的建筑，夏季的公园绿树成荫，是纳凉散步的好去处。

斯大林公园早期还是许多影视剧的取景地，其中包括《徐秋影案件》《黑三角》《夜幕下的哈尔滨》《教堂街的故事》《年轮》等电影和电视剧。

哈尔滨极地馆 AAAA

观赏极地动物的天堂

哈尔滨市松北区太阳大道3号

在哈尔滨极地馆除了可以看到北极熊、企鹅、鳐鱼等极地动物与海洋鱼类，还可欣赏全球独一无二的白鲸表演“海洋之心”——两头白鲸明星“米拉”和“尼克拉”与美女驯养师默契配合组成心形图案、上演浪漫唯美的故事。

极地馆虽然不大，只有两层，但里面营造了各种有趣的场景。从入口直上二楼，首先会看到大兴安岭风貌场景，接着是仿照美国旧金山渔人码头布置的场景，继续走可进入“太阳岛号”游船的船舱，这里可看到各种珊瑚鱼。再往前就是极地动物的家园了。

回到一楼，这里可欣赏白鲸水下表演，还有圆柱展缸中游动的水母。然后走进“海底列车”，透过车窗可看到鲨鱼、海龟以及各种鱼类在四周游弋，还能看到国内罕见的驯养员与鲸的精彩表演。最后一站是欢乐海狮王国，海狮和海象在这个剧场上演诙谐的滑稽剧。

玩家 攻略

哈尔滨极地馆分为两层，通常的游览顺序是先上二楼从“大兴安岭”场景开始游览，看完这一层后下到一楼继续参观，看完海狮表演后结束。由于表演有固定场次，也可以根据实际情况先看表演然后慢慢游玩。 主要表演场次参考：白鲸表演10:00、12:00、14:00、16:00；海狮表演11:00、13:00、15:00、16:30；其他演出以景区公告为准。

黑龙江省科技馆 AAAA

老少皆宜的科普世界

哈尔滨市松北区太阳岛南部上坞路1号

该科技馆是一座老少皆宜的科普世界，通过400多件展品形象生动地说明一个科学原理或是一种科学技术成果的应用。其中最大的亮点是大多数展品都是有趣的互动游戏，游客可以在动手与亲身参与的过程中体验到科学乐趣，还可以带孩子去球幕影院与4D影院看寓教于乐的影片。

科技馆一共有三层。一层是机械、能源材料、航空航天交通、力学和数学五大展区；二层五个展区分别是生命环境展区、消防知识展区、声光展区、电磁学展区和信息技术展区；三层是极具地方特色的“大兴安岭”展厅，可见到各种珍贵的动植物标本与史前化石。

玩家 攻略

科技馆内有IMAX球幕影院与4D影院，每天滚动播放多部短片电影，按场次收费，每场25元。入馆后可先看一下播映场次，以便安排游览时间。馆内有餐厅和小卖部，但最好带些食品和水，尤其是孩子玩久了消耗体力，要及时补充水和食物。

冰雪大世界

晶莹剔透的冰雪世界

哈尔滨市松北区太阳岛西侧

创办于20世纪末世纪之交的哈尔滨冰雪大世界，历经十几年的成功举办，迄今已发展成为哈尔滨市无可替代的城市名片、世界著名的冰雪旅游品牌。每年百余万的游客、2000件冰雕作品、30余项冰雪娱乐活动，使其无愧于“世界最大的冰雪主题游乐园”的称谓。

冰雪大世界是一年一度的冰雪主题嘉年华，从每年的圣诞节至次年三月初期间开放。在这里可欣赏漂亮的冰雕、雪雕及冰雪城堡，夜间在各色灯光渲染下的冰灯盛宴更是迷人，还可尽享各种雪地娱乐项目。

冰雪大世界

玩家 攻略

每年的冰雪大世界都会有不同的游园主题，每年都会有令人耳目一新的表演和冰雕场景。通常可以下午三四点去冰雪大世界游玩，玩到晚上看冰灯，非常漂亮。尽可能避开春节和周末，那时人山人海，有些项目排队都要花上几小时。在冰天雪地中待久了会非常冷，所以一定要穿得很保暖。

玩家 解说

冰雪大世界的娱乐项目众多，可以登上冰雪城堡尝试从国内最长的冰滑梯一溜到底的刺激，或是坐坐森林小火车、冰上自行车、雪地卡丁车、雪地摩托车，也可以滑雪滑冰、玩雪圈、冰迷宫、攀冰岩等各种活动，还有冰雪CS、雪地足球、冰面拔河等竞技活动，而且这里大多数的项目都是无须再付费用的。

玩累了，还可以去欣赏高难度的冰上杂技舞蹈、大型实景演出《林海·雪原》，以及由外国演员演出的精彩歌舞。冰雪大世界还有以冰上活动为主题的“冰上风情”景区，设有滑冰场、冰雕区、神秘峡谷等冰上娱乐项目。

哈尔滨东北虎林园 AAAA

东北虎繁育基地

哈尔滨市松北区松北街88号

哈尔滨东北虎林园是世界规模最大的东北虎繁育基地，这里除了有众多东北虎之外，还有白虎、狮子、狮虎兽、美洲豹、狼等猛兽。人们可通过车行参观区和步行区了解东北虎生活的方方面面。

在哈尔滨东北虎林园门口还建有一处免费开放的东北虎科普陈列馆，这里详尽地展示着关于东北虎的各种标本、图片和文字资料，可在此了解到有关这一珍贵物种的更多知识。

玩家 攻略

入园后首先乘坐装有铁栅栏的专用车辆驶入车行观光区，一路上会看到或成群或独处的东北虎，还能看到白虎、狮子等猛兽，游客可以买只活鸡向车外投喂，观看虎群冲上来扑食的野性场面。

车辆行驶约20多分钟后来到步行区，这里主要是看笼子里的东北虎和狮子、豹子等动物，近距离地观察它们的生活，还能看到小老虎。在步行区可以买肉条给笼子里的猛兽喂食，别忘了用相机记录这一段过程。

太阳岛风景区 AAAAA

幽雅静谧的生态小岛

哈尔滨市松北区警备路3号

太阳岛风景区是位于哈尔滨市区松花江北岸的江心小岛，是一片花木葱茏、幽雅静谧的休闲之地。景区的北部区域是太阳岛公园，拥有多个小型动植物园区和景观湖，南部主要以艺术展馆和俄罗斯风情建筑景观为主。

从市区来太阳岛很方便，在松花江边坐轮渡或过江索道都可以到。目前登岛免费，进入景区须购门票，一般在景区内逛逛看看半天时间就够了。景区建有植物品种丰富的花卉园、丁香园，是春季赏花踏青和夏季避暑的好去处，适合拍照、散步。

玩家 攻略

景区内主要靠步行，也可以在景区内野餐、骑自行车、划船，还可以去松鼠岛近距离地观察松鼠们的有趣生活，或欣赏天鹅湖中天鹅、鸳鸯、鸿雁等鸟类的美妙身姿。如果带着孩子来玩，别忘了去笨熊乐园，这里有旋转木马、碰碰车等游乐项目，一定会让孩子玩得尽兴。

冰雪艺术馆

冰雪艺术馆建于2000年，馆内净高7米，内有冰景100余件，是目前世界上规模最大的室内冰雪艺术场馆。馆内冰景以松花江天然冰和人工雪为材料，使在冬季才有的冰雪景观，可以在春、夏、秋三季的室内供游客观赏。

馆内主要分为古韵生辉、梅园赏雪、北疆冬趣、玉海龙宫、异国风情五个景区。在这里能欣赏仿照佛像、古迹建筑雕琢而成的冰雕作品，还可以玩冰滑梯、冰迷宫。

俄罗斯风情小镇

俄罗斯风情小镇是一处俄式风情主题旅游观光区域。小镇内保留着数十栋俄式乡间别墅与民宅，游客可走进这些建筑参观。小镇的门票很特别，是一本纪念护照，你可以拿着它去各个小屋中盖章留念。这里的许多小屋都有各自的主题，有收藏钟表的“百年时光”，有收藏各国老唱片的“百年声音”等，而且每座小屋都可让游客留言纪念。

太阳岛雪博会

与冰雪大世界的冰雕作品不同，太阳岛雪博会展示的主要是雪雕作品，因此更适合白天来欣赏。每年的雪博会展出周期约为两个月，其间可以欣赏出自中外艺术家之手的各种大型雪雕。太阳岛雪博会每年的展示主题都不同，这些雪雕作品外形精美，艺术感极强，来此创作雪雕的艺术家来自中、俄、美等多个国家。雪博会同时也是国际与国内雪雕比赛的赛场，游客们有机会看到艺术家们的现场制作过程以及他们已完成的优秀作品。

圣·阿列克谢耶夫教堂

美丽的红色俄式教堂

哈尔滨市南岗区士课街47号

圣·阿列克谢耶夫教堂建于1931年，是一座经典的俄罗斯式建筑，虽然它的名气不及圣索菲亚大教堂，但它那红色的外墙、独特的洋葱头房顶以及巴洛克式塔楼，与圣索菲亚大教堂相比又是另一种风情，同样值得游客驻足品味。

教堂是一座砖木结构建筑，最初是东正教堂，1980年经修复后改为天主教堂，现为黑龙江省天主教爱国会、哈尔滨市天主教爱国会和黑龙江省天主教教务委员会所在地。

哈尔滨文化公园

现代化露天游乐场

哈尔滨市南岗区东大直街1号

哈尔滨文化公园是黑龙江省规模最大的露天游乐场。在这里游客可以坐上冰城地标之一、110米高的摩天轮俯瞰全城风光，或是乘坐东北最大的悬挂式过山车挑战自己的胆量。

园内还有专门适合少年儿童的奇趣乐园，有儿童爬山车、转转杯、弹跳车、花果山漂流，还有互动类项目“勇敢救火队”、可容纳百人游戏的双层“乐翻天”，以及三层大型滑梯攀爬设备。园内的专门区域里还饲养着小松鼠、小白兔、孔雀等小动物，小朋友们可以近距离接触它们、喂食嬉戏。

玩家攻略

园内的悬挂式过山车轨道全长800多米，最高滑速每小时80千米，尽管运行时间仅为2分48秒，但其中的两个360°环道以及三个180°的连环环道，绝对能让你体验到惊心动魄、飞跃极限的感觉，一定不能错过。

其他比较刺激的项目还有三环原子滑车、

哈尔滨文化公园

勇敢者转盘、阿拉伯飞毯等，更有百玩不厌的大摆锤、云中漫步、激流勇进、摇头飞椅、疯狂列车、海盗船、迪斯科转盘、自旋滑车等项目。此外，还有水上战船、卡通船等水上游艺项目。

极乐寺

东北著名的佛教圣地

哈尔滨市南岗区东大直街9号

极乐寺是东北地区著名的佛教圣地，也是哈尔滨香火最旺的寺庙，据说这里祈愿很灵验。“极乐”的梵文本意是“幸福所在之处”。每月初一、十五及每年农历四月初八、十八、二十八的庆佛日，极乐寺都要举行盛大的庙会，届时寺内人山人海，热闹非凡。

极乐寺建于1924年，整体布局沿袭了我国寺院建筑的传统风格。山门的寺匾是清末状元南通张謇所书，塔院内建有七级浮屠塔和圆寂比丘塔、五百罗汉堂。七级浮屠塔呈八角七层阁楼式，通身砖石结构，造型美观，是寺庙的标志性建筑。

玩家 解说

走进极乐寺，你会感受到整个寺院威严肃穆，建筑辉煌大气。虽然极乐寺并非古迹，但却是由近代北方名僧、天台宗第四十三代宗传弟子倓虚法师创办，因此成为东北极负盛名的寺院。该寺与长春般若寺、沈阳慈恩寺、营口楞严寺并称为“东北四大佛教之林”。

黑龙江省博物馆

展品丰富的省博物馆

哈尔滨市南岗区红军街50号

黑龙江省博物馆坐落于哈尔滨市区内红博广场旁，馆址所在大楼是一座建于1906年的古典俄罗斯式建筑，非常显眼。

博物馆共有三个楼层，虽然不大，展出种类却很丰富，游客可以看到恐龙化石、动物标本以及黑龙江省出土的古代陶罐、银饰玉器、兵器、书画等文物。馆内还有经常更新的临时展览，包括名人字画展与工艺品展、地方文物展等。

玩家 解说

黑龙江省博物馆一层是书法家及篆刻家邓散木先生的艺术展。二层分为自然展厅和历史展厅，在自然展厅可以看到恐龙化石、猛犸象化石等北方动物的标本，历史展厅则展示着从旧石器时代一直到清朝的各代文物。地下一层的临时展览厅经常展出黑龙江省内不同市县的当地文物展、旅游宣传展，有时还有名人书画、工艺品的展览。

果戈里大街

哈尔滨最繁华的商街之一

哈尔滨市南岗区果戈里大街

果戈里大街始建于1901年，已拥有100多年历史，全长为2.7千米。自从1902年秋林公司在这里开设了分部后，这条街上的各类商号就逐渐多了起来，最终发展成为哈尔滨最繁华的商业街之一。

果戈里大街林立着众多俄式建筑，包括有名的秋林食品公司大楼、圣·阿列克谢耶夫教堂等建筑。这条大街的繁华程度与夜景之美不亚于中央大街，同时也是哈尔滨的“酒吧一条街”。

同时，这里也是一条文化名街，道路两侧为现代马蹄石，每隔一段镶嵌一块刻有黑

果戈里大街

龙江历史文化名人名典、名歌名曲和名著的大理石石板，以展示黑龙江的历史文化和底蕴。

龙塔 AAAA
哈尔滨标志性建筑

哈尔滨市南岗区长江路178号

龙塔也称为黑龙江省广播电视塔，为钢结构塔，高336米。来到这里可乘坐塔座中间的高速观光电梯直达塔楼，在旋转餐厅边享美食边俯瞰城市夜景，还可体验在透明玻璃走廊上行走，挑战自己的胆量。

塔座第一层是炎黄子孙圣坛。二楼是特色展览厅，有陈列着仿真恐龙和恐龙化石的“恐龙科普世界”，以及孩子们可参与的“倾斜小屋”“趣味泡泡机”等科普娱乐项目；还可以在这层的3D立体艺术馆里拍几张以假乱真的场景造型或是去4D动感影院看一场电影。

玩家解说

坐观光电梯来到181米高的观光层，你可行走在“云中漫步惊险环”上，踏在60米长的透明玻璃走道上俯视塔下，感受腾空般行走的刺激，这层还有展示众多中国演艺和体育明星手印的“空中手型馆”。

186米层是旋转餐厅，夜幕下可以品尝着自助餐，随着缓慢的旋转欣赏着不同角度的城市夜景，美不胜收。

龙塔的190米处是室外观光平台，可以站在室外呼吸高空的空气，全方位地俯瞰整个城市。

龙塔的203米层是空中茶楼，可以坐在窗边聊天喝茶，同时欣赏着城市美景。206米层是祈福馆，这里可看到用100多种字体写出的1万个“福”字以及众多民族艺术展品。

黑龙江省民族博物馆
省级民族博物馆

哈尔滨市南岗区文庙街25号

黑龙江省民族博物馆设在哈尔滨文庙内，以收藏、研究、宣传北方少数民族的历史、文化、风情，繁荣民族文化、促进民族团结为宗旨，是全国第一家省级民族博物馆。

民族博物馆所在的哈尔滨文庙始建于1926年，其建筑大面积沥粉贴金的“金龙和玺”彩绘，规格堪比皇宫，在全国寺庙建筑中也极为罕见。来此游览参观者多数是对这座庙宇的建筑规模和特色感兴趣，这里更适合游览休息。

哈尔滨文庙
东北地区最有名的孔庙

哈尔滨市南岗区文庙街25号

始建于1926年的哈尔滨文庙虽不是古迹，却是东北地区最有名的孔庙，也是全国最后建造的一处规制完备的孔庙。哈尔滨文庙拥有宏伟的仿清式建筑群，庙内还可见到爱国将领张学良将军题写的碑记。

文庙建筑结构为南北向三进院落，整座庙宇的建制等级非常高，其建筑规模仅次于山东曲阜孔庙和北京孔庙，是为祭祀中国古代杰出的教育家、思想家孔子而建筑的。

文庙建于中国建筑变革时期，因而其主殿（大成殿）的里外金柱改成钢筋混凝土，金柱柱顶石用水磨石做成，因此这座文庙建

黑龙江省民族博物馆

筑既反映了古典建筑传统技艺，也记录了中国建筑变革的历史。

亚布力滑雪旅游度假区 AAAA
中国最著名的滑雪胜地

✉ 哈尔滨尚志市亚布力镇西南20千米处

亚布力滑雪旅游度假区雪质优良、硬度适中，积雪期为170天，滑雪期近150天，每年的11月中旬至次年3月下旬是最佳滑雪期，此外还有玩雪圈、雪地摩托等项目，亚冬会等国际赛事均在这里举办。

度假区由三座海拔1000米以上的山峰（大锅盔、二锅盔、三锅盔）组成，坐落着多家国内顶尖的滑雪场。这里不仅有高山滑雪场、自由式滑雪场、跳台滑雪场、越野滑雪场和冬季两项滑雪场5个竞技、训练场地，还有两个旅游滑雪场，初、中、高级雪道一应俱全，能够满足各种游客的需求。此外，夏季的度假区也很适合休闲度假。这里森林茂密、风景优美，度假区内有高尔夫球、划船、钓鱼等娱乐项目，是避暑消夏的好去处。

玩家 攻略

亚布力滑雪旅游度假区有大小滑雪场近十家，每到冬季家家生意火爆。这些滑雪场一般以2小时为最少滑雪时间，价格为每小时150~300元。除了滑雪，也有雪地摩托车、陀螺滑道、冲浪滑圈、四轮卡丁车等雪上活动，可全方位体验滑雪胜地的欢乐。

度假区有配套的住宿设施，有新濠阳光度假村、地中海度假村、国际会展中心大酒店等高档住宿，也有农家院等经济的住宿之处。各大滑雪场和度假村都有餐厅，旅游度假区内也有不少农家开的菜馆，可以吃到地道的东北菜，价格也比度假村便宜。

尚志碑林
东北最大的文化碑林

✉ 哈尔滨市尚志市北环街92号

尚志碑林记录了赵尚志、赵一曼等抗日英雄和当代名家的诗词、墨迹，汇集了各个时期著名书法家的作品。徜徉其中，会激发人强烈的崇高感和美感。

亚布力滑雪场

尚志碑林由两大部分组成，一部分为长约600米的碑廊，另一部分为地面碑林，两部分共有碑刻1400余方。碑墙为仿古式建筑，高度平均在4.5米以上，中间弧形部分高达5米，总长度660米，属全国最高、最长的碑墙。碑群碑高2米多， 每方碑连同石座重达2000千克以上，内容分为“珠河情缘”“翰墨滥觞”和“千秋国粹”三部分。

尚志碑林拥有世界上最大的书法艺术回音壁，该回音壁是碑墙的组成部分，长84米。回音壁为正圆孤设计，具有回音效果，且音色独特。

松花江
冬夏皆宜的游玩胜地

✉ 哈尔滨市道里区、道外区与松北区之间

松花江是黑龙江最大的支流，松花江本身也有两条主要支流。一条为源于白头山天池的第二松花江，另一条为源于小兴安岭的嫩江，两条支流在扶余县汇合始称松花江，折向东北流至同江县注入黑龙江。

松花江流经哈尔滨市区的这一段早已成为这座城市的重要景观。每到冬季，冰封的江面上便成了人们的游玩地，可以在江上坐马车、玩雪圈儿等，而夏季的松花江畔也是人们纳凉散步的好去处。

玩家 攻略

在冬季，冻得结结实实的松花江冰层有半米多厚，冰面上可以走人和马车，很多积雪踩上去软绵绵的。哈尔滨市内的这段江面宽100多米，在靠近防洪英雄纪念碑的江面上有滑雪圈、滑冰道、打冰嘎、开雪地坦克、骑冰上自行车等游乐项目，大人小孩都可以体验。

◻ 松花江铁路桥

松花江铁路桥位于松花江畔斯大林公园东侧，它不仅是松花江上最早的铁路大桥，也是哈尔滨的第一座跨江大桥。现已退役的大桥虽然不再有火车呼啸而驰的震撼场景，但大桥的身影在夕阳之下依旧显得格外迷人。

伏尔加庄园 AAAA
俄罗斯文化主题风景园

✉ 哈尔滨市香坊区成高子镇民强村阿什河畔

伏尔加庄园是哈尔滨东南郊区的一座俄罗斯文化主题风景园，位于阿什河畔，这里拥有大片草坪和树林，春夏一片绿意，还有古堡、长桥等许多俄式建筑和欧式雕塑，处处充满迷人的异域风情，美丽的俄式风光也让庄园成为婚纱摄影取景胜地。

庄园内有复建的哈尔滨曾经的地标——圣尼古拉教堂，里面展示着众多与教堂旧址有关的历史照片。此外还有巴甫洛夫古城堡、丽丽娅宫、小白桦餐厅等数十座复建的俄式经典建筑，有时还能看到新人在这些建筑前举行婚礼。另外，独特的建筑“普希金沙龙”内还会不定期举办各类文化艺术展览可供参观。

玩家 解说

游客可坐船在湖中游，或者骑着自行车畅行于园中，也可以慢慢步行，感受东欧般的淳美风光。秋季的庄园一片金黄色，可来此感受浓郁的俄国乡村美景。到了冬季，草地、树木、屋顶上白雪皑皑，更是充满了“莫斯科郊外”的意境，还可在美人鱼餐厅品尝冰火锅和观看冬钓表演。

如果逛得饿了，形似轮船的米尼阿久尔餐厅不容错过，这里有自助餐和中餐，你还能登上三楼露台俯瞰庄园全景。庄园内还有装饰得富丽堂皇的金环西餐厅，在这里享受一顿纯正的俄式西餐也是不错的选择。此外，若是冬夏旅游旺季来庄园，还可观看纯正的俄罗斯歌舞演出。

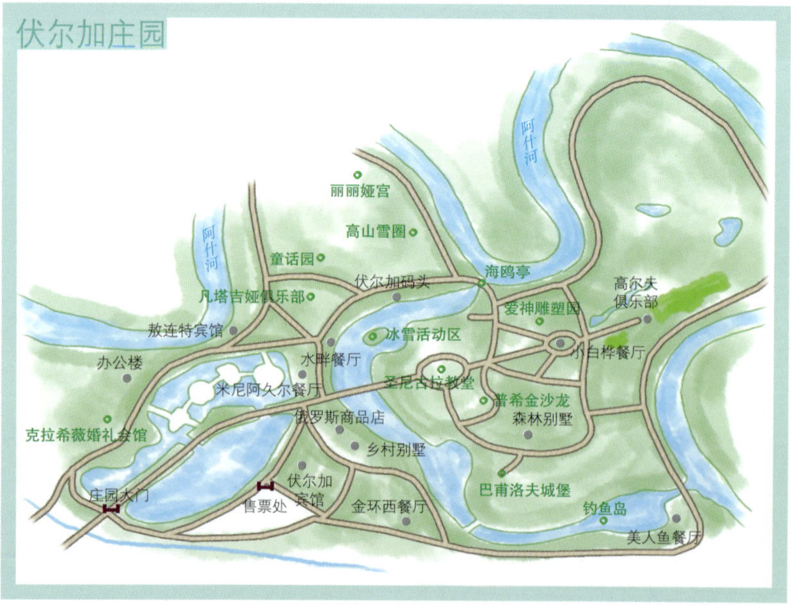

伏尔加庄园

黑龙江省森林植物园

市区内的森林氧吧

哈尔滨市香坊区哈平路105号

植物园内树林成片，每年4~10月都有不同的花卉盛开，尤其是5月的郁金香十分受欢迎，是赏花摄影的好时节。夏季，这里是适合避暑的森林氧吧，也是当地市民的婚纱拍摄取景地。

植物园内建有丁香、蔷薇、郁金香等各种花卉苗圃，还可以去五谷认知园参观一下各类农作物，秋季则一定要去秋景园欣赏这里红彤彤的火炬树、茶条槭以及金黄的白桦树等植物。

玩家 攻略

（1）在植物园内还可以租自行车骑行，或者玩一次攀岩、滑索，试试自己的胆量。园内还有儿童游乐园等娱乐设施。也有很多游客会带着野餐垫或帐篷在草地上露营，懒洋洋地睡上一下午。

（2）植物园的主入口位于哈平路上，进门可以看到植物标本园、人工湖，湖边有春园和青云塔。春园内有杜鹃、山梨等春季开花植物，而登上欧式城堡外形的青云塔（登塔5元），可以俯瞰整个园区。塔旁是观光游览车站，可乘车到达公园深处。

农垦香坊农场旅游区

体验采摘的好去处

哈尔滨市香坊区香福路146号

香坊农场是黑龙江省农场总局系统所属的国营农场，现建有北大荒现代农业园，2008年对外开放。在这里，盛夏尽飘满园瓜果之香，深秋尽尝梨桃之美，严冬仍可徜徉绿海花山。

除此之外，还可以看到现代化农业科技展示及其成果转化，看到绿色有机农业的生产经营，还可以现场采摘、互动体验、休闲观光、餐饮娱乐、拓展训练、摄影留念。

731部队罪证遗址 AAAA

侵华日军罪证

哈尔滨市平房区新疆大街47号

位于哈尔滨南郊的731部队罪证遗址，陈列着日本侵略者当年用活人做实验的大量罪证。这里的各种实验用具、人物场景塑像、图片和证言资料以及细菌实验室、冻伤实验室、焚尸炉等遗址都是山一般的铁证。

731部队始建于1933年，在占领中国东北的20多年间，731部队用俘虏的中国军人和大量无辜的中国百姓实施人体试验，包括冻伤实验、解剖活人、毒气实验等。如今还有很多放射性器具埋藏在中国东北三省的土地上。

731部队是世界战争史上规模最大的细菌战部队，这里同德国纳粹的奥斯维辛集中营并称为世界两大灭绝人寰的杀人魔窟。这里展现的不只是日本侵略者的滔天罪行，更是警示着中国人勿忘国耻。

玩家 解说

遗址陈列馆分为室内展馆和室外遗址，室内展馆即731部队的本部大楼，大楼的中心走廊两侧墙上记录着近3000名人员名单，他们都是在细菌实验和细菌战中的受害者。这些名单都是有据可查的，包括中国人、苏联人、蒙古人和朝鲜人。其中以“特别移送”手段通过这条长廊运送到“特设监狱”而惨遭杀害的有1467人，余下的1000多人多是南方细菌战的受害者。

1945年日本投降前夕，731部队败逃时还不

731部队罪证遗址

忘继续残害中国人民，他们将染有鼠疫菌的老鼠放出，致使1946年平房地区发生了鼠疫，大批当地居民死于这场灾难。为了掩盖731部队的罪行，在他们败逃之际炸毁了这里的大部分建筑，形成了现在所看到的遗址格局。

北方森林动物园 AAAA
动物王国

哈尔滨市阿城区鸽子洞地区

哈尔滨北方森林动物园是国内占地面积最大的森林动物园，在这里除了可以观赏到150余种动物，还可欣赏动物大巡游、雁鹤放飞表演、驯鸟表演、海兽表演等精彩的演出，是哈尔滨近郊亲子出游的好去处。

动物园展出有世界珍稀雪虎、白狮、长颈鹿、火烈鸟等动物，建有猛禽馆、鸟语林、猴山、灵长类馆、中型猛兽馆、极地动物馆等20多个现代化动物馆舍及狮虎、鹿、熊、狼、非洲动物5个大型散放区。此外园内还设有飞天环车、太空漫步、旋转木马等游乐项目。

金源文化旅游区 AAAA
金代都城遗址

哈尔滨市阿城区金源路49号

金源文化旅游区距哈尔滨市23千米，是历史文化类人文风景旅游区。旅游区以金上京会宁府的历史渊源、金源文化的底蕴丰厚著称于世，是迄今东北三省唯一保存较为完好的金代都城遗址。这里曾是12世纪东北亚最大的都市和政治、经济、军事、文化中心，遗存着历久弥珍的文物。

金源文化旅游区为全国重点文物保护单位，是金朝1115年至1234年间的都城。至今皇城午门及宫殿建筑遗址均保存完好，外城城墙、瓮城、马面、角楼及护城河遗址尚存。

文化旅游区内设8个展厅：①金上京发展历程展厅，②金上京经济、文化展厅，③塞北马土堆——金齐国王完颜晏合葬墓展，④铜镜专题展厅，⑤馆藏精品文物展厅，⑥馆藏书画展厅，⑦现代工艺作品、牌画、书法展厅，⑧皇城遗址。

链接

历史名城——阿城

阿城是一座有着丰厚文化积淀的历史名城。1115年，女真人首领完颜阿骨打在这里建立了声威显赫的大金帝国，历经金太祖、太宗、熙宗、海陵王四帝，时达38年之久。这里曾是12世纪东北亚最大的都市和政治、经济、军事、文化中心，产生过许多对中国历史发展进程具有重要影响的人物和事件，遗存着历久弥珍的文物。璀璨的金源文化是黑土地民族文化的重要源头，是中华民族文化的瑰宝，已经成为中华民族文明长河中一条独具特色的支流，为辟建的金源文化旅游区赋予了丰厚的历史文化底蕴。

金龙山国家森林公园 AAAA
哈尔滨的后花园

哈尔滨市阿城区金龙山镇

金龙山国家森林公园因其原生态的自然环境而被誉为哈尔滨的后花园，是养生、休闲、避暑的胜地。园内以森林景观为主，以苍山岩壁为骨架，以清泉溪流为脉络，古迹人文点缀其间，形成了独特秀丽的风景。

海拔826米的哈尔滨第一高峰就坐落于此，而这里最迷人的则是秋季的满山红叶。园内有21千米水泥路面纵横，有山路十八弯木栈道和探险八里川便路。这里也有丰富的野生药材、花卉、灌木等植物资源。

红豆杉景区 AAAA

最佳洗肺森林氧吧

✉哈尔滨市五常市靠山屯东南1公里处

苇河林业局的红豆杉旅游风景区是融森林旅游观光、漂流、观赏东北红豆杉及红松坚果林为一体的综合景区，距驰名中外的亚布力滑雪场70千米。

景区内建有133余公顷的珍贵树种基地——东北红豆杉繁育基地，向游人展示了人工无性系繁育东北红豆杉的整个生产过程。秋天红豆挂满枝头，常引起游人无限相思。

此外，景区内还有科普教育中心向游人开放，林木资源馆、昆虫馆、生态馆、科技馆等向游人展示观览和普及林业科技知识的同时，还进行了人类保护生存环境的教育，是黑龙江青少年科普活动基地。

玩家 攻略

游客在游览红豆杉景区的同时还能欣赏到东北地区大秧歌、二人转等艺术表演，还可在此就餐、住宿，感受北方农家之特色，领略景区特有的景观。这里有世界上人工培育的第一片红豆杉林，有用红豆杉产品制作的各种美味食物。

红豆杉景区

为满足游客需要，景区内还设置了林副特产和山药材购物商店，主要品种有蜂蜜、蜂王浆、黑木耳、山蘑菇、山核桃、榛子、保鲜山野菜、鹿茸、人参、五味子、平贝母等。

链接

红豆杉

红豆杉又称紫杉，也称赤柏松。属浅根植物。其主根不明显，侧根发达，是世界上公认的濒临灭绝的天然珍稀抗癌植物，也是第四纪冰川遗留下来的古老树种，在地球上已有250万年的历史。由于在自然条件下红豆杉生长速度缓慢、再生能力差，所以很长时间以来世界范围内还没有形成大规模的红豆杉原料林基地。

凤凰山国家森林公园 AAAA

环境优美的森林公园

✉哈尔滨五常市山河屯林业局

凤凰山国家森林公园总面积为5万公顷，拥有海拔1000米以上的山峰89座，主峰海拔1690米，是张广才岭之首，也是黑龙江省的最高峰。凤凰山以其恢宏的气势被誉为“东北第一大山”“关东第一奇园”“北方第一大峡谷”。

凤凰山美在森林、奇在山水、神在人文。融大森林、大冰雪、大峡谷、大瀑布、高山湿地、空中花园和神奇的UFO传说为一体，在不同的季节可观赏到不同的景致，可谓春赏松鹃品石韵，夏看奇桦望残冰，秋览红叶观云海，冬眺万仞嬉雪情。

凤凰山不仅遗存丰富的文物古迹，而且还拥有不少构思奇巧、造型别致的新人文景观，这些景点有如珍珠撒落在凤凰山风景区，或与自然景物融为一体，或为景观之附属配套，或装饰，或点缀，亭廊阁阁，处处生辉。

玩家 攻略

凤凰山国家森林公园是以原始针阔混交林为主的自然风光旅游胜地，四季风光各显情趣。春天百花争艳，峰青峦秀，树木茂盛，翠谷鸟鸣，令人心旷神怡；夏日山风送凉，气候适宜，成为良好的避暑胜地，令人流连忘返；秋季凉风送爽，红叶飞舞，呈现出壮丽景色；隆冬千里冰封，万里雪飘，登高远眺，山舞银蛇，原驰蜡象。

链接

凤凰山的人文历史

凤凰山东晋时称龙山，历史悠久并见诸史籍。据《晋书》及《十六国春秋辑补》记载：“晋咸康七年（341年），燕王慕容光以柳城之北，龙山之西，所谓福德之地也，使阳裕、康柱等，可营制规模，筑龙城，构宫室宗庙，改柳城为龙城县。”第二年，即咸康八年（342年），慕容鲜将都城由棘城（今义县）迁移到龙城。自此，古城便翻开了三燕故都近百年的历史。

一史志云：“古龙山既为慕容燕所建都，必其山势雄奇足称巨镇。今凤凰山绵亘广远，胜迹颇多。”经考古调查，景区内有红山文化、夏家店等各时期的文化遗址27处，文物景点18处，摩云塔、古卧佛残像等均为省级文物保护单位。尤令考古界关注的是，根据有关史料记载，前燕皇帝慕容光和后燕皇帝慕容垂都葬于凤凰山内。

高山湿地

高山湿地又称高山“稻田”。在海拔1500米以上的山岭上，硕大一片偃松围起的天然田埂内，长满平绒的江葱，虽经百载，仍高不盈尺，夏日翠绿，秋来金黄。人踏入湿地，便似醉汉般摇晃。有好奇者探查，下面竟是深不可测的稀泥浆。专家考证，这湿地便是张广才岭之“肾”。

凤凰山大峡谷

又称陡沟子大峡谷，地处张广才岭西坡，是拉林河上游源头之一，这里有黑龙江最大的峡谷瀑布群。黑龙峡长万米，落差近千米，最窄处不足20米，峡谷内的黑龙瀑布落差达100米。大峡谷被专家誉为黄河以北14省垂直落差最大、伸展最长的峡谷。峡谷内林薮蔽翳、古木参天，尽瀑连缀，一瀑一景，绮丽壮观，野生动植物资源十分丰富。

凤凰山瀑布

呼兰河口湿地公园

天然城市湿地

哈尔滨市呼兰区东岗村

呼兰河口湿地是哈尔滨市重点打造的近郊城市湿地旅游目的地。为了保护好、利用好这一宝贵资源，2015年呼兰区以市场化运作的方式，高标准建设了呼兰河口湿地公园。

走进哈尔滨市呼兰河口湿地，一条1.8千米长的砖石结构大道直通景区中心位置，该大道被命名为香蒲大道，大道两侧就是原汁原味的呼兰河湿地。进入夏季，道路两边湿地内长满了香蒲、芦苇。

景区内的陆地由中心游客集散地的日月广场和依照自身形状命名的星星岛、月亮滩、中途岛、太阳滩的滩涂地和岛屿构成。帐篷营地能提供上百人同时露营，是户外团队的首选之地。未来在月亮滩东北方向将建立珍禽养殖放飞基地，为湿地鸟类繁育提供天堂。

二龙山旅游风景区 AAAA

哈尔滨东花园

哈尔滨市宾县同哈公路

二龙山旅游风景区有“哈尔滨东花园”之称，位于哈尔滨东部，距哈尔滨市区54千米。这里树木密集，花草丛生，水域面积辽阔，旅游设施齐全，是休闲度假、观光旅游的理想之地。

二龙山景区游乐项目繁多，有高空溜索、夏日雪橇、高山索道、野外攀岩、彩弹射击、卡丁车、动力滑翔伞等，新奇刺激，有惊无险，还有垂钓、打靶、射箭、骑马以及各种游船等大众参与项目。

二龙山龙珠滑雪场有8条雪道和两座大型初级滑雪场，能同时容纳2000人滑雪，为我国规模最大、设施最全的两大雪场之一。万佛寺是东北最大的庙宇，藏佛万尊；珍珠岛影视城融观光、娱乐、影视拍摄为一体，令人流连忘返；荷花塘更是不可多得的好去处。

香炉山 AAAA

距哈尔滨最近的天然森林氧吧

哈尔滨市宾县南端

香炉山坐落在宾县的南端，是张广才岭的余脉，有6座主峰，海拔达790米。香炉山东西长4千米，南北宽3千米，总占地面积1667公顷。这里至今保持着原始生态，是距哈尔滨最近的天然森林氧吧。

香炉山风景区是以山岳、森林、水体和冰雪等自然景观为主体，融旅游、度假、冰雪、文化娱乐等综合性开发建设为一体的休闲旅游胜地。香炉山寺院始建于蜀汉年间，随着沧桑的历史变迁，几经破坏，又多次修复，如今香火旺盛，游人如织。

玩家解说

香炉山风景区景色美丽宜人，春天，黄澄澄的金锁梅和缀满枝头的红、黄、青各色相间的杨梅让人垂涎欲滴；夏秋之际，林中又盛产各种蘑菇。此外，涓涓的泉水声应和着百鸟的啼鸣声奏出的大自然交响曲萦绕耳际，石潭中鱼儿怡然自得的景观令人倾慕。

香炉山秋色

景点推荐

哈尔滨周边景点

绥棱林业局生态文化旅游景区 AAAA

文化璀璨的明珠

✉ 绥化市绥棱县兴林路182号

绥棱林业局生态文化旅游景区坐落于黑龙江省小兴安岭西南麓，这里群山连绵，历史悠久，人文景观颇多，是努敏河畔一颗璀璨的明珠。

绥棱林业局生态文化旅游景区包括2.88万平方米的绥林文化园，3万平方米的鼎盛园广场，7万平方米的植物王国及699文化传播中心（金钥匙塔）、绥棱林区博物馆、城市街心环岛、林区民俗文化街、森林小火车观光游览区等。

绥林文化园

文化园以文化宫广场为中心，沿东西两侧分别设立了大型电子音乐喷泉、百米文化浮雕墙及各类主题雕塑小品。园区内陈列着许多记录林区沧桑岁月的历史实物和民俗实物，力求通过这些点滴汇聚的文化元素，展现绥棱林区独特的人文景观和厚重的历史积淀。

林区民俗文化街

这条街道历经一个甲子的岁月变迁和洗礼，记录下一个民族兴衰的历史，印证了一个时代记忆的文化，它是历史所赋予林区人的最佳礼物。走进民俗文化街，可以观赏以北方板刻画形式呈现的林区社会管理创新工作展示图板，品味石刻浮雕上的绥棱林区民俗文化经典内容，感受林区民俗文化的独特魅力。

绥棱林区博物馆

博物馆共两层，以绥棱林区60多年的发展变迁为时代背景，分为8个展区。走进馆内，登上半环形的楼梯通道，高大挺拔的红松、杨树，逼真的鸟兽虫鱼标本，奔涌的河流烟波浩渺，一一展现在游客眼前。博物馆不仅是历史陈列馆，还是民俗博览馆，更是艺术展示馆，它以文学、书法、绘画和雕塑等多种艺术形式，运用声、光、电和实景来展示一画一卷，一物一品。馆内还陈列和收藏了明、清、民国及新中国建设时期的众多展品，成为展示和定格时代发展的文化宝库。

绥棱诺敏河漂流
野趣横生的自然漂流

绥化市绥棱县四海店镇

绥棱诺敏河漂流河段8千米，上端是平原水库，下端是金斗湾森林公园。

碧水、蓝天、绿树、黄沙，构成一幅秀美的纯自然画卷。河道有急有缓，漂流在其中，十分惬意。诺敏河流域素有自然氧吧和天然果园之称，身临其境，野趣横生。

绥棱诺敏河漂流

金龟山庄
滨北“小太阳岛”

绥化市东津镇福兴村

金龟山庄素有滨北“小太阳岛”之美誉。它以自然资源丰富、地容地貌独特、生态环境优美、自然风光旖旎、人文景观别致、地方风情浓厚、传统历史悠久、民间传说神奇、服务周到和别具一格的绿色饮食文化而名扬省内外，赢得了游人的青睐。

金龟山庄地处北林、庆安、巴彦一区两县的金三角地带，距绥化市区33千米，占地面积100万平方米。山庄以特有的寒地黑土的“土气”、北大荒的“野性”和消费价位的“低廉”而著称于龙江大地，是融山水之灵气、乡村田园之风光、古今传说之精华、园林艺术之荟萃为一体的现代园林。

红光寺
环境优美的佛教圣地

绥化市望奎县卫星镇境内

望奎县地处我国北方，又属边远地区。卫星镇庙山上原有一座庙，民国时期被土匪占据为匪巢，后为剿匪，庙被扒掉。因山上有庙，当地人称此山为庙山。

1994年，五台山僧人慈佛法师在望奎县城内建起了一座念佛堂。从此，佛法在望奎县兴旺起来。红光寺现属于二僧院。寺院占地约3万平方米，在绥望公路东侧，绥望大桥以北，呼兰河北岸的庙山上，风景优美，空气清新，风景宜人。

链接

传说中的肉身菩萨

红光寺原住持慧宽法师于1998年圆寂，享年84岁，法腊67年，戒腊58年。9年后的2007年8月15日开棺发现：肉身不腐，正身打坐，身体完好。慧宽法师的肉身面世的第二天，红光寺又爆出一则惊世新闻：沙弥尼释显亮的墓亦被打开，开棺验看，肉身完好。又是一个奇迹。一个寺院同时出现两尊肉身菩萨，这在历史上绝无仅有，尤其沙弥尼能修成肉身菩萨，这也是绝无仅有，其功绩以及给后世带来的深远影响，无法估量。

八里城遗址

保存最完好的一座金代城池

肇东市四站镇东八里村东八里屯西北300米处

八里城遗址因城的周长近八华里，俗称八里城。八里城的城墙、城门、土堞与沟壕除东门、南门早年因群众取土稍有破坏之外，大体保存完好，在黑龙江省内已发现的古城堡中，它是保存最完整的一座，也是全国范围内金代城池中保存最完好的一座。

壕墙外长遍了杨柳榆等树木，城墙两侧、城壕上下覆盖着一层天然植被。每当早春过后夏秋之季，八里城城墙上下、城壕内外草木茂盛、绿树成荫，成为蝴蝶相嬉、燕雀争鸣的所在地。城内早已垦为耕地，城中有土路一条贯通南北城门。

链接

神奇的胡黄仙洞

现在城内有胡黄（虫常）仙洞，意思就是狐狸、黄鼠狼、蛇（也叫长虫）三种仙，也是当地百姓迷信拜神的地方，远近地市如大庆、哈尔滨等，甚至吉林、辽宁等外省人士都来此烧香还愿，皆称甚为灵验。

当地多有传闻以红布蒙瓷碗或玻璃杯，在神位前扎紧杯口祷告，心诚者祷告完毕竟然能发现杯中凭空而来的药丸、青蛙、液体等异物，服用后亦有重症痊愈者有名有姓，当事人往往不得不信。

千鹤岛湿地公园

湿地特征最显著的风景区

肇东市黎明镇牛营子村西南

千鹤岛湿地公园是国内现有最完整，景色最优美，湿地多样性特征最显著的风景区。景区内目前打造了水上乐园、原生态野钓休闲区、芦苇迷宫等10余处旅游景点，让这里成为了游客们青睐的休闲胜地。

在千鹤岛湿地公园，游人可泛舟湖漾，独酌塘边。春日踏青，夏日采莲，秋日观芦，冬日乐雪。公园一期共开放了芦苇迷情、与

千鹤岛湿地公园

莲共舞、登塔觅景、莲滩鹤影、烟水鱼庄、蒹葭泛月、秋芦飞雪、小桥人家、鸟语稻香、问山寻龙十大景点。

玩家 指路

自驾路线：哈尔滨—肇东—哈肇公路（老道）经万宝大道15千米东马凤阳道口，见路标左转即可。

绿梦庄园

景观壮美的湿地公园

肇东市四站镇八里城遗址向西5千米处

绿梦庄园总面积667万平方千米，有着自然、清新、质朴、野趣的田园风光，草地、湖泊与建筑园林小品相映成趣，被列为省级重点保护湿地核心区。

如今，湿地依然保持着完整的原始风貌，大小湖泊散落其间，生态类别多种多样。这里有东方白鹤、白鹭、鸳鸯等珍贵鸟类100多种，常年生长着鲤鱼、鲢鱼、鲫鱼、鲇鱼等野生鱼类10余种。在数百公顷的芦苇荡中，苇林如海，水网如织，景观壮美。

东方红水库

风景优美的人工水库

海伦市双录乡境内

东方红水库1958年7月动工兴建，因水库地址与海伦县东方红农场（今红光农场）毗邻而得名，是海伦市生产和居民生活的重要水源。作为人工水库形成的风景区，

东方红水库

在满足海伦市居民生活、生产用水的同时，还为海伦市民提供了一处风景优美的周末去处。

水库边辟建了碧浪亭、赏江楼、珍珠泉、彩虹桥、仙峰、月亮滩、水禽岛、沁芳园等10处景点。有豪华游艇、舢板、橡皮艇可环湖一游，此外还建有酒吧、饭店、宾馆等服务设施。海伦市政府制定了一系列保护措施，禁止在库区内放牧、建工厂、伐树木、建房修墓等。

海伦三圣宫

规模宏大的东北庙宇

绥化海伦市共和镇境内

三圣宫的修建长达20年，当时三圣宫是海伦最大的一所庙宇，也是东北三省较大的一所庙宇，共有10楼、1亭、81座殿。其规模宏大，楼阁高耸，琉璃铺顶，雕梁画栋，工艺精美，金碧辉煌，气势磅礴。

每年农历四月十八是“三圣宫”最热闹的日子。这一天庙门大开，僧道作法，信徒涌入庙里，烧香拜佛，人山人海，车水马龙，热闹异常。

玩家 解说

大成殿正位供奉铜铸的孔子像，旁边有颜回、子思、孟子、曾子的塑像。

三圣殿正位供奉着铜铸的释迦牟尼佛像，两边铜铸的弥勒佛、燃灯佛，还有站着的魔家四将，脚踏酒、色、财、气四小鬼。两侧房供奉着善主的碑位。

三清殿正位供奉着铜铸的元始天尊像、灵保天尊像、道德天尊像。

七圣殿正房供奉铜铸的观世音菩萨像，两侧配房供奉着协天大帝、武穆精忠大帝、吕祖、文昌帝君、真武大帝等泥像。两边站立着关平、周仓泥像。

老母殿正房供奉孟母、岳母、徐母铜像。两边配房分为六部，即缘部、头部、发部、福部、善部、合部。每部分一间房，室内供奉善主施舍金钱的牌位。

太极阁高24米，八角形阁身。阁分三层殿，上层殿供奉元缘古佛，中层殿供奉玉皇大帝，下层殿供奉善主的牌位。

纯气楼楼高26.6米，楼身圆形，上、中、下三层殿。第一层供奉无尘老母，两边是金母、斗母。第二层殿供奉地藏王，两边是十殿阎君像。第三层殿供奉各善主的牌位。

山门庙内供奉陈奇、郑伦站立着的泥像，身高2.7米。此外还有钟楼、鼓楼、青风亭、八角式凉亭等建筑群。

关东民俗旅游文化村

田园秀美的民俗文化村

绥化市呼兰河西岸

关东民俗旅游文化村（山东屯）坐落在美丽的呼兰河西岸，这里田园秀美、民风质朴。

村中不但建有目前黑龙江省内最大的民俗文化陈列馆，还有正在建设中的反映闯关东全盛时期情景的“朱开山大院”以及再现关东人民俗、民风、生活百态的民俗文化大道。村中还遍布很多的果园和池塘，并且盛产优质绿色杂粮，是黑龙江省“五谷粗粮”米业公司的供应基地。

玩家 解说

道光十一年（1831年），山东登州人乔恒章一家因不堪忍受饥饿，为了生存毅然闯关东，在这里立灶开荒到现在已有170多年的历史。经过几代闯关东人的辛苦劳作、繁衍生息，过去的大片荒地已变成了米粮田，原来的荒山秃岭也披上了绿装。现在的山东屯已发展成为有农家300多户、人口近1500人、年人均收入近万元的行政大屯、经济富屯。

连环湖景区 AAAA

国际水禽狩猎场

大庆市杜尔伯特蒙古族自治县连环湖镇

连环湖景区位于杜尔伯特蒙古族自治县西部太白公路21千米处，是中国第一家也是唯一的国际水禽狩猎场。水域面积580平方千米，栖息着220多种水禽，其中可猎水禽达40多种，是4A级旅游区。

连环湖由一连串浅水湖构成。哈布塔泡、马圈泡、德龙泡、北津泡、羊草壕泡、西葫芦泡、小尚泡、阿木塔泡等18个像气泡般的小湖泊组成了连环湖。这些湖泊平均深度只有半米，最深处2米左右，是典型的湿地浅水湖泊。

林甸北国温泉 AAAA

露天温泉度假休闲基地

大庆市林甸县王仔温泉小镇

林甸县被中国矿业联合会和世界温泉养生大会组委会誉为“中国温泉之乡”和“世界温泉养生基地”，距大庆市、齐齐哈尔市都是约1小时车程。北国温泉养生休闲基地现已是东北三省开发建设面积最大、娱乐性最强的寒地露天温泉度假休闲基地。

北国温泉养生休闲基地主要由室内温泉区、水上动感娱乐区、森林静泡药浴区、美食自助餐厅（西餐）等七大板块组成，共83个温泉池。

北国温泉水含人体所需的40余种微量元素，其中有偏硼酸、偏硅酸、锂、锶、锰、镭、氡等16种具有较高医疗价值的矿物元素，对治疗关节炎、风湿病、心脑血管后遗症、神经系统疾病等有一定疗效。

胜利村农家游

绿色环保的农家乐

大庆市林甸县与齐齐哈尔交界处

胜利村位于林甸县与齐齐哈尔交界处，西靠美丽的扎龙自然保护区，北靠乌裕尔河，G015穿村而过，交通便利，景色迷人。

走进胜利村，首先映入眼帘的是二层楼高的蓝色圆柱形大型储气罐，这就是胜利村的秸秆燃气站。在胜利村，每个漂亮的庭院前都有一栋太阳能猪舍，这种太阳能猪舍+厕所+沼气的“三位一体”庭院式农村能源生态模式是胜利村的一大特色。

秸秆燃气、沼气、太阳能三种新能源互为补充，使原本就比较富裕的鱼米之村又锦上添花。近年来，胜利村利用这里邻近湿地、空气清新、环境整洁的优点，开设了农家一日游，游客可以在湿地内划船、穿行芦苇荡，晨听鸟鸣，暮看捕鱼，悠闲游览度假。

连环湖景区

鹤鸣湖湿地温泉风景区 AAAA

水温最高、出水量最大的温泉

✉ 大庆市林甸县鹤鸣湖镇南岗村

鹤鸣湖湿地温泉度假区是中国首家大型原生态湿地温泉，位于黑龙江省大庆市温泉之乡林甸。鹤鸣湖温泉水来自地下1980米处，出水温度61℃，为黑龙江省温泉出水水温最高、出水量最大的温泉。

这里拥有风靡日韩的原生态岩盘洗浴，享有温泉“美容师”之美誉的碳酸洗浴，被无数人推崇的养生火山岩洗浴等，以及充满异域风情的 SPA、各种主题特色的日式私密温泉、功能养生温泉、豪华VIP私属温泉及冰雪露天温泉。

鹤鸣湖中餐厅提供原生态养生菜系、日韩料理自助和纯日式榻榻米客房等，功能完善，是全家度假休闲的好去处。

铁人王进喜纪念馆 AAAA

纪念王进喜短暂而光辉的一生

✉ 大庆市让胡路区中原路2号

铁人王进喜用自己朴实奉献的精神感动了整个中国，他曾经用自己的身躯搅拌泥浆堵住了井喷，从而被赞为“铁人”。大庆人民为了纪念这位楷模，修建了一座王进喜纪念馆。新馆于2006年建成，温家宝总理亲自为其题写了馆名。

展馆的主题围绕着创业、爱国、无私奉献、求实精神展开，用多样化的手段表现了铁人的光荣事迹。参观者可以在此观看纪录片、图片、文字展览及沙盘展示，从多方面了解王进喜及中国石油事业的奋斗史。

玩家 解说

纪念馆的建筑外形非常有意义，从天空俯瞰像是一个“工”字；从远处侧看，它又如同一个“人”字，生动地证明了这是一座表彰工人的展馆。通往展馆的台阶有47级，新馆建筑总高47米，这寓意着王进喜47年岁月所谱写的非凡人生。

铁人纪念馆

链接

“铁人”王进喜

王进喜是大庆油田的一位普通钻井工人，他6岁靠讨饭为生，10岁给地主放牛，15岁到玉门油矿做苦工，直到玉门油矿解放。1950年春，他成为新中国第一代钻井工人，先后任司钻、队长等职，1956年4月加入中国共产党。

1960年3月，王进喜率队从玉门到大庆参加石油大会战，组织全队职工用“人拉肩扛”的方法搬运和安装钻机，用“盆端桶提”的办法运水保开钻。他不顾腿伤跳进泥浆池，用身体搅拌泥浆压井喷，被誉为“铁人”。王进喜的一生是短暂的，他因为患胃癌在47岁就离开了我们，但他留下的“铁人精神”却一直指引着我们。

黎明湖

环境清幽的城市湖泊

✉ 大庆市萨尔图区龙凤区发展路

黎明湖位于有“绿色油化之都、天然百湖之城”之称的黑龙江省大庆市，是大庆众多“水泡子”中的一个，也是大庆城市景观的亮点之一。

黎明湖占地总面积1.34平方千米，原名跃进泡，为一自然泡沼。它源出东湖、下连三永湖，水平流畅，水质优良。湖里盛产鲤、鲫、草、鲢、鳙、鲇等鱼类和河蚌、湖蟹，常有野鸭、江鸥在水面嬉戏。

当地市民通常饭后来湖畔散步。湖畔的雕塑精美，花坛等建筑各具特色，与周围环境浑然一体，漫步其中，倍感神清气爽、心旷神怡。

“石油之光”雕塑

内涵丰富的城市雕塑

大庆市萨尔图区中七路、萨大路和世纪大道的交会处

“石油之光”是大庆市的一处著名雕塑，由大庆市本土作者吴景行、张少杰、战广彦设计，1987年7月28日落成。

“石油之光”雕塑主体有基座、塔身、塔徽。其座为高3.5米、直径8米的圆柱体，周围镶有2.1米的铸铜浮雕带。其上托起的塔身是由高30米、直径为半米多的钢管排列起来的三棱柱，上端每边各有一幅直径为2.4米的铜质圆浮雕。环廊是6只飞翔的海燕，最大高度近5米，组成了奔腾的海浪。

雕塑包括了从地下到地上，从古到今的全部内涵，以现代立体构成的象征性手法表现了人类征服自然的磅礴气势和力度。

油田历史陈列馆

国内第一座石油纪念馆

大庆市萨尔图区中七路32号

大庆油田历史陈列馆是在原大庆石油会战指挥部的原址上改建的，是中国第一座关于石油的纪念馆。陈列馆拥有文物7458件，陈展展品2647件。

进入展馆大门，你会看见一座灰黑色的大型雕塑，好似一只手掌，欢迎远道而来的客人们，这座雕塑名为“起点永续”，雕塑主体是一棵罗马型采油树，这是以松基三井的井口模仿建造的。松基三井是大庆油田的第一口井，对于中国石油事业有着里程碑式的深远意义。

石油之光

陈列馆分为“岁月·大庆”“松辽惊雷·油出大庆”“大庆赤子·油田脊梁”“大庆精神·民族之魂”等9个部分。通过编年体和专题式有机结合的方式，全面展示了大庆油田47年的辉煌发展历程。

大庆赛车小镇 AAAA

充满动感与激情的特色小镇

萨尔图区北二路北侧、机场路西侧

大庆赛车小镇是一个充满活力和魅力的地方，它以赛车竞技和运动体验为主题，集赛事服务、汽车后市场、休闲度假、旅游文化于一体，是全国著名的汽车运动休闲特色小镇。

小镇的总占地面积约为15平方千米，拥有国内国家级赛道数量最多、种类最全的大型国际赛车场，可以举办国际、国内汽车专业赛事及群众赛事，是国家级赛车赛事中心。赛车场项目配套组群（大庆汽车城）总建筑面积达43万平方米，是东北最大的汽车后市场综合服务中心。

小镇拥有174万平方米的“汽车自驾营地”，其中有102万平方米的天然湖泊作为冰雪越野场地，为游客提供丰富的户外运动体验。小镇还有“温泉休闲度假区”，让游客在紧张刺激的赛车体验之余，享受宁静舒适的休闲时光。此外，小镇还有一个前所未有的超级屏幕，游客可以体验震撼的汽车影院。“五星级”生态菜园可以给那些渴望回归自然的人送去归属感。

龙凤湿地

市内最大的自然保护区

大庆市龙凤区龙凤镇

龙凤湿地是大庆市内最大的自然保护

区，用“漠漠水田飞白鹭，芳草萋萋鹦鹉洲”来形容它最适合不过。这里有水鸟6万多只，每到春季候鸟迁移的时候，龙凤湿地的景色是最美的，各种鸟儿在这里栖居，整个湿地生机勃勃、绿意盎然。

值得一提的是，龙凤湿地的形成也是非常有趣的：这里过去是一片泥泞的大沼泽，地势低洼，没有水源，毫无生气，然而一场洪水引来的流水积聚于此，便成就了如今的美丽湿地。

阿木塔旅游度假村 AAAA

原始风貌的野外娱乐场所

大庆市杜尔伯特蒙古族自治县胡吉吐莫镇

阿木塔旅游度假村是杜尔伯特最大的一家野外娱乐场所。阿木塔蒙古语意为“美味”，是因为阿木塔半岛水肥草丰、物产丰富、湖深鱼多而得名。

阿木塔半岛三面环水，离半岛东4千米即为著名的格登沙坨子，上面密布由榆树、蒙古桑、野山杏组成的天然次生林，狐狸、野兔、野鸡等出没其间。半岛原始风貌保存完整如初，岛上栖息着大雁、野鸭、红嘴鸥等几十种珍禽，每当春末秋初，丹顶鹤也时有出现。

除此之外，这里鱼种繁多，是绝佳的钓鱼场所，游人可垂钓、下线网。游客在游览的同时，还可品尝当地独特的美食。阿木塔旅游休闲度假村的特色景观吸引着八方来客，是观光、游览、休闲、度假的好地方。

杜蒙草原风情

田园牧歌般的世外桃源

大庆市杜尔伯特蒙古族自治县

全长1370千米、有着20多条支流的嫩江，在黑龙江省中部造就了一片神奇的大平原，杜尔伯特蒙古族自治县就坐落在这水肥草美的大平原的腹地。4000多年以前，这里就吸引了逐水草而居的北方少数民族。

杜蒙草原

如今，坦荡如砥的大草原、碧波万顷的芦苇荡、波光粼粼的湖泊群、千姿百态的天然次生林、古朴淳厚的蒙古族风情，构成了这里独特的旅游资源。

寿山民俗度假村

水丰山奇的民俗度假地

大庆市杜尔伯特蒙古族自治县一心乡胜利村

寿山民俗度假村因一代抗日、抗俄爱国名将袁寿山将军安葬于此而得名。度假村地理位置优越，交通畅达，无论是自然风光还是人文景观均极具个性。

走进度假村正门，映入眼帘的是一座巨大巍峨的雕塑“索永宝”，它象征着民族团结坚不可摧，民族兴旺发达和永恒。沿着宽阔的大路走去，便是风光如画的沙地植物园。沙地植物园三面环水，峰峦起伏，植物繁多，尤以古榆的长势最为奇特。

龙虎湖湖水浩瀚无垠，水清沙洁，是理想的天然浴场，又是游泳、滑水、驾舟、消夏避暑的好地方。湖岸石板街宽敞明亮，新建的民族歌舞台每逢周末都举办大型文艺演出，内容为蒙古族传统歌舞等。饱览秀美的山水风光后，游人自然要品尝蒙古大菜、渔家风味等地方佳肴，一饱口福。

链接

爱国名将袁寿山

南有林则徐、北有袁寿山，一代盖世名将，两个民族英雄，为中国抗御外辱历史共同谱写了光辉的篇章。

据史料记载，袁寿山，字眉峰，明末名将袁崇焕裔孙，汉军白旗人，1894年中日甲午战争中英勇善战，受到清政府嘉奖。1899年任黑龙江将军，时值沙俄入侵黑龙江，袁寿山将军率领众部顽强抵抗，直至壮烈牺牲，因其夫人系杜尔伯特旗扎萨克（王爷）希拉布罗丕勒之女，故该王爷为女婿在杜尔伯特旗选定现在墓址安葬。

八井子许愿树

百年树龄的神奇许愿树

大庆市大同区八井子村

大庆市大同区八井子村张云岭屯西有一棵百年古榆。别看这棵古榆不如千年菩提树那样宏伟大气，也不如南方的古榕树茂密参天，但它在当地却是小有名气。此树已有120多年的树龄，当地人把此树称为“许愿树”。

链接

许愿树的凄美传说

相传当年许员外家小姐与穷书生袁秀才相爱，遭到许员外家反对。许小姐不顾家里反对和袁秀才商议私奔，被丫鬟听到告知许员外。许员外为留住爱女，将爱女软禁家中，不久因相互思念，许小姐、袁秀才相继抑郁而死。许员外感到愧对爱女，遂将爱女与袁秀才合葬。翌年春，坟边长出一棵小树，此树长得异常茂盛，就是现在的这棵古榆。当地人感怀这对青年男女忠贞的爱情，取其二人姓氏谐音将此树取名为“许愿树”。

后来，这棵茂盛的古榆真的有了灵气，想要考取功名的书生许愿后，都仕途发达；多年无子的夫妻许愿后，喜得贵子；祈求婚姻的男女许愿后，爱情甜蜜，家庭幸福。许愿树从此名声大振，前来观赏和许愿的人络绎不绝，凡是真心许愿的人愿望很快就会变成现实。

明月岛风景区 AAAA

避暑休假的好场所

齐齐哈尔市梅里斯达斡尔族区沿江北街4号

明月岛风景区是黑龙江省内的一座著名公园，知名度仅次于太阳岛。两岛南北遥相呼应成为“姐妹岛”。

岛上沙丘、沼泽、湖泊均有分布，地形蜿蜒起伏、复杂多变。500余种植物、15万多株树木覆盖着连绵沙丘。春夏时节，灰喜鹊、鹞鹰、江鸥、腊嘴、翠鸟、云雀、百灵、啄木鸟等数10种鸟类在林中竞飞齐鸣。

明月岛是乘船游江、野餐露宿、避暑休假的极好场地。冬季是观赏北国风光和开展冰雪活动的旅游胜地。搭乘渡轮上岛后便是水清沙细的浴场。岛上地貌起伏，秀林苍翠，灌木丛生，繁花盛开，庙宇错落有致，自然景观美不胜收。

扎龙自然保护区 AAAA

世界最大的芦苇湿地

齐齐哈尔市铁锋区扎龙乡

扎龙自然保护区位于齐齐哈尔市东南30多千米处，是世界最大的芦苇湿地，也是丹顶鹤的故乡。每年3~10月，约有400只丹顶鹤飞来扎龙湿地停歇繁殖。

扎龙保护区是片芦苇湿地，这里河道纵横，湖泊、沼泽星罗棋布，有长长的木栈道架于水上。6~9月是观鹤的最佳时节，此时的丹顶鹤比较多。现在已有一些丹顶鹤不再迁徙，因此冬季来也能看到一些鹤，但很少。

玩家攻略

鹤群放飞表演是扎龙景区的特色看点，每次放飞20~30只丹顶鹤。你会看到远处的一群丹顶鹤在放鹤人的挥杆引导下开始助跑、飞翔，在空中盘旋片刻后飞回放飞处。

扎龙自然保护区

由于放飞处离观鹤栈桥有一定距离，摄影爱好者们如果想拍摄到精彩的画面，一定要准备好长焦镜。除了丹顶鹤，在扎龙还能看到白鹤、白头鹤、白枕鹤、蓑羽鹤等珍禽。

到达景区建议先注意看一下放飞时间的公告，赶时间的话可以直接坐电瓶车至终点站，然后步行约20分钟至放鹤栈桥等待放飞。

大乘寺

大规模的琉璃瓦建筑群

齐齐哈尔市铁锋区大乘路1号

大乘寺是齐齐哈尔市内的一处近代寺院，建于19世纪40年代初，它虽然是一个近代的建筑物，却依旧根据传统古代寺院的形态建造，是现在黑龙江最大规模的琉璃瓦建筑群。

大乘寺建成之时，爱新觉罗·溥仪为寺庙捐赠了一套珍贵的唐版《华严经》，为大乘寺增添了一份神圣肃穆的气质。大乘寺的大雄宝殿由黄釉琉璃瓦全面覆盖，气势恢宏，庄严肃穆。而绿色琉璃瓦构成的“大乘寺”三个大字悬于殿上，大气高雅。寺院中还有一处白玉观音，身高7米，慈祥中略带威严，令人心生敬意。

鹤城树王

百年树龄的老树王

齐齐哈尔市铁锋区卢屯村

铁锋区扎龙有3株老树挂上了“古树名木”名牌。其中位于卢屯村的一株老榆树，胸径超过1.8米，是黑龙江省迄今发现的古树名木中最粗大的一株，堪称“鹤城树王”。

这株老榆树粗壮挺拔、身姿舒展，粗大的主干格外引人注目。现场测量发现，大树的胸径达到了1.8米，树围超过4.3米，4个成年人才能合抱过来。据推测，这株老树的树龄为500年左右。为了让老树安享“晚年”，村民们自发地在周围建起了水泥坛。

龙沙公园 AAAA

娱乐憩息的上佳之地

齐齐哈尔市龙沙区公园路32号

龙沙公园是齐齐哈尔市最大的公园，每年冬季一二月，这里举办冰灯会，与哈尔滨的冰灯节相比，历史较短，精雕细琢的东西不多。冬季公园内的劳动湖全面冻结，可在湖面上坐狗爬犁或马、羊、毛驴爬犁围湖跑上一圈，非常有趣。

公园经过多年建设，现有5个游览区。除花卉观赏区外，公园南端是动物观赏区，汇集了丹顶鹤、东北虎、金钱豹、棕熊等百种珍禽异兽。游艺娱乐区是一个神奇的儿童乐园，配有升降式飞机、电动宇宙飞船等新型活动项目，同时还有供成人娱乐的大型多功能厅，是鹤城周边闻名的游览胜地和娱乐憩息的上佳之地。

玩家解说

一进公园正门便是花卉观赏区，区内百花争艳、林木茂盛、草坪葱绿。向园中走去，经见亭阁、湖心望孔桥，随处可见逼真的雕塑和各种建筑小品。爬上胜龙山，登上天远阁，可一览望江楼、关帝庙、寿公祠、澄江阁、藏书楼等古建筑。西望劳动湖，湖水碧绿清澈，波光闪闪。湖中有岛，岛上有彩虹式的拱桥、幽深的曲桥、飘逸的玉带桥。岛上的亭台楼榭装点其间。泛舟环湖而行，风光如画。

龙沙公园

江桥抗战纪念地 AAAA
爱国主义教育基地

齐齐哈尔市泰来县江桥蒙古族镇江安社区

江桥抗战纪念地现成为爱国主义教育基地和红色旅游景区。纪念地内除了建有纪念公园、纪念馆，还有江桥小站、十里观江大道、观江台、抗战遗址园广场、观江亭、赏月亭等景观，已先后被确定为省级文物保护单位、省级爱国主义教育基地、“黑龙江100个最值得去的地方”、全国第二批红色旅游经典景区。

玩家 解说

1931年“九一八”事变后，日本帝国主义侵占辽吉，虎视龙江。马占山临危受命，激民族之义愤，怀满腔爱国之热血，立“还我河山”之宏愿，高举抗日之旗。同年11月4日，马占山组织领导打响中华民族抗日战争第一枪。江桥阻击战持半月之久，异常悲烈。

江桥抗战蜚声中外，世人感泣，民心振奋。教育先驱陶行知诗赞马占山：“神武将军天上来，浩然正气系兴衰。手抛日球归常轨，十二金牌召不回。”毛泽东同志在论述我国抗日战争历程时指出：“中国人民的抗日战争，是在曲折的道路上发展起来的。这个战争，还是在1931年就开始了。”充分地肯定了江桥抗战的历史地位。

卜奎清真寺
保存完整的伊斯兰教建筑群

齐齐哈尔市建华区礼貌胡同1号

卜奎清真寺是黑龙江省最大的伊斯兰教建筑群，原称清真东寺和清真西寺，位于齐齐哈尔市区，是全国重点文物保护单位。这座寺庙有着300多年的历史，历经沧桑却依旧保存完整。

清真寺的建筑主要分为3处，东寺、西寺以及女寺。东寺建于康熙年间，是最早的建筑，礼拜大殿彩绘精美，六根圆形红柱庄严大气。西寺建于咸丰年间，风采依旧。女寺是女性教徒出入的地方，这里还特别设有女性沐浴室。现寺庙中还存有稀世的手抄版本《古兰经》。

卜奎清真寺

黑龙江督军署
曾是黑龙江最高军事指挥场所

齐齐哈尔市卜奎大街和中华路交叉口东北角

黑龙江督军署设立于1912年，是当时北洋政府的一处重要的政府决策中心，前身是一处私宅，由晚清的巡抚程德全和周树模相继修造而成。这座小小的四合院曾经是12位黑龙江高级政府官员的办公场所，“中华民国”建立后，它渐渐成了黑龙江的最高政治、军事指挥场所。

如今的督军署风采不如往昔，但人们依旧可以从正门看到昔日的辉煌。督军署大门恢宏高大，虽是素雅的灰白色装饰，却显得庄严肃穆。

齐齐哈尔博物馆
历史悠久的博物馆

齐齐哈尔建华区卜奎大街中华西路1号

齐齐哈尔博物馆是黑龙江省最大的市级博物馆，2003年8月正式对外开放。博物馆整体建筑风格为仿古式。一楼大厅的巨型浮雕《嫩江——母亲河》集中反映了齐齐哈尔市以渔猎文化为代表的嫩江流域多民族聚居的古代文明。

博物馆集文物征集、考古、收藏、研究、展示于一身，是一座以地方历史与艺术为主，系统展示齐齐哈尔悠久历史文化的综合性博物馆。馆藏文物5000余件，系统反映了

齐齐哈尔古代、近现代、当代历史进程。博物馆并通过举办基本陈列和多种专题陈列，全面展示地方历史发展和灿烂文化，介绍中华文明与世界优秀文化。

嫩江公园
休闲憩息的开放性公园

齐齐哈尔市新明街1号

嫩江公园位于丹顶鹤的故乡齐齐哈尔市区西南部的嫩江江畔，是以游览、娱乐、经营服务为主的文化娱乐场所，是齐齐哈尔市较大的一座开放性公园。公园现有树木30余种、近万株。

公园主要分临江景区、水上游乐区、商服区和垂钓区四大景区。其中，临江景区垂柳摇曳，江面碧波荡漾，是休闲度假好去处。

金长城遗址公园
中国边疆的往昔辉煌

齐齐哈尔市碾子山区黑蒙交界处

金长城遗址是金朝修筑的长城遗址。金长城原本全长206千米，是金朝在北部建设的重要军事防御工事。遗址公园广场上有金朝开国名将婆卢火的雕塑，他追随完颜阿骨打征战东西，有着赫赫战功。

金长城因为岁月的侵蚀，仅留下少数的城墙，如今断壁残垣，萧瑟凄凉，不见当日的壮丽。不过，在很多学者、考古爱好者看来，即便金长城今日如此残破、荒凉，但它在中国古代历史上依然有着重要的一笔，这座中国第二长城见证了女真部落的兴衰，见证了中国边疆的往昔辉煌。

蛇洞山风景区
奇石丛生的天然景区

齐齐哈尔市碾子山区西部4.5千米处

蛇洞山邻靠雅鲁河，奇岩怪石密布，颇有一种诡谲的气息。景区周边树林很少，多是耸入云天的古松、古柏。随处可见形态万千的大石头，有的像乌龟，有的似青蛙，有的如猛虎，有的似雄狮，还有一座酷似如来佛的岩石吸引着众多游人前来膜拜。

除了浑然天成的奇趣自然，蛇洞山的人文资源也不逊色，考古队曾在这里挖掘出了大量的旧石器时代的用具，如砍伐器具和一些炊具，甚至在蛇洞山发现了猛犸象的象牙。如果你想要猎奇，想要寻找大蛇的痕迹，不妨来这里看看吧。

链接

蛇洞山名字的由来

蛇洞山的得名非常有趣，据说齐齐哈尔很少有蛇出没，唯独这里有蛇，而且是大蛇。当时俄罗斯人在蛇洞山附近建造铁路，据说被山洞里的蛇袭击了，当地人认为这是蛇神的庇佑，便来此膜拜，曾将山洞取名为仙人洞。不过，蛇洞山上到底有无大蛇，却无法验证。

藤甲岗子遗址

新石器时代早期文化的见证

齐齐哈尔市昂昂溪东南3千米处

藤甲岗子遗址面积为13万平方米，考古共挖掘和清理墓葬40座、房址5座、窖穴16个，出土陶器、石器、骨器数百件，是新石器时代早期文化的发源地。

藤甲岗子遗址于1979年和1980年由黑龙江省文物考古队和齐齐哈尔市文物管理站共同发掘，出土了大小石斧数十件，还有大型环状石器和石刀、石磨、盘棒等，展现了昂昂溪古文化和原始农业的状况；同时还出土了碗、杯、罐等各种陶器，还有存储谷物的大型陶瓮，是人类定居生活的见证；还出土了数十件管状玉珠、玛瑙、玉杯和耳坠等物品，展示了当时玉石制品加工的工艺水平和人们对美的追求。

哈拉新村

蒲峪路古城

易守难攻的军事要地

齐齐哈尔市克东县金城乡古城村

“蒲峪”是女真语，是“低洼地”或“涝洼地”的意思。薄峪路古城濒临乌裕尔河，横卧于东、北、西三面沼泽草甸的怀抱之中，与东南方7.5千米处的克东县城、二克山风景区遥相呼应。

由于乌裕尔河是一条较大内陆河，两岸低洼，每逢雨季，河水淹没了两岸大片原野，形成了大片沼泽地。这样就致使蒲峪路古城以它特殊形状——椭圆形横卧在沼泽之中。不难看出，当初这里不但是山川秀丽、水草肥美、捕鱼射猎的好地方，而且是易守难攻的军事要地。

哈拉新村

古老的达斡尔族村落

齐齐哈尔市梅里斯区

达斡尔族是我国北方具有农业文化传统的古老民族，300多年前由黑龙江以北迁徙到嫩江流域。达斡尔人居住相对较为集中，在嫩江西岸的齐齐哈尔市梅里斯达斡尔族区有13个达斡尔族村，其中，哈拉村已有300多年的历史，村里仍然保留着一些古老的民居——草房。

据该村村长介绍，这一座座草房冬暖夏凉，冬天屋里根本不用生火，独特的西窗户能保证采光充足。勒勒车是达翰尔人过去的生产、生活运输用具。如今，在哈拉新村的展览馆中仍可见到。

攻略资讯

- 交通
- 住宿
- 美食
- 购物
- 娱乐

交通

哈尔滨市地处东北亚中心位置，是东北地区的铁路枢纽之一，机场航线、铁路和公路四通八达，选择任意一种交通方式到达和离开哈尔滨都非常方便。

飞机

哈尔滨太平国际机场位于哈尔滨市区西南30千米的太平镇，它与大连机场、沈阳机场合称为东北的“三大门户机场”，同时也是全国通航俄罗斯航线最多的机场。

太平机场的国内航线覆盖了除西藏、青海、甘肃以外的所有省市区的主要城市；国际及地区航线主要通往俄罗斯的主要城市，以及东亚、东南亚国家和港台地区。

机场大巴：有6条机场专线去哈尔滨市区不同的地点，统一票价为20元，每30～40分钟一班，末车根据航班起降发车。机场巴士已开通长途运营线路4条，分别为齐齐哈尔线、大庆线、牡丹江线、佳木斯线，票价90~135元不等。

火车

哈尔滨目前有四大火车站——哈尔滨站、哈尔滨北站、哈尔滨西站和哈尔滨东站。途经哈尔滨的列车多经哈尔滨站；以哈尔滨

索菲亚广场

为起点或终点的列车在哈尔滨东站；哈尔滨西站停靠的列车全部为动车和高铁列车。

哈尔滨站：位于哈尔滨市南岗区铁路街1号，乘地铁1号线可到达。

哈尔滨西站：位于哈尔滨市南岗区哈西地区铁路街和中兴大街交叉口。承担主要线路为京哈高速铁路、哈齐高速铁路、京哈铁路。西站东广场地下二层是公交候车区，11、31、120、379、602等路公交线路可到达，或乘坐地铁3号线也很方便。

哈尔滨东站：位于哈尔滨市道外区火车头街，乘地铁1号线可到达。

哈尔滨北站：位于呼兰区利民大道，是哈齐高铁、哈伊高铁、滨洲铁路的车站之一，乘坐211、212、213等路公交车可到达。

汽车

哈尔滨作为东北地区重要的交通枢纽，

亚布力火车站

公路系统非常发达。有发往北京、上海、南京、新疆、河北等全国20多个城市的长途汽车，以及通往省内各市县的长途汽车。

哈尔滨市公路客运总站下设哈西客运站、道外客运站和三棵树公路客运站3个客运始发站，分别位于南岗区中兴右街、道外区承德街和道外区桦树街。不过，旅客要乘坐长途客运车辆时，需从城市不同区域赶往长途客运站。为了给旅客提供便利的出行及换乘体验，哈尔滨公路客运总站公司陆续设立了南岗区客运服务中心、大耿家转盘道停靠站、哈五路等多个停靠站，长途客运车辆从客运站出发后，在停靠站再次接客，旅客可以就近选择乘车地点。

市内交通

哈尔滨目前已开通运行地铁1号线、2号线和3号线，连接了哈尔滨的4个火车站，可在市区主要交通枢纽和景点间便捷换乘。

住宿

哈尔滨市内酒店住宿的地方很多，消费水平不太高，所以酒店较为经济实惠。其中市中心的中央大街、圣索菲亚大教堂周边分布最多。如果选择居住在松花江沿岸一带还可欣赏美丽的江景。龙塔景区周边也有不错的住宿可供选择。

●勃莱梅酒店

酒店位于中央大街步行街，毗邻松花江和兆麟公园，地理位置绝佳，出行十分方便。房间设施很新，早餐很丰富，总体性价比很高。✉ 哈尔滨市道里区工厂街69号 ☎ 0451-84879998

●际丰假日酒店

酒店与著名的防洪纪念塔、兆麟公园相毗邻，距离百盛购物中心，麦凯乐商场步行五分钟，距离圣索菲亚大教堂步行仅需十分钟，工作人员的服务也很热心。✉ 西二道街27号（近中央大街）☎ 0451-87099703

●天星温泉商务酒店

酒店地理位置优越，出行方便，酒店房间很大，服务也很热情，还有免费的洗浴和早餐，整体很不错，推荐入住。✉ 大庆市长盛街南二段天星广场旁 ☎ 0459-8195557

●嫩江宾馆

宾馆地处市经济文化中心，南临工人文化宫、西接报社、龙沙公园，环境优美，出行便利。房间干净整洁，早餐很好，服务热情周到。✉ 齐齐哈尔龙沙区丰恒路29号 ☎ 0452-2473838

勃莱梅酒店

美食

受俄罗斯和少数民族饮食文化影响，哈尔滨的饮食主要有两大特色。一是在哈尔滨可以品尝到非常正宗的东北菜。东北菜主要以炖菜为主，菜量大，味道浓重，像地三鲜、小鸡炖蘑菇、猪肉炖粉条等都是地道的美味。二是在哈尔滨能吃到非常正宗的俄罗斯大餐，正宗的俄式餐馆主要集中在中央大街附近。此外，俄罗斯的大列巴面包，更成了来哈尔滨不可不尝的美味。

中央大街是哈尔滨市最繁华的一条商业步行街，步行街自开通以来日接待游人20余万人次。步行街的夜晚流光溢彩、游人如织，别有一番风情，充分体现出旅游、购物、娱乐、休闲的功能。

●杀猪菜

原本是东北农村每年接近年关杀年猪时所吃的一种炖菜。把刚杀好的猪肉斩成大块放进锅里，边煮边往里面切酸菜，再把灌好的血肠倒进锅内煮熟。上菜时，一盘肉，一盘酸菜，一盘血肠，也有的是把三者合一，大盘大盘地端上桌来。

杀猪菜

●得莫利炖鱼

得莫利炖鱼因其原产地得莫利镇而得名，选用活鲤鱼或鲫鱼，佐以粉条、白肉等炖制而成，味道鲜美，鱼肉又肥又嫩，不腥不腻，是东北四大炖菜之一。

●汆白肉

把熟猪肉切成长方薄片，酸菜用水洗净，切成细丝，加水粉条小火炖制而成，是哈尔滨非常有特色的东北菜之一。吃时可蘸蒜酱（将大蒜捣成泥状，以酱油和匀，为增加香味，也可以加入适量的味精和食盐）。此菜白肉肥而不腻，菜嫩汤鲜。

●冰糖雪蛤

成品色泽鲜艳、甜而清香，有化痰清火之功效。雪蛤是生长于中国东北长白山林区的一种珍贵蛙种，由于其冬天在雪地下冬眠100多天，故此得名。哈尔滨是我国雪蛤的主要出产地之一。

冰糖雪蛤

●马迭尔冰棍

马迭尔冰棍是哈尔滨中央大街特色冷饮，是马迭尔品牌（Modern）食品之一。甜而不腻，冰中带香。马迭尔冰棍无外包装，仅两种口味，只限于专营店出售。

●冰糖葫芦

名副其实的“冰”糖葫芦，在哈尔滨的寒冬下被冻得结结实实的，咬下去要费点力气，但酸酸甜甜的味道非常好。拿红红的糖葫芦拍照，会非常漂亮，十分“上相”。

购物

哈尔滨是黑龙江省最大的商业城市，旅游特产大致可以分为两大类。

一是具有俄罗斯异国情调的食品和饰物。像大列巴面包，俄罗斯巧克力、糖果，还有紫金项链。价格都比较便宜，而且又便于携带。

二是东北特产。在哈尔滨游客可以买到的比较体现东北风情的特产就是“东北三宝”，即人参、鹿茸和貂皮。

哈尔滨特产

●哈尔滨红肠

俄语译音为“里道斯”，采用欧式传统工艺制作。最有名气的有哈肉联红肠、秋林红肠和商委红肠。红肠要在秋林公司一楼买，不能去太早，最好是10点，早了就是前一天剩下的。红旗大街的商委红肠，前店后厂，也是不错的选择，不过排队很长。

哈尔滨红肠

●大列巴

“列巴”是俄语面包的音译，由俄罗斯传来，为哈尔滨一绝。特点是大，有2.5千克之重。外壳微焦，内瓤松软可口，用酒花发酵，使其具有酒花芳香。第一次吃你可能不太习惯它酸酸的味道，但吃几次也许就会喜欢上那独特的酸香。

●俄罗斯套娃

哈尔滨是展销具有典型俄罗斯民族特色工艺品的重要窗口。俄罗斯工艺品商店琳琅满目，五彩斑斓的漆器、古朴典雅的锡器、玲珑剔透的水晶制品工艺精湛，还有俄罗斯套娃等，反映了世世代代俄罗斯人的审美观和民间艺术特性。

俄罗斯套娃

●东北山珍

黑木耳、蘑菇、干果、山野菜等都是值得选购的东北特产，保质期较长，尤其上好的野生黑木耳，物美价廉，带回家食用非常美味。在哈尔滨也可以买到有“东北三宝”之称的人参、鹿茸，但购买时要格外谨慎，谨防假货。

哈尔滨购物场所

俄罗斯商品民间贸易街区：建于20世纪80年代，主要经营来自俄罗斯的旅游纪念品，有日用品、工艺品、服装及军用品等。很多外地游客到这里购物，买上几种俄罗斯的小商品，如套娃、巧克力及服饰等，留作纪念或馈赠亲友。整条街上很少有本地的特产。

秋林公司：是哈尔滨著名的老字号，由俄国人伊·雅秋林于1867年在俄国伊尔库斯克创建，1900年随着中东铁路的修建在哈尔滨设立了分公司，命名“秋林洋行”。在秋林公司，你可以买到大名鼎鼎的红肠、大列巴，还有小肚、月饼、果酒等。

娱乐

哈尔滨最富特色的娱乐活动便是冬季的冰雪项目。哈尔滨冰雪娱乐内容丰富，有惊险刺激的冰爬犁，滑行于冰面的冰帆，如入无人之境的溜冰，旋转不停的冰猴——冰陀螺，还有挑战自然的冬泳，风靡世界、野趣无穷的滑雪。夏天的哈尔滨太阳岛魅力独具，是享受日光浴、沙滩嬉戏、避暑消夏的好场地。

●哈尔滨国际冰雪节

每年12月到翌年1月举行，是我国第一个以冰雪为主要内容的区域性节庆活动。每年的哈尔滨冰雪节都举办大型的冬泳比赛。游人在冰雪节不但可以一睹冰灯、雪雕的美景，还可以欣赏冰雪文艺晚会，参加多种冰雪娱乐项目。

●哈尔滨滚冰节

滚冰节是当地的民间习俗，由来已久。元宵节晚，当地人将蜡烛点燃，放在河面上摆成各种图形，男女老少都要到冰封的江面上打滚，据说这样可以滚去烦恼、滚走灾祸，滚来好运、滚来幸福。

●哈尔滨之夏音乐会

哈尔滨之夏音乐会简称"哈夏会"，是国家级音乐盛会，每两年举办一次，历时10天。哈尔滨之夏音乐会是哈尔滨人的独创，规模盛大，群星荟萃，现已成为音乐艺术家的摇篮，是中国"三大音乐会"之一，并由此奠定了哈尔滨音乐名城的地位。

●哈尔滨啤酒节

哈尔滨是中国第一桶啤酒的生产地，具有中国最深厚的啤酒文化底蕴。哈尔滨人纵情豪饮啤酒的习惯令人惊叹。风情万种的冰城美女和来自俄罗斯的美女成为啤酒节上的一道眩目的风景线。

哈尔滨国际冰雪节

发现者
旅行指南

牡丹江

概览

亮点

镜泊湖

中国最大、世界第二大高山堰塞湖，因湖平如镜而得名。镜泊湖蜿蜒曲折，湖中大小岛屿星罗棋布。

地下森林

原生裸地上形成的阔叶红松林是森林演替的顶级群落，俗称地下森林，又称“火山口原始森林”，风景奇特秀丽。

中国雪乡

这里有着两座近1700多米的高峰，山顶终年积雪不化，雪乡的年积雪期长达7个月，积雪最厚处近两米。同时还是《爸爸去哪儿》《闯关东》《大约在冬季》剧组的拍摄地。

威虎山影视城

威虎山影视城

东北地区第一家影视城，按照著名历史小说《林海雪原》描述的场景建造，原汁原味地呈现了旧东北山村的全貌，将爱国主义教育与回归大自然融合在了一起。

线路

牡丹江经典二日游

第一天上午看渤海国遗址，感受历史沧桑。然后乘车前往镜泊湖景区。晚上回牡丹江市区住宿。

第二天循着历史的脚步游览宁古塔遗址，中午去吃一盘正宗的东北酱骨头补充体力；下午前往横道河子镇，游览威虎山影视城后去滑雪场上迸发激情。

雪乡冰雪二日游

早晨从牡丹江市出发前往雪乡，沿途可欣赏海浪河、千年古榆、雾凇、白桦林等林海雪原风光。吃过午餐后赴双峰滑雪场，晚上择一家民俗旅馆住宿，感受东北大炕的魅力，顺便看一下冰雪夜景。

林海雪原

次日早起，观赏一场东北地区独特、美丽的日出，接着可以去参观一下雪乡影视城，那里是许多东北题材电视剧的拍摄地。

为何去

有着“塞外江南”美誉的牡丹江，也是北方著名的鱼米之乡。这里风光无限，镜泊湖水平如镜，地下森林奇特秀丽，冬季雪乡银装素裹，威虎山霸气神秘。除了瑰丽的风光外，这里还有镜泊湖鲤鱼、东北酱骨头、白肉血肠、铁板炒面等美食，不时刺激着你的味蕾。

镜泊湖溪流

何时去

秋天的牡丹江别有一番韵味，秋高气爽，林木的颜色开始渐变，层次感十足。山间的空气异常清新。当别的地方树叶开始飘落，这里已是冰天雪地的隆冬，山峰白雪覆盖，村落开始沉寂，一场畅快的冰雪之旅等待游客的开启。

中国雪乡

镜泊湖

区域解读

区号：0453

面积：40 600km²

人口：241.1万人

地理 GEOGRAPHY

区划

牡丹江市辖4区（东安区、阳明区、爱民区、西安区）、5县级市（绥芬河市、海林市、宁安市、穆棱市、东宁市）、1县（林口县）。市政府驻地东安区江南新区，此地为经济开发区。

地形

牡丹江位于黑龙江省的东南部，位于中朝俄“金三角”腹地。整个地区是牡丹江河谷盆地，连绵起伏的山地被河流分割，山多丘陵多地少，因此称为“九分山水一分田”。牡丹江的整个地形以山地、丘陵为主，呈现出中山、低山、丘陵、河谷盆地四种地质形态。

牡丹江市平均海拔高度230米，最高处是张广才岭的白突山，海拔高度1686.9米，海拔最低处则是位于绥芬河市与俄罗斯的边境地区，海拔高度仅86.5米。

气候

牡丹江市东南濒临日本海，受到海陆热力性质差异的影响，形成了半湿润型中温带季风气候。夏天，由于风从海洋吹向陆地，因此空气湿润，暖热多雨；冬天则相反，寒冷干燥。

牡丹江市地处盆地之中，四面环山，四季分明，大风天气较少，西部山脉又阻挡了沙尘暴的入侵，使得牡丹江免受沙尘天气的影响，给居民创造了一个相对较好的生活环境。

历史 HISTORY

历史大事记

●唐朝时期

698年，粟末靺鞨族首领大祚荣在牡丹江上游的敦化敖东城建立了“震国”，史称“旧国”。

705年，大祚荣受招唐朝改国号为“渤海王国”，正式成为唐朝管辖下的地方自治政权。

755年，大祚荣之孙渤海三世王大钦茂将国都迁到今宁安市渤海镇，定都名“上京龙泉府”。

●五代十国

五代十国时期，靺鞨族改称女真族，当时居住在牡丹江流域的旧日渤海国边民被称为生女真。

928年，契丹将渤海国王族及城内居

镜泊湖

民迁到契丹腹地今辽南地区，为使渤海人忘其故乡，临行前放火将渤海故都化为灰烬。

●元明时期

1115年，完颜阿骨打建立金国，今宁安、海林、穆棱及牡丹江市区均属金代胡里管辖。

1234年，蒙古灭金。牡丹江流域女真族归于元朝政府统治之下。

1368年，元朝灭亡，明朝建立，建洲女真分布在牡丹江、绥芬河、长白山一带。

明永乐八年（1410年），建洲女真斡朵里部酋长努尔哈赤六世祖猛哥帖木儿率部从牡丹江西岸南行至宁古塔（今海林市旧街乡）定居下来，这一支女真在历史上被称为建洲女真。10年以后，他们东进至今俄罗斯双城子对面克拉斯诺亚尔山城定居下来，后来又经过多次迁移，最后定都于新宾的赫图阿拉。

明朝后期，建洲女真日益强大，努尔哈赤相继统一了建洲诸部和海西女真四部。

●清朝时期

1666年，宁古塔将军巴海率部在今宁安市宁安镇修建新城，同年12月驻地迁往新城。迁往新城后，宁古塔作为清朝政府的流放地，先后有大批被朝廷罢职、废黜的官员和一些有学识的文人被谪戍到这里。他们的到来，对传播中原文化、加速民族融合、开发建设边疆做出了积极贡献。

●近代时期

1932年5月，日本侵略军占领牡丹江等地。

1945年8月14日，苏联红军进驻牡丹江。

1945年10月14日，牡丹江市民主政府成立。

链接

牡丹江市名由来

牡丹江是满语演变而来的，“穆丹乌拉”是它原来的名字。穆丹在满语中的意思是弯曲，穆丹乌拉就是弯曲的江。20世纪30年代初，这里的铁路建设开始，为了称呼的方便，就改成了牡丹江站。1938年，又设立了牡丹江市，从此牡丹江就代替了穆丹乌拉，满语的色彩也随即消失。

中东铁路建筑群遗址

链接

流放者的土地——宁古塔

宁古塔文化博大精深，清初宁古塔政权在这里设立后，宁古塔便成了东北政治、经济和文化中心，管辖着今天的黑龙江省、吉林省、内蒙古自治区的一部分，以及俄罗斯乌苏里江以东。

宁古塔地区最具影响的是宁古塔流放者文化。在中原文化对北方的影响中，流放文人起到了举足轻重的作用。据记载，流放到宁古塔地区的文人前后多达数十万，而且文化层次较高。这在中国的流放史上这是绝无仅有的，当时的清初诗人吴兆骞在出塞以前就被称为“江左三凤凰”之一，张缙彦是明朝非常有才气的一位兵部尚书，地位相当于现在国防部部长。

这些流放的文人对宁古塔地区的影响非常之大，在经济、军事、文化、农耕、医疗和生活习俗等方面造成的影响一直延续至今。流放文人将《史记》《四书五经》及一些儒家思想等中原文化经典传播到了宁古塔。张缙彦在宁古塔成立了黑龙江第一个诗社——七子诗会，这对当时北方诗歌文学产生了引导作用。而在抗俄战争中，流放文人充当各种角色，将中原先进的武器、战争理念在这里传播扩散，在两次的雅克萨战争中，发挥了重要的作用，为以后签订的《中俄尼布楚》条约做出了贡献。

其中，流放文人吴兆骞成了中国第一个反侵略爱国诗人，他所撰写的《秋笳集》《归来草堂尺牍》等作品，成了研究宁古塔和黑龙江历史的珍贵资料。

这些流放文人对中朝、中日的文化交流也起到了积极的作用，梁启超和章太炎都对流放文人对黑龙江做出的贡献给予了很高评价。余秋雨曾著《流放者的土地》长篇散文，客观地分析了宁古塔流放文人现象。

文化 CULTURE

不朽的林海雪原——牡丹江

《林海雪原》是曲波根据自己的经历创作的长篇小说。小说一问世，在当时的社会上引起了强烈的反响，根据小说改编的电影《林海雪原》也是家喻户晓。小说中的片段也被搬上了京剧舞台，《智取威虎山》中的唱段很多老牡丹江人都会哼唱。2014年《智取威虎山》电影面世，更是让更多的人了解到当年发生在牡丹江的传奇往事。

林海雪原

书里描述的牡丹江曾是一个安静不问俗事的出尘之地，寨墙之上，僻静空旷，杂树乱草丛生，鲜有人过往，视野开阔处可看到汝水如白练一般缓缓流淌，在夕阳缓缓西沉之时，霞光与余晖的交错，给各个村落镀上了一层温柔的光芒。这里冬季林海苍茫，白雪皑皑，街道上是满口地域特色明显的东北口音，行人都戴着四块瓦毡帽，因陋就简的小小剧场里，上演着原汁原味的二人转。然而就是这样一个安静平和的地方，激烈精彩的剿匪大战曾在这里真实地发生过，智勇双全的英雄子弟兵杨子荣用一场精心布置的“百鸡宴”，战胜了以座山雕为首的威虎山匪徒，最后赢得了战斗的胜利。

不管是小说《林海雪原》还是现代京剧《智取威虎山》，都让牡丹江名扬天下，给一代人留下了深刻的记忆。2014年上映的电影《智取威虎山》曾在牡丹江市取景，将大量的牡丹江风景、文化等元素穿插其中，在影片中得到了广泛传播，随着此片诞生的“林海雪原热”也有效提高了牡丹江的知名度、美誉度。不朽的林海雪原，美丽的牡丹江，一直用它的传奇惊艳着世人。

景点推荐

牡丹江旅游区

镜泊湖景区 AAAAA

世界第二大高山堰塞湖

宁安市渤海镇瀑布村

旺季100元，淡季80元

0453-6270180

镜泊湖是中国最大、世界第二大高山堰塞湖，因湖平如镜而得名。它属于新生代第三纪中期所形成的断陷谷地，距今4800年左右的最后一次火山爆发的熔岩在今镜泊湖电站大坝附近和沿石头甸子河断裂谷溢出，熔岩流与来自西北部火山群的喷发物和熔岩汇集，在吊水楼附近形成一道玄武岩堰塞堤，堵塞了牡丹江河道及其支流，形成了世界第二大的火山熔岩堰塞湖。

镜泊湖蜿蜒曲折，湖中大小岛屿星罗棋布，其中最著名的是湖中八大景，就像八颗绚烂夺目的明珠镶嵌在湖面上。

吊水楼瀑布位于镜泊湖北边，是景区的特级自然景源，气势和神韵丝毫不逊于闻名世界的尼亚加拉大瀑布。瀑布有300多米宽，20多米的落差，呼啸而下的水流融入下方的潭中，发出了巨大的响声。春夏季是最好的观赏季节，此时的瀑布水量丰富，水蒸气浓烈，在飞流过程中偶尔还会形成迷幻的彩虹。

玩家 解说

镜泊湖为世界第二大火山堰塞湖。游览观光以夏季为主，可以欢赏湖泊和飞瀑。10月的镜泊湖，环绕其侧的山坡被绿黄的树木点缀得丰富多彩。虽然此刻湖面伴随着一阵阵秋风，还有些许寒意，但是秋季镜泊湖的魅力就在于“秋水共长天一色”。

镜泊湖地下森林

火山口原始森林

宁安市镜泊湖西北约50千米

距今1万年前，火山喷发形成了7个直径大小不一的火山口及岩浆流淌形成的地下溶洞群，在原生裸地上形成了阔叶红松林，这是森林演替的顶级群落，俗称“地下森林”，又称“火山口原始森林”。

由于环境的特殊性，地下森林不仅成了秀丽奇特的风景区，还成为中外地理学家、历史学家、生物学家理想的科研基地。景区内的小北湖，跟镜泊湖一样都是高山堰塞湖。景区内除了自然景观，还有各类动植物资源，被国家列为珍稀保护动物的鸟类有15种。如今的地下森林是融森林生态环境保护和自然景观、人文景观为一体的生态公园。

玩家 解说

地下森林是古代火山喷发之后在凹陷的火山口继续生成的森林，它位于镜泊湖西北约50千米的张广才岭东南坡的深山中，是由6座火山锥所组成的火山群。这里长满曲松、紫椴、黄菠萝、水曲柳、黄花松、鱼鳞松和落叶松等珍贵树种，一般树高20米以上，最高的有40多米。这里不仅有很多小动物，而且马鹿、野猪、黑熊这样的大型动物也会时隐时现。下到石级尽头，即至火山口底。火山口底比较平坦，似乎无奇可赏，然而稍加留意，却不难发现这里暗藏着火山溶洞。溶洞内气温反常，酷夏有薄冰，严冬有清泉，十分奇特。这里还保留着凝固了的熔岩。人们站在这里，可以尽情想象万年前炽热的岩浆从此喷出的壮观景色，感受大自然巨大无比的威力。

链接

地下森林断想

著名作家张抗抗曾写过《地下森林断想》，这篇文章被编入人教版的中学语文书中。文章描述了地下森林险峻的生存环境以及峡谷内植物顽强生长、拼搏的毅力。运用拟人手法对峡谷的一切植物给予赞誉，表达了自然生命力的奇特和顽强以及大自然对造物的奇异掌控力。

紫菱湖

以水取胜的湖泊型景区

宁安市镜泊湖风景区内

紫菱湖位于吊水楼瀑布和火山口地下森林之间，湖水面积53万平方米，目前是中国最大一块保留完好的火山岩湿地湖。这里坚硬的石板底层和四周翠绿的山峰是其他湿地所没有的。夏季时，紫菱全盛，湖水幽蓝，似一片蓝紫色海洋，颜色煞是醒目。

紫菱湖的生态环境得天独厚，这里融山、水、林、草、花卉、岛屿为一体，是植物的生长暖床、动物的游戏天堂，成群的野鸭、白鹭、花鹭在此戏水玩闹，大片的水草、野花、莲花恣意开放。在这里，不仅可以享受湖中游艇的极速之感，还可以感受伸杆垂钓的静谧乐趣。

玩家 解说

紫菱湖景色很美，可谓是山清水秀，游览其中别有意境。坐在小船上，无比惊叹的美景呈现在眼前，美不胜收。在蓝天与白云、青山与碧水之间，苍鹰、野鸭舒翼展翅，恬淡而和谐；鸟语雀喧不绝于耳，回绕于天际。

渤海国上京龙泉府遗址 AAAA

消失的渤海古国

宁安市镜泊湖东北牡丹江畔

该遗址是国务院1961年公布的第一批全国重点文物保护单位之一。遗址以唐朝长安城为模型建造，遗址内布局合理，由外城、内城、宫城组成，全城平面呈长方形。外城周长为17.5千米，城外有壕沟。城内街道纵横交叉，划为多个分区，其中设有居民区。同时，在东城有数座佛教寺庙遗址，反映出了当时渤海国佛教盛行的景况。

遗址内的三道城垣和宫内主要建筑遗址保存基本完整，是我国城市发展史上不可多得的现存实例，具有不可替代的历史、艺术和科学价值。

玩家 解说

东京城上京龙泉府遗址，一个湮没了1000多年的古国，一次偶然的机会重见天日，揭示了当年的辉煌。拾级登上高高的宫台，历史的烟尘在胸中激荡，抓一把夯土，摸一摸础桩，也能感觉到其霸气和分量。壁画、舍利函、文字，更有兴隆寺的古井、大石佛、石灯幢……古朴、深厚、墩实、雍容、壮观、流畅，哪一样没有盛唐的影子？哪一处没有中华的芬芳？快穿越历史读懂它吧，弱肉强食，成王败寇，历史的法则就是如此。

链接

穿越历史读懂渤海

渤海国上京曾与唐代长安城齐名。作为唐代的一个地方政权，渤海国历经229年，更迭15世王，其疆域辽阔，包括我国东北大部分和现在俄罗斯滨海边疆区及朝鲜北部的一部分。作为牡丹江历史上第一个最大的行政建制所在地，上京成了当时东北与东北亚著名的大都市之一。渤海国共传15王，第一代、第二代为“渤海郡王”，第三代起唐朝晋封为“渤海国王”。在渤海国统治的200多年中，这里农牧业、手工业、对外贸易发展很快，经济繁荣，也为后世留下了大量文化遗产。

渤海国上京龙泉府遗址

珍珠门

北方的西湖

宁安市镜泊湖风景区内

珍珠门是我国北方著名的风景区和避暑胜地，有“北方的西湖”之美誉。整个珍珠门总面积有1200平方千米，因湖面上两座小岛分立左右，高出湖面大概15米，远远望去就像是两颗珍珠在水中对峙，而它们中间相距约10米，就像是一个门口，因此得名“珍珠门”。

珍珠门湖面平静，不起波澜，水波粼粼的湖水绘成一幅醉人的画卷。两个小岛就像是荷叶上浮动的露珠闪闪，惹人喜爱。

玩家解说

珍珠门有两个江心岛，四周湖水环绕，像两颗珍珠撒在湖中，岛上景色很不错，树木繁多，野花争艳，组合在一起像一幅艳丽的自然画卷。喜欢大自然和森林的朋友可以来游览，适合拍照。

链接

掷珠为山

传说是当年红罗女拒绝富商的求婚，将两颗求婚的珍珠抛于湖中，化成了两座精巧的小岛。两岛间的航道只有10多米，历来是湖中的交通要道。枯水期湖中沙滩裸露，但见两座玲珑小山，宛如珍珠，对峙湖中，仿佛一道天然门户。

渤海风情园

古渤海风光再现

牡丹江市宁安市渤海镇

渤海风情园位于渤海国遗址、镜泊湖和火山口地下森林旅游黄金带的咽喉要道，地理位置十分优越。其所在地为唐代渤海国都城故址。风情园以古渤海文化为底蕴，以民族民俗风情为特色，打造出了一个以历史文化为脉络的休闲娱乐区。同时还增加了现代化的娱乐设施，满足了游客吃、行、住、游、购、娱等多元化需求。

镜泊湖

风情园主体景区为玄武湖，湖边风格各异的木屋、草屋、竹屋与湖水交相辉映，造型各异的亭台楼榭、水车星罗棋布，一幅北国水乡的画卷展现在游客眼前。

道士山

湖上岛屿

宁安市镜泊湖南部

道士山为水中的一座岛屿，高出湖面78米，左右各有一山环抱，犹如“二龙戏珠”。山上峰峦起伏，林间寂静无声，曾有一山庙立于峰顶，建于清咸丰年间，名叫“三清庙”。因当时庙中有一道士在此修行，后得道升仙，这座山便称为“道士山”。山庙里曾有口“九龙探母”的大铁钟，钟声洪亮，回声经久不绝。如今古庙全貌已毁，仅存废墟。废墟前庭宽敞，绿草如茵，幽雅清静，是寻幽探秘的好去处。

宁安大石桥

清代大石桥

宁安市区西鸡陵山下

大石桥横跨大沟壑上，东侧有泼雪泉，泉水流入沟壑后经大石桥南入牡丹江。该桥始建于后金天聪八年（1634年），在清代是通向辽、吉的要道，原来是用木板筑桥，后来改为石筑。作为一个单曲拱桥，全长25米，宽4.5米，高7.3米，以石铺面，两侧设有石栏杆，上有石桃、草叶纹、云卷纹等图案。该桥是黑龙江地区仅有的清代石拱桥，中华人民共和国成立后曾修缮。

红罗女文化园
传奇渔家女的纪念园

宁安市火山口旅游公路附近

文化园位于吊水楼附近，占地面积10 072平方米。园内绿草如茵，林木茂密，空气清新。文化园内有汉白玉主雕塑“红罗女”、大型铜雕“平波宝镜”、圆雕“七仙女月夜下镜泊”、大型铜雕“抢婚”、大型石浮雕“鸳鸯石”等。其中红罗女雕塑精美，雕刻细腻，造型优美生动，将红罗女的迷人风姿完美地刻画了出来。每座雕塑的下方都配有相应的文字，可以让游客更好地了解其中的故事。

链接

渔夫女的传奇一生

相传红罗女原本是镜泊湖边渔夫之女，姿容绝美，善吹箫，能歌舞。因入宫盗龙泉宝剑而被迫成为古渤海国王的妃子，备受宠爱。不久后，湖怪黑鱼精变身为人形，进入宫中成了妖妃，惑乱宫廷，镜泊湖上风浪大起，百姓不得安生。红罗女为朝廷除恶，为民除害，降妖平湖，流尽了最后一滴血，终于换来了百姓的平静生活。

红罗女文化园

三陵坟
渤海国王陵区

宁安市三灵乡三星村

三陵坟又称三灵坟，为唐代渤海国时期的著名墓葬。三陵坟一带是渤海国王陵区所在地，三陵坟是其中的一个墓葬。其陵墓由墓室、甬道、墓道三部分组成。整个墓葬平面呈“T”形，墓室四壁是由完整的玄武岩石块堆砌而成，墓顶平行叠垒起孟顶，形似覆斗，甬道两端各设有石门一重。甬道和墓室四壁都绘有彩色壁画，但因年月已久，现今只剩斑驳的画面。在这里曾出土一座巧夺天工的石狮，色彩艳丽，雕琢细腻，颇具盛唐风韵。

地下熔岩洞
奥妙无穷的熔岩河

宁安市镜泊湖西北约30千米处

据科学家推测，此处是8000~4000年前一次火山喷发时形成的，其地貌类型很像桂林石灰岩地区的喀斯特溶洞，但是本质上又有区别，它是溢出的岩浆自沟谷向东南顺流而下，外层冷却后凝固成硬壳，内部岩浆继续潜流后形成的地下溶洞。

岩洞最高处达6米，最宽处有30米，长500米，就像一个地下密室宽敞而隐蔽。由于熔岩的地质作用，岩洞内形成了各种奇幻的景观，有的如蟠龙栩栩如生，有的似瀑布倾泻而下，有的如珠帘晶莹闪烁。在数百米的地下长廊两壁下环绕着多层熔岩床，仿若莲台。盛夏时节，洞中的温度保持在0℃左右，且有残雪，很是神奇。

马骏烈士墓

玩家 解说

熔岩中的隧道很别致，和平时坐火车过隧道的感觉完全不一样。由于熔岩地质作用，隧道形成了各种奇幻之形，洞内曲折深邃，千姿百态，巧夺天工，让人流连忘返。同时熔岩的颜色也比较特别，五颜六色，非常好看。

马骏纪念馆

“马天安”的纪念地

宁安市马骏街21号

马骏纪念馆于1995年6月建成，同年8月正式开馆，总建筑面积1283平方米，为三层仿古建筑。纪念馆正面有8根白色擎檐柱，墙面为白色大理石，门窗是弧形蓝膜玻璃，屋顶及瓦檐用极具特色蓝琉璃砌成。在二层的飞檐下悬挂着邓颖超同志生前亲笔题写的匾额。整个纪念馆古朴、庄严、典雅。

如今马骏纪念馆已经成为黑龙江省爱国主义教育基地和国防教育基地，2004年被列为全国100个红色旅游经典景区之一。

链接

大闹天安门的民族英雄

马骏1895年出生在黑龙江省宁安市的一个回族家庭，是中国共产党早期革命活动家，五四运动杰出的青年领袖之一，也是周恩来、邓颖超的亲密战友。他在五四运动期间，曾率领京津万名学生代表大闹天安门，被誉为“马天安”，是中国近代史上唯一被人们以天安门命名并加以称颂的民族英雄。五四运动后，马骏与周恩来等人发起创建了中国最早的青年进步组织——“觉悟社”。1921年马骏加入中国共产党，是东北地区党组织的创始人之一。1927年大革命失败后，马骏从莫斯科奉调回国，临危受命担任中共北京市委书记兼组织部部长，负责重建北京市委。同年12月不幸被捕，1928年2月15日被杀害，英勇就义时年仅33岁。

中国雪乡 AAAA

冰雕玉琢的童话世界

海林市长汀镇双峰林场

双峰林场位于牡丹江市大海林业局境内、张广才领中段，素有“中国雪乡”之称。这里有着两座近1700多米的高峰，山顶终年积雪不化，是闻名遐迩的“雪乡双峰”。雪乡的年积雪期长达7个月，积雪最厚处近两米，每年冬季，雪乡就成了一个冰雕玉琢的童话世界。

由于雪乡的雪质好、雪量大，吸引了众多游客前来游览，而不少电视剧组也在此取景拍摄，如《爸爸去哪儿》《闯关东》《林海雪原》《大约在冬季》《智取威虎山》等剧组团队。

雪乡影视城

雪乡影视城的土匪窝、跑马场、木屋、栈桥、吊楼、地窖、白桦林形成一道最原始的人文风情带，再现了东北剿匪时期的林海雪原。著名的抗日题材电视剧《闯关东》《北风那个吹》都在此拍摄。

雪乡滑雪场

在风景区内，雪期从每年的11月初持续到第二年的4月中旬。滑雪赏雪在此地都很适宜。雪场建有初、中、高级雪道7条，总长度12.5千米，其中专业越野雪道3800米，自由越野雪道6000米。除高山滑雪和越野滑雪外，这里还有高山雪橇、马拉爬犁、雪雕城、雪

雪乡

迷宫、雪吧等娱乐项目和景点，并可观赏到“八一”滑雪队的专业表演。

羊草山

羊草山是中国雪乡最高的一座山，其骆驼峰海拔1235米，是雪乡最美丽的地方。因山顶树少草多，视野开阔，成为了观日出、赏日落的绝佳地点。每年12月到次年3月来这里最佳，此时雪量大，雪景最美，很适合雪上活动，而且能够拍摄到蓝天白雪的壮观景色，还能观赏到雾凇。

威虎山影视城 AAAA

东北第一家影视城

海林市绥满公路横道河子镇

威虎山影视城是东北第一座影视城，是按照著名历史小说《林海雪原》描述的场景建造的。这里曾是杨子荣等东北英雄人物生活和战斗的地方。为了满足《林海大英雄》及东北题材影视拍摄的需要，建造了城门楼、林海镇、夹皮沟、神河庙、威虎厅等景观。影视城占地24万平方米。

这里有着最原汁原味的旧东北山村感，有座山雕匪徒占山为王的威虎厅，红漆大门柱子的老道庙，剿匪小分队练兵的夹皮沟，以及传统特色的东北村落。威虎山影视城不仅填补了中国北方影视城的空白，更是将回归大自然与爱国主义教育融为一体，成为吃、住、行、游、娱的旅游胜地。

玩家解说

威虎山影视城是1998年中央电视台与长影为拍摄24集电视连续剧《林海大英雄》而筹建的，之后有600多部经典影视剧在此取景拍摄。里面多是自然景点，门票不是很贵，主要介绍关东特色和民俗习惯。

威虎山

东北山地风光

海林市横道河子镇

威虎山原来只是一个无名高地，地处张广才岭的东部，当地的百姓俗称为“大夹皮沟”，与牡丹江市的三道关乡仅一山之隔。这里森林茂密，奇峰耸立，怪石嶙峋，属于典型的东北山地风光。

威虎山不仅山势险要，且风光秀丽，景区主要由奇山怪石、山间瀑布和林中清流构成。大气壮美的风光与当年人民解放军剿匪斗争的遗址相依存。

链接

座山雕的巢穴

威虎山原为惯匪座山雕的巢穴，有的称"座山雕棚"。1947年春，中国人民解放军侦察兵小分队进山剿匪，英雄侦察员杨子荣深入敌巢，小分队最后以少胜多智歼全部匪徒。1967年发现和确定该地为当年座山雕的巢穴遗址后开始进行保护和建设，并将"威虎山"三字石刻在山顶岩石上。由于小说《林海雪原》中也有详细的描写，加上现代京剧《智取威虎山》的传扬，威虎山一直被人们所关注。

宁古塔遗存

流放者的土地

海林市旧街

清皇族元祖有六兄弟曾在此居住，满语六个为"宁古塔"，故称为宁古塔贝勒，简称宁古塔。宁古塔有新旧二城。据史记载，宁古塔旧城在海兰河南岸，有石城高丈余，周一里，东西各一门。新城在今宁安市区，于康熙五年（1666年）迁于此。宁古塔在清初是设置在盛京以北管辖黑龙江、乌苏里江广大地区的军事、政治和经济中心。

链接

流放宁古塔

在清朝被称为宁古塔的所在地是著名的流放地。从顺治年间开始，宁古塔就成了清廷流放人员的接收地。很多文人学子因为文字狱而被流放在此地，他们当中有抗清名将郑成功之父郑芝龙，文人金圣叹家属，清初著名诗人吴兆骞、思想家吕留良家属等。当时的宁古塔环境险恶，流放者往往在半道上被虎狼恶兽吃掉，能活下来的不多。在这环境极其恶劣的地方，也只有这些流放的文人才能够苦中作乐，以吟诗作对来打发日子。这些流放文人也给宁古塔注入了新鲜的血液，使得这片土地多了一丝文艺气息。

横道河子俄罗斯风情小镇 AAAA

黑土地上的百年俄式风情名镇

牡丹江市海林市横道河子镇

横道河子俄罗斯风情小镇距离牡丹江市42千米，是一个有着126年历史的袖珍小镇。走进小镇可以发现，道路由大块方砖铺成，平坦干净。沿街而建的黄白相间的木屋，仿若典型的俄罗斯老房子，营造出小镇独特的俄式风情。小镇以俄罗斯老街为中心，现存俄式建筑256栋，其中104栋为文物保护建筑，是中东铁路沿线上历史文化遗存最丰富、保存状况最好的小镇。主要遗存有圣母进堂教堂、中东铁路机车库、俄式民宅、铁路治安所驻地、中东铁路海林站旧址、铁路大白楼等俄罗斯风情建筑，异域风情极为浓郁。

东正教圣母进堂教堂

俗称喇嘛台，位于横道河子镇东面一个较高的台地上，是一个全木质结构的教堂。该教堂属于典型的俄罗斯风格，无论是外形建造还是内部设计都表现出独特的风格和艺术水平，是黑龙江省目前仅存的一座全木

中东铁路遗址

质结构的东正教堂，也是外国宗教活动传入该地区的一个历史见证，同时对于研究中东铁路的历史具有极高的价值。

横道河子铁路机车库

中东铁路是沙俄为了掠夺和侵略中国、控制远东而在我国领土上修建的一条铁路，于1897年开始动工，1903年全线竣工通车，全长近2500千米。

铁路机车库建筑平面为扇形，机车在离车库30米远处要通过机车调转盘才能驶入扇形车库。机车库共有15个车库门。车库门为拱圆形，造型美观，砖墙铁瓦，建筑风格奇特。这里曾经是通往哈尔滨的必经之道，又是西爬高领子的起点，地理位置十分重要。

铁路治安所

建于1904年，位于海林市横道河子镇东山脚下。该建筑为俄罗斯风格，二层洋楼，双坡屋顶，四角石砌。治安所是当时俄国人为加强对铁路沿线和本地治安专设的机构，后作为铁路子弟学校、木器厂。

铁路大白楼

铁路大白楼为二层洋楼，墙面黄白相间，白色为主调，整体造型虽然简单、素朴，但透出高贵典雅的气韵。这栋大白楼原来是修建中东铁路的俄方工程师和专家的住所，也是当时最高级的住宅楼。

横道河子中东铁路木屋

位于横道河子镇的北面，为一排五栋俄罗斯式建筑的木房。木屋当时是修建中东铁路的技术人员和建筑工人的住所，是用当地优质木材建造的俄式房屋，外观简单大方，但结构上榫卯间非常严密，雕刻工艺精巧细腻。木屋冬暖夏凉，住着很舒服。

中东铁路海林站旧址

位于海林市的南面，它是中东铁路1903年全线通车的最早火车站之一，是用花岗岩石砌成的俄式建筑，无论从外形和设计上都有着独特的风格。现海林站旧址已改为海林站派出所。

玩家攻略

横道河子镇始建于1897年，比哈尔滨建市还早一年。1896年，李鸿章与沙俄签订了《中俄密约》，随后进行了气候和水文等的调查。1897年，俄国人修建中东铁路滨绥线，这里是牡丹江通往哈尔滨的咽喉要道，原先并不出名的小镇开始热闹起来。从沙俄经营中东铁路至日伪时期，横道河子镇一直是重要的军政机关所在地，当时商贾云集，楼房林立，有着“花园城镇”之称。

亿龙水上风情园 AAAA

黑龙江最大水上乐园

海林市海长公路36千米处

亿龙水上风情园始建于1996年，于1997年正式营业，是黑龙江省最大的水上乐园。风情园依托横贯园内的山嘴子拦河大坝，利用清澈的海浪河水，建成了水上大世界及人工造浪池、运动休闲区、滨水游乐区、特色

亿龙水上风情园

餐饮区、漂流体验区。该风情园不仅是海林市最早开业的一家水上乐园，还是融生态、观光、娱乐、休闲为一体的综合性旅游度假村。

玩家 攻略

去风情园游览建议带上户外用品，包括吊床、帐篷等，园内也有出租的，但一般都比较贵。下水前注意做好防晒，上午10点前水比较凉，下水需谨慎。每周一园内会将大池子的水进行更换，那时人也比较少，水质很好，建议时间允许的情况下周一去游玩。

横道滑雪场

牡丹江最大的雪场

海林市横道河子镇

地处俄罗斯风情园内，是牡丹江地区规模最大、设备最先进、综合接待能力最强的雪场，且一年四季都对外开放。雪场地势高，三面环山、重峦叠嶂，风力不大，形成了优良的生态环境和滑雪环境。

雪场内的游乐区有一条“S”形专业滑雪道，总长为1800米，是黑龙江省旅游雪场单条雪道最长的一条。除滑雪外，雪场还有缆车观光、空中溜索、越野雪地摩托车、雪圈、雪橇、雪爬犁等户外游乐项目。

横道河子东北虎林园 AAAA

东北虎繁育饲养基地

海林市横道河子镇

横道河子饲养场在1986年建立了中国横道河子猫科动物饲养繁育中心，1996年更名为横道河子东北虎林园，是目前东北地区最大的东北虎山林散养基地。游客可以在沿山围栏外观赏东北虎，也可乘观虎车观赏老虎。园内有成虎观赏园、幼虎观光园、小动物园及东北虎科普馆等，让游客全方位了解东北虎的生活情况。

海浪河欢乐谷 AAAA

多重体验的水上乐园

海林市新安镇海长公路32千米处

欢乐谷是以山嘴子水库为基础改造而成的大型水上游乐园。整个水上乐园占地面积8.8万平方米，不仅有水上战船、游艇等娱乐设施，还可以钓鱼，同时也是牡丹江唯一拥有龙舟竞技的水上乐园。在欢乐谷内，除了娱乐项目外，还有泰国风情十足的SPA水疗池，水疗池中有水床，具有多种按摩功能。

横道滑雪场

玩家 攻略

欢乐谷很大，项目很多，很适合年轻人和小朋友们去游玩。想要体验刺激项目的朋友最好早点去，很多刺激性的项目一般下午6点就停止。“智勇大闯关”让人不到海边一样能体验冲浪的乐趣。

佛手山

形如如来神掌

海林市横道河子镇北部，长白山北路张广才岭脚下

佛手山位于海林市横道河子镇的北面，海拔为666米。因山峰顶部有一巨石犹如如来神掌，所以得名佛手山。佛手山山势陡峭，崖壁峻险，三面临涧，一线通天。如来神掌似的巨石高12米，赫然矗立在峰顶，迎风而立。佛手山的南面有人头砬子、三块石、大清沟等，与佛手山共同组成了横道河子的奇特景观。

杨子荣烈士陵园

剿匪英雄安息地

海林市子荣街1号

杨子荣是东北剿匪小分队的传奇人物，烈士陵园是专门为纪念他而建造的。在烈士陵园内，栩栩如生的杨子荣雕像矗立在中心广场上，四周是青葱挺拔的松柏，杨子荣纪念馆就在青松翠柏后面。纪念馆里陈列着杨子荣同志生平事迹的图片以及资料。纪念馆的后山坡是烈士陵墓，墓前耸立着高8.1米的纪念碑，该碑为花岗岩堆砌，石廊铁索环绕，庄严肃穆。如今的杨子荣烈士陵园不仅是英雄杨子荣的安息地，还是重要的红色教育基地。

链接

著名剿匪英雄杨子荣

杨子荣，山东省胶东牟平县人，1945年加入中国共产党，于1946年奔赴黑龙江省海林县作战。为巩固东北根据地，杨子荣在一年多的剿匪战斗中英勇作战，立下了许多战功。1947年2月初，杨子荣同志只身潜入匪穴，里应外合、以少胜多，活捉了匪首“座山雕”，荣立三等功，这也是著名的智取威虎山的故事。而不幸的是，同年2月23日，杨子荣同志在海林北部梨树沟山里闹枝子沟追剿残匪的战斗中英勇牺牲，年仅31岁。

杨子荣烈士陵园

五排山城遗址

古渤海国城池

东宁市道河镇五排村

五排山城遗址在大绥芬河的左岸、太平岭的群峰之间，为隋唐以前所筑，已有1000多年的历史，具有重要的历史文化价值，2006年被国务院列为全国重点文物保护单位。

五排山因早年伐木工人在绥芬河里放木排，河道能放下五个木排而得名。大绥芬河的上游是古山城遗址，掩映在青山群峰之中，沿“V”形山脊延伸，山脚下绥芬河水流淌而过，形成了一道天然屏障。山城城墙全长1570余米，城池内部多是残垣断壁，石块垒成的高台随处可见。城内北部有许多土坑，为古人穴居地。这里曾是渤海国和靺鞨的城地，如今只存在于历史的记录中。

东宁要塞 AAAA

东方马其诺防线

东宁市三岔口镇境内

东宁是当年苏联红军远东战役打响第一枪的所在地，是“九一八”事变后东北的最

后沦陷地，也是集中埋葬中国劳工的最大场所，有“东方马其诺防线”之称。这里曾是一处日军军事堡垒，是当时边境上最重要的要塞，被作为一级阵地。

日本当年修筑东宁要塞征用了大量中国劳工，在要塞修筑之后为了保守秘密，日军将大部分劳工杀害。有专家分析，修筑如此庞大的军事工程，至少要动用17万~20万名中国劳工，东宁要塞是当年日本帝国主义侵略东北和屠杀中国劳工的重要见证地。

如今，东宁要塞是全国爱国主义教育示范基地、全国重点文物保护单位、国家级国防教育基地、中国红色旅游经典景区、国家级抗战纪念遗址，也是黑龙江100个最值得去的地方。

链接

第二次世界大战终结地

1945年8月9日0时，苏联红军在大炮、飞机、坦克的支援下分三路对东宁要塞进攻，部分日本关东军紧急撤退，而另一部分日本关东军则留在了要塞阵地中继续抵抗。同年8月15日，日本天皇宣读停战诏书宣布投降后，驻守在东宁要塞的日本关东军因通信全部中断而继续负隅顽抗。几经激战苏军久攻不下，为了不影响战局，苏军主力部队继续向东北境内推进，并在该地域集结了不少队伍摧毁敌人火力点。激战数日后，1945年8月30日，东宁要塞阵地的901名日军，拖带出150具死尸，打着白旗从地下工事走出，向苏军缴械投降。至此，第二次世界大战最后一战在东宁要塞结束。

北国小九寨

原始森林景区

牡丹江市东安区柴河林业局宏声林场

北国小九寨属原始森林景区。景区内有多座秀丽的石峰，原始森林高耸挺拔，红松成片，还有多处跌水形成的东北罕见的高山瀑布群，山泉叠落、终年不息。这里不仅可以观赏到参天古树，也可以欣赏到独属北国的风光，亲身体验大森林的神秘和林海雪原的意境。

景区内著名景点有水帘洞、金溪谷瀑布群、仙人洞、断壁观鱼、九龙瀑、好汉坡、清凉泉、人参泉、龙潭瀑布等。

北山公园

黑龙江唯一的城市森林公园

牡丹江市爱民区新华路427号

北山公园是黑龙江省唯一的城市森林公园，建于1980年，如今不仅是牡丹江市爱国主义教育基地，也是牡丹江市的天然氧吧和娱乐休闲的地方。

公园内有人文景观8处，著名的抗日战争暨爱国自卫战争殉难烈士纪念碑矗立在公园入口处。该碑高24.13米，宽3.85米，正面标有纪念碑名和建碑铭文，两侧有中国人民浴血奋战的浮雕，浮雕真实地反映了当时激烈的战争场面。

三道关国家森林公园 AAAA

东北著名的森林公园

牡丹江市爱民区西北部张广才岭安纺山

三道关国家森林公园是东北著名的森林公园，这里群峰高耸，奇石怪峰林立，溪流纵横交错。景区除了奇特的自然景观外，动植物资源也十分丰富，红松、杉树、樟子松在山间恣意生长，黑熊、野猪、狍子常在林间出没。

三道关国家森林公园

目前公园有六大旅游景区——黑宝熊乐园景区、岱王砬子旅游景区、鸡冠砬子旅游景区、小黄山旅游景区、南蛤蟆塘旅游景区、夫妻石旅游景区。主要的景点有一线天、熊乐园、奇峰绿苔、新石海等，其中岱峰登临、鸡冠镏金、蛤岭观日等景点很有特色，令人流连忘返。

玩家 解说

三道关古木参天，植物资源丰富，有不少珍贵物种和上好的中药材。公园内最知名的景点有夫妻石和鸡冠砬子。夫妻石酷似一对恩爱夫妻在诉衷肠。鸡冠砬子是一处非常形象的大岩石，宛如一只雄鸡在昂首啼叫，迎接着一天的来临。

江滨花园

八女投江群雕所在地

牡丹江市爱民区牡丹江畔

江滨花园是牡丹江沿江绿化带的主题公园，分为纪念广场瞻仰区、水上活动区、老年活动区、花卉观赏区、安静休息区、青年娱乐活动区、儿童游乐区、餐饮服务区及园内生产区九大功能区，是黑龙江省甲级公园，融游览、观光、娱乐、纪念为一体。公园内最有名的是八女投江英烈群雕。

链接

八女投江

8位巾帼分别为冷云、杨贵珍、安顺福、胡秀芝、郭桂琴、黄桂清、王惠民和李凤善。1938年10月下旬，东北抗联四、五军西征妇女团在指导员冷云带领下，担负着掩护大部队转移的任务。她们英勇抗击日军熊谷部队的袭击，在弹尽粮绝的情况下，宁死不屈，最后毅然背着负伤的战友，投入林口县境内冰冷刺骨的乌斯浑河，为国捐躯，谱写了一篇惊天地、泣鬼神的抗日史诗。影片《中华儿女》《八女投江》都是根据她们的事迹拍摄的。

圆通讲寺

纯粹的佛教净土

牡丹江市爱民区金龙山脚下

江滨花园八女投江群雕

圆通讲寺的历史不算悠久，但是香火鼎盛。这座庙宇是由融光法师和根善法师亲自创立起来的。他们四处奔走筹集善款，最后在金龙山建立了圆通寺，填补了牡丹江市及周边佛教场地的一片空白。圆通寺庙是两位法师弘扬佛法普度众生的辛勤成果，也是黑龙江省东南部著名的观世音菩萨道场，被视为牡丹江市最重要的寺院，不管是佛教人士还是善男信女都可在该寺诵经礼佛，以获得清静之感。

玩家 解说

圆通讲寺是香火旺盛的著名寺院，寺庙虽然历史不算长，但在当地却很有地位，牡丹江市及周边的人都来这里拜佛。一进去就可以听见诵经的声音，让人的心一下就静下来了，仿佛时间都停止了。

牡丹峰国家森林公园

塞外绿色宝库

牡丹江市东南约15千米处

公园始建于1992年，面积80平方千米，属森林生态系统类型保护区。牡丹峰公园是一个植物资源丰富的植物基地，也是世界少有的距城市极近的原始森林景区。公园分为七大景区，有小桂林、仙人洞、牡丹峰、牡丹塔、鹰峰顶等著名景点。

绥芬河边贸市场
百年边贸小城

牡丹江市绥芬河

绥芬河市是我国与俄罗斯的陆路口岸，铁路、公路旅客和货物都可直接过境。绥芬河始建于19世纪60年代，当年《北京条约》的签订使绥芬河成了一个边境城市。依靠绝佳的地理位置，整个小城成了一个大边贸市场，其中最著名的是青云市场。

青云市场里的俄罗斯人很多，卖的大多数是俄罗斯纪念品、生活用品和食物，其中面粉、奶粉、饮料、酒最畅销，而且价格便宜，要比哈尔滨便宜一半。当地的很多建筑都具有俄罗斯风格，是一个中俄建筑混搭的地方。2013年，绥芬河市被国务院批准为中国首个卢布使用试点市。

绥芬河口岸
中俄边境门户

距离绥芬河市区约4千米

绥芬河口岸始建于1990年，是中俄边境的陆路口岸。口岸建筑从正面看是两个对称三角形的门洞，代表着改革开放的精神，寓意“一个中心，两个基本点”。现在公路口岸已经被开辟为国门旅游区，是来绥芬河观光的必到之地。国门的旁边有一个展览馆，展示了改革开放后绥芬河城市的发展历程。国门北侧设有多处旅游纪念品商店，在此可以买到中俄旅游纪念品。

玩家解说

绥芬河地处东北经济区域的中心地带，素有“东方旗镇”“国境商都”的美名，是一座风光秀丽的山城，与俄罗斯远东滨海边区陆地相连，距远东地区著名城市海参崴（现名符拉迪沃斯托克）230千米。绥芬河是东北地区对外开放、参与国际分工的重要窗口，绥芬河口岸是国家一类口岸，其最具代表性的就是口岸建筑。迈过国门就是和我国接壤的俄罗斯。

绥芬河国门

绥芬河森林公园
国家级森林公园

绥芬河市区以西10千米

公园内林木茂密、重峦叠嶂、溪流清澈，2000年被评为国家级森林公园。公园入口处是一座雄伟壮观的彩绘大门，雕梁画栋、朱漆立柱、飞檐绿瓦，极具民族风格。往里走可以看到极具特色的俄式木刻楞。公园内自然景观与人文景观有机结合，夏天可观山赏水，冬季能溜冰滑雪，是避暑、休闲、生态观光和探险旅游的理想去处。

大光明寺
绥芬河佛教中心

绥芬河市乌苏里大街123号

大光明寺位于天长山南麓，坐北朝南，依山傍水，是省级文明宗教活动场所。现在的大光明寺有庙宇殿堂10余座，具有浓厚的中国佛教古典建筑特色。

寺中的八臂观音是全国首座露天供奉的汉白玉八臂观音造像。妙觉楼内的1280尊释迦牟尼佛像是国内数量最多的卧佛法像。大雄宝殿是国内首座全钢筋混凝土结构的单檐歇山仿唐式无柱大殿，殿内供奉的五方五佛是以汉白玉为材质塑造并且按方位供奉的，在国内也极为少见，也是全球最大的五方五佛。

玩家 解说

大光明寺是绥芬河的佛教中心和佛教协会所在地，坐落在北海后山上。大光明寺住持中庸法师毕业于中国佛教的最高学府——中国佛学院，具有北京大学宗教学硕士研究生学历。中庸法师佛学造诣深厚，多才多艺，为佛教界年轻的法门龙象，是五宗法脉的传人，全国青联委员、北大访问学者。

回云寺

传统佛教庙宇

牡丹江市林口县高云村

回云寺占地面积9000平方米，建筑面积600平方米，始建于1990年。寺院正门为仿古式建筑——朱漆拱形门，门两侧分别为砖瓦结构的钟楼和鼓楼。寺庙正北为主体建筑大雄宝殿，殿内有三尊泥塑金身佛像，分别为释迦牟尼、观音、地藏；东侧为库房，安置杂物；西侧为斋堂。1996年，寺院曾举行盛大的开光仪式，善男信女及礼佛人士云集此地，虔诚诵经。

莲花峰度假村

综合型旅游休闲区

牡丹江市林口县莲花镇境内

莲花峰度假村由莲花泡景区和莲花寺两部分组成，是以森林、湖泊、奇峰、怪石为主体的综合型旅游休闲区。这里有莲花泡、妖精泡、莲花盆、情侣盆、一线天、卧佛岩、望天岭、水上长廊、莲华寺等自然景观。

莲花泡中的古栈道长廊是黑龙江省唯一的挂壁长廊。莲花泡每到夏末秋初，平静的水面莲花朵朵，花香袭人，传说七仙女游历凡间在此沐浴，遗留下七彩手帕幻化为莲花泡。

林泉河景区

漂流胜地

牡丹江市林口县三道通镇

林泉河景区内重峦叠嶂，怪石嶙峋，青山绿水，风景如画。

林泉河漂流开黑龙江省漂流先河。林泉河漂流惊险刺激，游客乘坐皮划艇与山涧相互交融，全身心地感受户外运动的激情，看着山两旁的奇峰、林海、峡谷、悬崖，让自己成为山水、丛林的一个组成部分。

六峰山国家森林公园

山水型景观公园

牡丹江市穆棱镇

六峰山国家森林公园地处鸡西市、牡丹江市和绥芬河口岸的“金三角”地带，地理位置优越，是黑龙江省东南部的重点旅游区。公园主要以六峰山为主体，既有六峰湖、牛心山红松木景区、东北红豆杉国家级保护区等自然风光，也有大石头河古墓、六号坝等人文景观。

林泉河漂流

六峰山国家森林公园作为滨水、登山、养生、休闲旅游胜地，吸引着全国各地的游客到此观光度假。

远东林木博物馆

林木专题博物馆

✉ 穆棱市下河子镇穆棱经济开发区

远东林木博物馆总面积2120.94平方米，由5个展厅组成，是牡丹江地区第一座全面系统展示林业生产、反映林木产业发展历程和自然生态的专题博物馆。

馆内收藏林业生产相关实物展品5100余件，野生动物标本197件，其中鸟类标本22种、兽类标本12种、昆虫标本163种，经济植物标本76件，包括素有三大硬阔之称的黄菠萝、水曲柳、胡桃楸，蒙古栎等珍贵用材树种以及有“植物王国活化石”之称的东北红豆杉。

六峰国家森林公园

攻略资讯

- 交通
- 住宿
- 美食
- 购物
- 娱乐

交通

飞机

牡丹江海浪国际机场位于牡丹江市中心区东南7千米处，为军民两用国际机场，目前已开通至北京、广州、上海、青岛、大连、沈阳等国内航线，同时也有前往俄罗斯、韩国的国际航班。

绥芬河机场位于绥芬河市区西31公里处绥阳镇红旗村附近，为4C级支线民用机场。极大地缩短黑龙江省与俄罗斯远东及东北亚地区的时空距离。

火车

牡丹江是黑龙江东南部乃至东北亚地区重要的交通枢纽，市内的牡丹江站是特等站，目前在建的牡丹江西站是高铁站，建成后对哈牡客运线的交通有极大的促进作用。

牡丹江站：位于牡丹江市西安区光华街161号，是中国最早兴建的火车站之一，也是黑龙江省铁路客运重要枢纽之一。目前省内列车发往哈尔滨、佳木斯、大庆、齐齐哈尔等城市，省外列车发往北京、长春、南京、杭州、芜湖、温州、义乌等大中小城市。

牡丹江站北站：是牡丹江站的重要配

牡丹江火车站

套补充工程，位于牡丹江站北侧，与牡丹江南站房候车大厅联通，集高速铁路、普速铁路、公路客运、市政交通等站场设施于一体，使旅客出行更加便捷。

汽车

牡丹江市的客运交通十分便捷发达，以G10、G11为主骨架，以县乡公路为支线，形成了一个完整的公路网。

牡丹江市客运总站：位于牡丹江市西十一条路平安街口，班车主要发往周边城市，如哈尔滨、齐齐哈尔、佳木斯、大庆、鸡西等，也有发往省外的班车，如北京、长春、沈阳、天津等地。

绥芬河口岸

牡丹江市绥芬河公路客运站：位于牡丹江绥芬河市乌苏里大街与兴佳路交叉路口，发往全国各地及牡丹江周边中短途班车均可以在这里乘坐。另外，这里还有发往俄罗斯的班车。 0453-5621122

住宿

被誉为中国雪乡的牡丹江，住宿条件比较好，有很多宾馆可以选择，主要分布在西安区和东安区，这里商店集中，不管是购物还是吃喝都很方便。

●牡丹江如家驿居酒店

如家驿居酒店是三星级酒店，位于市区黄金地段，交通十分便利，附近有大型的购物场所及娱乐中心。酒店装修精致，服务人员态度可亲，性价比较高。 牡丹江市东安区一条路123号 0453-6990100

●牡丹江饭店

牡丹江饭店是融客房、餐饮、娱乐、商务、购物为一体的大型综合性酒店，是牡丹江市服务龙头企业，至今已有50年历史。位于火车站的对面，出行十分方便。饭店历经数次改造装修，现在拥有高、中、低客房200余间，可满足各类人士住宿需求。 牡丹江市光华街646号 0453-6997888

牡丹江世茂假日酒店

●更多住宿选择

牡丹江夏威夷国际大酒店 牡丹江市七星街165号 0453—6388888

东方明珠国际大酒店 牡丹江市七星街130号 0453—7666666

宁安镜泊小镇芬兰印象别墅 宁安镜泊湖风景名胜区 13555001127

禧禄达国际酒店 牡丹江市光华街126号 0453—6607777

昆仑大酒店 牡丹江市太平路68号 0453—6943999

7天连锁酒店 西安区西二条路113号 0453—8156777

美食

牡丹江地区美食众多，首推东北菜，如白肉血肠、猪肉炖粉条、小鸡炖蘑菇、锅包肉、东北乱炖等。除了这些，还有各类山野菜为主的山珍宴、东北农家宴、东北饺子宴等。佳肴配美酒，这里还有清爽醇香的花河啤酒、浓烈纯正的山药材泡酒以及朝鲜族马咖喱酒。

镜泊湖的特产鱼类不可错过，宁安、海林的地道朝鲜风味可以品尝。坐在火炕上吃一次东北农家菜感受满满的热情，也可到佛手山品尝绿色山珍野味。

●镜泊湖鲤鱼丝

镜泊湖的鱼在牡丹江非常有名，因湖水清澈污染少，鱼肉鲜嫩，受到当地居民的喜爱。而镜泊湖鲤鱼丝则是牡丹江的当地特色，条状的鲤鱼丝上，浇上鲜嫩的黄瓜汁、香菜汁、糖蒜汁、香油、姜汁等作料，颜色诱人，望一眼也不免垂涎三尺。

●白肉血肠

东北炖菜的代表，白肉肥而不腻，肉烂

皮香，血肠颜色鲜艳，配上大白菜、韭菜花、腐乳等，烩成了一锅美食，营养滋补，鲜美无比。

白肉血肠

●铁板炒面

铁板炒面口感顺滑香辣，是牡丹江非常流行的面食。它是在铁板上进行烹饪的，加入蔬菜、鸡蛋、面条进行翻炒，由于在翻炒过程中会有一些铁元素混入食物中，所以在食用时能够摄入一定的铁元素。

铁板炒面

●朝鲜族凉拌菜

朝鲜族的凉拌菜品种繁多，色香味俱全，味道辛辣、爽口，不管是作为配酒小菜还是辅菜，都十分可口解腻。最常见的凉拌菜有拌桔梗、拌蕨菜、生拌鱼、黄瓜拌牛肉等。

朝鲜族风味拌菜

●酱骨头

主要采用猪棒骨和脊骨，个大肉足，最大的特点是经过长时间的炖煮肉质不会发柴，依旧保持嚼劲。酱骨头在调料上并没有什么出彩的地方，主要是要选对主料，一定要是带骨头的活肉，这样煮炖过的肉往往更加鲜美。

酱骨头

购物

牡丹江物产丰富，特色农副产品在全国都很有名，其中响水大米有着“千年贡米”的美誉，苹果梨、南国梨等甜脆的寒地水果也很有名气，黑木耳、松茸、榛子等质优价廉，值得购买。此外，反映牡丹江风土人情的木制品、陶艺品以及各类俄罗斯特色工艺品也可以作为纪念品。

牡丹江特产

●响水大米

响水大米是黑龙江省的著名特产，有着“千年贡米”的美誉。响水大米颗粒饱满、色泽晶莹、透明纯净，煮出来的米饭柔软绵烂、香味袭人、口感极佳。

●东宁黑木耳

东宁市独特的资源条件下滋养出来的黑木耳，品质上乘，含有人体必需的8种氨基酸和多种维生素，其胶质丰富，可消食化滞，被中外客商称为“天下第一耳”。

东宁黑木耳

●海林猴头菇

海林被称为“中国猴头菇之乡”，这里气候凉爽、空气清新、光照充足、昼夜温差大，因此长出来的猴头菇肉多饱满，含有大量的膳食纤维。不管是自己食用还是买来赠人，都是上上之选。

●东宁苹果梨

苹果梨在东宁已有近百年的栽培历史，这里出产的苹果梨品质优良，果肉甜脆爽口，极耐贮存，100克的鲜果中维生素C含量

东宁苹果梨

6.3毫克，营养价值丰富，出汁率也极高。

●野生榛蘑

野生榛蘑是黑龙江特有的山珍之一，也是极少数不能人工培育的食用菌之一，是真正的绿色食品。榛蘑炖小鸡是东北人待客必不可少的一道佳肴。榛蘑含有人体必需的多种氨基酸和维生素，经常食用可以加强肌体免疫力、延年益寿。

●牡丹江人参

牡丹江气候湿冷、森林密布，适宜生长山参和种植沙参。山参和沙参都是名贵的中药材，也是珍贵的滋补品，被誉为“百草之王”。目前，人参是牡丹江重要的出口商品之一，是国际市场的畅销货。

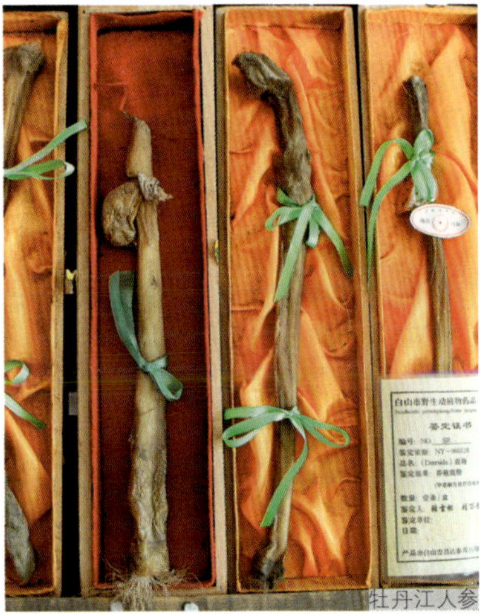

牡丹江人参

牡丹江购物场所

东一条路步行街：位于市中心，邻近太平路，街上兴建了多个服装品牌专卖店，还有各种山珍土特产售卖场所。在这里基本可以可以买全牡丹江的土特产。

绥芬河边贸市场：市场很大，市场里的俄罗斯商品种类很多，特别是套娃，形式多种多样，颜色绚烂多彩。还可以买到蜂蜜、刺五加茶、鹿茸酒、山野菜等东北特产。

娱乐

秋冬的牡丹江别有一番韵味，波光荡漾的镜泊湖，银装素裹的雪堡和横道滑雪场，还有壮美宜人的地下森林都是不可错过的景点。当地很多的娱乐活动都是围绕景点展开，一情一景一活动，别有一番滋味。

●镜泊湖金秋节

镜泊湖金秋节于每年的农历八月十五举行，此时是牡丹江麦收、稻香、鱼肥的季节，金秋节由此而来。节日期间，镜泊湖风景区将举办各种文艺活动和体育竞赛，并燃放烟火，是牡丹江具有地方特色的节日。届时，很多市民都会到镜泊湖进行狂欢。

●牡丹江雪堡

雪堡是牡丹江市的象征，也是牡丹江人的骄傲，现在已经成为牡丹江对外宣传的主打品牌。雪堡依托当地的冰雪资源，在镜泊湖小镇上举行，以各种冰雕、雪雕展示当地的冰雪风采。每届的雪堡都有不同的主题，结合主题打造出独一无二的冰雪文化交流盛会。

牡丹江雪堡冰雕

节日烟火

发现者旅行指南

三江平原

（含佳木斯、双鸭山、七台河、鸡西、鹤岗、伊春）

概览

亮点

街津口

位于黑龙江下游，与俄罗斯隔江相望，是我国少数民族中“六小”民族之一的赫哲族聚居地。这里山清水秀，风光秀丽，拥有奇特的自然、人文、历史景观等旅游资源。

三江口

以“江汇于此、路始于此、海通于此”而闻名遐迩。三江口是松花江与黑龙江的汇合处，汇合后又称“混同江”，故名“三江口”，江水墨绿、浑黄杂糅，奔腾不息。

乌苏镇

中国最小的镇子，从地

三江口

球经度上看，它是中国疆域的最东端，是国人每天早晨最先迎来“太阳升起”的地方，故称“东方第一镇”。

兴凯湖

处于中俄边境上，我国占1/3的水域，其余都在俄罗斯境内，目前是我国东北地区最大的淡水湖。

线路

佳木斯经典二日游

第一天从佳木斯市区出发，先去同江三江口旅游区；中午去水上餐厅品美味，下午去避雨长廊远眺异国风情，晚上住在这里的宾馆。

第二天上午去街津口赫哲族旅游度假区了解赫哲族的风土人情，午饭后去乌苏镇，与英雄的“东方第一哨”合影。

鸡西精华二日游

第一天从鸡西市区出发前往兴凯湖景区，领略“东方夏威夷”的风采；中午在当地餐馆感受湖鲜魅力；下午乘坐汽艇或划船，在湖中享受美妙的午后时光。

兴凯湖

第二天前往珍宝岛，之后去虎头要塞、虎头影视城，一系列的军事要地带你重温纷乱动荡的年代。

伊春森林一日游

伊春的森林公园实在太多，可以选择几个重点进行游览观光。上午可去汤旺河国家森林公园游玩，中午去五营口，在欣赏珍贵的林木后，下午可去中国林都大雕园参观精雕细刻的木雕艺术品。

? 为何去

汤旺河国家森林公园

广袤无垠的大平原，让你领略黑龙江东部大好河山的风采。这里有石墨之都鸡西，有林都伊春，有“华夏东极”佳木斯，有煤城鹤岗。这里不仅有崇山峻岭，还有林海碧浪。五顶山、七星峰、神顶峰雄奇壮美；兴凯湖湖水清澈明净，汤旺河、大亮子河缓缓流淌；还有大片的森林公园让你徜徉在林海，沉醉在林木青草气息里。

何时去

雁窝岛湿地

有别于南方的湿热高温，这里的夏季温暖宜人，山间林木葱郁，山下溪水纵横。想要避暑的游客可以来此地尽享清凉世界。10月上半旬，这里提前进入冬天，各地的滑雪场等着游客前来滑雪游玩。林间落木萧索，雪野茫茫，行走在此，凝心静神，心灵也能获得静谧安然。

三江口

区域解读

佳木斯区号：0454
七台河区号：0464
双鸭山区号：0469
鸡西区号：0467
鹤岗区号：0468
伊春区号：0458
面积：约10.89万km^2
人口：约733万人

地理 GEOGRAPHY

区划

三江平原行政区域包括佳木斯、七台河、双鸭山、鸡西、鹤岗、伊春6个城市。

佳木斯辖4区（前进区、向阳区、东风区、郊区）、3县级市（同江市、富锦市、抚远市）、3县（桦南县、桦川县、汤原县）。市政府驻佳木斯郊区。

七台河辖3区（桃山区、新兴区、茄子河区）、1县（勃利县）。市政府驻桃山区。

双鸭山辖4区（尖山区、岭东区、四方台区、宝山区）、4县（集贤县、宝清县、友谊县、饶河县）。市政府驻尖山区。

鸡西辖6区（鸡冠区、城子河区、恒山区、滴道区、梨树区、麻山区）、2县级市（虎林市、密山市）、1县（鸡东县）。市政府驻鸡冠区。

鹤岗辖6区（向阳区、兴山区、工农区、南山区、兴安区、东山区）、2县（萝北县、绥滨县）。市政府驻向阳区。

伊春辖15区（伊春区、带岭区、南岔区、金山屯区、西林区、美溪区、乌马河区、翠峦区、友好区、新青区、上甘岭区、五营区、红星区、汤旺河区、乌伊岭区）、1县级市（铁力市）、1县（嘉荫县）。市政府驻伊春区。

地形

三江平原广袤无垠、地势低平，降水集中在夏秋，气候全年较为湿冷，加之季节性冻融的黏重土质，促使地表长期过湿、积水过多，形成了大面积沼泽水体和沼泽化植被、土壤，构成了独特的沼泽景观。其中以苔草沼泽分布最广，占沼泽总面积的85%，其次为芦苇沼泽。

气候

三江平原属温带湿润、半湿润大陆性季风气候，雨热同期，年降水量集中在6~10月，年均气温为1℃~4℃。纬度虽高，但是夏季温暖，最热月平均气温为22℃，适合来此纳凉赏景。

历史 HISTORY

东山万人坑

鹤岗是一座依煤而立的资源型城市。1914年发现煤田，1918年开始开发煤矿。1931年，日本帝国主义侵占鹤岗煤矿，对鹤岗煤矿掠夺的同时，四处抓捕劳工，“以人换煤”，杀害中国劳工8000~9000人，制造了白骨累

乌苏里江湿地风光

累的鹤岗东山“万人坑”。

1931年5月17日，日军侵占佳木斯，同年8月向鹤岗进攻，8月11日矿山陷于敌手。

日本侵略者为了多出煤炭满足侵略战争的需要，不顾矿工死活，对矿井进行掠夺式开采。在日本帝国主义的残酷盘剥和奴役下，造成了大批中国劳工死亡。日本侵略者施行野蛮的掠夺式开采，根本无视工人的生命安全，导致井下事故不断发生，工人伤亡惨重。

在长达10余年的野蛮开采中，日本侵略者不断采取“要煤不要人”“以人换煤”的政策，大批的矿工被打死、饿死、病死、累死，死后尸体被抛入荒山沟，形成多处“万人坑”。

迟到11天的投降

虎头要塞曾被日本侵略者称为“东方马奇诺防线”，这里曾发生过一场战争，比日本宣布投降整整迟了11天。

当年，日本军国主义在虎头要塞部署了大量兵力，配备了先进武器。1938年3月，日军编成的“第四国境守备队”是一个旅的编制。1945年7月，日军改编“第四国境守备队”，从伪满洲国第五方面军所属部队调入兵员800余人，建立“满洲第十五国境守备队”，总兵力约1500人。

1945年8月15日12时整，日本裕仁天皇接受《波茨坦公告》，宣布无条件投降。然而，在虎头小镇，战争的机器并没有即刻停止，反而以更惨烈的方式轮番上演。当天中午，收音机清晰地收听到东京广播，宣布日本无条件投降，但是当时驻扎要塞的司令官大木正却不相信这个事实，欲做垂死挣扎。

8月15日晚，苏军前敌指挥部，扎赫瓦塔耶夫将军从中午一直坐到天黑，等待着日军投降的消息。然而，扎赫瓦塔耶夫将军并没有等到他想要的结果。当晚24时，大木正组织见习士官以下人员偷袭了苏军阵地，破坏了苏军的两处兵营。

第二天天还未亮，苏军动用第35集团军40架战斗机和150毫米自行榴弹炮、野战重炮，对要塞进行猛烈的轰炸。数千米之外的小山村都在地动山摇，虎头山正面的岩石被生生削掉了一米多。8月19日苏军发起了总攻，动用了所有轰炸机和火炮，并运来了新式武器喀秋莎火箭炮。在地面炮火的掩护下，派出侦察兵将炸药放入地下工事成功引爆，一声巨响之后，到处是残肢断臂。

8月26日15时30分，53名日军打出白旗缴械投降。激战近两个星期，苏军共歼灭日方2000余人（日本守备队为1387人，除53人投降外，余者全被苏军歼灭，另外是日军军属、虎头日本职员、日本开拓团移民）。

珍宝岛自卫反击战

珍宝岛自卫反击战是中国人民解放军边防部队在珍宝岛击退苏联军队入侵的战斗。1969年3月，苏联军队几次对黑龙江省乌苏里江主航道中心线中国一侧的珍宝岛实施武装入侵，并向中国岸上纵深地区炮击。苏军动用了坦克、装甲车、飞机和当时的秘密武器“冰雹”火箭炮，解放军使用了反坦克炮、无后座力炮、四零火箭筒等轻武器和岸上的纵深炮火等进行反击。

在1969年3月15日的战斗中，苏联军队一辆主力坦克T-62坦克侵入中国境内，行进于封冻江面时被我边防军击毁，迫使其乘员弃车。在本次战斗中，苏方指挥官总边防队长阵亡。

在这次事件中，苏联政府称珍宝岛属于苏联领土，反诬中国边防军入侵苏联，并且公布了苏联政府对中国政府的“抗议照会”。中国外交部发言人指出：珍宝岛无可争议就是中国的领土，而且长期以来一直是在中国的管辖之下，有中国边防部队进行巡逻。

珍宝岛自卫反击战让世界看到了一个不屈不挠的中国，并促进了中国边防部队的装备发展和技术储备。1990年，珍宝岛归属问题得以解决，1991年俄罗斯承认珍宝岛属于中国。

文化 CULTURE

古老的鱼皮部落——赫哲族

生活在东北三江流域的赫哲族曾以渔猎为生，被人称为“鱼皮部落”，精巧的鱼皮衣、天然的鱼皮画都是出自赫哲人之手。

赫哲族是中国一个古老的民族，与满族一样同为女真后裔，世代居住在黑龙江、松花江、乌苏里江流域，长期以渔猎为生，捕鱼、食鱼，用鱼皮盖房、造舟、制衣，历史悠久，素以“鱼皮部落”闻名于世。鱼皮制品以北方冷水鱼的鱼皮为原料。传统的鱼皮技艺包括一整套复杂的加工过程，分为剥皮、干燥、熟软、拼剪缝合、艺术修饰等步骤。娴熟精湛的鱼皮制作技艺惊艳了世界，也留存在了历史中。

鱼皮画由鱼皮服饰发展而来，衍变出雕镂、拼贴、缝制等艺术形式。赫哲族由“鱼皮艺术”形成的“鱼皮文化”在全世界独一无二，具有历史、民族、宗教、民俗、艺术等价值，是东北少数民族造型艺术的杰出代表，也是博物馆收藏和人类文化学研究的活标本。2006年，赫哲族的鱼皮制作技艺被列入首批国家级非物质文化遗产名录。

赫哲族

景点推荐

佳木斯旅游区

大亮子河国家森林公园 AAAA

被誉为“兴安明珠、三江翡翠”

✉ 佳木斯市汤原县大亮子河红松母树林场

公园始建于1987年，总面积7171公顷，1992年经林业部批准为国家级森林公园，是国内建园最早的国家级森林公园。大亮子国家森林公园最为壮观的主景红松原始林，与巨树岛、神木鸳鸯湖、望松楼、愿海寺、白桦林、卧虎砬子、抗联密营遗址等诸多景点形成了错落有致的自然、人文景观带。这里古木奇伟、森林广袤，四季景象丰富多彩，自然风光隽美，有“兴安明珠、三江翡翠”之美誉。

红松原始林

红松原始林总面积2400公顷，树龄为400~500年，属于国内罕见的大片古老红松群。远远望去，红松林郁郁葱葱，就像一块碧玉镶嵌在了崇山峻岭之中，分外好看。红松原始林内还有磐石松、黑熊仓、古木年轮等景点。

愿海寺

愿海寺是三江平原第一寺，也是黑龙江省最大的佛教寺院。它与周围的群山、柏树交相辉映，独显清幽古朴。愿海寺为仿古建筑，朱漆大门，明黄墙壁，青砖黛瓦，飞檐斜顶，典雅大气。有弥勒宝殿、万佛殿、钟楼、鼓楼、文殊殿、普贤殿、念佛堂等标志性建筑。

大亮子河漂流

大亮子河漂流被称为“三江第一漂”。大亮子河两岸青山掩映、林浪汹涌、景色迷人。漂流沿途激流险滩相间，巨石奇树相伴，平缓处河水清澈见底，激流处白浪迭起，整个过程惊心动魄，十分刺激。

巨树岛

巨树岛是由大亮子河冲积而成的小流域三角洲，面积5万平方米，因岛上生长数株胸径1米以上的东北巨树——大青杨而得名。岛上有一名为“擎天”的大青杨，树高32米，树围56厘米，树龄359年，是东北地区迄今为止发现的最大的大青杨。

白桦林

白桦林面积1000公顷。白桦树干洁白挺拔，似亭亭玉立的少女，如保家卫国的战士。白桦树叶的颜色随季节变化，或缤纷，或素雅，给苍茫的山野增添了一番诗情画意。

卧虎砬子

因为这片区域曾是东北虎的栖息地，故称为卧虎砬子。高达数十米的砬子立于陡峭岩壁上，岩壁上苍松遒劲挺立、威武雄壮。

抗日联军密营遗址

东北抗日联军密营遗址在森林公园的北部，这里有步枪、洋枪、机枪、电话机、饭盒等文物。

街津口赫哲族旅游度假区 AAAA

边陲名胜

同江市街津口乡

街津口位于黑龙江下游，与俄罗斯隔江相望，是我国少数民族中“六小”民族之一的赫哲族聚居地。这里山清水秀、风光秀丽，拥有奇特的自然、人文、历史等旅游资源，游客可深入当地人家，领略赫哲族以捕鱼为生

赫哲族生活场景

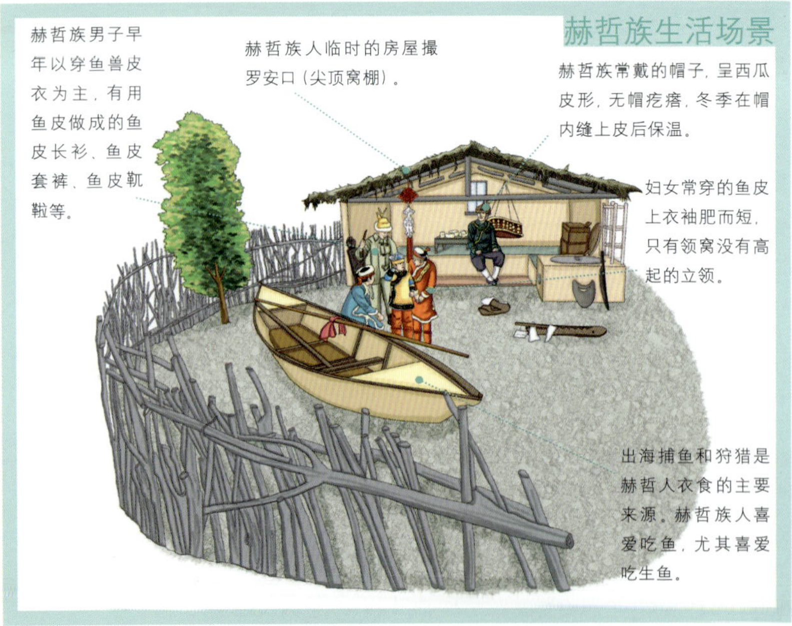

的特有风俗。

街津口民俗村总面积160平方千米，其中村寨建筑面积3500平方米。村寨的布局基本为正方形，建筑风格多为汉族式瓦房。村里还有民族博物馆，收藏着赫哲族历代出土文物、手工制品和生产工具等。民俗村民风淳朴，展现了渔民人家最本真的生活。

玩家 解说

街津口很能体现黑龙江壮美的山河。这里有山有水，还是赫哲族的聚居地。赫哲族的特色美食是不能错过的。这里的渔民从江里打来新鲜的鱼直接烹调，味道十分鲜美。赫哲族的鱼肉宴上过央视的美食节目。街津口与俄罗斯隔江相望，如果幸运的话，还能看到俄罗斯的渔民和你热情地打招呼。

三江口生态旅游区 AAAA

二河汇聚水不混色

同江市东北4公里处

三江口以“江汇于此、路始于此、海通于此”而闻名遐迩。三江口是松花江与黑龙江的汇合处，又称“混同江”。黑龙江的水自西向东流来，水呈墨绿色；而松花江因泥沙较多水呈黄色；黄色的松花江与墨绿色的黑龙江汇合后，水色分明，东流数十里不浑，是东北地区著名的自然奇观之一。三江口也是历代兵家必争之地，有“三江古战场”之称。赫哲、满汉军民曾多次在此痛击沙俄对我国的侵略。

三江口生态旅游区包含同三公路标志塔、十二生肖园、赫哲族博物馆、三江口纪念广场等著名景点。

街津山国家森林公园

国家级森林公园

同江市街津口赫哲族乡境内

街津山公园内有着良好的植被覆盖，远远望去郁郁葱葱。由于黑龙江水经年累月地冲刷江岸岩石，形成了众多景观。公园内主要有黑龙江、莲花河、得日乞河、头道河、二道河等河流流经，故有“三水绕街津”之美称。公园著名景点有仙人洞、老人石、原始林、寒葱沟等。

三江湿地

我国三大湿地之一

抚远市和同江市境内

三江湿地位于黑龙江和乌苏里江交汇处，是我国东北端面积最大、原始风貌最典型的低地高寒湿地，也是东北亚鸟类迁徙的重要停歇地和繁衍栖息地，是我国三大湿地之一，全球少见的淡沼泽湿地之一。区内泡沼遍布、河流纵横，间有岛状森林分布。

被誉为“地球之肾”的湿地不仅可以贮存物种、调节气候，还对保护生物多样性以及发展经济具有不可替代的重要作用。

乌苏镇

东方第一镇

抚远市东部

乌苏镇在黑龙江与乌苏里江汇合处的小岛上，东临大江，西依小河。从地球经度上看，它位于中国疆域的最东端，是中国每天最早迎来“太阳升起”的地方，故号称“东方第一镇”。黎明时分，整个中国大陆上唯有此处东方既白，此时登上伊力嘎山头，看一轮红日从两江交汇处涌出——“沧海浴日，金轮晃漾”，万物披上了金黄晨曦的奇观着实令人难忘。同时，下午3点太阳就落山了。

链接

中国最小的镇

乌苏镇是中国最小的镇，也是世界上最小的镇，只有一户人家。原来这镇上只有一位男性居民。后来有位姑娘与这位居民结了婚，才使这里有了一个家庭。镇上有条唯一的街道，长十几米，是由6栋厂房组成的。另外有一个边防排、一个哨所，就构成了一个镇。

抚远口岸

边界上的深水良港

抚远市沿江公园旁

抚远口岸边界线长，所辖9个乡镇中，有6个乡镇处在中俄边界线上，所对应的俄罗斯地区是人口比较密集、经济比较发达的地区。抚远口岸是黑龙江最佳的深水良港，通常可停泊5000吨级驳船，丰水期万吨船可直抵黑龙江出海口。近年来随着深化改革、扩大开放的不断深入，外向型经济迅猛发展，边民互市贸易快速增长，口岸经济已成为抚远特色经济的重要组成部分，也带动了边境旅游业的发展。

黑瞎子岛 AAAA

东方第一哨

抚远市109县道

黑瞎子岛又称熊瞎子岛、抚远三角洲，“黑瞎子”是“黑熊”的东北话方言。黑瞎子岛位于黑龙江和乌苏里江的交汇处主航道西南侧，是中国最早见到太阳的地方。黑瞎子岛并非江中岛屿，而是一块冲积而成的三角洲，其地理位置十分重要，扼守着黑龙江—乌苏里江通航咽喉，隔江与俄罗斯的哈巴罗夫斯克相望。黑瞎子岛在历史上是我国的重要领土，1929年被苏联占领。2004年，岛的西半部为中华人民共和国所有，东半部为俄罗斯联邦所有。至此，中俄领土争议全部得到解决。

黑瞎子岛

黑瞎子岛平均海拔约40米，地势平坦，大面积都是湿地，局部地区有海拔超过40米的高地。岛上水草丰富、江汊纵横，是动物的生长乐园。主要景点有“东方第一哨”景区、通道浮桥、俄罗斯兵营旧址、交接纪念碑等。

玩家攻略

上岛一定要带身份证，这里是军事管辖区，没有身份证是进不去的。夏天来的时候记着带伞，这里非常晒。

东方第一哨

游客可以在这里参观“东方第一哨”边防哨所，和边界界碑合影；在只有一户人家的乌苏镇，体验边陲风情，欣赏自然风光。

太阳广场景区

乌苏镇的太阳广场景区是新建的旅游景区，是除黑瞎子岛外中国大陆的最东端。整个广场的轮廓犹如军舰，游客还可以在这里观看东极极标，隔江远眺对面的俄罗斯边境小镇。

通岛浮桥

浮桥是目前游客上黑瞎子岛的临时交通方式，在桥上可以看到俄罗斯边防哨所和岛东侧标志性建筑俄罗斯东正教堂。

俄罗斯兵营旧址

这是一座建于1979年的俄罗斯老式兵营，位于岛上原俄罗斯管辖区域，也是黑瞎子岛主权变迁的历史见证。

湿地公园

湿地公园是黑瞎子岛上原始自然风光与人文建筑完美结合的景点。湿地公园的建成体现了我国捍卫国家主权和领土完整的决心和保护自然生态环境的原则。

交接纪念碑

在黑瞎子岛北侧的259号界碑，是岛上最后设立的界碑，也是2008年两国领土交接的纪念地。

水源山公园

新景观、新设施，“焕”新颜

佳木斯市前进区光华路

水源山公园面积达4.6万平方米，园内分为12大景区，分别为门前广场区、眺望阁景区、百鸟园景区、野生动物观赏区、草食动物散放区、植物观赏区、宁静休息区、动物表演观赏区、游乐设施区、综合服务区、娱乐活动区和科普教育区。水源山公园以优美的自然风光、庞大珍稀的动物群体、山水交相辉映的美景，令人流连忘返，丰富了佳木斯人民的业余文化生活，对当地的旅游业发展也有积极的推进作用。

门前广场主要以休闲娱乐为主，野生动物观赏区以观赏三江平原的动物为主，娱乐休闲区有驯兽及马戏表演，植物观赏区和宁静休息区有莲花池等景观。

玩家解说

水源山公园游乐场是佳木斯最大的儿童乐园。门票从2003年开园到现在一直没有涨价，甚至有一阵免费入园。山上的林子挺不错，是夏天避暑的好去处。园内有一些小型游乐设施，可以议价。公园内人少，比较安静，风景比较好，空气很清新。另外，水源山公园离佳木斯大学很近，还可以去大学校园逛逛。

卧佛山滑雪场

休闲旅游胜地

佳木斯市郊区大来镇中大村

卧佛山滑雪场建于2001年，于2002年1月21日正式开业，经营面积1.28万平方米。它坐落在距今6700万年前的古火山口群地带，崇山峻岭、茫茫雪海造就了其独特的北国风光。目前雪场有总长度4000余米的初、中、高级雪道。滑雪场安装了双人吊椅缆车和伸缩拉杆式牵引索道，同时还有旅游滑雪、雪地摩托、雪上飞碟、雪地爬犁、雪地风筝、篝火晚会、音乐晚会等运动和娱乐项目，可容纳300人进场滑雪。

松花江碑林公园

松花江文化特色公园

富锦市中央大街21号

松花江碑林公园始建于2004年，占地面积20万平方米。公园融仿古建筑、书法石刻、生态园林为一体，以歌颂松花江、赞美北大荒和富锦人民开拓进取为主题，是展示人与

富锦松花江碑林

自然和谐相处的一处人文景观。松花江碑林是继黄河碑林、辽河碑林之后，我国又一处以江河名称命名注册的大型书法碑林。

五顶山森林公园

军事遗址颇多

富锦市砚山镇石砬山林场

五顶山森林公园由卧虎力山和乌尔古力山两条山脉组成，总面积3806万平方米，其中乌尔古力山主峰海拔543米。公园内有10多个景区，有108座碉堡。五顶山有着悠久的革命历史，旅游景点有神偶广场、图腾柱、五顶山军事遗址和五顶山大营，同时还有六龙塔、清林寺、大姑娘山庄、民族英雄常隆基雕像等人造景观。秋天五顶山红叶漫山，景色分外妖娆。

富锦国家湿地公园 AAAA

候鸟的理想迁徙地

富锦市西南50千米处

富锦国家湿地公园总面积2200万平方米，园区内有二池、一亭、五区八大游览娱乐景区，分别为钓鱼池、荷花池、乐然亭、香蒲观赏区、水葱观赏区、睡莲观赏区、芦苇观赏区、休闲区。富锦湿地是候鸟的重要繁殖地和迁徙地，在湿地筑巢栖息的国家一级保护鸟类有丹顶鹤、东方白鹳、白头鹤。园区内原始生态资源保持完好，水生植物繁多，拥有睡莲、芦苇、香蒲等148种草本植物。湿地公园以其独特的自然风光、绚丽多姿的生态资源、浓厚的文化底蕴吸引了众多游客前来观光。

敖其湾赫哲族旅游区 AAAA

赫哲文化胜地

佳木斯市郊区敖其镇

敖其湾赫哲族旅游区被誉为“世界赫哲人的精神家园、赫哲文化圣地”，坐落于佳木斯市郊区，是黑龙江省东部地区休闲旅游度假中心，也是连接松花江敖其湾滑雪场与达勒花海中间的一颗璀璨明珠。这个占地83公顷的旅游区，经过精心规划，划分为入口服务、文化展示、滨水休闲、预留发展、狩猎休闲和赫哲新村六大功能区。旅游区内建有赫哲族文博馆、水上舞台、萨满神屋、神树广场、赫哲新村、敖其湾影视城等标志性建筑，展现了赫哲族的深厚历史与独特文化，为游客提供了一个了解赫哲族传统生活方式的机会。

赫哲族是中国东北地区一个历史悠久的少数民族，也是中国北方现存唯一的渔猎民族。在敖其湾旅游区，游客可看到粗犷的鹿神舞，可穿上奇特的鱼皮衣参与有趣的鱼皮画制作，可品尝到原汁原味的杀生鱼。

富锦国家湿地公园

景点推荐

双鸭山旅游区

七星山国家森林公园

山水型景区

双鸭山市集贤县桦南林业局017乡道西150米

七星山国家森林公园是三江平原东部地区规模最大的一个森林公园，建于1942年，山峰的南坡由桦南县林业局管理，北坡则由集贤县林业局管理。公园内地形地貌复杂多样，群山环抱，有丰富的动植物资源，平均海拔为250~600米，相对高度为130~150米。主要景点有长寿泉、七星峰、一线天、希望石、七星湖、海龟石等。

链接

七星峰的传说

七仙女听说在人间的三江平原上有个很美丽的地方，她们带着对幸福的追求和美好憧憬，偷偷地来到了这人间天堂。七仙女中最小的七仙子偷偷地和当地一个勤劳善良的小伙子结了婚，过着美满幸福的生活。

不久，大山里出现了一个蛇妖，危害四方百姓，七仙子用了很多办法想除掉这个蛇妖但没能奏效。后来七仙子趁天黑偷偷地回到天上，偷了太上老君的两把七星宝剑。夫妻二人并肩作战，终于赶跑了蛇妖。不料那蛇妖却跑到天上告七仙子到人间与凡人成婚并偷盗宝剑触犯了天条。天帝大怒，派天兵天将捉拿七仙子。七仙子深深地爱着她的丈夫和孩子，毅然选择了留在人间。顿时雷声大作、狂风大起，七仙子化为了一座挺拔秀丽的山峰。六个姐姐于是也下凡化作了六个山峰陪伴，人们称为七女峰或七星峰。

安邦河湿地公园 AAAA
世外桃源

双鸭山市集贤县福利镇东北

安邦河湿地公园是在黑龙江省级湿地自然保护区的基础上兴建的，是双鸭山市的一家国家4A级旅游风景区，也是国内12个国家湿地公园之一。它就像一个璀璨的明珠，镶嵌在广袤无垠的三江平原上，堪称世外桃源。

游客在湿地公园观赏塔头、苔草、沼泽、芦苇床、草地等自然景观的时候，也可以欣赏融入自然的人文景观。森林公园的仿真精品景观有轱辘井、轱辘车、蘑菇凉亭、水车等，还有文化长廊、观鸟台、鸽楼、百鸟园、动物园、垂钓场、莲花湖、水上码头、大瀑布、海盗船等景观和休闲活动场所。游客在湿地公园不仅可以泛舟芦苇荡，还能享受垂钓的乐趣。

千岛湖湿地
中国最美的湿地

双鸭山市饶河县红旗岭镇

千岛湖湿地是我国现存最完整、景色最优美、湿地多样性特征最显著的一处湿地，更是一个活体科普教材。湿地内水系发达，

千岛湖湿地

水资源极其丰富。千岛湖湿地跨度大，与完达山余脉隔河相望。湿地中的水泡子星罗棋布，似珍珠散落各处。

千岛湖湿地是水禽栖息、繁衍的重要场所，也是欧亚大陆野生动物的栖息地。因为不出名，所以这里游客较少。千岛湖湿地一直保持着良好的生态环境。

北秀公园
综合性公园

双鸭山市尖山区马鞍山脚下

北秀公园始建于1957年，原名青年公园，经过几次大的维修，于1982年更名为北秀公园。北秀公园以真山真水而著称。园内花草茂盛、曲径通幽，自然景色与人文景观融为一体，形成了质朴秀丽的独特风格。

公园内设有牌楼、亭阁、长廊、园中苑、人工湖、儿童乐园、动物园、旱冰场、游泳馆等80多个娱乐观赏景点，有天然绿地3000多平方米，珍禽异兽200多只，珍奇花卉2.5万株，各种树木48个种类8万余株，是一座融动物饲养、花卉种植，水上及儿童娱乐为一体的综合性公园。

青山国家森林公园 AAAA
山岳型自然风景区

双鸭山市岭东区

青山森林公园为山岳型自然风景区，总面积38.99平方千米。公园内动植物资源丰富，植物群落类型齐全，有顶级红松原始林群落，有次生针阔混交林、阔叶林、灌木林群落，也有林间草地。公园以观赏森林景观、动植物景观为主，还有人工园林、历史文化等人文景观，是融休闲度假、娱乐、运动健身等为一体的理想的森林生态旅游区。

玩家解说

金秋时节，青山森林公园天高云淡，层林尽

染，红枫、白桦、黄椴、紫藤构成一幅五彩缤纷的画卷，令人陶醉，让人沉迷。

北大荒农机博览园 AAAA

全国首座农机展览地

双鸭山市友谊县西2千米处

北大荒农机博览园占地35万平方米，是融工程农业、生物农业、现代农业为一体的高标准的现代农业科技园、农业机械博览园、生态农业观光园、青少年教育科普园。友谊农场曾是20世纪50年代中苏农业示范基地，博览园展出了友谊农场农机发展史及智能化农业生产技术，展示了北大荒农垦战线新面貌。

珍宝岛烈士陵园

战斗英雄安息地

双鸭山宝清县乌苏里江主航道中心线中国一侧

珍宝岛烈士陵园北靠万金山，西靠挠力河，始建于1969年，是为纪念在闻名中外的珍宝岛战役中牺牲的68位烈士而建。墓区面积4330平方米，长220米，宽134米，四周围墙长703米。

陵园内有革命烈士纪念馆和珍宝岛革命烈士纪念碑，有被中央军委命名为“战斗英雄称号”的孙征民、杨林、陈绍光、王庆荣、于庆阳烈士的墓碑，还有在珍宝岛战斗中牺牲的其他63位烈士的墓碑。

炮台山古城遗址

古城建构特殊

双鸭山市宝清县七星泡镇平安村

古城因坐落于一座形似炮台的孤山上而被俗称为“炮台山古城”，是国务院2001年公布的全国第五批重点文物保护单位。山顶上的“北斗七星”祭坛是目前我国发现的以天文星座形态布局的城市核心建筑，同时也是我国及世界上最大的七星祭坛。

炮台山古城建筑特殊，结构复杂，八垣九重，城坛结合。遗址的平面呈椭圆形，城垣分上、中、下三层，下层有外城，中层在山腰，上层在山顶。古城内共有8处地表坑，每个坑直径6~8米，深0.3~0.5米不等，其中7处天坑按照北斗七星状排列，十分规整。

珍宝岛烈士陵园

景点推荐 鸡西旅游区

兴凯湖 AAAA
东方夏威夷

鸡西密山市当壁镇

兴凯湖处于中俄边境上，我国占1/3的水域，其余都在俄罗斯境内。目前它是我国东北地区最大的淡水湖，是火山爆发后因地势陷落而积水形成的。“兴凯”是满语，意思是水从高处流向低处。

兴凯湖湖面呈椭圆形，共有9条河流注入，湖水从东北方溢出，最后汇入乌苏里江。兴凯湖由大、小两湖组成，大兴凯湖和小兴凯湖虽然离得很近，但是景观却迥然不同。这里罕见的原生态湿地环境也成为不少摄影人士心中的理想王国及影视剧拍摄基地，素有“东方夏威夷”之美称。兴凯湖景区内有当壁镇、莲花池、新开流、泄洪闸、龙王庙、蜂蜜山、金沙滩等景点。

玩家攻略

游客可以乘坐汽艇在湖中游览。本地特色餐饮不错，特别是清蒸大白鱼、炸湖虾、湖边笨鸭蛋、嘎牙子汤等，价格不高，味道纯正。

铁西森林公园 AAAA
山岳型自然景区

鸡西密山市太平乡北部的铁西林场内

铁西森林公园属山岳型自然景区，因山中古榛子树繁茂独特而得名。森林公园总面积为20万平方千米。这里群山环绕，溪水潺潺，景色秀美，融山、水、花、草、鱼、野生飞

禽为一体，是旅游观光、避暑度假、疗养的理想胜地。

森林内的主要景观有榛子山、榛子园、原始松树林、白桦林、塔头水库、森林浴场、荷花塘、人工瀑布、塔头湖河塔、库心岛等。

密山青年水库

碧波荡漾，山水相连

鸡西密山市密山镇

密山青年水库是王震将军率领转业官兵与知识青年于1958年建造的。水库水域面积1.138平方千米，总库容4.01亿立方米，大坝总长1000多米。库区内风景优美，行人不多。大坝宽敞平坦，亭台水榭、岩石雕塑点缀其中。站在大坝上，水面宽阔，碧波荡漾，山水相连，令人心驰神往。

密山口岸

中俄边陲地带

鸡西密山市兴凯湖西北端

密山口岸位于兴凯湖西北端和中俄界河白棱河河口，距离密山市区38千米，距离对面俄方图里洛格口岸2千米。口岸国门采用的是仿古建筑风格，南北对称，庄严凝重。口岸国门与收录于《吉尼斯世界纪录大全》的世界上最小国界桥及口岸公路大桥构成了一道独特的旅游景观，吸引着众多游客前来观光。

北大荒书法长廊 AAAA

全国最大现代书法艺术碑林

鸡西密山市密山镇青年水库南侧

书法长廊位于青年水库边上，占地12万平方米。这里刻存了全国2000多位书法家的2400幅书法作品，覆盖了除台湾、澳门外我国所有省、自治区、直辖市的书法大家作品，荟萃了历届中国书法家协会80%~90%的主席、副主席、秘书长、常务理事长、理事长的真迹，还有两幅作品为日本书法家作品，是全国最大的现代书法艺术碑林。北大荒书法长廊是对北大荒历史和艺术的展示，从北大荒到北大仓，开拓进取、不畏艰苦的精神烙印深深刻在了这些碑石上，向世人展示了这片土地的传奇。

珍宝岛

肖像元宝的宝岛

鸡西虎林市乌苏里江主航道中国一侧

珍宝岛位于虎林市境内的乌苏里江上，南北长约2000米，东西宽约500米，面积0.74平方千米，因状似元宝，故得名珍宝岛。岛上常年驻有中国官兵，修有营房、珍宝岛大门，还有珍宝岛历史事件的见证——英雄树。珍宝岛是一处中外闻名的战争遗址。珍宝岛原是中国方面深入乌苏里江的半岛，后来经过长期的水流冲击，成为了一个小岛，现在每逢夏季枯水期，珍宝岛就与乌苏里江一侧的中国陆地连在一起，形成了半岛形态。

玩家 解说

目前珍宝岛属于军事管制区，面积0.74平方千米。1969年8月，解放军在岛上建立了营房，开始常年驻守该岛。如今，岛上的营房已更换了5次，目前4名解放军官兵在这里行使着国家的主权。岛上林中依旧埋藏着2000多枚地雷和偶尔可见的雷场标志，还能让人追溯当年炮火隆隆的时光。

神顶峰

人间仙境

✉ 鸡西虎林市东北部完达山脉

神顶峰位于虎林市东北的完达山山脉中，是完达山的最高峰，海拔831米。神顶峰山势险峻，重峦叠嶂，是我国最早见到太阳的山峰。每年夏至凌晨太阳升起之际，山顶的云彩变幻无常，朝霞绚丽多彩，就像一幅巨型油画般精彩。日出、松涛、云海是神顶峰景观的三绝。神顶峰不仅是风景胜地，也是天然的动植物园，是游客欣赏大自然、回归大自然的极佳选择。

虎头旅游风景区 AAAA

非城市中心型旅游资源集合区

✉ 鸡西市虎林市虎林镇

虎头旅游景区以重要的历史遗址景观为主，是集界江风光、战争遗址、湿地探险、历史文化于一体的综合性风景区。

◻ 天下第一虎

位于虎头山顶，长25米、高16米、重300吨，全部用铜板锻制焊接而成。虎头神情勇猛、威镇边关，已载入上海大世界吉尼斯大全丛书，堪称“天下第一虎”。

◻ 虎头要塞

虎头要塞与俄罗斯的伊曼隔岸相望，西起火石山，东至乌苏里江，南邻边连子山，北至虎北山，中心区域正面宽12千米，纵深6千米，在方圆几十平方千米的范围内，共有大小要塞10余处，由猛虎山、虎北山、虎东山、虎西山、虎啸山五个阵地组成。虎头要塞军事战略地位极其重要，仅次于伯力和海参崴的要塞，当年是日本关东军遏制苏联远东军队的咽喉，又是远东苏军进入东北腹地的捷径通道。

虎头要塞修筑于1934年，工程庞大，动用了10万民工，耗时6年建成，是至今发现的“二战”期间最坚固、保存最完整的军事要塞，其牢固程度、完备程度、现代化程度都堪称“二战”之最。“二战”期间，虎头要塞是东北地区阵地战斗最激烈、持续时间最长、死亡人数最多的战场。日本侵略军曾说它是“东方的马其诺防线”“北满第一永久要塞”，能容纳1.2万名士兵，支持三个月以上的时间。现在的要塞已经成了历史遗迹，也是当地的爱国主义教育基地。

玩家 解说

虎头要塞位于中俄边界虎林市乌苏里江边，分为地上博物馆和地下要塞两部分。虎头要塞是当年日军侵华时期修建的，主要用来防御苏联的进攻。在修建期间，残害了大批的中国劳工。虎头要塞是进行爱国主义教育的好地方。

◻ 虎头关帝庙

虎头关帝庙建于清雍正年间，是黑龙江较早的清代建筑之一。关帝庙位于虎头镇正南，乌苏里江左岸，依山傍水，风光秀丽。关帝庙高4.54米，为木质建筑。庙顶黑瓦覆盖，重檐飞角、斗拱交错，颇有古韵。关帝庙为两进结构，庙内前厅有8根明柱，上面雕有二龙戏珠图；正殿内有7尊塑像，中间为关羽，眉目传神，十分庄重。关帝庙位于我国最东方，又被誉为“东方第一庙”。

虎头关帝庙

链接

关帝庙由来

相传虎头关帝庙是当年关里人来这里谋生，在乌苏里江两岸山林中采参挖药发了财，为求财保命和对关公忠义的敬仰而共同捐资修建的。当时庙址最早选在虎头山顶，但每次在山顶备足材料准备开工时，第二天却发现各种材料全部被搬到了山下，白天抬上去，晚上就被搬下来，反复多日。后来，建庙人领会到这是关老爷的意愿，故在此地建庙。

乌苏里江国家森林公园

综合性生态型森林公园

鸡西虎林市东部虎头林场施业区内

乌苏里江国家森林公园位于乌苏里江的左岸，是融乌苏里江风光、森林景观、人文景观为一体，具有观光娱乐、休闲度假、科普教育多功能的综合性生态型森林公园。

公园内有碧波荡漾的乌苏里江、千亩荷塘月牙湖和珍稀动植物。月牙湖因形似一钩弯月，故而得名，水域面积333万平方米，东侧有一支流与乌苏里江紧紧相连。月牙湖内生态良好，生长着多种植物，并且有不少野生动物栖息。湖心区的植被由岛状层次林和小叶樟、莎草等草类构成，一层草一层林呈放射状向外扩散，十分有规律。月牙湖荷花堪称一绝。荷花约占湖面的1/4，有80万平方米。盛夏季节，满湖荷花妩媚旖旎，竞相开放，千姿百态，给月牙湖带来了无限的生机与活力，是游人赏荷消夏、观鸟、垂钓的好去处。

此外，沿着乌苏里江顺流而下可到达闻名世界的珍宝岛，逆流而上可到达国家一级中俄陆路口岸吉祥口岸。

月牙湖

虎头影视城

老镇风貌依旧

鸡西虎林市虎头镇

虎头影视基地建于2009年，再现了当年日伪统治时期虎头镇的风貌。自从2010年中央电视台在这里拍摄了数字电影《虎头要塞》后，名声大振。虎头镇原为虎林县城，是一个水路要冲，当年这里繁华热闹，街上的店铺鳞次栉比，生意兴隆，人来人往，叫卖声不绝于耳。如今的虎头镇，人烟稀少，荒凉残破，但作为一个影视基地，它真实地还原了20世纪30年代虎头镇的旧貌，也向世人展示了20世纪30年代日军侵略中国的那段惨烈的历史，警示着世人不忘国耻，珍惜眼前幸福。

鸡西市动植物园

综合性公园

鸡西市鸡冠区向南街43号

鸡西市动植物园占地面积132万平方米，共分为五大功能区，在这里能够与动物零距离接触。鸡西市动植物园内有花架、长廊、谷坊、人工湖、映荷山泉等人造景观以及彩弹射击、原木攀爬、跑马场、滑雪滑冰等游乐项目，是一个融山水风光、自然景观、人文历史、休闲娱乐为一体的综合性公园。

鸡西市儿童公园

综合性游乐园

鸡西市鸡冠区中心大街1号

鸡西市儿童公园始建于1988年，是黑龙江省较大的综合性甲级公园，目前也是一座集游乐与健身于一身的现代化大型露天游乐场。游乐场内现有大、中、小型现代化游乐设施20多余项，设备完整，功能齐全，有摩天飞轮、激流勇进、高空脚踏车等游乐项目，是鸡西市民的休闲娱乐中心。

鸡西市儿童公园

八楞山风景区

北国小镜泊湖

鸡西市鸡东县西南30千米处

八楞山内有一座以灌溉为主兼顾防洪、旅游、养殖多业发展的人工湖。人工湖水面浩瀚，湖周山峰险峻。景区有仙狐堂、杏花坡、小炉台日军工事遗址和天然石观、石林等景观。独特的山水意境和完好的自然生态体系使八楞山成为一处特别的景观区。除了自然风光，景区还有惊险刺激的漂流、水上滑梯等游乐项目。这里自然风光优美独特、景色宜人，素有“北国小镜泊湖”的美称。站在水库大坝上向下俯视，飞泻的水浪隆隆作响，真可谓是“飞流直下翻巨浪，波涛滚滚向东流”。

麒麟山 AAAA

鸡西十大风景区之一

鸡西市鸡东县兴农镇

麒麟山位于兴农镇的西侧，距离鸡西市42千米，人文景观别致新颖，自然风光秀丽迷人。这里山峰陡峭、湖水清幽。景区的大门楼高8米，宽20米，属中国传统建筑风格。门楼琉璃金瓦、珐琅彩绘、朱漆门柱、花岗岩底座给人一种气势恢宏的感觉。

进入景区，便可看到麒麟山，因这座山峰头朝北、峰尾朝南，北峰似麒麟的头角，南峰如麒麟的尾，细看中部起伏的山脉，犹如麒麟的腰身，故称麒麟山。当地的居民把麒麟山奉若神明，看成吉祥的象征。目前景区内以自然景观为主，主要有点将台、人工瀑布、灵璧奇石、八角亭观湖、观鱼池、谢匪巢等景点。

玩家解说

麒麟山是鸡西十大风景区之一。麒麟山内有一水域面积为37.5万平方米的麒麟湖，湖边有35米长的曲桥亭廊。麒麟湖很干净，可以在里面洗浴或者垂钓。

净土寺

闹中取静的佛门净土

鸡西市城子河区长青乡

净土寺始建于1995年，整体设计、形式布局和建筑特色均保留了我国寺院建筑的风格和特点，红墙黛瓦，重檐飞角，琉璃宝刹，均有古风遗韵，也是鸡西市内的一处难得的清静佛教之地。

景点推荐

七台河旅游区

吉兴河水库

中型水库

七台河市勃利县西北25千米处

吉兴河水库始建于1985年，是一座中型水库，总库容量为1500万立方米，水域面积44万平方米。这里依山傍水、绿树碧波、风景如画，目前吉兴河水库的旅游业已初具规模，已经建成临崖而立的吉兴阁、横跨河流的卧洪渠、依山而建的翠屏轩、飞舞蜿蜒的九龙壁、花香四溢的天香苑、古朴典雅的极灵寺、惊险刺激的惊魂宫等景点。

勃利红星森林公园

休闲度假区

七台河市勃利县西南25千米处

红星森林公园东部与通天二林场相连，北部与吉兴河林场相接，西部与林口县朝阳林场相邻，南部与林口县西北楞经营所接壤。这里气候宜人，空气清新，目前已经开发出野查岭景区和通天沟景区，同时还建有小型滑雪场、度假村等多种旅游场所。

西大圈森林公园

人文与自然的结合景观

七台河市勃利县西南部红星林场

西大圈森林公园始建于2003年，面积9420万平方米。目前西大圈分为五大景区58个景点，分别是峡谷漂流景区、卧龙峰景区、原始生态林景区、水上乐园景区、溪水园和云雾山庄服务景区。游客在这里不仅可以漂流观赏沿途风光，还能尽情观赏林间风光。

西大圈森林公园不仅有丰富的自然景观，还有非常丰富的历史及人文景观。这里有日本侵略者掠夺资源的伐根、倒木、六好坝等遗址，还有东北抗日联军周保中将军领导的伐木工人抵抗日本侵略者的武装暴动遗址、抗联被服厂遗址以及红星林场西广场——日伪军投降地等。

桃山公园

别致的市内公园

七台河市桃山区山湖路

桃山公园始建于1985年，占地面积39万平方米，公园几乎全部被草坪、花坛和树木所覆盖。全园共栽培花草树木6500余株，人工草坪2.4万平方米。公园内郁郁葱葱，繁花似锦。这里的景观设计还曾获得黑龙江省公园设计最高奖。

公园内有一形似桃子的山峰，登上峰顶，可将七台河风光尽收眼底：山上绿树掩映、草绿葱翠，山下高楼林立、街道纵横、车水马龙。

链接

蟠桃变桃山

桃山山峰因形似蟠桃而得名。桃山在民间还有一个美丽的传说。据说上万年之前，王母娘娘举办蟠桃盛会，宴请各路神仙，让宫女到蟠桃园摘桃，一宫女不小心，将一只蟠桃掉下，这只蟠桃由天宫飘落下来，就变成了如今的桃山。桃山是七台河市内的著名景点。

仙洞山公园

市民重要休闲场所

七台河市桃山区市少年宫附近

仙洞山是七台河市“三山两湖一条河”自然景观中面积最大、地理位置最优越、环境最优美、自然植被最丰富的天然山体。公园依仙洞山而建，占地面积190万平方米，公园设施与原生态的景观融为一体，是七台河市民重要的休闲场所。

目前，公园内有大狐仙洞、小狐仙洞、龟上山、一线天、怪石坡、仙人躺、乌龟卧、佛光云海等自然景点。公园的广场上还有一大型雕塑——“希望之星”。该雕塑气势宏伟，寓意着七台河市人民大力开展城市建设的雄心壮志。

石龙山森林公园

自然型景观

七台河市茄子河区铁山乡境内

石龙山森林公园地处完达山的余脉，主峰是四方顶，海拔748.8米。四方顶山峰险峻，峰顶布满火山岩，峰下的山地丘陵连绵起伏。游客来此既能寻幽探秘，也可攀岩赏景。目前公园内有林海览胜景区、石龙湖景区、生态园景区三大部分。

玩家解说

石龙山岩石和树木交叉重叠的景色让人耳目一新。石龙山的景色很不错，喜爱爬山的朋友可以来这里游玩。在此处游览有一种回归自然的清新感觉，令人心旷神怡，树木、泥土的芳香令人心醉。

石龙山森林公园

景点推荐

鹤岗旅游区

鹤岗国家森林公园 AAAA

煤城的森林氧吧

鹤岗市东山区北20千米处

鹤岗国家森林公园建于2002年，目前公园内已经形成了细鳞河民俗风情园、仿龙泉山庄建筑群、摩梭族村寨、十里河生态旅游风景区等旅游景点。园内自然景观引人注目，群山连绵、森林茂密、鸟语花香、河流纵横。这里大片的森林湿地保持着原始风貌，栖息着大量珍禽水鸟，此公园是煤城鹤岗的森林氧吧。园内的红松原始森林展示着古老和沧桑。

松鹤西湖公园

综合型旅游场所

鹤岗市东山区鹤墩公路

松鹤西湖公园远离市区，自然风光旖旎。因公园地处小兴安岭余脉，三面环山，一面靠水，属森林小气候，空气一年四季都非常清新，是一个原生态的自然旅游度假区。目前公园内的主要景观和游乐设施有飞来峰、笃斯湖、露天游泳池、松鹤餐厅等，是一个融旅游观光、娱乐餐饮、冬季滑雪为一体的自然风景区。

将军石山庄 AAAA

具有悠久历史文化

鹤岗市向阳区

将军石山庄始建于1974年，当时是知青点，1986年改建并起名为将军石山庄，地处小兴安岭南麓，与佳木斯、伊春交界，也是鹤岗市唯一具有悠久历史文化的旅游景点。山庄以将巡山、棋盘山及阿凌达河、饮马河两河汇成的阿凌达湖为主体，与建筑水榭、长廊、拱桥、堤坝、神鸟亭、槐荫亭、观浪亭等组成了一个生态环境极佳的旅游景区。

将军石

将军石为一不规则形状的山峰，山峰主体海拔320米。这里的岩石因强烈的风化作用，褶裂较多，多成危岩。据说在100多年前，将军石山峰形似猴，曾称猴石山，清光绪二十年（1874年）间突遭雷击，猴石形状被毁，此孤峰后被世人称为将军石。

阿凌达湖

阿凌达湖为一人工水库，湖岸线长6000米，平均湖深4米，湖水平面呈椭圆形。阿凌达湖西依棋盘山，山水相依，形成了一个生态环境良好的自然景观。这里的水质干净，出产的鲜鱼鲜美无比，在当地小有名气。

链接

将军石山庄由来

传说清太祖努尔哈赤命扈尔汉和安弗扬古二将在将军石山密林造船200余艘，分水陆两军共2000多人沿阿凌达河南下，统一了东北女真各部。为纪念努尔哈赤统一东北这一重大历史事件，后人修建了将军石山庄。人们称此山为将军石山，称山上的巨石为将军石。

太平沟古镇 AAAA

历史古镇

鹤岗市萝北县太平沟乡

太平沟古镇位于萝北县北部，与美国西部淘金热齐名的中国历史上的“观嘟金潮”就源于此。太平沟内沟道纵横、黄金满地。清同治年间，清政府把镇压太平天国所俘虏的太平军官兵发配到这里淘金，因此而得名。相传太平军官兵在太平沟所采的黄金全部作为慈禧太后的胭脂费（私房钱），供慈禧太后私人挥霍，所以又称慈禧太后胭脂沟。古镇内的著名景点有太平沟黄金镇、慈禧太后行宫、胭脂湖小水库、胭脂沟漂流河等。

名山景区 AAAA

综合型风景区

鹤岗市萝北县名山镇

名山旅游区包括名山岛和名山沿江公园。名山岛位于黑龙江上游，南临萝北口岸，北望俄罗斯的阿穆尔捷特。这里江水环绕、古木森天、燕鸟飞鸣，天然的自然生态风光让人心驰神往。名山岛为江水冲积而形成的岛屿，始于清代末年，民国初期已形成岛屿。经多年的江水冲刷，名山岛沙滩扩大，江汉增宽。因四周茂盛的柳树，对岛屿起到了保护作用，故而此岛的面积变化不大。

目前岛上有水上游乐园、瞭望塔、犹太人风情园、黑龙庙、俄罗斯风情园、狩猎场等众多景点。

名山沿江公园总长有2000多米，分九大景区45个景点，人文气息与自然景色兼备。

苇场丹顶鹤自然保护区

丹顶鹤故乡

鹤岗市萝北县芦苇乡

该保护区位于萝北县芦苇乡，是松花江嘟噜河流域和梧桐河流域形成的沼泽区，湿地面积100多平方千米。保护区地势低，泡泽相连，苇草丛生，是我国北方三大水禽栖息地之一和候鸟迁徙坐标区，是丹顶鹤、白鹤、黑白天鹅的故乡。

玩家 解说

苇场自然保护区最大的看点是水鸟戏水。丹顶鹤浮于碧波嬉戏玩耍，与山水融合在一起，像五线谱上跃动的音符。冬季的苇场犹如一幅水墨图，安静而恬淡。

龙江三峡

与长江三峡南北呼应

鹤岗市萝北县

龙江三峡位于黑龙江省小兴安岭与三江平原的交会处、中俄界河——黑龙江南岸萝北县境内，占地面积7000万平方米，由龙门峡、金龙峡和金满峡而得名。龙江三峡与长江三峡南北呼应，其中龙门峡河谷波涛汹涌、奇峰多姿，金龙峡幽深秀丽、蜿蜒绵亘，金满峡重峦叠嶂、山雄水幽。

天水湖公园

绕水而建的公园

鹤岗市工农区湖北路

天水湖公园始建于1958年，是鹤岗市市民休闲娱乐的最佳去处，2002年正式命名为天水湖公园。园内有三门四岛、三台五亭，三瀑一湖，一路十桥、一楼一阁和巨石旱喷等景点。近年来，改造后的天水湖公园充分考虑到不同年龄人群需要，设置不同的活动区间和休闲设施，使各个岛的使用功能及景观更加合理，主题特色更加鲜明，整体达到环境优美、空间丰富、功能完善、四季相宜的效果，充分体现了自然山水与现代园林、人文景观的交融交会。

东山万人坑

白骨累累，骇人听闻

鹤岗市工农区东山路

鹤岗俗称煤城，这里的煤矿资源丰富。为了采挖更多的煤炭，当年的日本侵略军逼迫中国劳工超负荷劳动，不计其数的劳工被骗到矿山累死或被打死，被扔进了万人坑，在仅210平方米的深坑内，白骨累累，惨不忍睹。为了警醒后人，供群众凭吊，鹤岗市建筑了保护性展室和围墙，此地也被命名为鹤岗矿务局阶级教育展览馆。

苇场丹顶鹤自然保护区

景点推荐

伊春旅游区

汤旺河林海奇石景区 AAAAA

中国第一个国家公园

伊春市汤旺河区

8:00~17:00 95元（含观光车票）

0458-3574029

汤旺河林海奇石景区是一个集自然景观和人文景观于一体的综合性旅游胜地。它占地面积达190平方千米，拥有奇石、森林、冰雪、峰涧、湖溪等多种自然元素，是科学考察、休闲度假、旅游观光的胜地。

景区分为石林景观区和山水风光游览区，其中奇石景区是整个景区的核心和亮点。这里的奇石景观是由印支期地质遗迹形成的，是目前国内唯一一处类型最齐全、发育最典型、造型最丰富的印支期地质遗迹。这些奇石千姿百态，有的树在石上，有的石在林中，具有极高的科研和美学价值，在世界上亦属罕见。

东区是崩塌遗迹和峰丛、峰林岩壁构造剖面区域，并有崩塌岩块构成的倒石堆、岩脉、球状风化石地质遗迹。主要景点有“甲骨壁”“济公遁山”“文殊诵经”等，栩栩如生，为游客提供了一个探索自然之谜的生动课堂。

南区主要景点有构造裂隙形成的“一线天”“鸿运石”“罗汉龟”等景观，凌空突起，挺拔险峻，气势雄伟，是花岗岩石林地貌景观中的极品。

西区地形较为平坦，森林植被保持完好原始，适宜休闲游览和森林探险。

北区地质现象非常典型，主要景观有“玉兔山”“金鸡报晓”“钟馗岩”等，形象逼真，可视易懂，是地质学知识的经典科普线路。

玩家 解说

汤旺河林海奇石景区很大，可以多日游玩，晚上还有夜景。南区的一线天景色奇特。出来进入中区，可惜只开放沿河栈道，路长又无聊。建议乘车到中区瀑布爬山至林海上观光塔，再由北区下山。

五营国家森林公园 AAAA

红松故乡

伊春市五营区旅游公路以北17千米处

五营国家森林是中国红松的集中保护区，占地141.41平方千米，主要有松乡桥、观涛塔、绿野仙居、黑瞎子岭、虎啸山、观松大道、森林浴场、响水溪、园中园、兴安鹿苑、丽丰湖、观光小火车等景点、设施。

公园内古木参天，林海茫茫，风景宜人，有250多种珍禽猛兽，几百种药植物等，现在是黑龙江省森林生态旅游示范区。

五营国家森林公园

玩家 解说

五营国家森林公园位于伊春市北部，小兴安岭南坡腹部，这里盛产红松，素有“红松故乡”之美誉，是黑龙江省唯一的森林生态旅游示范区。五营国家森林公园山清水秀、林茂石美。这里有最清澈的河流、最翠绿的森林、最纯净的空气、最优良的生态环境，是天造地设的人间胜境，是令人魂牵梦萦的绿色家园。

丽丰湖

丽丰湖是五营国家森林公园拦截丽丰河水而形成的一个人工湖泊，湖中有游船，可上船享受泛舟的惬意之感。湖西岸建有林区别墅、饭店、旅店、旅游纪念品商店、停车场、游客中心等服务设施，北侧是森林观光小火车的始发站。

观光小火车

观光小火车是森林公园核心区的一个观光项目，起点为景区入口处的丽丰湖，终点为公园核心区入口，长3.5千米，由三列特别制作的观光小火车组成，分别是“红松号”“蓝莓号”和“白桦号”。

兴安鹿苑

兴安鹿苑位于森林公园核心区入口处附近，毗邻观光小火车终点。鹿苑设在白桦林边缘，采用半圈养形式，饲养了100多头梅花鹿。

松乡桥

松乡桥是一座木质曲桥，横跨山谷，长260米。走在松乡桥上，可俯视山谷的多端变化，还能目睹原始红松林。

杜鹃园

杜鹃园位于公园东部，距公园主楼3000米，面积2000平方米。园中的兴安杜鹃是小兴安岭著名的野生花卉。

伊春森林浴度假山庄

山庄坐落在原始红松林中，空气中富含负氧离子，是名副其实的氧吧。来这里休闲度假放松身心的同时，还能够吸收到纯净的空气及大量的负氧离子，有益身心健康。

兴安森林公园

伊春著名公园

伊春市伊春区南山风景林自然保护区

兴安森林公园建于1981年，是伊春著名的原始森林公园，园内有汤旺河和伊春河穿流而过。公园内多为北国代表性的红松，云杉、黄菠萝、冷杉、水曲柳、榆树、樟子松也随处可见。除了原始森林风景，森林公园还开设了几处游玩设施，人们可以在动物观赏区内看到很多野生动物的身影，并了解当地特有的野生动物奇趣。到了冬季，公园专门开设了滑雪赛道，游客可以骑着雪地摩托畅游林海雪原。来兴安森林公园走走玩玩，相信会给你带来不少欢乐。

中国林都木雕园

中国林都木雕园

中国林都的精髓

伊春市伊春区花园路与新欣街交叉口往南约190米

林都木雕园占地面积8800平方米，是伊春市彰显人文特色、艺术品位的重要景观。木雕取材于林区珍贵的树种，具有较高的文化品位。整个园区设计采取了功能与景观、雕塑与设施相结合的手法，把林区的传统文化与现代造型结合起来，突出"自然与生命"的主题。现在的木雕园分为牌坊景观区、木雕牌廊区、中心观赏区、休闲娱乐区4个部分，每个部分主题明确，但是又相互关联，形成了一个有机的整体。

玩家 解说

伊春是中国林都，这里不仅木材好，木雕工艺也很精湛，木雕作品栩栩如生。可以在木雕园参观木雕制作过程。木雕园环境幽雅，空气清新，走进木雕园的任何一个角落均能拍摄到图画一般的精美照片。

小兴安岭恐龙博物馆

地市级恐龙博物馆

伊春市伊春区环卫路1号

该博物馆是继四川自贡恐龙博物馆后中国第二座恐龙博物馆，是黑龙江省重要的地市级博物馆。博物馆中有中国发现的第一架恐龙骨架化石。伊春不仅是红松的故乡，也是中国恐龙的故乡。博物馆内以各历史时期的文物展示了伊春的悠久历史和灿烂文化，生动的实物资料展示了早在人类出现前第三纪黑龙江大地上古生物活动的壮观景象。

玩家 解说

小兴安岭恐龙博物馆是一座大型恐龙博物馆。馆内有很多恐龙石雕，有的体积非常庞大，还有一个几十米长的恐龙骨骼化石，非常震撼。博物馆经常举办各种类型的恐龙知识展览，展览图文实物并茂，具有科普性和趣味性，取得了良好的社会效益。

梅花山国家森林公园

生态旅游最佳去处

伊春市伊春区小兴安岭中部

梅花山国家森林公园自然资源丰富，生态环境良好，栖息着许多珍贵野生动物。梅花湖中有许多珍稀冷水鱼。公园内山峦绵延起伏，峰奇崖险、千姿百态，古树参天的梅花山森林公园分八大景区，有八大奇观、24个景点、21条旅游线路，是森林生态旅游的极佳选择。

梅花山滑雪场坐落在梅花山国家森林公园中。雪场拥有1000米雪道两条，5000米越野滑雪道1条，800米索道1条，300米索道两条，还有雪地摩托、马爬犁、狗爬犁、雪橇、雪圈等雪上娱乐设施，融餐饮、娱乐、滑雪为一体。滑雪中心接待大厅可提供各类规范、周到的服务。雪场不仅以林中滑雪闻名，而且雪质优良、空气清新，交通方便、通信畅通，得到了滑雪界专家的认可。

南山风景旅游区

风光明媚的自然风景区

伊春市伊春区南部

南山风景旅游区始建于1993年，占地面积为3500公顷，其中主峰海拔653米，高47米的兴安塔是景区的标志性建筑。南山旅游区邻近市区，交通便利，目前已经开发了留客谷、醉泉、风林谷、獾子岭、卧虎坡、兴安塔等景观游览区。南山风景旅游区山林结合，四时景色各异，是伊春人休闲度假的主要场所。

南山风景旅游区

回龙湾国家森林公园 AAAA

黑龙的诞生地

伊春市美溪区鹤伊公路110千米处

回龙湾国家森林公园始建于1993年，占地面积2680万平方米，这里是传说中黑龙的诞生地。回龙湾森林公园是一个公园和度假村结合的景区，景色优美、环境宜人，游客可以在金沙河漂流，坐在皮筏上往下冲，能感受到无比的刺激和惊险；还可以在回龙湾的度假村小住，度过一个美妙假期。

链接

黑龙的徘徊场所

相传这里是黑龙江的黑龙流连徘徊之处。当年黑龙打败了恶龙大白龙后返回天庭，但是思念着凡间的家乡，便经常返回黑龙江的湖中嬉戏，百姓们为了纪念它，便将这里命名为回龙湖，而回龙湾是邻靠于湖边的小湾。

红星地质公园

火山岩地质公园

伊春市红星区红星林业局大平台施业区

红星地质公园又称红星火山岩地质公园，距伊春市中心160千米，占地面积20188万平方米，是黑龙江继五大连池之后又新发现的火山地质奇观。这里大片的火山熔岩、石海及周边多样的生态类型为动植物提供了良好的生存环境。丹顶鹤、驼鹿等国家一级、二级保护动物达47种，植物511种，被列为黑龙江动植物资源保护区。公园有三大奇特景观，分别为火山地貌、杜鹃花海、库尔滨雾凇。

库尔滨水库
壮观的雾凇奇景

伊春市红星区红星地质公园北部

库尔滨水库主要由库尔滨河、克林河、霍集河、龙湾河、乌鲁木河、嘟噜河等河流汇聚而成。蓄水量为3.9亿立方米，水域面积30平方千米。库尔滨水库的水电站每天发电都要释放0℃以上的水蒸气，浓浓的水蒸气和冷空气融合交锋便形成了壮观的雾凇奇景。库尔滨雾凇形成的周期长，可达4个月之久，雾凇每天的停留时间多达10小时，使得无数的摄影师沉醉于此。

桃山狩猎场
国际野生动物狩猎场

伊春铁力市桃山林业局

桃山狩猎场是中国第一个国际野生动物狩猎场，建于1984年，狩猎区总面积210平方千米。这里山势复杂，森林茂密，动植物繁多，有数10种野生动物，可猎动物有野猪、狍子、狐狸、貉子、野兔、黄鼬、香鼬、沙半鸡、榛鸡、鹌鹑、雉鸡、野鸭等，河中还有少量水獭和青貂。场内建有风格别致的“木刻楞”狩猎营地3处，并建有山庄宾馆、动物标本室和野味餐厅。目前已成为省内外、国际间人们交往的狩猎和旅游胜地。

玩家解说

桃山狩猎场是我国第一个对公众开放的国际狩猎场。狩猎场的服务设施较为齐全，特别是修建了山庄宾馆和餐厅，可以供人们在此逗留多日。游客可以把打到的野味交给工作人员烹制，晚上就可以吃到自己收获的佳肴。

日月峡国家森林公园
旅游观光胜地

伊春铁力市铁力林业局马永顺林场

该公园以太阳、月亮和日峰、月峰共同形成的“日月同辉”景观得名。“日月同辉”是日月峡的主题景观。日月峡的特色自然景观是灵峰异石、云海林海、日月同辉。公园以得天独厚的森林动植物资源、变化多姿的四季景观、鬼斧神工的自然地理景观、内涵丰富的传统文化神韵为特色，成为旅游观光、野营探险胜地。

玩家解说

“日月同辉”奇观每月都会出现几天，站在凤凰坪可以看到。傍晚太阳在日峰（腾龙峰）慢慢落下，月亮在月峰（卧虎峰）缓慢升起，太阳、月亮分别挂在两峰顶端，呈现“日月同辉”奇观。

桃山原始森林

桃山原始森林
北方原始的森林群之一

伊春铁力市桃山林业局境内

桃山原始森林是以红松为主体的针阔混交原始森林。森林总面积21平方千米，乔木总株数16万株，覆盖率达99%。红松平均树龄350年，平均胸径0.4米，最大胸径1.4米；平均树高26米，最大树高36米。

悬羊峰景区是桃山原始森林的核心景区，悬羊峰为景区最高峰，海拔900米。景区具有原始森林生态。景观多处，主要有一颗松、桃山奇峰、石塔青松、鹰嘴岩、相思山、一线天、悬羊峰、双驼峰、悬羊壁、石廊峰等景点。

嘉荫神州恐龙博物馆
大型恐龙博物馆

伊春市嘉荫县城西11千米处

嘉荫是中国最早发现并经科学记录的恐龙化石挖掘地之一，也因埋藏着大量古生物化石而蜚声中外。博物馆坐落在中俄大界河黑龙江右岸，占地面积13万平方米，是一座将自然科学和人文景观紧密结合的大型综合性博物馆。馆内陈列着鸭嘴龙、霸王龙、虚骨龙、甲龙的骨骼化石。如今这里已经成为传播中国恐龙文化和开展对外交流的重要窗口。

嘉荫恐龙博物馆的鸭嘴龙化石骨架

玩家 解说

嘉荫恐龙博物馆不愧是中国北方第一大恐龙博物馆。室内的科普讲解详细生动，小朋友们很喜欢。室外的造景不错，没几步就是一个造型独特的恐龙。

链接

神州龙

1902年，俄罗斯人将在嘉荫挖掘的恐龙化石组装成一具高4.5米、长8米的完整恐龙化石骨架，定名为“黑龙江满洲龙”，至今陈列在俄罗斯圣彼得堡地质博物馆内。这具恐龙化石骨架被世人称为“神州龙”，而嘉荫也因此而出名。

大丰河漂流
小兴安岭第一漂

伊春市金山屯区鹤伊公路52.5千米处

位于金山屯区境内的大丰河全长80千米，平均河宽30米，水深1~1.5米，河水纯净，清澈见底，河床由细沙和鹅卵石组成，赤脚站在河床边拥有指压板一样的按摩功效。这里水流湍急，乘上双人橡皮船顺流而下，乐趣无穷。作为伊春最早开发漂流旅游项目的地区，大丰河漂流在省内外知名度很高，有“小兴安岭第一漂”之称，每年夏季慕名而来的漂流爱好者络绎不绝。

金山鹿苑旅游区
半开放式鹿场

伊春市金山屯区东5千米处

金山鹿苑位于金山屯区，占地面积56万平方米，腹地是大半个山头，山间有草坪、柞树、溪流。由于这里生态条件良好，经常有野生鹿出没。金山屯区依托这一资源，在此建立了养殖场。养殖场采取半开放式放养，养殖的鹿种有天山马鹿、梅花鹿等，是一个融养殖、鹿产品加工和销售为一体的鹿产品繁育基地，开发的鹿胎膏、鹿心血、鹿鞭、鹿尾等都是上好的药材和补品。

攻略资讯

- 交通
- 住宿
- 美食
- 购物
- 娱乐

交通

三江平原地广人稀，目前所涵盖的六市铁路、公路运输系统较为成熟，空中交通稍显不足，但能基本满足各市民众的出行需要。

飞机

佳木斯机场：又称佳木斯东郊机场，始建于1932年，位于佳木斯市东郊同三公路南侧，距佳木斯市区10千米。目前已开通至北京、上海、广州等国内航班和韩国首尔的国际航班。

鸡西兴凯湖机场：位于鸡西市鸡东县哈达镇，距离鸡西市中心18千米，为国内小型机场，是中国最东部支线机场。目前已开通至北京、青岛、三亚等国内航班。

伊春林都机场：位于乌马河林业局伊林经营所境内，距伊春市中心区9千米。作为省内重要的支线机场，已开通至上海、大连、天津、广州等国内航班。

火车

佳木斯火车站：位于黑龙江省东北部佳木斯市前进区站前路179号。火车站为客、货混合站，省内发到鹤岗、鸡西、盘锦、哈尔滨等市，省外发至北京、沈阳、烟台、大连等市。

此外，还有佳木斯西站（平安屯站），主要路线为哈佳快速铁路。

双鸭山火车站：原名尖山站，始建于1947年，位于双鸭山市站前路26号。主要发往省内周边城市如佳木斯、哈尔滨等。

七台河火车站：七台河火车站是勃七铁路的终点站，位于七台河市新兴区兴华街49号。

鸡西火车站：鸡西火车站，位于鸡西市鸡冠区兴国中路138号，目前是黑龙江省南部地区最重要的火车站之一，主要发往省内一些城市。

另外还有双鸭山西站、七台河西站和鸡西西站，均为高铁站。

鹤岗火车站：位于市中心地带，东解放路15号。

伊春火车站：位于伊春市新兴东大街4号。

汽车

佳木斯公路客运站：位于佳木斯市前进区顺和街128号，火车站附近，是黑龙江省东部地区最大的公路旅客运输集散地。

双鸭山客运站：位于双鸭山市尖山区卧虹桥头。目前客运站有直达大连、长春、哈尔滨等省内外城市的班车，还有发往俄罗斯的国际班车。

七台河汽车站：位于七台河市景丰路，班车主要发往宝清、鸡西、密山、牡丹江等周边城市。

佳木斯火车站

鸡西公路客运总站：位于鸡冠区兴国中路257号，目前有发往北京、大连、青岛、长春、沈阳等地班车。

鹤岗长途客车站：位于鹤岗市东解放路10号，目前客运站以省内短途班车为主。

伊春市的客运总站和总站新站都在乌翠区森工大道，班车主要发往哈尔滨、西林、金山屯、佳木斯等城市。

住宿

三江平原重峦叠嶂、江河纵横，冬季一望无垠的冰雪天地可供游人狩猎、滑雪；夏季麦海翻金、稻花飘香，既可体会黑龙江的深邃、乌苏里江的清澈，又可品尝松花江的美味鱼鲜。来此地几日，择一家旅馆，慢慢欣赏三江风光，品尝三江美食。

●佳木斯江天酒店

酒店建于2006年，离松花江很近。酒店金碧辉煌，客房温馨舒适，站在客房窗前可欣赏松花江美景。✉ 佳木斯市前进区中山街1号 ☎ 0454-8800000

●双鸭山友悦主题宾馆

位于松江国际购物大厦内，宾馆以现代简约的风格设计为主，是游客憩息的绝佳之地。楼下就是便利超市，可满足基本生活需

佳木斯农垦大厦

求。✉ 双鸭山松江国际大厦A区（五环超市对面） ☎ 0469-8545555

●七台河佰德商务酒店

七台河稍有名气的酒店，位于市中心，交通便利，闹中取静，房间内部装修精致，布置温馨，提供免费自助早餐，性价比高。✉ 七台河桃山区市中心二转盘金融大厦内 ☎ 0464-8879999

●鸡西禧龙宾馆

酒店位于市中心，商业区、火车站、客车站均在周围，出行方便，第一次来鸡西的人适合住在这里。✉ 鸡西市鸡冠区兴国中路207号 ☎ 0467-2339222

●萝北界江国际大酒店

酒店周围有凤凰山公园、超市、百货商店、萝北客运站，出行十分方便。酒店为欧式庭院式建筑群，拥有各式精美客房，均配备先进的电子门锁，能够保障房客的财产安全。✉ 鹤岗市萝北县凤翔镇景观路1号 ☎ 0468-6836777

●伊春城茂国锦酒店

酒店位于伊春新区主干道,依山傍水、四季风景如画。装修风格现代，拥有各式精美客房，酒店设施齐全且具有特色。✉ 伊春区林都大街26号 ☎ 0458-3781111

鹤岗界江国际大酒店

●更多住宿去处

佳木斯蓝鼎欣悦酒店（松花江畔店） ✉ 佳木斯向阳区解放路29号 ☎ 0454-6043777

佳木斯凯撒国际大酒店 ✉ 佳木斯向阳区长安路739号 ☎ 0454-6040777

虎林四季酒店 ✉ 虎林晨光路金轩家园 ☎ 0467-5877777

七台河市昆仑大酒店 ✉ 七台河市桃山区山湖路2号 ☎ 0464-8269999

虎林蓝色港湾主题宾馆 ✉ 鸡西市虎林市解放东路27号 ☎ 0467-5835888

鹤岗市龙运大酒店 ✉ 鹤岗市工农区东解放路14号 ☎ 0468-6188888

美食

赫哲族历来以打鱼闻名，所以佳木斯的饮食离不开鱼，松花江的鱼鲜也滋养了佳木斯独特的美食文化。七台河的餐饮以东北菜为主，兼容南北大菜，最有名的还是猪肉炖粉条。鹤岗美食虽以东北风味为主，但各大菜系兼容，其中三鲜飞龙赫赫有名。林都伊春飞禽走兽居多，饮食也以山珍野味为主。

●塔拉哈

塔拉哈是赫哲族人鱼宴上的佳肴，塔拉哈的意思是烤生鱼。当地的渔民把鲜鱼放在火上烧烤一下，等到半生不熟时用盐一拌即可食用。如果做菜上桌，那么做法就比较考究，是将活鲫鱼脊背上的厚肉取下切成细丝，用上好的米醋腌上，待肉变成白色，去掉醋汁后拌入蒜末、香菜、葱花、姜丝等调料调鲜，味道鲜嫩爽口。

●鱼刨花

鱼刨花是佳木斯一道风味独特的菜，赫哲人把冬季打上来的鱼在刚刚冻结的时候剥去鱼皮，刨成薄薄的冻肉层，蘸盐、酱吃。吃

鱼刨花

一片鱼刨花，喝一口老酒，很是惬意。

●清炖鳌花鱼

这道菜的独特之处是用鸡汤熬制而成。先将鳌花鱼收拾干净放入鸡汤中，加上辅料在火上煮熟，最后放古月面与醋调成酸辣口味。烹制后颜色白、汤味鲜、肉嫩味美。鳌花鱼的鱼鲜与鸡汤的肉香融合，香醇浓郁，纯白的汤头让人食欲大增，再配上鲜嫩的鱼肉，的确是一道味道极佳的东北名菜。

●炸田鸡腿

佳木斯名菜。做法是将活田鸡剁下大腿，扒去皮、剁去爪，再从骨节处剁开，放盆内加精盐、绍酒、味精、花椒水抓匀，腌10分钟；勺内放入清油，烧至七八成热时，将田鸡蘸上面粉，一个一个地放入油内炸熟。捞出，控净油装盘即可。外酥里嫩、味道鲜美，是受到热捧的大众美食。

●猪肉炖粉条

猪肉炖粉条是东北名菜，几乎成了东北菜的代表。它是用杀猪时煮肉和骨头的老汤，放入爆炒过的五花肉和粉条慢炖；香气浓烈，色泽鲜艳，是寒冷冬季的绝佳美食。

●鸡西冷面

冷面本来是朝鲜的有名美食，但鸡西冷面对朝鲜冷面进行了改良，形成了自己的风格。朝鲜冷面是用荞麦面或小麦面（也有用玉米面、高粱米面、榆树皮面的）加淀粉加水拌匀，压成圆面条，煮熟后浸以冷水，去冷水后拌上牛肉片、辣椒、泡菜、梨或苹果片、酱醋、香油等，再加入牛肉汤即成。鸡西冷面则把牛肉汤用酱油清水汤替代，去掉牛肉片和水果片，与朝鲜冷面辣中带甜的口味不同，鸡西冷面多偏重于咸口、酸口。

鸡西冷面

●三鲜飞龙

鹤岗的名菜，以制作精细、营养丰富、选料讲究为特点。杀生鲟鳇鱼片、白扒鹿筋、白鱼水饺也是鹤岗名菜。

●伊春山野菜

伊春的山野菜具有质地新鲜、风味独特、营养丰富等特点，含有大量人体需要的蛋白质、维生素、矿物质和微量元素。目前的山野菜主要有黄花菜、猴腿儿、蕨菜等，对于从来没吃过的人来说，很值得一试，而且这些山野菜富含膳食纤维，对于平衡饮食有不错的效果。

●蜜汁鹿肉

鹿肉是高级野味，肉质细嫩、味道鲜美、瘦肉多，可烹制多种菜肴。蜜汁鹿肉是伊春具有地方特色的风味特色菜。鹿肉含有较丰富的蛋白质、无机盐和一定量的维生素，易于人体吸收。

●狍肉炖萝卜

伊春当地的特色名菜。狍子肉本身营养丰富，但如果烹饪不当就会有异味，所以家常菜中很少有人尝试。吃狍子肉最好还是到饭店。伊春的狍肉炖萝卜味道很美，而且具有益气补血的药用作用，一般一盘80元左右，价格不便宜。

购物

三江平原特产

●狗枣子

狗枣子是佳木斯的特产，表面绿色无光泽，阳光充足时雄株叶先端常为白色，极芳香。其浆果平滑，通常为椭圆形，长可达18毫米，果肉软而多汁，甜而微酸，气味芳香。其浆果利用价值很高，可酿果酒或加工成果汁和果酱，果实可入药，有滋补强壮之功能，维生素C含量很高。粗枝的皮可做纤维或供造纸用。

●猫爪菜

猫爪菜是佳木斯的春季山菜，维生素C含量很高，根可入药。我国和朝鲜有采食习惯。春天适时割取嫩芽，以叶尚未完全展开时为最好，其营养丰富，含胡萝卜素、维生素B_2和维生素C等。

●中国草笔

中国草笔是七台河市特产，以铁杆草缚管，捉管手感沉稳，遂心应手，选用茅翎草制毫，其触纸性好，浸水温度时间不同而刚柔自变，抓纸极强，随着笔锋方向变换而涩味各异。这些独特的性能不仅适应当代中国书法技法丰富多样的要求，而且为书画线条形质特征上的创新带来了工具条件上的可能，被认为是中国书画工具发展史上的一大发明。喜爱书法的游客可以购买。

●木神酒

木神酒始创于1988年，是创始人自己研制的曲种和工艺。木神酒以北方寒地大米、高粱米为原料，用当地驼峰山特有的熔岩水烧制出清香型小曲白酒之后，又采用新方法二次酿造，形成独特的品质，使酒体呈琥珀色，透明，入口清香微苦，绵甜爽净。现在木神酒为七台河市的畅销酒。

●椴树蜜

伊春被誉为林都，林木繁茂，花草盛多，各类树脂花蜜也数不胜数，其中椴树蜜晶莹洁白、色纯味香、营养丰富，含葡萄糖和果酸70%以上，还有多种维生素和无机盐、有机酸酶，有促进人体生长和活力的生物素。椴树蜜不仅是营养丰富的食品，还能益气补胃、止疼解毒，具有缓解、减轻高血压、心脏病、便秘、失眠等病症的作用。来到伊春，带上两罐椴树蜜回家，不管是赠友还是己用，都是良选。

椴树蜜

●松子

伊春是红松的故乡，而松子是红松树的果实，又称海松子。松子含脂肪、蛋白质、碳水化合物等。松子既是重要的中药，久食健身心、滋润皮肤、延年益寿，也可做糖果、糕点的辅料，还可压榨成植物油食用。

购物场所

龙乡特产一条街：位于伊春市嘉荫县，街上店铺出售东北的特产，如人参、蘑菇、木耳等，这里的特产不仅正宗，价格还很便宜。

红军路步行街：位于鸡西市鸡冠区红

松子

军路，是鸡西市有名的步行街。步行街的商铺鳞次栉比，从高档商品到普通商品都有出售。

娱乐

三江平原的文化娱乐活动众多，形式各样，均具有地方特色。不论是佳木斯的赫哲族旅游文化节，还是鸡西的开江节，都带有浓厚的地方色彩，这与当地的历史、文化、地理都分不开。

●同江赫哲族旅游文化节

每年8月，同江市举办的同江赫哲族旅游文化节上都有赫哲族传统的温吉尼欢迎仪式，开幕式上有赫哲族大型文艺表演，还有赫哲族传统体育项目叉毛秋、打鹿毛球、摔跤、顶杠，以及划船表演、赫哲族婚礼、放河灯、传统饮食制作大赛等活动。

●乌日贡节

街津口是赫哲族人的聚集地。赫哲人每三年的6月28日在街津口举办一次乌日贡大会，“乌日贡”赫哲语意为“欢乐喜庆”。开始是三五成群相聚欢庆，到1985年起演变成全民族大聚会——乌日贡大会。

●鸡西开江节

开江节又叫开湖节，每到春暖花开、河湖解冻的时候，人们都会举行盛大的开江节、开湖节来庆贺春天的到来。欢乐的盛典上不仅能欣赏到精彩的文艺表演，还能品尝到美味的河鲜，可谓双重享受，不能不体验一下。

●伊春五花山观赏节

伊春市素有“中国林都”之美誉，五花山的景色更是拥有得天独厚的天然优势，每年入秋后，连绵起伏的群山色彩斑斓，让人流连忘返，五花山成为游人观山、摄影、郊游的绝佳地点。每年9月，伊春都会在林海奇石国家森林公园、铁力日月峡国家森林公园举行观赏节，届时有女子军乐队、秧歌队表演，民俗摄影大赛，登山和拔河比赛，旅游自驾游、俄罗斯风情展示等活动。

伊春风光

发现者旅行指南

黑河及周边

（含黑河市、大兴安岭地区）

概览

亮点

五大连池景区

这里分布着14座火山体，构成了奇特壮观的火山地貌景观，景区内随处可见大片的绳状、麻花状、木排状等各种熔岩地貌。

瑷珲古城

瑷珲这座黑龙江江畔的历史文化名城，是20世纪沙俄侵华罪行的见证地，也是研究考察黑龙江流域历史文化重要的遗址。

山口湖旅游区

旅游区有生态景观、水上娱乐、湖光山色、水鸟世界等四大景区，到此可真正体会到“鸟鸣山更幽”的空旷与怡静。

漠河北极村

漠河北极村

漠河北极村是我国大陆最北端的临江小镇，是一个很美很幽静的村落。清晨家家的烟囱里冒出来的烟雾映着阳光格外好看。

洛古河村

洛古河村坐落在黑龙江的源头，被称为“黑龙江源头第一村”。村西是内蒙古，村北是俄罗斯。

线路

黑河经典二日游

第一天前往五大连池景区，观看世界上少见的类型齐全的火山地质地貌景观，下午沿G202、S311前往黑河市，游览瑷珲古城和大黑河岛，夜宿黑河市。

第二天早饭后从黑河市出发，上午沿S209前往十八站鄂伦春族乡，下午游览鄂伦春乡，体验原始的民族风情，晚上可以夜宿十八站鄂伦春族乡。

漠河夏日极光二日游

第一天去胭脂沟，吃过午饭后到洛古河游览，村西就是内蒙古，村北就是俄罗斯，建议沿着黑龙江漫步。

龙门石寨

晚上回到林吉镇居住。

第二天早晨去北极村，可以在北极碑前拍照留念。午饭后可到最北的哨所里遥望俄罗斯的小村庄——伊格纳斯依诺村，遥想另一个国度里的生活场景。晚上可以看到绚丽多彩的北极光。遇到一年一度的夏至节和放灯节，可以和当地人一起狂欢。建议夜宿附近的青旅或者农家乐。

为何去

漠河北极村当地人

从哈尔滨北上，沿途的看点不断，五大连池的火山景观和北极村的极地风光是这条线路上的精华；在十八站感受鄂伦春独特的民族风韵，漫步于瑷珲古城中，追溯那一段段惊心动魄的历史。

巍巍大兴安岭地区，地处祖国最北边陲，是我国最重要的原始林区之一。这里山水景色粗犷豪迈，冰雪风光绚丽奇异，北极奇观、神秘民族、迤逦界江、浩瀚林海和高寒冰雪，都是全国独有的旅游资源。

何时去

黑河气候受大陆性季风的影响，夏季温和短暂，冬季寒冷漫长。夏季是到黑河旅游的最佳时间。夏季黑河天气凉爽、空气清新，冰雪融化之后人们还可以近距离欣赏五大连池、老黑山、火烧山等火山胜景。冬季到黑河旅游也是不错的选择，每年10月之后这里就迎来寒冬。在长达近半年的冬季中，人们可以充分感受冰天雪地的北国风情。

大兴安岭一年四季均可以来旅游度假。春天山花烂漫，一片春机盎然，五花山绚丽多彩。夏天山清水秀，林涛莽莽，群鸟争唱，气温清爽，是难得的避暑胜地。地处祖国最北端的漠河，夏至前后的“白昼”，常常有北极光出现，是大兴安岭一大奇观。冬季的大兴安岭，千里冰封，万里雪飘，是名副其实的林海雪原，可开展多项冰雪旅游活动。

五大连池

区域解读

黑河区号：0456
大兴安岭区号：0457
面积：约15.17km²
人口：163.93万人

地理 GEOGRAPHY

区划

黑河市下辖1区（爱辉区）、2县（孙吴县、逊克县），代管3县级市（北安市、五大连池市、嫩江市）。市政府驻爱辉区。

大兴安岭下辖4区（加格达奇区、呼中区、新林区、松岭区）、2县（呼玛县、塔河县）、1县级市（漠河市）。政府驻加格达奇区。

地形

黑河市山丘起伏连绵，河流纵横交错，小兴安岭犹如一道绿色的屏障自西北向东南贯穿全市，使地势呈现出中部高、两侧低和北部高、南部低的特点。低山面积17 235平方千米，占全市总面积的25.08%，平均海拔500~900米，最高的大黑山海拔867.4米。丘陵地面积26 990平方千米，占全市总面积的39.27%，海拔300~500米。有火山群16座，海拔400~600米。五大连池火山群最有特色，是中国著名的旅游风景区。

气候

黑河市临近冷空气发源地——西伯利亚大草原，境内又有小兴安岭山脉纵贯南北，使全市呈寒温带大陆性季风气候特征，横跨三、四、五、六4个积温带。春季气温不稳定，干旱多风，夏季温热多雨，秋季凉爽舒适，冬季严寒、漫长而干燥，冬长夏短，四季分明。

大兴安岭地区气候独特，属寒温带大陆性季风气候，有“高寒禁区”之称。气候湿润，夏冬多雨，温差较大。夏日昼长夜短，部分地区偶有北极光出现。冬季夜长昼短，时有奇寒。

历史 HISTORY

黑河历史大事记

据考古证明，早在旧石器时代晚期就有

漠河友谊广场雕塑

大兴安岭

古人类劳动、生息、繁衍在黑龙江流域这片广袤的土地上。

725年，唐朝设立黑水都督府，唐王朝直接任命长史。792年，唐王朝为加强对室卫人居住地区的统治，又在黑河设立都督府。

元朝时黑河属辽阳行省的开元路和水达达路。为沟通内地与黑龙江流域的联系，建立了许多“站赤”。

明朝设立奴尔干都司，女真、契丹均属之。为了便于管理和联系，奴尔干都司在东北地区设立“卫、所、站、面、寨”。黑河大部分地区属萨哈连地面，亦称黑龙江地面。

1683年12月13日，为了抵抗沙俄侵略者，清政府在黑龙江左岸旧瑷珲城设置了黑龙江衙门。

文化 CULTURE

林木中的百姓——鄂伦春族

鄂伦春族是中国东北部地区的少数民族，主要居住在大兴安岭山林地带，是狩猎民族，因此他们的衣食住行及歌舞等方面都显示了狩猎民族的特点。在长期的狩猎生产和社会实践中，鄂伦春人创造了丰富多彩的精神文化，有口头创作、音乐、舞蹈等。

元朝时，鄂伦春人被称为“林木中百姓”和“北山野人”，分布极为广阔，在辽阳行省的管辖之中。明朝时黑龙江以北有“乘鹿以出入”的“北山野人”，就是指游猎于贝加尔湖以东、黑龙江以北的“使鹿部”，也就是鄂伦春人。清初文献曾把鄂伦春人称为“树中人”。

狩猎是鄂伦春族人生存的需求，一年四季他们都游猎在茫茫的林海中。猎马和猎狗是鄂伦春族猎民不可缺少的帮手，被称为“猎人的伙伴”。鄂伦春人的猎马和猎狗都很通人性，出于这个特殊的原因，鄂伦春人

鄂伦春族歌舞

一般不杀马和狗，也不吃马肉和狗肉。鄂伦春族人的服饰也充分显示了狩猎民族的特色。鄂伦春妇女加工的狍皮结实、柔软、轻便，为了适应寒冷气候和狩猎生活所创制的狍皮衣和狍皮帽别具特色。

鄂伦春是一个讲唱文学十分发达的民族，包括传说、故事、神话、谚语、谜语、歌谣、笑话、歇后语等。其中长篇讲唱文学“摩苏昆”是鄂伦春族民间文学的珍品。“摩苏昆”以说唱结合的形式，讲唱“莫日根”的英雄故事和苦难的身世，可以讲唱数天或数十天。“摩苏昆”的语言流畅、押韵、精练、朴实，曲调起伏变化不大，非常悦耳动听，带有浓郁的民族传统韵味。

鄂伦春族信仰具有自然属性和万物有灵的萨满教。这种宗教与该民族特有的原始观念是紧密地结合在一起的。他们的宗教形式表现为自然崇拜、图腾崇拜和祖先崇拜，“萨满”（巫师）是沟通神人之间的使者。萨满教信奉的神灵相当多，自然神有太阳神、月亮神、火神、风神、山神等。除自然崇拜外，鄂伦春先民还崇拜“牛牛库（熊）”“老玛斯（虎）”图腾。鄂伦春人忌讳直呼熊、虎名，而是称它“宝日坎（神）”“诺彦（官）”“乌塔其（老爷）”。鄂伦春人对祖先崇拜十分盛行，而且现在亦是如此。

北极村，夏至不夜城

黑龙江漠河坐落着享有“神舟北极”之称的村庄——北极村。它三面环山，一面临水，滚滚的黑龙江水从小村北端通过，与俄罗斯隔江相望，四季风光无限。当然，最吸引人们纷纷前往的是那几乎没有夜晚的“极昼”奇景。

漠河北极村是我国大陆最北端的临江小镇，位于大兴安岭山脉北麓的七星山脚下，与俄罗斯阿穆尔州的伊格纳斯依诺村隔江相望，素有“北极村”“不夜城”之称。这里是全国观赏北极光和极昼胜景的最佳之处，有北陲哨兵、神州北极、古水井、日伪电厂遗址、最北第一家等景点。

自1989年以来，漠河市把“夏至”定为旅游节，这是漠河北极村独有的一个节日。按照北极村人的习俗，每年夏至这一天，北极村的人们都会自发来到黑龙江边，点起篝火，通宵达旦，边跳舞边等待北极光的出现。

极昼一般出现在夏至前后，甚至会有黎明与晚霞同现天空的现象。奇景通常出现在下午8时，太阳落山后，便是漫长的明亮之夜，天空由深红变成淡红的晚霞，即使到了晚上11点，天空仍然如同白天一样发亮，当夜幕降临到午夜1～2点时，天空稍微黑一会儿，又开始放亮。此时，晚霞与朝晖在北方的天宇上交相辉映，其白夜之景十分壮观。

如果足够幸运，那么还会看到异彩纷呈、绚丽多姿的北极光。当极光出现时，有条状的、伞状的、扇状的、葫芦状的、梭状的、圆柱状的奇景。除了形状各异，北极光的颜色更是五彩缤纷，赤、橙、黄、绿、青、蓝、紫各色相间，色彩分明，由初升到消逝，神奇莫测，绚丽多姿。

北极村地标

景点推荐

黑河市景点

五大连池风景区 AAAAA

中国最大的火山地质公园

黑河五大连池市五大连池镇

大景区无须门票，景区内各景点单独收费

5月1日至9月30日8:00~17:00；10月1日至次年4月30日8:30~16:00

0456-7296999

五大连池风景名胜区位于黑龙江省中北部，总面积1060平方千米，有耕地2.39万公顷、林地2.14万公顷、草原3820公顷、湿地1万公顷。

这里分布着14座火山体，构成了奇特壮观的火山地貌景观。五大连池得名于这里的五个大小不一的堰塞湖，景区内随处可见大片的绳状、麻花状、木排状等各种熔岩地貌。游客可登上火山口远眺景区全貌，或欣赏温泉湖区风光，尝尝冷矿泉水的味道，还能看到地上披满苔藓的树林、盛夏也挂着冰柱的地下冰洞，也可以去博物馆了解更多的火山知识。

五大连池矿泉水是世界三大冷泉水之一，有铁硅质、镁钙型重碳酸低温冷矿泉水，可饮可浴，健身治病；有偏硅酸、氡等类型矿泉水，享有“药泉”“圣水”之誉。

莲花湖

莲花湖是五大连池的第一个湖泊，也称头池，是五大连池唯一有睡莲的天然湖泊，

五大连池

在五湖中面积最小，但它的景致别具特色：一是夏季的湖中睡莲；二是冬季波涛汹涌的溢出口，在高寒地区的北国是一大奇观。这里水转石绕，火山熔岩礁石与秀水相融，正是："婉曲玲珑画中游，龙岩秀水两相投，堰湖溢口涛澎湃，睡莲香沁梦幽幽。"

□ 燕山湖

燕山湖也叫二池，是远近闻名的天然养殖场，由于环抱着燕山期古岛，故称"燕山湖"。其特点有三：一是五池中看朝霞最理想的水面；二是夏秋季早晨雾气缭绕像温泉一样，水温平均可达30℃；三是此处大胖头鱼最集中。

□ 白龙湖

开阔的水面倒映着14座火山，景色十分优美。三池子白龙湖的传说多，景观也最多，夏季"群山倒影"，冬天"三池冰断"。湖泊两岸，一面是壮观的新期火山熔岩台地，一面是古火山绿色田园风光。白龙湖是重要的"地质界湖"，湖区西岸是新期火山熔岩地貌，东岸是远古泥沙岩地貌，两岸穿越亿万年时光隧道，风光各异，可谓是"一湖二景"。白龙湖是民间的"传奇湖泊"：有湖怪之谜、暗河之谜、冰断之谜、湖底金沙之谜，有黑龙白龙的传说、蛤蜊城的故事、连池仙子的神话。

□ 鹤鸣湖

鹤鸣湖坐落在苇塘中间，背靠世界奇观喷气锥碟，面对古老石塘。鹤鸣湖以苇塘观鹤和环境幽静闻名，有两条宽50米的水生植物带，香蒲、芦苇、菱角等挺水植物十分茂密。湖岸水草丛生，野生水鸟白鹤、丹顶鹤常常在此双栖双飞筑巢产卵，是不可多得的夏季野营区。

如意湖

如意湖面积居五池第二，站在黑龙山上远看像一支“玉如意”。它是五大连池整个水系的源头汇集地，然而，这里既没有河道流入，又没有明溪巨泉，这也是它的奇妙之处。另一件怪事就是湖面突然无风起浪，惊涛拍岸哗哗作响，起来的浪头让人无法驾船。这个池子盛产“三花五罗”，湖畔和底部是火山砂，湖岸长滩是理想的天然浴场。

黑龙山

黑龙山又叫老黑山，是典型火山之一，也是五大连池14座火山中最高的一座。其山势高耸，海拔515.9米，山林多由黑色浮石组成，故称“老黑山”。山的东、北两侧有盘山道可达山顶，山顶有漏斗状火山口，直径约350米，深约140米，内壁陡峭，景象森然。火山口周围有人行步道，俯视火山口底令人望而生畏。

火烧山

火烧山与黑龙山同期喷发，整个火山锥体都由黑色、褐色、紫色的浮石和玄武岩堆积而成。海拔392.6米，相对高度73米。底座直径800米，火山口内径450米，深63米。火山锥体南坡较陡，北坡徐缓。火山口垣高低不平，西北部有一缺口，为熔岩溢出的通道。火山锥四周较为平坦，大面积火山熔岩裸露地表。

五大连池

格拉球山天池

古老的格拉球火山爆发于203万年前。这里古木葱茏、鸟兽成群，南北山体相距只有150米，南大、北小，高低错落，相映成趣。格拉球山海拔高度为596.9米，是五大连池14座火山中最高、最典型的截锥体盾状山形，这里火山体完整，无缺口，顶端火山口呈圆盆状，曾经盛满过200多万年积累的湖水，池深曾达十几米，四季不冻，水清如镜。

石龙温泊

石龙温泊是一处盆景式的火山湖泊，坐落在广阔的熔岩台地上。石龙温泊的特点有三奇：一奇是“水泊高磁”，是环境磁疗最理想的区域；二奇是“高寒温泉”，即使在严冬时节仍然热气腾腾；三奇是“一泊三景”，在地理条件完全相同的一个水域内，三处景观差别很大，各不相同，令人称奇道绝。源头泊是温泊地下涌泉的源头，水中石龙台地上5种颜色的苔藓，漂亮得像海底世界一样；神秘泊的面积最大，一只石蛙在虎视眈眈地守护着入水口，小湖鱼、小蝌蚪在水中飞快穿行。冬天四周都是冰雪，只有这里不冻，可真是“奇水奇鱼出奇景”；仙境泊是温泊的尾泊，在这里可以听到附近的鸟鸣、哗哗的流水声，还可以看到绿色的水草。

龙门石寨

龙门石寨位于景区东部，在这里可以看到几十万年前石啸山崩的地质遗迹。走在木栈道上，两边是黑乎乎的石海，还可见到因火山喷发和地震形成的许多石柱，它们或形若石兽，或如塔似锥，有的好似倒塌的古城墙，甚至有城堡一样的高垒。

水晶宫

水晶宫是一处冰洞，全长150米，深23米，四季平均温度-5℃，洞壁是各种奇形怪状的熔岩流痕，洞顶是低垂下来滴淌状的熔岩钟乳。如玉的熔岩霜花遍布洞顶，晶莹剔透，给粗犷的地下溶洞增添了几分纤柔、细腻之美。洞底寒冰终年不化，“盛夏霜花观，酷暑冰雕艳”的彩色洞府使人们如入仙境。五大连池的四奇四怪之一的“三伏赏冰雪”，指的就是这里。

玩家攻略

每年4~9月是五大连池的最佳旅游季节。春季可见熔岩上披着地衣苔藓，林间盛开着五彩野花；夏季绿叶苍翠，湖面清澈如镜，整个景区色彩明晰；而深秋时，这里的山杨、白桦等各种植物渲染出大片的红色和金黄，是赏秋胜地，更是摄影天堂。

链接

火烧山的传说

根据历史资料记载，火烧山是清朝康熙六十年（1720年）农历七月爆发的。当时爆发的场面相当壮观：山崩地裂，惊雷乍起；烈火浓烟，滚滚不熄；满天飞石，如降骤雨；热浪逼人，鸟兽绝迹。这之后，有一段流传下来的神奇传说。

据说，火烧山爆发的那一刹那，就像一发冲天炮，冲向九霄云外。从最底层燃烧的火海到滚滚浓烟连接处，腾飞出一个火球似的怪物，如同闪电一般。许多年过去了，火烧山爆发时流出的熔岩冷却后变成了大片的石龙和石海，空隙地面上长出了野草和树林。在长出野草和树林的地面上，逐渐地有了人烟。

南北药泉

黑河五大连池市五大连池镇药泉西路

相距300米左右彼此呼应的北药泉、南药泉是五大连池冷泉系列中最著名的泉眼，也是驰名中外的五大连池矿泉水的另一主要水源。

五大连池药泉湖

现在两个泉眼的正上方都建起了一座亭楼，将整个泉眼保护起来。现代化的抽水设施将泉水源源不断地输送到矿泉水工厂，经过特殊的技术处理后装瓶出厂。

白龙洞

黑河五大连池市五大连池镇东8千米处

白龙洞也叫地下冰河，是以霜雪为主的熔岩冰洞。洞内鳞状的洞壁上形成多种荆棘状熔岩钟乳，上面结满了冰花霜挂，洞底凝冻了万载冰河，常年气温为-5℃左右。

白龙洞全长515米，是我国目前发现最长的火山地下熔岩隧道，洞底呈阶梯式斜坡状，冰体覆盖，光滑如镜。洞的尽头有两个巨大熔岩石柱，传说是锁白龙的，因此民间称此洞为“白龙洞”。

山口湖风景区 AAAA

避暑休闲的极佳选择地

黑河五大连池市二龙山火车站东20千米

山口湖风景区位于“中国矿泉水之乡”五大连池市境内的讷谟尔河上游，是黑龙江省独具魅力的旅游胜地。主要有生态景观、水上娱乐、湖光山色、水鸟世界四大景区。

景区内有84平方千米烟波浩渺的水域，湖面鸥鸟盘旋；湖心岛上绿景垂帘，轻舟漂浮，水波荡漾；湖中的金龟山、怪石山、八戒

山口湖风景区

石等天然景观形态各异，浑然天成。

在水鸟世界，你可以看到鸳鸯、中华沙秋鸥、丹顶鹤、飞龙、灰鹤、野猪、马鹿等30多种珍奇动物，使你真正体会到“鸟鸣山更幽”的空旷与怡静，带给你无尽的乡情野趣。旅游区内还开辟了游湖、漂流、水上乐园、垂钓场等娱乐项目，是度假旅游、避暑休闲的极佳选择地。

链接

金龟山、八戒石、石猿山的传说

金龟山：相传很久以前，乌龟是不会游泳的。有一天，吕洞宾醉酒不慎被狗咬了一口，法力减退，乌龟取笑他，他气得追呀追呀，追到一条河边，乌龟不得已想跳入水中，吕洞宾伸出食指，想把乌龟定住，不料把点石成金的小指也伸了出去，小指被乌龟咬掉。当乌龟游到河的中间时，法力生效，乌龟永远被定在这里变成金龟，而点石成金术也永不存在了。

八戒石：因长得非常像猪八戒而得名。据说，猪八戒随唐僧取得真经后回了高老庄。听说五大连池景色别致，猪八戒便来此游玩。他困劲上来，化作了一条小虫睡在地上。佛祖下界巡查，发现了八戒不恭，变成沙弥，信手一扫，扫到讷谟尔河边长睡不起，变成了这八戒石。

石猿山：相传水帘洞中有两块石头，因唐僧去西天取经需要徒弟保护，上天便施一种灵性于凡间，两块石头便各自去寻找这个灵性，恰好一块石头碰上了唐僧，变成了后来的孙悟空。而另一块石头仍在不停地寻找，终于有一天流浪到达讷谟尔河沿岸，见这里风景秀美，便放弃了成仙的念头，变成了猿在这里独居至今。

大沾河国家森林公园 AAAA

亚洲唯一未被污染河流

黑河五大连池市沾河林业局辖区内

大沾河国家森林公园位于小兴安岭北麓，距著名的世界自然遗产五大连池火山风景区30千米，有着与五大连池一脉相承的原始森林和火山喷发遗留的独特自然景观。

大沾河自南向北蜿蜒曲折，两岸悬崖峭壁、山高林密，山河相伴相随，景色绮丽多姿。有的河段流水如镜，河水清澈见底，犹漓江之静；有的河段卵石横卧、浪流翻滚，如三峡之动。整个流域无人居住，是亚洲唯一未被污染的河流。

公园总面积1.63万公顷，划分了6个景区23个景点，有森林文化娱乐中心、连环湖景区、山间野趣森林浴景区、药泉山“神水”景区、大沾河漂流观光景区等。

玩家 解说

这里冬季银装素裹，积雪厚度可达2米，大自然创造了千姿百态的雪艺杰作，令人叹为观止。夏季可观瞬息风雨、云舒霞卷，东边太阳西边雨，林中彩虹、山峰云漫、松涛滚滚，蔚为壮观。空谷回音与缕缕芳香、悠悠碧水与巍巍群山演绎成一道靓丽的风景线。在蓝天白云下，向人们昭示着这一方水土的清纯与美丽，大自然的秀美与神奇。

瑷珲古城

历史文化名城

黑河市爱辉区瑷珲镇

瑷珲古城位于黑河市的瑷珲镇，中俄《瑷珲条约》便是在这里签订的，城中的一棵老松是为纪念这次会议而种下的，人称“耻辱松”。城中有座清代修筑的楼阁——魁星楼矗立于江边，登楼远眺，可观十里黑龙江的壮美，魁星楼又被称为“十里长江之目”。

瑷珲这座黑龙江畔的历史文化名城，是

瑷珲古城魁星楼

20世纪沙俄侵华罪行的见证地，是研究考察黑龙江流域历史文化的重要遗址。古城遗址、不平等的中俄《瑷珲条约》签订地遗址、副都统衙门遗址、清代将军墓地已成为重要旅游景点。

现瑷珲历史陈列馆内，正在建设3000多平方米的新馆，以便更好地满足游人和参观者的需要。瑷珲古城内将恢复原古城风貌，让人们领略古城旧日的辉煌和《瑷珲条约》签约地的原貌，以展示历史本来面目。

锦河大峡谷

水秀山清的度假胜地

黑河市爱辉区锦河农场

锦河大峡谷位于黑龙江支流石金河的中游，长约10千米，峡谷最深处达100多米，独特的山势与河流切割形成两个弯曲的、状如欧米茄符号的峡谷，牵手相连、一阴一阳堪称情侣，世间罕见，神奇之极。

峡谷区域水秀山清、丛林茂盛、鸟语花香、空气纯净。春夏秋冬景色各异，漫步在林间栈道，或在观景台远眺，都会令人赞叹不已、流连忘返。

锦河大峡谷将打造森林旅游区、野生动物园区、水上娱乐区、冰雪旅游区、天然狩猎场、旅游度假村等景区，建造星级旅游酒店和各种休闲度假服务设施，让景区成为广大游客、市民休闲度假的最佳选择。

知青影视基地

知青生活的生动展现

黑河市爱辉区锦河农场

锦河知青影视基地是电视连续剧《知青》的外景拍摄地，《知青》是梁晓声在《年轮》之后时隔15年再次执笔描写知青生活。

影视基地展示了从1968—1978年10年间中国2000多万上山下乡知青的命运和成长过程，真实再现了知青在北大荒的生活经历。

“闯关东，游锦河，观峡谷。好山好水好快活！”这是来锦河农场旅游的游客挂在嘴边的一句话。锦河的历史文化厚重，关东文化、垦荒文化、军旅文化与知青文化在这里有机结合，吸引了电视剧《年轮》《大院子女》《闯关东》《毛岸英》等剧组将此地作为主要的外景拍摄地。

庆华军工遗址博物馆 AAAA

全国唯一一家枪械主题博物馆

黑河市北安市乌裕尔大街1号

该博物馆依托原庆华工具厂建立，是全国唯一的枪械主题博物馆。博物馆展示了新中国成立初期老一辈兵工人艰苦创业的历程及为我国国防事业和社会主义公共安全做出的卓越贡献，因此被称为“共和国枪械的摇篮”。

军工遗址博物馆设有4个展区，共陈列展出各类文物5621件，其中各类枪械529支，机床169台。原庆华工具厂即国营626厂，共生产各类枪械9006116支，为我国国防事业做出了突出贡献。抗美援朝战争期间我国支援前线的冲锋枪数量为70万支，其中35.8万支由该厂生产支援。场馆遗址区保存了原庆华厂208车间的原址原貌，通过两条生产线陈列的169台设备，可以了解当时生产枪支部分工序概况。馆内的轻武器馆共陈列枪械529支，这些枪械为我国国防建设做出了卓越贡献，也曾大量出口创汇，为企业带来巨大的经济效益。同时，还为我国射击运动的发展做出了重大贡献。1974年，工厂接到指示后，开始投身研制运动枪械，在此后的奥运赛场上，我国运动员使用本工厂研发、生产的东风系列运动手枪，在射击比赛中先后赢得110多枚金牌，打破45次世界纪录。

馆内还设有反恐自卫体验馆和多媒体放映厅、手动装枪台、VR互动体验区、军警训练基地，可体验多种互动项目。

北饮泉

天然饮用矿泉水

黑河市药泉湖东南150米

北饮泉于1954年发现，在泉口可见二氧化碳气泡冒出，沸腾翻浪。北饮泉水既是饮用天然矿泉水，也是医疗矿泉水。

北饮泉又叫益身园，它以“北饮泉饮水长廊”为主线形成了这里的景观风格。建筑形式以我国北方古典园林风格为主，将园内的石、水、树、亭、廊有机地融为一体。这里是熔岩台地、湿地风光、药泉湖水域组成的水陆交融的景区。冬季这里是五大连池火山冰雪节的主园区，冰雪节园区内火树银花、流光溢彩，冰湖、瀑布景色美不胜收。

玩家 解说

进入北饮泉迎面可看到双狮守卫的、矗立在玄武岩台地上的仿古牌坊。牌坊古色古香，华美典雅，上面雕龙，下面刻凤，是个典型的中式牌楼建筑。玄武岩牌坊是为雄浑壮观的石龙台地而树立，它歌颂和述说着人类对火山熔岩的崇敬之情。在火山地质公园，壮观的玄武岩火山地貌就是一座永恒的丰碑。

江畔公园

临江畔水的美丽公园

黑河市嫩江县城北面

江畔公园南依嫩江县城，北傍嫩江，依江而建，与内蒙古莫旗大草原隔江相望，建设规模3.6万平方米。

以“玉带金珠”命名的高19.99米的嫩江县县标位于江畔公园的中心地带，气势恢宏的县标上旋转体围绕着六根主柱，主柱寓意嫩江的山山水水养育了地方、驻嫩部队和农垦战线的60万军民，共建美好的嫩江。

县标座高3.13米，寓意嫩江建成313年（1686—1999），基座四周的浮雕为建筑增添了内涵，丰富了主题：正面浮雕“玉带金珠”——发展中的嫩江，东面“悠悠历史”——古老的墨尔根城，西边“边陲宝地”——丰富的自然资源；后面的碑记，将此雕塑落成的重要意义及主要捐资单位存以碑记，告示后人。雕塑前侧的两组大型群雕：春——希望的季节，秋——丰收的喜悦，将雕塑融于自然之中，给人以无限的生机。

东山湖景区

绿树成荫的天然湖泊

黑河市逊克县东山湖

东山湖距逊克县城0.5千米，有60公顷的天然水面，与黑龙江只隔一条堤坝。湖心岛屿面积近3000平方米，岛上有各种花草，还有山丁子、臭李子、沙果、刺玫果等植物，周围还有两个小岛，岛上植被良好，夏季绿树成荫，环境优美。

湖心岛中有一醒目的建筑——延龄亭，亭的对联为“绿水环流人益寿、青山高耸志凌云”，寓意有两层：一为纪念1946年逊克县解放后剿匪牺牲的第一任县长顾延龄烈士；二为活着的人们延年益寿、多做贡献。

玩家 攻略

到东山湖游玩，既可登岛赏景、采集野果、游泳、野餐、垂钓，又可到森林公园尽情浏览东山湖秀色，享受大自然的美丽，也可以一览异国风情。东山湖白天游人如梭，热闹非凡，夜晚灯火通明，霓虹闪耀，是避暑、休闲游玩的好去处。

龙珠远东国际滑雪场

大型边境滑雪场

黑河市西北约15千米处的卧牛湖风景名胜区

龙珠远东国际滑雪场（卧牛湖滑雪场）是黑河乃至东北地区和俄罗斯远东地区的第一家大型边境国际旅游滑雪场，国家SSS级滑雪场，并成功地举办了第七届中国黑龙江国际滑雪节暨黑河龙珠远东国际滑雪场首滑式等大型冬季户外活动，可同时接待2000人入场滑雪。

中俄民族风情园 AAAA

蔚为壮观的民族风情园

黑河市环城东路1号

中俄民族风情园位于黑河市区西郊黑呼公路9千米处。园内建有鄂伦春、达斡尔、满、俄罗斯4个民族园区，反映苏联卫国战争题材的电视连续剧《这里的黎明静悄悄》和《玫瑰绽放的年代》在这里拍摄。

风情园北依中俄界河黑龙江，东、南、西均为小兴安岭群山环抱，集岭、峰、崖、坳，湖、江、滩、岛于一园。春日杜鹃迎新，万山红遍；盛夏林木掩映，郁郁葱葱；秋季天高气爽，层林尽染；严冬银装素裹，白雪皑皑，自然景色蔚为壮观。

胜山要塞国家森林公园 AAAA

林木葱郁的天然氧吧

黑河市孙吴县满达乡境内

胜山要塞国家森林公园总面积1.14万公顷，其中森林面积9496公顷，以天然阔叶混交林为主。主要树种有柞、桦、杨、椴，珍贵树种有水曲柳、胡桃楸、黄菠萝，草本植物为禾本科、莎草科、豆科植物居多，形成五花草甸。

在日本军事工程遗址周围，当年日本侵略者曾栽种有大量榆树，现已成林，树木冠大浓荫，形成特殊的景观。

公园里山峦起伏、林木茂盛、郁郁葱葱，野生动物有黑熊、野猪、驼鹿、狍子、飞

龙珠远东国际滑雪场

龙、乌鸡、松鸭、林蛙，水生动物有河狸、水獭，鱼类40多种。

黑龙山庄
风景秀美的旅游胜地

黑河市西郊7千米的黑龙江畔

黑龙山庄创建于1995年，占地面积为18万平方米，与俄罗斯布拉戈维申斯克市隔江相望。

黑龙山庄风景秀美，空气清爽。精美的欧式别墅错落有致地分布在江边、山腰、树丛之中。游人徜徉山庄，会被这里欧亚文化交融产生的艺术魅力所深深吸引。近年来，黑龙山庄已成为黑河远近闻名的旅游胜地。国内外朋友来此地游览观光、休闲度假、郊游、聚会。

玩家 解说

春季，这里阳光明媚，绿草青青，流水潺潺，是郊游的好地方；夏季，绿树成荫，鲜花点点，江风习习，是避暑胜地；秋季，天高云淡，层林尽染，红叶片片，是秋游赏月的好去处；冬季，银装素裹，雪野茫茫，是赏雪滑雪的最佳地。

链接

鄂伦春族原始部落风情园

为弘扬鄂伦春文化，黑龙山庄建了鄂伦春族原始部落风情园，游人可以参观鄂伦春人最原始的房屋——撮罗子（仙人柱），还可以看到鄂伦春的祭祀、婚俗、捕猎、歌舞等表演，以及制作精美的兽皮、桦皮制品。

在这里还可以品尝到独特的手把肉、野菜和自酿的野果浆酒。夜晚，在迷人的篝火晚会上，鄂伦春姑娘翩翩起舞，火堆上的烤肉散发着浓浓的香味，这一切会使人感受到鄂伦春人的粗犷、勇敢和好客，会对这个民族留下深刻而美好的印象。

孙吴县四方城遗址
辽代土山城遗址

黑河市孙吴县境内

四方城遗址位于孙吴县西霍尔漠津屯西北200米处，是在沿江平原依山而建的军事戍守城堡，与克东县的蒲峪路遗址、肇东县八里城金代遗址和逊克县老前城遗址、石砬子北山土城遗址年代接近。

清朝时期为防御沙俄入侵，四方城仍发挥了戍边防卫作用。四方城是辽代剖阿里国、明速温河卫的遗存之一。2005年1月31日，黑龙江省人民政府公布四方城为第五批省级文物保护单位。

鄂伦春民族乡 AAAA
神秘的鄂伦春风情

黑河市爱辉区新生乡

鄂伦春民族是我国人数较少的少数民族之一。长期以来，鄂伦春人以原始游猎的方式生活在大小兴安岭的密林中，他们吃兽肉、穿兽皮，过着男人持弓箭土枪狩猎、女人采集的原始生活。

新中国成立后，鄂伦春人告别了原始的游猎生活，但本民族原始的巫术民俗、禁忌民俗、自然崇拜和宗教民俗、人生礼仪民俗、婚葬等诸多民俗民风仍然保留着。

新生鄂伦春族乡

景点推荐

大兴安岭景点

漠河北极村 AAAAA

有“神州北极”之称

大兴安岭地区漠河市去北87千米处

漠河市火车站前有班车前往北极村

68元

漠河北极村是我国最北端的临江小村，位于大兴安岭山脉北麓的七星山脚下，与俄罗斯阿穆尔州的伊格纳斯依诺村隔江相望，素有“北极村”“不夜城”之称。这里是全国观赏北极光和极昼胜景的最佳之处。北极村周围有北陲哨兵、神州北极、古水井、日伪电厂遗址、最北第一家等景点。

由于纬度非常高，北极村的夏季大约只有半个月，而每年夏至的前后几天，这里每天将会有近20小时可以看到太阳，这就是极昼现象。如果天气好没有云层遮挡，可以看到绚丽壮观的北极光。北极村是我国唯一能观测到北极光的地方。

最北一家

中国的最北部是漠河，漠河的最北部就是北极村，那北极村里最北的又是哪里呢？这就是“最北之家”，最北之家的主人王翠兰每天都要接待络绎不绝的客人来自己家中参观留念。

最北一家是典型的木刻楞小木屋，坐北朝南，有着8间房子，特别敞亮。门外的庭院面积很大，种着各种蔬菜。最北一家目前

漠河北极村

主要经营餐厅，在这里吃着地道的东北农家菜，别有一种东北豪爽风情，来北极村吃“北极餐”是必须做的一件事。

■ 北陲哨所

漠河北极村是我国最北的边疆小村，有人说，如果把中国地图看作是大公鸡，那北极村便是这鸡冠的顶部了。我国最北的哨所也驻扎于此，名为北陲哨所，人称北极第一哨。

北陲哨所是我国纬度最高的哨所，位于北纬53°，东经122°。这里的生活条件艰苦，每年冬季有8个月之长，最低气温为-57℃。如果你在北极村，或许可以一睹哨所和士兵的风采，但这里是军事重地，闲人勿近，更别谈入内参观了。

玩家 攻略

来北极村游玩一般会选在冬季或夏季。北

北陲哨所

极村的冬季非常冷，通常低于-40℃，得穿羽绒服、棉帽、雪地靴，戴棉手套、口罩等。冬天的北极村白雪皑皑，可看到雪雕和冰雕，早晨的木刻楞民居冒着袅袅炊烟，景色很美。冬季北极村的白天特别短，但是特地来观测北极光的游客非常多。

北极村有神州北极石、最北第一家、北陲哨所、北极沙洲等多个景点，全与“最北”有关，游客还能在这里的“最北邮局”寄一张盖着各种纪念戳的明信片给亲友或者自己，纪念你的“最北”足迹。

玩家 解说

极光是地球北极高磁纬地区上空的一种绚丽多彩的放电（电离）现象。极光最常出没在南北磁纬度67°附近的两个环状带区域内，分别称作南极光区和北极光区。北半球以中国的漠河、美国的阿拉斯加、北加拿大、俄罗斯的西伯利亚、格陵兰冰岛南端与挪威北海岸为主，而南半球集中在南极洲附近。阿拉斯加的费尔班一年有超过200天的极光现象。

胭脂沟

出产金子的沟渠

大兴安岭地区漠河市金沟林场

胭脂沟距离北极村不远，是额尔木河的支流，原名“老金沟”，意为出产金子的沟，以盛产黄金而闻名于世。胭脂沟距今已有100多年的历史，这里的沙土已被筛淘过几十遍，但至今仍可以淘到黄金，可见这里黄金储量之丰富。

链接

胭脂沟的种种传说

清末时期，一个鄂伦春老人在埋葬马匹的时候意外发现了这河沙中有着大量金沫子。俄罗斯人闻讯而来，跨过黑龙江，在此地肆无忌惮地开挖金子。随后，李鸿章派遣李金镛前来治理漠河。李金镛带领工人们建了金矿厂，于是这里兴盛起来，漠河金矿声名远播。这里的人气旺了，据说不少妓女便搬来此地接生意，每天河水上漂浮的都是她们卸妆后的胭脂水粉，胭脂沟的名字也就叫开了。也有人说老金沟是慈禧御用的金厂，这里出产的金子是供她买胭脂用的。

北红村

中国最北的原始村庄

大兴安岭漠河市北红村

北红村是中国最北的没有被开发过的原始村庄，比号称中国最北的北极村（北纬53°29′，东经122°21′）更北。

村庄四周均为未开发的原始森林，林木茂密，野果遍地，野猪、狍子、雪兔、飞龙等随处出没。去北红村需要有当地人作为向导，否则容易迷路。在北红村夏季，可以采摘野果、蘑菇、木耳，也可以寻找野生灵芝等名贵药材。

九曲十八弯

风光秀丽的原生态湿地

大兴安岭地区漠河市加漠公路485段上

九曲十八弯有着独特的自然风景，是一片保存完好的原生态湿地景区。额尔木河从这里蜿蜒而过，形成了曲折的河湾。

据说每年的春末到夏末，九曲十八弯的景色是最美的，湿地被郁郁葱葱的绿草所覆盖，秀丽清新的小野花点缀着草原，额木尔河犹如一条洁白的色带。若是在清晨观景，雾气缭绕，景致典雅，带着一份矜持，如同仙境。

九曲十八弯

玩家 解说

站在观景台上举目远眺，山上苍松茂密，层层叠叠、黛绿如墨，峰峦跌宕如风起云涌，松涛阵阵似万马奔腾。蜿蜒曲折的额木尔河如蛟龙过境迂回向前。浓绿泛青的岸柳、挺拔俊秀的钻天杨等植被缀满其间，林雀和鸣，野鸭嬉戏。在6~9月100多天里，清晨雨后，云雾缭绕，顿生脚踏祥云之感。

洛古河村

最传统纯朴的北方村落

大兴安岭地区漠河市洛古河村

洛古河村位于黑龙江省漠河市，距离北极村不远，处于黑龙江的源头，因此被称为是黑龙江源头第一村，相传这也是黑龙江百姓的保护神黑龙打败作恶多端的白龙的主战场。

洛古河村是个小村庄，只有几十户人家，依然保持了当地最传统淳朴的生活习惯，村民以农耕、渔业和贩卖木材为生。这里的农舍都是北方典型的木刻楞，冬暖夏凉，简约舒适。

玩家 攻略

洛古河村并不是旅游景点，它只是北极村附近的一处小村，交通不是很便捷。如果想来欣赏一下黑龙江源头第一村的风光，最好包车前往，让司机师傅在此短暂停留。

松苑原始森林公园

净化城镇空气的理想场所

大兴安岭地区漠河市16区

松苑原始森林公园是东北少有的坐落在城市里的原始森林，它的存在让人们感受到了一份亲近的自然之美，也是净化城镇空气的理想场所。

1987年的一场大火让大兴安岭森林受害面积达1.01万平方千米，然而松苑森林却幸存下来，没有受到任何损害。因此，松苑也被大家视为神奇的土地。

玩家 解说

春季是松苑最美的时候，届时各种花儿开满山野，公园成了花的海洋，游人纷纷来此欣赏迷人的风景。公园里生机勃勃，时时洋溢着愉悦欢乐的气氛。

乌苏里浅滩
雄浑壮丽的北国风光

大兴安岭漠河市北红村内

乌苏里浅滩紧挨着中俄界河黑龙江，滩上的界碑注明这里是东经123° 15′ 30″、北纬53° 33′ 42″。界碑的两旁还有两块巨石，分别写着“北国擎天石”和“恭喜您找到北了”。

浅滩北岸是中俄界江——黑龙江。这里江水滔滔，滩岸平坦。冬季雪卧原野，一片银白世界，造就了雄浑壮丽的北国风光。清朝在这里设有卡伦（相当于边防站），称为“乌苏里”，故景区名称确定为乌苏里浅滩风景区。

北极圣诞村
我国首个圣诞主题乐园

大兴安岭地区漠河市北极村以东22千米处

漠河北极圣诞村是中国首个圣诞主题乐园。圣诞村临江而立，四处群山环抱。圣诞村内建有一个北极圣诞邮局、一个圣诞老人之家、一座圣诞礼堂（常用于举办圣诞婚礼）、一个白雪公主之家及七座小矮人屋，另有圣诞滑雪场一座。

圣诞滑雪场融极地、极光、圣诞文化为一体，滑雪期为10月中旬至次年4月中旬，是中国最北、滑雪期最长的滑雪场。

游人在圣诞村还可赏冰灯、观雪景，开展雪地摩托、雪地足球、冰壶、雪地高尔夫等冰雪运动和冰雪生存训练，也可乘坐“四不象”爬犁、冰上捕鱼、寒地温泉泡汤，体验无穷的乐趣。

林海观音山
端庄肃穆的观音大士

大兴安岭地区漠河市加漠公路540千米处

林海观音山位于北极村附近，观音山上有一尊三面观音雕像，三面的观音菩萨持着不同法器，一为经箧，一为念珠，一为莲花，展现了观音大士的不同化身。

观音法身雕像高10.8米，端庄肃穆，威严大气，它是从海南特地搬移来此的佛像，其目的是使南方观音与北极观音遥相呼应、普度南北众生。

这座观音佛像在白雪皑皑的巍峨山林间，坐北朝南，俯瞰世间，据说当北极星最为闪耀的时刻，正处于佛像的上方，可谓“佛光普照”，令人心生尊敬。

北极沙洲
自然与人文景观融为一体

大兴安岭地区漠河市北极村

北极沙洲为自然景观与人文景观融为一体的一处大型综合性景点，位于东经122° 20′ 43.48″、北纬53° 29′ 52.58″，在中国最北部的黑龙江主航道中方一侧的沙洲岛上。这是中国960万平方千米辽阔大地之北极点，也正是中国版图上金鸡冠的所在地。

沙洲内设有珍稀动物谱、身体测试门、鄂伦春祭坛、象形“北”字雕塑、最北点、七星坛、玄武坛等多处景点，沿途设有休息凉亭。该景区地处“北中之北”，风格独特，建成后游客络绎不绝。来北极村不到沙洲不算真正到了中国最北部；来沙洲不留影，不算拥有最北的纪念。

玩家 解说

北极沙洲风光原始秀丽，黑龙江水奔腾不息。江边高大立体的“北”字形标志性建筑是一座三棱锥形钢塔，上面清晰地标注着此处的经纬度，这个塔尖就是中国版图的最北点。

登北极沙洲岛，可欣赏自然纯正的原始林地风光，兴奋地触摸"我找到北了"石碑和"北"字标志性雕塑，远眺对岸俄罗斯美丽的自然风光。江对岸的俄罗斯哨所已经空无一人。没有中俄两国的友好交往，就没有北极村的和平、宁静。

兴安漠河口岸

中俄客货运输口岸

📧 大兴安岭地区漠河市兴安镇

兴安镇位于漠河市东北部，东与塔河县开库康乡林木交接，西与漠河乡山水相连，南与劲涛镇北缘交界，北隔黑龙江与苏联阿穆尔州相望。边境线上自古站，下至谢尼康河口，东西长69千米。

兴安镇是黑龙江上游一带有名的"鱼乡"。春秋两季鱼汛一到，人们争相捕捞，每网50～60条，上百斤。这里家家户户织渔网，人人会捕鱼。

兴安漠河口岸是位于黑河口岸和满洲里口岸之间的中俄客货运输口岸。俄罗斯政府制定了一些优惠政策，因此在口岸经常可以买到俄罗斯的一些特色产品。兴安的建筑也具有异国风采。

呼中自然保护区

典型的原始森林

📧 大兴安岭呼中区境内

呼中自然保护区是东北最典型的原始森林，面积1940平方千米。这里是未开垦的处女地，有着各种珍稀野生动物和植物。呼中自然保护区充满着生机，是大兴安岭原始森林生态的代表性地区。

呼中保护区目前仍处于原始形态，金雕在天空翱翔，紫貂在林间穿梭，貂熊谨慎地觅食，水獭在河堤筑巢。保护区目前的景观有醉林、旱地莲花和侏儒林等，不少景观还在计划开发建设中。

映山红滑雪场

深受欢迎的滑雪胜地

📧 大兴安岭加格达奇城南9千米处

映山红滑雪场按照国家最高标准而建，滑雪条件好，面积大，是深受游客欢迎的滑雪胜地。这里的滑道平坦宽阔，有3000多米长，人们可以从山顶一滑到底。

滑雪场为不同的爱好者建造了不同的滑

兴安漠河口岸

雪设施，游客可以冲刺于林海雪原之间，也可以舒适地在雪中漫步。滑雪场专设了戏雪乐园，非常有趣，是孩子们的理想娱乐场所。

大兴安岭资源馆

了解大兴安岭生态的平台

大兴安岭加格达奇区世纪广场南侧

大兴安岭资源馆是了解大兴安岭生态资源的理想场馆。在资源馆内可以看到很多资源标本。这里收藏了近30种动物标本，都是大兴安岭地区的代表性野生动物，例如马鹿、猞猁、紫貂、野猪等，还有140多种植物标本，如红松和黄菠萝等。

展馆的主题围绕人和森林展开，用多媒体形式展现了美丽富饶的大兴安岭资源和风光，有助于了解森林与人类生存关系。

北山森林公园

美丽的原始森林

大兴安岭加格达奇区城区北部

北山森林公园是加格达奇区域知名的市民公园。这里有着美丽的原始森林，有成熟的休闲设施，是人们平日里休闲运动、亲子游玩的好去处。

北山公园内古色古香的亭台楼阁遍布，营造了一种静谧氛围。公园主要的标志性建筑是一座铁道兵纪念碑，是为了纪念曾在这里奋战的铁道兵而设立的。

纪念碑由两根巨大的钢轨组成，中间是铁道部队的徽章。碑前是一座马鹿的雕塑，马鹿是大兴安岭的代表性动物。奔腾的马鹿昂首向前，象征着大兴安岭的美好未来。

北山森林公园

攻略资讯

- 交通
- 住宿
- 美食
- 购物
- 娱乐

交通

飞机

黑河瑷珲机场：是黑龙江省的一个民用机场，位于黑河市区西南17千米处，距中俄边境线只有14.5千米，是中国开展航空运输活动较早的机场之一，航班主要通往北京、哈尔滨、上海、郑州、珠海等地。

五大连池德都机场：位于五大连池市万发村北侧，东北距五大连池市中心9千米，为4C级民用支线机场。目前已开通通往哈尔滨、石家庄、北京的航班。机场有巴士前往温都水城。

漠河火车站

火车

前往黑河的五大连池可从哈尔滨出发，先到北安，约6小时行程；如果从齐齐哈尔出发，可乘空调特快列车去北安，4小时即可到达。抵达北安后，再换乘汽车前往五大连池。也可以从哈尔滨东站乘直达车次前往五大连池，但每天只有一班。

黑河站：位于爱辉区铁路街，临近黑河口岸，每日有往返龙镇、北安、哈尔滨、长春、沈阳等方向的列车。

北安站：是黑河市南部的枢纽站，每天有往返龙镇、黑河、齐齐哈尔、哈尔滨、长春、沈阳、北京等地列车经停此站。

五大连池站：是通往哈尔滨、黑河、牡丹江、齐齐哈尔等地的列车的经停站。

汽车

黑河市交通以公路为主，连接五大连池市、北安市及附近各县。五大连池距北安市70千米，有公交车和旅游班车往来。目前黑河市主要有黑河客运总站、五大连池客运站、北安客运总站、逊克客运站及孙吴县客运站。

黑河国际公路客运站：位于爱辉区铁路街火车站对面，每天有发往长春、哈尔滨、齐齐哈尔、大庆、加格达奇、北安、五大连池风景区、嫩江等地的班车。

漠河机场

住宿

到五大连池旅游一般都住在药泉山风景区。景区内的小镇几乎都是由众多的疗养院所组成。其中以黑龙江省五大连池工人疗养院档次最高，与药泉湖相毗邻，并与“四大名泉”咫尺相望。另外，如果想在此地长期休养，还可住在当地的老乡家，价格非常公道，有兴趣的话，还可向房东借炊具自己做饭。

黑河国际饭店

●黑河国际饭店

饭店位于市中心王肃街，坐落在美丽的黑龙江畔，与俄罗斯布拉戈维申斯克市隔江相望。周边环境优美，服务也很热情，早餐非常丰富。✉ 黑河市爱辉区王肃街13号（近俄罗斯商品一条街）☎ 0456-8276001

●望江假日酒店

酒店周围环境不错，河对面就是俄罗斯，去出境口岸也近，交通方便。俄罗斯商品街也在附近，闲暇之余还可以随处逛逛。✉ 黑河市王肃街92号（王肃街与邮政路交叉口）☎ 0456-2811666

●五大连池名苑假日酒店

酒店位置不错，交通便利，价格合理，设施很新，环境也很不错。在商务、旅游之余，可以尽享温馨和舒适。✉ 五大连池市和平大街与勤俭路交口东北角 ☎ 0456-7267777

美食

黑河餐饮以东北风味为主，各大菜系兼容，俄式风味也有一席之地。黑河的菜式就地取材，选料珍奇，制作精细，品种繁多。菜品大多油重色浓、盘大量多。烹调以煮、炖、氽、炒、焖、凉拌为主，以“奇、鲜、清、补”见长。

●苏波汤

苏波汤（俄语苏波意为汤）由新鲜的牛肉或牛骨配卷心菜、土豆、西红柿、香苏叶煮制而成，其味鲜美，营养丰富。

●拌生鱼

将捕来的鲜活鲤鱼刮去鳞片，用上好的米醋浸腌，使鱼洁白挺实，再佐以精盐、味精、香菜、黄瓜、蒜泥、芥末、炸辣椒拌食。拌生鱼味极鲜美，酸辣开胃，独具风味。

拌生鱼

●豆瓣原汁大马哈鱼

先将大马哈鱼打上花刀，用酱油先腌制，再入锅油炸。锅内留底油，用葱、姜炸锅，下肉丁、豆瓣酱煸炒，添清汤、醋、精盐、味精、白糖、辣椒面，放入炸好的大马哈鱼用文火煨炖。待汁味渍入鱼内，淋入香油，撒上香菜段即成。成鱼色泽酱红、醇香味重，富于浓郁的东北风味。

豆瓣原汁大马哈鱼

购物

由于是边境开放城市，黑河市贸易繁荣、货物众多，不但有木耳、猴头、蕨菜、黄芪、贝母、刺五加等当地特产，各种来自俄罗斯的商品也随处可见。俄罗斯商品中既有质地优良的大衣、鞋帽、裘皮制品，结实耐用的望远镜、照相机、电动剃须刀，还有玩具、邮票、餐具等简单而又有纪念意义的小商品，游客可以随意选购。

五大连池市的特产有五大连池矿泉水，工艺品有火山石盆景等，出产的鲫鱼和鲤鱼也远近闻名。此外，药泉白酒也是当地的名产，有兴趣不妨带些回家，自己饮用或赠给亲朋好友。

●大马哈鱼

大马哈鱼学名鲑鱼，体重可达6.5千克以上。肉呈淡红色，肉厚而少刺，营养丰富。鱼籽透明光亮，黄豆粒大小，宛如珍珠，营养价值很高。据说，3粒鱼籽的营养能与一个鸡蛋的营养相比，是宴席上的珍奇佳肴。鱼籽入药有滋补、利尿、健胃之功效。

●药泉白酒

药泉白酒是当地名酒，采用五大连池矿泉水酿制，其味醇香甘冽，入口绵软。

●五大连池矿泉水

五大连池矿泉水是因火山喷发而形成的铁质矿泉水，含有铁、锰、氡等数十种人体所需要的矿物元素，能饮能浴，对皮肤、神经、心血管、消化系统类疾病有显著疗效。

娱乐

随着社会经济发展和对外开放的不断扩大，黑河市的休闲娱乐项目日趋增多，档次不断提高。如今，黑河市已有保龄球馆、游泳馆和健身房等各种档次的娱乐场所，还经常

五大连池矿泉水

有俄罗斯演员到夜总会表演。一些少数民族的传统艺术也十分精彩，而且带有浓郁的东北地方特色。

●五大连池中国火山圣水节

黑龙江国际火山旅游节暨五大连池圣水节是东北地区几大少数民族的节日盛典，也是黑龙江省重要的民俗节日和文化活动。

五大连池的矿泉水在民间应用已有200多年的历史，享有“神泉”“圣水”的美誉。达斡尔族、鄂伦春族、蒙古族、满族先民生活在这片神奇的土地上，品饮圣水，繁衍生息，各族民众对“神泉”“圣水”都有着特殊的朝拜方式。

●五大连池饮水节

五大连池饮水节是当地最隆重的节日，黑河市要连续放假三天。饮水节（端午节）0点一过，人们围聚在饮泉旁，争相从环列的供水管中饮用矿泉水，每个饮水者的脸上都带着甜蜜的微笑，并互相道福。传说端午节0点的水，是象征吉祥的“神水”“圣水”，能治百病，喝到这个钟点的水，能免除全年灾难。

●达子香艺术节

每年的初春，深山里的积雪还没完全融化，龙门山的达子香早已含苞欲放。在龙门山的西侧原始石塘上大约两平方千米的达子香观光带，达子香像粉色云团，飘浮的香气沁人心脾。远近的艺术家、摄影家、画家、作家在这里举办一年一度的达子香艺术节，大家在这里采风、捕捉灵感，领悟达子香花的魅力和神韵。

五大连池风光

景点索引

E

F

G

H

J

我们的理念

做发现者，才能走得更远。发现秀美景色、探寻历史痕迹、体验文化脉络、寻找地理起源等深层次的旅行知识，是我们不停脚步的动力。我们不仅是在做一本旅行指南，能为旅途中的行者编写一部内容丰富、态度严谨、值得边走边读的行囊书，是我们永恒不变的追求。

《发现者旅行指南》编辑部

总 策 划 丁海秀
执行策划 李荣强

项目统筹 周国宝 龚道军
内容编辑 刘 挺 王叶青 方明杨
刘秀红 丁天丰 张文齐
商子微 张亚飞 苏雪莹
沈 皓 魏建飞 张灵燕
许晨晨 杨康健 张 鑫
刘晓璐 刘慧慧 王春雪
刘智勇 李荣强 刘雁琪
陈昱霖 贾 宁
美术总监 左小文
美术编辑 侯心如 王春晓
图片编辑 朱盼盼 马志鹏
插图绘制 尚祖山 李秋红
排　　版 闫 旭 田雪子
北京旅教文化传播有限公司
图片提供 微图网 汇图网 图虫创意
中国图库网 全景网
锐景创意 集成图像
站酷海洛 shutterstock
fotoe dreamstime
孙西国 马林宏 徐 行
高应胜 薛 冬
西部老马 钱多多

出炉过程

在编辑部成员的共同努力下，这套旅行指南终得以付梓。其间，我们亲历景点，翻遍资料，只为确保撰写的内容准确有效；我们实地考察，联系景区，只求绘得一幅精美的景区图；我们花尽心思，几易版式，只为呈现出前所未有的阅读体验。如今，这套精心打造的旅行指南，能放到您的行囊或书架，我们深感荣幸。我们期待与您一起走向远方，重新发现旅行的价值。

联系我们

我们的成长需要您的支持。您对本书的每一条意见我们都会珍视。同时也欢迎您与我们一起分享旅游体验，稿件一旦被采用，您将会获取相应稿酬。您可以将意见和稿件投递到我们的邮箱（975179855@qq.com）。

总 策 划　丁海秀
责任编辑　陈凤玲

图书在版编目（CIP）数据

东北 / 《发现者旅行指南》编辑部编. -- 3版. -- 北京 : 旅游教育出版社, 2025.1
（发现者旅行指南）
ISBN 978-7-5637-4683-5

Ⅰ. ①东… Ⅱ. ①发… Ⅲ. ①旅游指南—东北地区 Ⅳ. ①K928.93

中国国家版本馆CIP数据核字(2024)第029287号

东　北（第3版）
《发现者旅行指南》编辑部 / 编

出版单位　旅游教育出版社
地　　址　北京市朝阳区定福庄南里1号
邮　　编　100024
发行电话　（010）65778403　65728372　65767462（传真）
本社网址　www.tepcb.com
E-mail　tepfx@163.com
印刷单位　文畅阁印刷有限公司
经销单位　新华书店
开　　本　889毫米×1070毫米　1/32
印　　张　14.125
字　　数　491千字
版　　次　2025年1月第3版
印　　次　2025年1月第1次印刷
定　　价　79.80元

图书如有装订差错，请与发行部联系

特别提醒

本书信息在出版前已经认真核实过。但由于现实发展太快，旅游信息随时可能发生变化，我们无法承诺保证本书信息的准确性和完整性，并只能在法律规定范围内承担责任。如因此给读者带来不便，我们深表遗憾。